In juni 1974 is M. A. Beek vijf en zestig jaar geworden. Ruim vijf en twintig jaar heeft hij gedoceerd aan de Theologische Faculteit van de Universiteit van Amsterdam. Door de stimulerende wijze waarop hij doceerde aan de studenten binnen de Universiteit en de heldere manier waarop hij publiceerde voor een breder publiek buiten de Universiteit heeft hij zeer velen bijzonder aan zich verplicht.
Zijn belangstelling was hierbij zeer breed gericht, van de wetenschappelijke achtergrond van de Bijbel in zijn „Umwelt" naar de practische actualiteit van de Bijbel in Kerk en Synagoge.
De in deze feestbundel verzamelde bijdragen zijn te beschouwen als een uiting van dankbaarheid voor het vele vakwerk dat hij verricht heeft. In hun veelzijdigheid weerspiegelen deze bijdragen tevens de belangstelling die Prof. Beek heeft voor de uiteenlopende vakgebieden in hun betrekking tot zijn geliefde Oude Testament.

TRAVELS IN THE WORLD OF THE OLD TESTAMENT

STUDIA SEMITICA NEERLANDICA

edited by

Prof. Dr. M. A. Beek, Prof. Dr. J. H. Hospers, Prof. Dr. Th. C. Vriezen und Prof. Dr. R. Frankena

1. *Dr. C. van Leeuwen,* Le developpement du sens social en Israel avant l'ère chrétienne.
2. *Dr. M. Reisel.* The mysterious Name of Y.H.W.H.
3. *Dr. A. S. van der Woude,* Die messianischen Vorstellungen der Gemeinde von Qumrân.
4. *Dr. B. Jongeling.* Le rouleau de la guerre des manuscrits de Qumrân
5. *Dr. N. A. van Uchelen.* Abraham de Hebreeër.
6. *Dr. H. J. W. Drijvers.* Bardaisan of Edessa.
7. *Dr. J. H. Meesters.* Op zoek naar de oorsprong van de Sabbat.
8. *Dr. A. G. van Daalen.* Simson.
9. *Dr. Leno A. Feldman.* R. Abraham b. Isaac ha-Levi Ta MaKh. Commentary on the Song of Songs.
10. *Dr. W. A. M. Beuken.* Haggai - Sacharja 1-8.
11. *Dr. Curt Leviant.* King Artus, a Hebrew Arthurian Romance of 1279.
12. *Dr. Gabriel H. Cohn.* Das Buch Jona.
13. *Dr. G. van Driel.* The Cult of Aššur.
14. *Dr. H. Jagersma,* Leviticus 19, Identiteit, bevrijding, gemeenschap.
15. *Dr. Wilhelm Th. In der Smitten,* Esra, Quellen, Ueberlieferung und Geschichte.
16. Travels in the world of the Old Testament. Studies presented to prof. M. A. Beek, on the occasion of his 65th birthday.

Anne Metz '74

TRAVELS IN THE WORLD OF THE OLD TESTAMENT

STUDIES PRESENTED TO

PROFESSOR M. A. BEEK

ON THE OCCASION OF HIS 65TH BIRTHDAY

EDITED BY
M. S. H. G. HEERMA VAN VOSS
PH. H. J. HOUWINK TEN CATE
N. A. VAN UCHELEN

1974

VAN GORCUM & COMP. B.V. - ASSEN

ISBN 90 232 1183 9

Drawing opposite of titlepage by Anne Metz

Printed in the Netherlands by Van Gorcum, Assen

INHOUD

TEN GELEIDE

Ter gelegenheid van de vijfenzestigste verjaardag van Prof. Dr. M. A. Beek draagt de redactie, mede namens de schrijvers, met hoogachting en hartelijkheid deze feestbundel op aan collega, vakgenoot en vriend Beek.

De bijdragen in deze bundel zijn te zien als even zovele verslagen van reizigers die ieder op hun wijze trokken langs gebaande en ongebaande wegen in hun onderscheiden vakgebieden.

De diversiteit van deze verslagen weerspiegelt de belangstelling van Prof. Beek voor meer dan zijn 'eigen' terrein. Prof. Beek heeft zich immers reiziger geweten in gehele wereld van het Oude Testament, waarbij doorwerking en actualiteit van de Bijbel in Synagoge en Kerk binnen de horizon vielen.

Op onze uitnodiging om aan een feestbundel mee te werken volgden zoveel reacties, dat de voorzichtig beraamde omvang verre werd overschreden.

Om uitgeverstechnische redenen heeft de redactie moeten besluiten om een scheiding aan te brengen onder hen die in de groep van de 'medereizigers' niet wilden ontbreken.

Een voor de hand liggende scheiding was te maken tussen enerzijds collega's en vakgenoten, en anderzijds leerlingen, resp. oudtestamentici van de Societas Hebraica Amstelodamensis.

De redactie achtte het juist de ruimte in deze bundel af te staan aan de collega's en vakgenoten.

De artikelen van de tweede groep krijgen hun plaats in een bundel, verzorgd door de drukkerij van de Universiteit van Amsterdam; hierin willen zij proberen te laten zien in hoeverre zij de wegen en voetsporen van hun leermeester kunnen volgen en verdertrekken. Deze bundel zal verschijnen bij het afscheid van Prof. Beek van de Universiteit van Amsterdam in oktober a.s.

Enkele auteurs zullen elders hun artikel aan Prof. Beek opdragen.

Apart dient vermeld te worden dat de Israelische bijdragen door de laatste oorlog en zijn gevolgen helaas moeten ontbreken.

De redactie hoopt dat deze bundel mede zal bijdragen tot verdieping van de kennis van de wereld van het Oude Testament en niet minder, in het spoor van Prof. Beek, tot interesse en liefde voor het volk en het Boek van Israël.

MARTINUS ADRIANUS BEEK

L. W. VAN REYENDAM-BEEK

Geboren te Ambt-Ommen als zoon van een belastingambtenaar; opgegroeid te Kampen en gevormd op de H.B.S. die volgens zijn vriend Jan Reijers onherroepelijk tot de kantoorkruk opleidde. Wat bewoog hem om staatsexamen te doen en theologie te studeren? Er waren erflaters van moederszijde: betovergrootvader J. Schotsman was dominee te Zuidwolde en diens oudoom Nicolaas Schotsman had naam gemaakt als predikant te Leiden, door op de zondag nadat een kruitschip in de lucht was gevlogen, dit in een actuele prediking toe te lichten als godsoordeel voor het lichtzinnig gedrag der burgerij.

De atmosfeer in het vrome Kampen kon er zeker toe bijdragen, dat de aandacht voor geloofsvragen levend werd gehouden, al had de kleine vrijzinnige kring rond ds. Cannegieter waartoe het gezin Beek behoorde vrijwel geen verbindingen met de massale rechtzinnigheid. Misschien heeft de grote pinksterconferentie van de V.C.J.B. in 1927 wel de doorslag gegeven, waar een bezield zij het vaag idealisme werd doorgegeven door figuren als H. T. de Graaf en G.J. Heering. Het gezin Beek was vrijzinnig, ook in politiek opzicht. De zoon leefde met zijn vader mee die in de gemeenteraad zat als vrijzinnig democraat, wat in het Kampen van toen iets betekende. Vanaf het begin heeft de sociale bewogenheid een plaats gehad in zijn leven, en hoezeer hij ook gestalte heeft gegeven aan het „geloof met het woord" en zich daarin verwant voelt met zijn naamgenoot Martinus Nijhoff, hij heeft zich toch ook blijvend bewogen in het voetspoor van die andere Martinus, de legendarische, die symbool werd van het „geloof metterdaad".

Al werd hij tenslotte dienaar van het Woord, de H.B.S. waar hij uitblonk in wis- en natuurkunde was geen verloren tijd. Zijn hele leven heeft hij er plezier van dat hij geloofswaarheden kan vertalen voor mensen met een natuurwetenschappelijke denkwijze. Vijf colleges voor

Delftse studenten werden zo een groot en onverwacht succes, dat ze zijn uitgegeven. In één van deze colleges hield hij de Delftenaren voor, dat al in de tijd van Elisa de techniek beter betaalde dan het geestelijk leven. Zelf had hij toch voor het laatste gekozen. Staatsexamen, Leiden.

In Leiden werden de lijnen doorgetrokken. De belangstelling voor het Jodendom, in Kampen via de vrijzinnigdemocratische beweging gewekt, werd versterkt door nauwe relaties met de boekhandelaar J. Ginsberg. Vaders dissertatie is één van de twee boeken die Ginsberg heeft uitgegeven!

De sociale betrokkenheid kreeg vorm in een bestuursfunctie van de interacademiale geheelonthoudersbond en in de studieclub tot bestudering van vredesvraagstukken. De V.C.S.B. betekende veel voor hem: het vrijzinnig-protestantisme sloot aan bij zijn behoefte aan geestelijke ruimte, aan tolerantie, bij zijn belangstelling voor de cultuur. Dat hij in de loop der jaren steeds meer in het midden van de kerk kwam te staan komt niet doordat hijzelf verschoven is, maar is het resultaat van een proces, waarin het vrijzinnig denken in de kerk zelf heeft doorgewerkt.

Nog in ander opzicht heeft hij aan de V.C.S.B. veel te danken: daar leerde hij zijn vrouw kennen, Chris Reeser, en samen bewogen ze zich in een kring van vrienden. Ook het studiedispuut Quisque Suis Viribus schonk naast degelijke theologische vorming hechte vriendschappen, zoals met zijn jaargenoot W. C. van Unnik. Dit levensbericht gaat als vanzelf wemelen van de namen, omdat vrienden en leermeesters voor mijn vader veel betekenen. Hij is iemand die bewust leeft in de lijn der geslachten, die sporen drukt van leermeesters en zelf ook voetsporen wil nalaten, het is hem een levensbehoefte om zich verbonden te weten met vrienden en leerlingen.

Leidse leermeesters dan waren vooral: Eerdmans, de Liagre Böhl en Kristensen, ook de toen al overleden Roessingh. De studie werd afgesloten in Leipzig en Tübingen aan de voeten van meesters als Alt en Von Rad. In dit duitse jaar werd hem ook inzicht geschonken in de demonie van het opkomend nazisme dat ariërs verblindde en joden vermoordde. De solidariteit met het jodendom werd een diep en sterk gevoel, dat sindsdien niet meer veranderd is.

De dissertatie kwam af, Anloo kreeg een doctor als dominee. Maar wel een echte dominee. Ook dat is eigenlijk nooit veranderd. Ook als hoogleraar is hij nog steeds in zijn element als hij onvermoeid kansels beklimt, bijbelkringen leidt en aandacht opbrengt voor mensen in hun persoonlijke noden. Dit alles had zo niet gekund, als mijn moeder niet een echte domineesvrouw was, die van elk huis een pastorie heeft gemaakt: een open huis, een centrum van aandacht, waar ieder welkom is, gehoor en bemoediging vindt.

Maar de studie van het Oude Testament bleef in de uitgestrekte dorpsgemeente Anloo een liefde, beoefend in de zeer late uren.

Er kwam een opdracht om lessen Hebreeuws te geven in Groningen en spoedig daarna het predikantschap te Groningen ten dienste van de vrijzinnig-hervormde gemeente. In 1941 benoemd tot privaatdocent in de laat-joodse letterkunde, werd hij in '42 al weer ontslagen als zijnde de duitsers „nicht gefällig". Intussen werd er hard gewerkt, in het pastoraat allereerst, maar ook in de studeerkamer. Stimulansen gingen uit van J. Lindeboom en G. van der Leeuw, vooral van de Societas Graeca Latina waar op hoog niveau „gelernt" werd. Halverwege de oorlog verhuisden we naar Enschedé, waar o.a. het stuk over het Judaisme geschreven werd voor de Godsdiensten der Wereld. Dat gaf de ontdekking van de wijsgeer Martin Buber, wiens denken voor hem zo dikwijls richtinggevend is geweest.

Na de oorlog, toen de theologische faculteit aan de universiteit van Amsterdam geheel vernieuwd werd, kwam het professoraat in een zich gestaag uitbreidend aantal vakken. De omvang van de leeropdracht was behalve een zware belasting ook een zegen; zo was het winst dat de studenten geleerd werd het Oude Testament ook vanuit de rabbijnse exegese te verstaan.

In de beide jubileumboeken, met name in de bibliografie, zal een indruk gegeven worden van het wetenschappelijke werk dat in 25 jaar hoogleraarschap is verzet.

Hier wordt slechts melding gemaakt van enkele omzwervingen op terreinen buiten de universiteit, gebieden waar zijn kwaliteiten misschien wel het meest tot hun recht zijn gekomen.

De band met joodse geleerden als Seeligmann en Fuks en het gebruik van de Bibliotheca Rosenthaliana hielpen hem dieper in het jodendom door te dringen en het gesprek tussen de zwei Glaubensweisen voortgang te doen vinden. Vaak gebeurde dat in het kader van de dialoog met Israel. Reizen naar Israel, een boek over Israel, het voorzitterschap van het genootschap Nederland-Israel, eindeloos veel lezingen over Israel zijn uitingen van zijn loyale volstrekt onsentimentele toewijding aan dit land. Binnen het vrijzinnig protestantisme bleef men zijn stem horen. Via de V.P.R.O. (de zaterdagavondlezingen, uitgegeven als „Wegen en Voetsporen"), Vrije Geluiden, het voorzitterschap van de Centrale Commissie voor het Vrijzinnig Protestantisme, en met name door het hoofdredacteurschap van het Weekblad van de N.P.B., waarvoor honderden artikelen geschreven werden.

En honderden lezingen moet vader langzamerhand gehouden hebben. Voor de volksuniversiteiten, voor Ex Oriente Lux, voor iedere gemeente of club die hem maar te spreken vroeg. Een reis naar Mesopotamië sleepte ontelbare lezingen met zich mee. Het is zijn grote verdienste, dat hij de verworvenheden van de theologische wetenschap weet over te dragen aan gewone gemeenteleden en belangstellende buitenkerkelijken en de taal van het geloof zo weet te hanteren dat men zich erdoor voelt aangesproken. Vele malen is van hem gezegd dat hij een helder denker is en een begenadigd verteller. Maar het eigenlijke geheim van zijn succes is naar mijn overtuiging, dat in zijn spreken en schrijven tot uiting komt dat hij van mensen houdt; aandacht voor hen heeft, hen op hun waarde schat, probeert met zijn gehoor mee te denken.

Een dienaar van het Woord tot op heden. Hoe zorgvuldig hij met het woord omgaat, blijkt uit kleine en grote dingen. Uit zijn schrift, (typen heeft hij altijd vertikt), uit de verschrikkelijk preciese manier waarop hij met zijn boeken omgaat, uit de hartstocht waarmee hij nu bijna dertig jaar werkt aan de bijbelvertaling.

Nog een ding moet tot slot gememoreerd worden in deze korte biografie, n.l. dat hij een man is van structuren, die weet dat geestelijk goed beschermd moet worden door een goede organisatie. Vandaar zijn lidmaatschap van radioraad en onderwijsraad, zijn vele bestuursfuncties, zijn intense bemoeiingen met de opbouw van de faculteit, de aanschaf en organisatie van de theologische instituten.

Als man van structuren is hij ook man van de Kerk, hij is niet vergeten dat college geven óók inhoudt: dominees opleiden. Het is geloof ik wel een compliment voor hem, dat een student uitsprak: „Ik wil in Amsterdam Oude Testament lopen, want bij Beek leer je hoe je eruit preken moet”.

Dit boek, aangeboden bij vaders vijfenzestigste verjaardag, kondigt tevens het naderend afscheid van de Universiteit aan. Zelf zal hij daar wel over spreken met distantiërende ironie in de trant van zijn lievelingsschrijver Heine, die bij een herdruk van zijn Buch der Lieder constateerde: „Ich bin jetzt mehr erleuchtet als erhitzt. Ich sehe jetzt im klarsten Lichte die Steine über welche ich gestolpert. ” Nu, de Erleuchtung kan nog te pas komen, want wat spreken we van afscheid, het werk gaat gewoon door, er is nog genoeg te doen, en het bovenstaande mocht een bericht worden over een volop levend mens, die we graag nog veel heil en zegen toewensen.

PUBLICATIONS BY PROFESSOR DR. M. A. BEEK IN THE PERIOD 1935-1973

BOOKS:

Das Danielbuch, sein historischer Hintergrund und seine literarische Entwicklung Diss., Leiden 1935

De betekenis van het Oude Testament voor deze tijd. (Het Boek der Boeken; no 2) Zeist 1937

Het boek Daniel; een godsdienstige waardering op grond van zijn oorspronkelijke bedoeling. (Uit de wijngaard des Heeren; no 5). Lochem 1941, 1948

Amos; een inleiding tot het verstaan der profeten van het Oude Testament. (Uit de wijngaard des Heeren; no 4). Lochem 1947

Inleiding in de joodse Apocalyptiek van het Oud- en Nieuwtestamentisch tijdvak. (Theologia; no 6) Haarlem 1950

Aan Babylons stromen; hoofdmomenten uit de cultuurgeschiedenis van Mesopotamië in het Oud-Testamentische tijdvak. Amsterdam 1950, third reprint 1955

Wegen en Voetsporen van het Oude Testament. Delft 1953, sixth reprint Baarn 1969 Paperback: Ned. Bijbelgen. A'dam, Bijbel Kiosk Ver. Driebergen 1969

Het Boek der Vromen; fragmenten uit het hebreeuws vertaald en toegelicht Amsterdam 1954

Geschiedenis van Israel van Abraham tot Bar Kochba; een poging. Zeist 1957, 1960, 1964

Atlas van het Tweestromenland; overzicht over geschiedenis en beschaving van Mesopotamie van de steentijd tot de val van Babylon. Amsterdam-Brussel 1960

Israel; Land, Volk, Cultuur. Baarn 1962, 1963, 1967, 1973

BOOKS TOGETHER WITH OTHER AUTHORS:

Bijbelse Knooppunten, with J. M. de Jong. 's Gravenhage 1952

Martin Buber, with J. Sperna Weiland. Baarn 1964

TRANSLATIONS OF BOOKS:

An Babels Strömen; Hauptereignisse aus der Kulturgeschichte Mesopotamiens in der alttestamentlichen Zeit. München 1959

A Journey through the Old Testament. London 1959 and New York 1959

Auf den Wegen und Spuren des Alten Testaments. Tübingen 1961
På upptäcksfärd i Gamle Testamentet. Stockholm 1962
Bildatlas der Assyrisch-Babylonischer Kultur. Gütersloh 1961
Atlas of Mesopotamia. London and Edinburgh 1962
A short history of Israel from Abraham to Bar Cochba. London 1963
Concise history of Israel from Abraham to the Bar Cochba Rebellion. New York 1963
Geschichte Israels von Abraham bis Bar Kochba. Stuttgart 1960, 1966, 1973
História de Israel. Rio de Janeiro 1967
Martin Buber. New York 1967
Martin Buber. Brescia 1972

BROCHURES:

Nationale en transcendente motieven in de joodse apocalyptiek van de laatste eeuwen voor Christus. (Openbare les). Assen 1941
Het twistgesprek van de mens met zijn God; een paragraaf uit de godsdienst van Israel. (Oratie). Assen 1946
Grootste ontdekking van bijbelhandschriften in de moderne tijd. (Actuele Onderwerpen; no 288) Amsterdam 1948
Heilige stad van drie wereldgodsdiensten; Jeruzalem. (Actuele Onderwerpen; no 303) Amsterdam 1949
Het grote Babylon dat Nebukadnesar bouwde. (Actuele Onderwerpen no 347) Amsterdam 1950
De Bijbel gaat open in Israel. (Studies uit de 's Gravenhaagse Bijbelvereniging no 3) 's Gravenhage 1953
Vertaling der Heilige Schrift. (Actuele Onderwerpen no 462). Amsterdam 1953
Het beginsel der ruimten, toespraak bij de aanvang van het winterseizoen van de V.P.R.O. 1954
Schatten bij de Dode Zee. (Actuele Onderwerpen no 618) Amsterdam 1956
Profiel van het Oude Testament, vijf colleges voor Delftse studenten. 's Gravenhage 1960
David en Absalom, een hebreeuwse tragedie in proza? (rede uitgesproken ter gelegenheid van de 340e dies natalis van de Universiteit van Amsterdam). Amsterdam 1972
Uit het Hebreeuws in het Nederlands; een uitdaging aan bijbelvertalers. Haarlemse Voordrachten 33. Haarlem 1973

CONTRIBUTIONS TO PUBLICATIONS IN BOOKFORM:

Het Judaisme. In: De godsdiensten der wereld, onder redactie van G. van der Leeuw. 2e druk Dl. 2. Amsterdam 1948. p. 214-252. (third reprint 1956, p. 343-381).
Oorlog en vrede in het Oude Testament. In: Wetenschap, oorlog en vrede. (Studium generale 1948-49) Amsterdam 1949
Zijn de beginselen van het historisch-critisch bijbelonderzoek nog geldig? In: Beginselen ener vrijzinnig christelijke theologie. 1950 p. 13-28
Het boek Tobit en de meṯ miṣwāh. In: Pro Regno Pro Sanctuario, een bundel

studies... bij de zestigste verjaardag van Prof. Dr. G. van der Leeuw. Nijkerk 1950 p. 19-29

De geschiedenis van Palestina. In: Het oudste christendom en de antieke cultuur. Onder redactie van J. H. Waszink, W. C. van Unnik en Ch. de Beus. Dl. I Haarlem 1951. p. 381-432

Levensbericht van Prof. Dr. F. M. Th. de Liagre Böhl, inleiding op diens Opera Minora. Groningen 1953

Anthropologische notities bij het Oude Testament. In: Anthropologische verkenningen; een bundel voorstudiën voor een vrijzinnig christelijke mensbeschouwing. Delft 1953. p. 33-54

Bijdrage. In: De Grote Trek. 's Gravenhage 1954

Koning Salomo en zijn tijd. In: Historische encyclopaedie van S. Pregers, onder red. van C. D. J. Brandt. Schiedam 1954. Dl. 43, 16 p.

Levensbericht over J. L. Palache. In: J. L. Palache, Inleiding in de Talmoed. 2e druk Haarlem 1954

Het bijbelse wereldbeeld. In: Leven op aarde; levensweg en levensdoel in de spiegel van wetenschap en Bijbel, ingel. door R. Hensen. Delft 1955. p. 50-56

Gespeelde majesteit. In: Maskerspel, feestbundel voor Prof. Dr. W. Leendertz. Bussum 1955. p. 10-28

Flavius Josephus, de val van Jeruzalem, ingeleid en vertaald uit het grieks onder toezicht van M. A. Beek. Amsterdam 1958

Flavius Josephus, het leven van Herodes, ingeleid en vertaald uit het grieks onder toezicht van M. A. Beek. Amsterdam 1959

Hasidic conceptions of kingship in the Maccabean period. In: Studies in the history of religions. Dl. 4. The sacral kingship. Leiden 1959. p. 349-355

De prediking der bijbelse wijsheid. In: Wegen der prediking; onder red. van C. W. Mönnich en F. J. Pop. Amsterdam 1959, p. 351-404

Land en Volk van de Bijbel. In: Drukkersweekblad/Autolijn. Kerstnummer 1959. p. 61-84

Het oermonster van Uruk tot Patmos. In: In de Draeck; jubileumboek van de Draka 1910-1960. p. 8-17

De plaatsvervangende koning. In: Woord en Wereld; opgedragen aan Prof. Dr. K. H. Miskotte. Amsterdam 1961. p. 94-101

Levensbericht van Dr. K. F. Proost. In: Jaarboek van de Maatschappij der Nederlandse Letterkunde. Leiden 1964. p. 58-63

Brieven van Bar Kochba. In: Israel, traditie en vernieuwing; uitg. van het Genootschap Nederland-Israel. Amsterdam 1964. p. 23-37

Het Oude Testament als evangelieprediking. In: Postille 1964-1965. 's Gravenhage 1964. p. 7-16

Zeit, Zeiten und eine halbe Zeit. In: Studia Biblia et Semitica Th. C. Vriezen dedicata. Wageningen 1966. p. 19-25

Een heilig volk; isolement en assimilatie in het oude Israel. In: Israel, van de einden der aarde. Uitg. van het genootschap Nederland Israel. Amsterdam 1967. p. 21-30

Wijkende Wegen. In: Spelregels; een bundel essays over hermeneutische regels en hun toepassing in de theologie. Amsterdam 1967. p. 28-45

Het zout als vriend en vijand in de antieke wereld van het Nabije Oosten. In: Het Zout der Aarde; jubileumuitgave van de Koninklijke Nederlandsche Zoutindustrie. Hengelo 1968. p. 83-108

Het juridisch aspect van de rabbijnse ethiek. In: Ethiek als Waagstuk, feestbundel voor Prof. Dr. E. L. Smelik. Nijkerk 1969. p. 25-37

Professeur W. B. Kristensen en l'Ancien Testament. In: Liber Amicorum in honor of Prof. Dr. C. J. Bleeker. Leiden 1969. p. 14-26

Prediker en de balans van het leven. In: Studies aangeboden aan Prof. Dr. W. H. Gispen. Kampen 1970. p. 21-30

Joshua und Retterideal. In: Near Eastern Studies in honor of W. F. Albright. Ed. by H. Goeicke 1971. p. 35-42

Das Mitleiden Gottes; eine masoratische Interpretation von Jes. 63:9. In: Feestbundel t.g.v. de 90e verjaardag van Prof. Dr. F. M. Th. de Liagre Böhl. Leiden 1973

ARTICLES IN ENCYCLOPAEDIAS AND HANDBOOKS:

Eerste Nederlandse systematisch ingerichte Encyclopaedie. E.N.S.I.E.
Dl. I Amsterdam 1946 (article on: Israel. p. 283-305)
Dl. II Supplement, Amsterdam 1959. (Articles on: Het Oude Testament. p. 17-21 and: De naoorlogse ontwikkeling in het jodendom. p. 22-25)

Winkler Prins Encyclopaedie; 6e geheel nieuwe druk; hoofdred. E. de Bruyne enz. Amsterdam 1947-54 (i.p. the article on: Bijbel)

Encyclopaedie van het Christendom; onder redactie van J. C. de Groot en C. W. Mönnich. 2 dln Amsterdam enz. 1955

Evangelisches Kirchenlexicon; herausgeg. von H. Brunotte und O. Weber. Göttingen 1956-1961. Judentum, jüdische Literatur, Philosophie und Theologie. H-O, p. 446-453 and 459-465

Woordenboek der Oudheid; onder red. van G. Bartelink e.a. Roermond 1965

Biblisch historisches Handwörterbuch, herausgegeben von Vandenhoeck Ruprecht, Göttingen

De Bijbel in afleveringen; een uitgave van Amsterdam Boek Amsterdam 1971-1972 Bd 2 nr 30, bd 3 nr 37, bd 4 nr 49, bd 5 nr 69, bd 5 nr 70, bd 5 nr 71, bd 5 nr 73

PUBLICATIONS IN PERIODICALS:

Student en geheelonthouder. In: I.G.O.B.; orgaan van den interacademialen geheelonthouders bond 12 no 1, 1932. p. 4-5

Abraham Kuenen. In: Vox Theologica 7, 1935-36. p. 149-152

Enige literatuur over het Oude Testament. In: Theologie en Practijk. 1, 1938. p. 111-119

Schema ener catechetische behandeling van het Oude Testament. In: Theologie en Practijk 2, 1939. p. 1-11

De haat als element van vroomheid in het psalmboek. In: Theologie en Practijk 2, 1939. p. 225-237

„De gruwel der verwoesting"; een nader onderzoek naar de z.g. poging tot hellenisering door Antiochus Epiphanes. In: Nieuw Theologisch Tijdschrift 29, 1940. p. 237-252

Relations entre Jérusalem et la diaspora égyptienne au 2e siècle avant J.C. In: Oudtestamentische Studiën 2, 1943. p. 117-143

De exegetische moeilijkheden van Psalm 110. In: Vox Theologica 15, 1943-44. p. 94-96

Het Oude Testament in het licht der jongste opgravingen. In: Theologie en Practijk 7, 1947. p. 1-8

G. Sevenster, de Christologie van het Nieuwe Testament. (review) In: Theologie en Practijk 7, 1947. p. 200-206
The religious background of Amos 2:6-8. In: Oudtestamentische Studiën 5, 1948. p. 132-141
Noodzaak en mogelijkheid van een nieuwe vertaling van het Oude Testament. In: Theologie en Practijk 8, 1948. p. 65-75
De imitatio dei als motief van zedelijk handelen bij de profeten. In: Vox Theologica 19, 1948-49. p. 109-118
Ein Erdbeben wird zum prophetischen Erleben. In: Symbolae ad studia orientis pertinentes Frederico Hrozný dedicatae. Archiv Orientálni 17, 1, 1949. p. 31-40
Het Jodendom en de ontsluiting van de Oudtestamentische wereld. In: Wending 4, 1949. p. 368-363
Das Problem des aramäischen Stammvaters (Deut. 26:5). In: Oudtestamentische Studiën 8, 1950. p. 193-212
Het internationaal congres van Oud-Testamentici te Leiden van 30 aug.-2 sept. 1950. In: Nederlands Theologisch Tijdschrift 5, 1950-51. p. 127-128
De vraag naar de mens in de godsdienst van Israel. In: Vox Theologica 22, 1951-52. p. 69-78
Over de verhouding van Joden en Christenen in de 13e eeuw volgens „Het boek der Vromen". In: Nederlands Archief voor Kerkgeschiedenis, nieuwe serie, 39, 1952-53 p. 91-99 (feestbundel voor Prof. Dr. J. Lindeboom)
Achtergronden van Martin Bubers bijbelvertaling. In: Vox Theologica 23, 1952-53. p. 65-73
Mozes als godsdienststichter. In: Theologie en Practijk, 13, 1953. p. 132-142
Internationaal congres van Oud-Testamentici te Kopenhagen. In: Nederlands Theologisch Tijdschrift 8, 1953-54. p. 107-108
De bronnen van het psalmboek. In: Maatstaf, 2, 1954-55. p. 472-488
Statement concerning archeology and soil survey in Mesopotamia. (with P. Buringh). In: Sumer; a journal of archeology in Iraq. vol. 11, 1955. p. 143-144
Tempel en Tempelbouw. In: Thot; tijdschrift voor vrijmetselaren. 6, 1, 1955. p. 2-12
In memoriam Professor Dr. A. H. Edelkoort. In: Nederlands Theologisch Tijdschrift 10, 1955-56. p. 367-368
Mesopotamisch reisbericht. In: Vox Theologica 26, 1955-56. p. 165-177
David en Jonathan. In: Vox Theologica 28, 1957-58. p. 74-81
Ziekte en genezing in bijbels licht. In: Nederlands Tijdschrift voor Geneeskunde, 105, 1961. p. 2121-2125
Paasoverdenking. In: Homiletica en Biblica 20, 2, 1961. p. 51-53
Martin Buber als bemiddelaar, toespraak t.g.v. uitreiking van de Erasmusprijs 3-7-1963. In: Wending 18, 7, 1963. p. 511-517
Het Hooglied in de paasliturgie der synagoge. In: Homiletica en Biblica 22, 3, 1963. p. 53-57
De rol van Salomo in het Hooglied. In: Homiletica en Biblica 22, 6, 1963. p. 121-126
Nieuw licht over de godsdienst van Israel. In: Jaarbericht van het vooraziatisch-egyptisch genootschap Ex Oriente Lux 16, 1959-62, Leiden 1964. p. 119-124
Der Dornbusch als Wohnsitz Gottes, Deut. 33:16. In: Oud-Testamentische Studiën 14, 1965, p. 155-162
Het protestantisme in Brazilië. In: Internationale Spectator 19, 6, 1965. p. 379-386
Der Ersatzkönig als Erzählungsmotiv in der altisraelitischen Literatur. In: Suppl. Vetus Testamentum 15, 1966. p. 24-33

De vondsten bij de Dode Zee en hun betekenis voor Jodendom en Christendom. In: Wending, nov. 1966. p. 534-544
De opstanding in de apocalyptische literatuur. In: Gereformeerd Theologisch Tijdschrift 68, 1968, p. 15-26
Verzadigingspunten en onvoltooide lijnen in het onderzoek van de Oudtestamentische literatuur. In: Vox Theologica 38, 1, 1968. p. 2-14
Het zwijgen van God en de mensen als element van bijbels geloof. In: Rondom het Woord 13, 1971. p. 195-206
The meaning of the expression „the chariots and the horsemen of Israel" (2 Kings 11; 12) In: Oud-Testamentische Studiën 17, 1972. p. 1-10
Kanttekeningen bij de psalmvertaling van Ida Gerhardt en Marie van der Zeyde. In: Wending 28, 1973. p. 96-104
Schaduw en licht over een kwart eeuw Israel. In: Tijd en Taak, 5 mei 1973

SEVERAL REVIEWS IN THE FOLLOWING PERIODICALS:

Bibliotheca Orientalis
Critisch Bulletin (1952-1955)
Nederlands Theologisch Tijdschrift (1946-1955)
Prisma Lectuurvoorlichting
Studia Rosenthaliana
Theologie en Practijk (1941-1950)
Vox Theologica (1933-34 and 1947-48)
Weekblad van de Nederlandse Protestanten Bond 1948-1964

Professor Beek wrote about a thousand short articles in weeklies as:

Vrijzinnig godsdienstig kerkblad (Groningen 1938-1942)
Het Weekblad van de Nederlandse Protestanten Bond (1948-1964)
Vrije Geluiden, gids van de V.P.R.O.

and other papers and periodicals, like:
Berichten van de V.C.S.B. (1930-1935)
De Hervormde Kerk
Vrij Nederland
De Groene Amsterdammer
Nieuwsblad van het Noorden
Kerk en Wereld
Folia Civitatis
Het Parool
Het Vrije Volk
Het Algemeen Handelsblad
Nieuw Israelitisch Weekblad
Het Vaderland
De Provinciale Pers

As it is impossible to mention all these articles, the most important ones will be discussed in an article „Stukjes schrijven", that will be published in a University Jubilee Volume, appearing Oktober 1974.

DAVIDS KRIEGSFÜHRUNG UND SALOMOS BAUTÄTIGKEIT

MILOŠ BIČ (PRAHA)

Die Tatsache, dass den ersten zwei Königen Israels gleich zwei ganze Bücher (I II Samuel) gewidmet wurden, während ihre vierzig Nachfolger sich zusammen auch nur mit zwei Büchern (I II Regum) begnügen müssen, führt zur Schlussfolgerung, dass die ersten zwei Könige – Saul und David – als zwei Typen gemeint waren[1], und zwar Saul als der negative und David als der positive. Dabei wird nicht bestritten, dass es im Leben des ersteren auch helle Augenblicke gab, während der letztere auch schwere Sünden begangen hat. Saul wird verworfen (I Sam 28:16f), David erhält eine Verheissung, auch für seine Nachkommen (II Sam7:8-16). Über seinen ersten Nachfolger, Salomo, wird sogar ausführlich berichtet. Diesen beiden, Vater und Sohn, ist die folgende Betrachtung gewidmet.

Will man die Tätigkeit beider Könige richtig einschätzen, muss man die Absicht der Überlieferung erfasst haben. Die Bibel will ein Zeugnis ablegen, eine Botschaft bringen, nicht die Geschichte eines Volkes – und wäre es auch das auserwählte Volk – darbieten. Darauf wird meistens nicht geachtet; man lässt einfach die eigentliche religiöse

[1] Es wäre zu bedenken, ob die Gesamtzahl der Könige – 42 – nicht eine symbolische Bedeutung hat. Sie entspricht der Zahl der 42 Wüstenstationen, die Israel auf seinem Weg aus Ägypten in das Gelobte Land absolvieren musste (Numeri33), und die auffallend an die Zahl der 42 Unterweltsrichter der Ägypter erinnert, von deren Richterspruch das ewige Heil des Verstorbenen abhängig war. Von den Israeliten erreichten nur Josue und Kaleb das Gelobte Land (Num14:30) – und das in der Wüste geborene Geschlecht. Das Königtum wurde als Abfall von JHWH aufgefasst (I Sam8:7); für die Verwirklichung der Pläne Gottes kam in Frage nur der „Rest" des Volkes (vgl. I Reg19:18 Jes1:9). Die Könige waren für das Volk keine Erretter (I Sam9:16), sondern sind zu seinen Richtern geworden und warfen es ins Verderben. Die biblische Geschichte Israels wird man erst schreiben müssen.

Pointe des Textes ausser Acht. Es ist nicht möglich, in diesem Zusammenhang den Beweis zu führen, dass gerade die religiösen Motive bei der Erhaltung und späterer Kanonisierung einzelner Bücher und ihrer Teile ausschlaggebend waren[2]. Als These möge es aber hier ausgesprochen sein.

I. In den Samuelbüchern wird David vor allem als Krieger geschildert, aber in den Chronikbüchern sind die „Kriegsstücke in das Generalthema des Chronisten: 'David und der Tempelbau' organisch eingeordnet"[3]. Kaum geschah es nur darum, weil ein Teil der Kriegsbeute für den Tempel Verwendung fand[4] (I Chr8:8b,11). Wichtiger ist, dass für die biblische Tradition David auch der Begründer des Tempelgesangs war[5], während die Tora über Sänger keine Bestimmungen enthält. Besonders die Psalmendichtung wird aufs engste mit seinem Namen verbunden. Will man nicht die unwahrscheinliche Schlussfolgerung ziehen, dass es sich um verschiedene Gestalten handelt[6], darf man die Mühe nicht scheuen, den gemeinsamen Nenner ausfindig zu machen.

Ein historisch treues Bild Davids wird es nie gelingen zu rekonstruieren, selbst wenn ausserbiblisches Material aufgefunden werden sollte. Bereits in den ältesten Schichten der biblischen Überlieferung haben wir es mit Idealisierung zu tun. In Einzelheiten unterscheiden sich die Erzählungen, aber gemeinsam ist ihnen die Überzeugung, dass David stets bemüht war, dem Allmächtigen die gebührende Ehre zu geben, und dass Gott an diesem König sein ganz besonderes Gefallen hatte (I Sam16:1,12, Ps89:21 Apg13:22). Daraus ergibt sich aber, dass David nicht nur durch seine Gesänge, sondern auch durch seine Kriege vor allem den Ruhm seines Gottes verbreitet hat. Darum stand ihm JHWH in allen seinen kriegerischen Unternehmungen zur Seite (II Sam. 8:6c,14c).

Einen wichtigen Anhaltspunkt, um den Sinn der Kriege Davids zu erfassen, bietet die anscheinend unbedeutende Erwähnung eines aramäischen Prinzen namens Joram (II Sam. 8:10)[7]. Durch seinen Namen wird

[2] Vgl. S. DANĚK, Gedalja, in: *Sborník k prvnímu desítiletí Husovy Fakulty*, Praha 1930, 51-98 (52), tschechisch mit franz. Résumé.

[3] W. RUDOLPH, *Chronikbücher* (Handbuch zum AT., I.21), Tübingen 1955, 139. Vgl. M. A. BEEK, *Geschichte Israels von Abraham bis Bar Kochba*, Stuttgart 1961 (holländisch 1957), 59.

[4] So RUDOLPH, a.a.O., 139 vgl. 195.

[5] Ebd., 195. Vgl. J. BRIGHT, *A History of Israel*, Philadelphia 1959, 185 und Anm.51.

[6] Das *l^edâvid* in den Psalmenüberschriften bedeutet allerdings eher „für David" als „von David", aber dass gerade der Name Davids angeführt wird, „hat sicherlich einen historischen Hintergrund" (BEEK, a.a.O., 59).

[7] M. NOTH, *Geschichte Israels* (2.Aufl., Göttingen 1954), vermutet eine hethitische Abstammung der königlichen Familie, aber ohne überzeugende Gründe (S.180,

er als ein Verehrer JHWHs gekennzeichnet, wenn auch die Gleichsetzung von JHWH = Ram (dh. JHWH ist der 'Erhabene') seine Rechtsgläubigkeit höchst verdächtig erscheinen lässt[8]. Ram ist doch das Epitheton Hadads, und so kann es nicht verwundern, dass derselbe Prinz in dem Parallelabschnitt (I Chr18:10) Hadoram genannt wird, also wohl Hadadram. Man wird annehmen müssen, dass dieser Name der ursprünglichere war und dass es zur Namenänderung erst infolge des siegreichen Vordringens Davids in das Aramäergebiet gekommen ist[9]. JHWH trat an die Stelle Hadads. David hat das Herrschaftsgebiet seines Gottes erweitert.

Dass es David um die Sache JHWHs zu tun war, ergibt sich bereits aus der Erzählung von seinem Kampf mit dem philistäischen Übermenschen Goliath (I Samuel17)[10]. In seinem Übermut lästerte der Philister den Gott Israels, und von seinem eigenen Sieg überzeugt, verspottete er das Volk JHWHs als die künftigen Sklaven seines Volkes. Für Israel war es eine Frage nach Leben und Tod. Den Besiegten blieb ja nichts anderes übrig, als die Götter der Sieger zu anerkennen. Aber es ging noch um viel mehr: um die Ehre des Gottes, der Israel auserwählt hat, damit es sein priesterliches Königtum sei (Ex19:6) und die Heiden zu

Anm.3). Der Name des Prinzen beschäftigt ihn nicht. Ähnlich bleibt Joram auch bei BRIGHT (a.a.O.,182f) unerwähnt. RUDOLPH (a.a.O.,135) spricht die Vermutung aus, dass der Name Joram „falsch" sei, vgl. Hadoram I Chr18:10. H. W. HERTZBERG, *Die Samuelbücher* (ATD 10,2.Aufl., Göttingen 1960) ersetzt Joram durch Hadoram mit einem Hinweis auf K. BUDDE (S.237). K. GALLING, *Die Bücher der Chronik*... (ATD 12, Berlin 1958) übergeht den Namen ohne Vermerk (S.58).

[8] Der tschechische Orientalist B. HROZNÝ hat versucht das biblische JHWH mit dem protoindischen Gottesnamen Jajaš, bzw. Jae, Jave, in Verbindung zu bringen. Die protoindische Gottheit wird als in einem Baum wohnend abgebildet (vgl. Ex3,2). Die Midjaniter, unter denen Mose diesen Gottesnamen kennen gelernt hat, hielt HROZNÝ für einen abgesplitterten Teil der arischen Mittaner, die semitisiert wurden, aber den alten Gottesnamen bewahrt haben (*Die älteste Geschichte Vorderasiens und Indiens*, 2.Aufl., Prag 1943, 211-214). Das könnte man u.U. als Stütze für die Vermutung Noths (oben Anm.7) annehmen, aber der Name Joram ist vorläufig aus dem hethitischen Bereich nicht nachgewiesen, wohl aber aus dem israelitisch-judäischen (II Reg1:17).

[9] Einen wertvollen Beleg für das soeben gesagte bietet der sogen. Deuterosacharja: „Das Wort JHWHs ist im Lande Hadrach, und Damaskus ist sein Ruheplatz... ja auch Hamat, (das) daran grenzt" (Sach9:1f). Vgl. M. BIČ, *Das Buch Sacharja,* Berlin 1962, S.110f.

[10] Leider gibt es darüber keine einmütliche Tradition. Neben David (I Sam17:50) wird der Sieg auch einem gewissen Elchanan (II Sam21:19) zugeschrieben, was zu der Vermutung führt, dies wäre der ursprüngliche Name Davids gewesen (z.B. BRIGHT, a.a.O., 171f und Anm.21 mit näheren Angaben.) Die jüngere Traditionsschicht lässt jedoch Elchanan den Bruder Goliaths töten (I Chr20:5), ohne den Sieg Davids zu erwähnen.

ihm bringe. In dieser Hinsicht versagte der König Saul vollkommen (I Sam.17:11). Anders David (v.45-47).

Sein Sieg über Goliath rettete nicht nur die Ehre JHWHs, sondern auch die Existenz seines Volkes. Die Folgen sollten die Philister bald zu spüren bekommen. Bei der ersten Gelegenheit begab sich David in die Stadt des geschlagenen Gegners, sogar bewaffnet mit seinem Schwert (I Sam21:10)[11]. Wichtig ist in diesem Zusammenhang auch die Nachricht des Chronisten, David habe (später) Gath eingenommen (I Chr18:1)[12]. Tatsächlich hörte Gath bald auf, als Philisterstadt angeführt zu werden[13]. Im Gegenteil erscheinen aber Gittäer (= Gathiter; II Sam.15:18) als Söldner in den Diensten Davids – neben Kerethern (Kretern) und Pelethern (Philistern) –, ja der Gittäer Ittai (v.19ff) war sogar Befehlshaber über einen Teil der Streitkräfte Davids (18:2) und im Hause eines anderen Gittäers, Obededom, wurde die Lade vorübergehend untergebracht, bevor sie David nach Jerusalem schaffen konnte (II Sam.6:10f = I Chr13:13f)[14].

Im Bericht über einen weiteren Sieg Davids über die Philister, dieses Mal bei Baal-Perazim (II Sam5:20f), wird mitgeteilt, dass David die Götzenbilder der Feinde erbeutet hat. Einen ähnlichen Verlust erlitt vor Zeiten auch Israel, als die Philister ihrerseits die heilige Lade erbeuteten (I Sam4:4-11) und Israel schlugen. Jetzt änderte sich die Lage, und die Philister, ohne den Schutz ihrer Götter, hörten auf, gefährliche Gegner Israels zu sein. Eine teilweise Autonomie blieb ihnen zwar bewahrt, aber nicht unbedeutende Gruppen schlossen sich, wie wir sahen, Israel an und verschmolzen offenbar mit der Zeit mit ihm[15].

Nicht so eindeutig lässt sich die Mitteilung über das Vorgehen Davids nach seinem Sieg über die Aramäer deuten, als er die erbeuteten Pferde lähmen liess (II Sam.8:4), und doch kommt man ohne religiöse Beweggründe dabei nicht aus. Länger als ein halbes Jahrtausend war des Pferd im Vorderen Orient als Spanntier bekannt. Israel konnte bei seinen kanaanäischen Nachbarn genügend Erfahrung sammeln, besonders

[11] Vgl. M. BIČ, La folie de David, in: *RHPhR* 1957, 156-162. Die fünf Schaubrote (I Sam11:4) bezeichnen die fünf Stadtstaaten der Philister. David hatte nicht in Absicht, sich nur mit Gath zufrieden zu geben, obwohl von da der Anlass zur Auseinandersetzung kam.

[12] Wollte der Chronist dadurch die dunkle Stelle II Sam8:1 erklären? Merkwürdig dass er die Geschichte mit Goliath nicht erwähnt.

[13] Z.B. Amos 1:6-8 Sach 9: 5-7.

[14] Daraus ergibt sich, dass die Gittäer nicht nur als Fremdlinge in den Diensten Davids standen, sondern dass sie sich JHWH anschlossen, im Gegensatz zu David, als er unter den Philistern weilte (oben Anm.11). Diese Tatsache lassen unbeachtet wie NOTH (a.a.O.,166), so auch BRIGHT (a.a.O.,173).

[15] Zu Sach 9:5-7 vgl. BIČ, a.a.O., 112-114.

David selbst, als er unter den Philistern leben musste. Für seine weitere Kriegsführung hätten die erbeuteten Pferde eine höchst willkommene Stärkung bedeutet[16]. Aus der Bibel erfahren wir jedoch öfters über die Zugehörigkeit der Pferde zum Sonnenkult (noch unter Josia, II Reg 23:11), also zu einem heidnischen Kult, dem Israel nicht unterliegen durfte. Das Lähmen der Pferde durch David ist demnach nur eine Analogie zu dem Vernichten von Götzenbildern in anderen Fällen. Wenn er trotzdem hundert Pferde unversehrt liess, geschah es bloss darum, weil die Aramäer eben andere Götter hatten und ihnen auch weiterhin dienen sollten (vgl. I Sam26:19), obgleich JHWH zum Oberherrn über sie geworden ist.

Ähnlich wird es sich mit den Moabitern verhalten haben. Die Behandlung der Geschlagenen wird als 'grausam'[17], 'brutal'[18] u.ä. bezeichnet. Gewiss mit Recht, wenn es sich um das Morden von Gefangenen handeln sollte (II Sam8:2). Nach dem aber, was im Falle der Philister ganz eindeutig und bei den Aramäern höchst wahrscheinlich ist, drängt sich die Frage auf, ob es sich bei den Moabitern nicht eher auch nur um ihre 'Zeichen' (*'ôtôt*) gehandelt hat[19]. Und wieder wurden nicht alle (kultischen) 'Zeichen' vernichtet, ja selbst das moabitische Königtum blieb weiter bestehen.

Die Stellung der unterjochten Nachbarn Israels war sehr verschieden. Das moabitische Königtum wurde z.B. nicht beseitigt, aber die Ammoniter mussten David ihre königliche Krone ausliefern (II Sam12:30); gewiss nicht für sein Haupt, sondern für das einer Statue, die zwar in Israel Anstoss erregt hätte, aber nicht in Ammon[20].

Ausdrücklich wird von Götterbildern (*n^{e}ṣîbîm*)[21] im Falle der Aramäer (II Sam8:6) und der Edomiter (v.14)[22] gesprochen. Aus der Gegend von Zendžirli sind uns solche Statuen (sogar mit der Bezeichnung *nṣb*[23])

[16] Die Vermutung GALLINGS: „Es sollte wohl verhindert werden, dass die erbeuteten Pferde dem israelitischen Tross abgenommen und erneut gegen die Israeliten eingesetzt würden" (a.a.O.,58), kann glatt abgelehnt werden.

[17] NOTH, a.a.O.,179.

[18] BRIGHT, a.a.O.,182.

[19] Statt *'ôtâm* wäre dann eher *'ôtôtâm* zu lesen. Das Missverständnis konnte durch Haplographie entstanden sein (II Sam8:2).

[20] Während die älteren Bibelübersetzungen den folgenden Vers 31 als Bericht von grausamen Hinrichtungen der Bevölkerung auffassten (vgl. auch I Reg11:15, Edom), denkt man neuerdings eher an Fronarbeiten.

[21] Das Wörterbuch GESENIUS-BUHL gibt für Gen19:26 die Bedeutung 'Säule' an, sonst „Vogt, Gouverneur", trotz abweichender Meinungen.

[22] David handelte da ganz anders als später Amazja (II Chr25:20).

[23] Eine Statue Hadads aus Gerdžin bei Zendžirli aus dem 9.Jh.v.Chr. K. GALLING, *Biblisches Reallexikon* (Handbuch zum AT., I.1), Tübingen 1937, Sp.206.

gut bekannt. Es handelt sich um Felsblöcke, die, nur roh bearbeitet, eine Gottheit in menschlicher Gestalt darstellen. Ein solches *n^e^ṣîb* errichteten die Philister im Herzen Palästinas (I Sam10:5), und offenbar war es die Aufgabe Sauls, in der Kraft des Geistes Gottes (v.6,10) dies Zeichen der heidnischen Oberherrschaft zu zertrümmern, und so die Befreiung seines Volkes (vgl.9:16) zu beginnen. Aber Saul hat versagt. Erst Jonathan vollbrachte das Werk (13:3) und gab dadurch Anlass zu den Kriegen, die für Saul und sein Haus so unheilvoll enden sollten. Ähnliche Zeichen seiner Oberherrschaft hat nun David in den eroberten Gebieten errichtet. Die übliche Übersetzung „Statthalter" u.ä. ist falsch, trotzdem es keinem Zweifel unterliegt, dass es wirklich auch Statthalter gegeben hat.

Diese kurzen Ausführungen genügen, um es deutlich zu machen, dass in den betreffenden biblischen Texten die religiösen Motive ausschlaggebend sind. Darum, wo von einer *minḥâ* die Rede ist, die die Unterjochten David abführen mussten, ist kein „Tribut" gemeint, sondern „Opfergaben". Ausdrücklich werden sie erwähnt bei den Aramäern und bei den Moabitern (II Sam8:6,2). Bei den Ammonitern kann man solches stillschweigend voraussetzen, da doch David die Krone ihres Gottkönigs übernommen hat. Wenn dagegen von den Edomitern nichts solches verlangt wird, darf man es vielleicht darauf zurückführen, dass das Verhältnis Israels zu Edom als Bluts- und wohl auch Glaubensverwandten eben ein anderes als zu Moab und Ammon war (Dtn23:8 zu v.4f).

Ohne auf weitere Einzelheiten einzugehen, können wir abschliessen, dass Davids Kriege den Ruhm des Gottes Israels weit über die Grenzen des Zwölfstämmeverbandes verbreitet haben und die benachbarten Heiden zur Erkenntnis bringen konnten, dass JHWH allein Gott ist. Sein ist die ganze Erde (Ex19:5 Ps24:1). Beide benachbarten Weltmächte, Ägypten und Assyrien, blieben zwar unberührt, aber bis an ihre Grenzen ist es David gelungen vorzudringen und Jerusalem zum Mittelpunkt zu machen.

II. Und da setzt die Tätigkeit Salomos, seines Sohnes und Nachfolgers ein. Merkwürdig, wie ungünstig über diesen König geurteilt wird: „as unlike his father as possible"[24], ja es kommen bei seiner Charakteristik sogar Ausdrücke vor, wie „astuteness", „stupidity"[25]. Das zeugt von einem totalen Missverständnis. Die Aufgabe Salomos war eine grundverschiedene von der Davids. Als sein Sohn und Nachfolger hatte er das Werk seines Vaters fortzusetzen und somit den Weg seinen Nachfolgern zu zeigen bis zur Vollendung des Werkes durch den anderen Davidssohn Jesus Christus.

[24] BRIGHT, a.a.O.,190; vgl. NOTH, a.a.O.,187.
[25] BRIGHT, a.a.O.,190.

Um das Werk seines Vaters zur Vollendung bringen zu können, musste Salomo mit einer einmaligen Weisheit ausgestattet werden, die jede irdische Weisheit hoch überragte. Der biblische Erzähler vergleicht sie tatsächlich nur mit der der *b^e^nê qędęm* (I Reg5:10), die jedoch von der Weisheit Salomos überboten wurde. Die geläufige Übersetzung: „als die Weisheit von allen, die im Osten wohnen"[26], veranlasst offenbar durch die parallele Erwähnung der Weisheit Ägyptens (ebd.), lässt die Tatsache unbeachtet, dass *qędęm* nicht nur den Osten bezeichnet, sondern auch die Vorzeit. Die Weisheit der vorzeitlichen Patriarchen war sprichwörtlich (vgl.Hiob8:8) und ist durch das hohe Alter jener Patriarchen (Genesis5) gut begründet[27]. Die Weisheit Salomos war aber grösser[28].

Davon erzählt die Bibel zwar manches (I Reg5:10ff 10:4,7), aber viel mehr erzählte sich das Volk, und als einundhalb Jahrtausend später die arabisch-islamische Welt diese Erzählungen übernahm, machte sie aus dem biblischen Salomo den märchenhaften König Suleiman, den mächtigen Herrscher über die gesamte Geisterwelt[29]. Wem wären die Märchen aus „Tausend und einer Nacht" nicht bekannt? Dieser gewaltige Strom der ausserkanonischen Tradition bliebe unverständlich, hätte er nicht eine seiner gewiss vielen Quellen gerade in der Bibel. Die Gestalt Salomos bietet gute Anhaltspunkte für die späteren fantastischen Schilderungen, und ein Theologe darf sie nicht unbeachtet lassen, sonst muss jeder Versuch, eine Geschichte Israels zu schreiben, scheitern.

Während die ausserbiblische Tradition nicht müde wurde, die übermenschlichen Züge dieses Königs mit den buntesten Farben auszumalen, setzte sich in der Bibel eine zweite Traditionsschicht durch, die sich zur Weisheit Salomos höchst kritisch stellte und so zu seinem negativen Bild, wie es heutzutage oft dargestellt wird, indirekt führte. Die Erzählungen von den Taten des alternden Königs (I Regum11) sind voll bitterer Kritik, und doch darf man Salomos Handlung nicht voreilig verwerfen, nur darum, weil sie zu bösen Enden geführt hat.

[26] Nach dem revidierten Luthertext 1965; ähnlich auch andere Übersetzungen.
[27] Die Patriarchen gehören der Vorsintflutsära an. Das konnte leicht die Vorstellung der alljährlichen Nilüberschwemmungen hervorrufen und zur Erwähnung Ägyptens als dem Weisheitsland führen.
[28] Ebenso kann Hiob (1:3) auch nur mit den Gestalten der Vorzeit, nicht des Ostens (vgl. Hes.14:14,20), verglichen werden. M. BIČ, Le juste et l'impie dans le livre de Job, in: *Supplements to VT* XV, 1966, 33-43.
[29] In den arabischen Legenden überstrahlt Salomo seinen Vater weitaus. Bei den Juden nimmt David die Vorrangstellung ein und der Messias wird als Davidssohn erwartet. Vgl. O. EBERHARD, *Aus Palästinas Legendenschatz,* Berlin 1958, 259 N.78. – Schon die Juden sahen in Salomo den Beherrscher von Geistern und Dämonen (ebd.,55u.210N.46).

Die Wurzel seines Versagens wird in seiner Vielweiberei (I Reg11:3) gesehen. Die soll ihn zum Götzendienst verleitet haben. Tatsächlich hat Salomo im Lande Heiligtümer für heidnische Gottheiten errichtet (v.4ff). Tat er es aber nur aus Schwäche zu seinen Frauen? Das eigentliche Motiv wird anderswo liegen.

Salomo übernahm von David ein gut organisiertes Reich. Alle Nachbarvölker waren damals Israel irgendwie untertan oder standen mit ihm wenigstens in Bündnissen[30]. Das musste einen sichtbaren Ausdruck bekommen, und zwar darin, dass die verbündeten Fürsten und Könige ihrem Grosskönig ihre Töchter zu Gemahlinnen gaben. Die Vielweiberei Salomos (die Zahlen 700 und 300 sind nur symbolisch aufzufassen!) sollte also seine Macht verherrlichen. Dass seine Frauen – wenigstens grösstenteils – heidnischen Ursprungs waren, ist begreiflich[31].

Nach dem altorientalischen Grundsatz, dass alles Irdische nur ein Abglanz des Himmlischen ist, war auch JHWH, der Gott Salomos, als himmlischer König umgeben von einer Schar niederer Götter, die von den Stämmen und Völkern, deren Fürste und Könige von Salomo abhängig waren, verehrt wurden. Seinem Gott baute Salomo einen herrlichen Tempel in unmittelbarer Nachbarschaft seines Palastes (I Regum6f). Die anderen Götter mussten sich mit bescheideneren Heiligtümern auf dem Hügel jenseits des Kidrontales und wahrscheinlich auch anderswo im Lande[32] begnügen (11:7f). Gemeint war es gut: JHWH sollte erhöht werden. Aber in Wirklichkeit konnte dies Unternehmen nicht anders enden, als in einem ganz schlimmen Synkretismus, den die Nachwelt verwerfen musste.

Ein Gott im Himmel oben, umgeben von zahllosen niederen Gottwesen, und ein König auf Erden, umgeben von allen Nachbarkönigen,

[30] Dass es unter Salomo auch zu Spannungen und Gebietsverlusten kam (I Reg11: 14ff,23ff,26ff), kann in diesem Zusammenhang unbeachtet bleiben. Ebenso der Handel mit Hiram (I Reg9:10-14).

[31] In einer Umwelt der verschiedensten Fruchtbarkeitskulte sollten die vielen Frauen gewiss auch dazu dienen, die Fruchtbarkeit des Reiches, und demnach auch der unterjochten Länder, zu sichern. Dass die spätere israelitische Tradition diese Hoffnungen nicht geteilt hat, geht aus der Tatsache hervor, dass sie ausser Rehabeam von keinen Kindern Salomos berichtet, nicht einmal ihre Gesamtzahl anführt.

[32] Auf diese Weise liessen sich u.a. die berühmten Stallungen von Megiddo erklären, vorausgesetzt, dass sie wirklich aus der Zeit Salomos stammen. Es ist zu beachten, dass nicht nur in den älteren, sondern auch in den jüngeren Schichten auf demselben Ort sakrale Bauten standen. Vgl. Chester C. McCown, *The Ladder of Progress in Palestine*, New York – London 1943. 179ff, 187ff. Die Reihe wäre nur unter Salomo unterbrochen worden, was gerade bei ihm nicht zu begründen wäre.

als sein irdischer Statthalter, das ist die biblische Grundlage, auf der das „Geschichtsbild" Salomos gezeichnet ist. Das Bild Salomos wäre aber nicht vollständig, blieben da Gebiete, die sich seiner Macht irgendwie entzogen hätten. Die Erde war ihm untertan, es blieb aber noch das Meer zu überwinden. Darum wird von Salomos Schiffbau und seinen Seereisen berichtet (I Reg9:26-28 10:22). Dem biblischen Erzähler ist dabei weniger daran gelegen, Salomo als tüchtigen Handelsmann zu schildern, als daran, die religiösen Beweggründe seines Handelns zu erfassen. Das Meer galt den alten Orientalen als Symbol aller widergöttlichen Macht, darum wird es in der seligen Endzeit vernichtet werden (Offb21:1). In der Gegenwart wird es der Gesalbte JHWHs bezwingen, denn ihm ist alles unter dem Himmel unterworfen (Ps8:9). Eben da setzte Salomo das Werk seines Vaters fort und wurde zum Vorbild jenes anderen Davidssohnes, Jesus Christus, der ebenfalls Meer und Sturm zu überwinden verstand (Matth8:26f)[33] und von dem gesagt werden konnte: „Und siehe, hier ist mehr als Salomo" (12:42). Die apostolische Kirche knüpfte unmittelbar an die alttestamentliche Tradition an. Dadurch zeigt sie aber auch den Theologen von heute den richtigen Weg.

SAMENVATTING

Het oorlog-voeren van David en het bouwen van Salomo

Het feit, dat aan de eerste beide koningen van Israël twee hele boeken (I II Samuël) gewijd zijn, terwijl hun veertig opvolgers het samen ook maar met twee boeken (I II Koningen) moeten doen, moet wel tot de conclusie leiden, dat juist die eerste twee - Saul en David - als twee typen gedacht waren. De bijbelse overlevering laat er geen twijfel over bestaan, dat Saul als negatief en David als positief type aangezien moet worden. De eerste wordt verworpen, de laatste krijgt een belofte voor zijn hele nakomelingschap (II Sam.7:8-16).

Van hieruit moet het hele optreden van David gezien worden. Dat optreden is hoofdzakelijk oorlog-voeren. Daarnaast wordt hij echter ook als psalmist geroemd. Daarom zullen beide activiteiten wel in betrekking tot elkaar staan, en wel zo, dat ook Davids oorlogen de roem van zijn God moesten verbreiden, hoe bevreemdend dat de moderne mens ook voorkomen mag.

Aanleiding tot de eerste strijd van David, waarover de Bijbel bericht,

[33] Da liegen auch die Wurzeln der späteren jüdischen und besonders islamischen Vorstellungen von der Gewalt Salomos über die gesamte Geisterwelt.

die met de Filistijn Goliath namelijk (I Samuël17), was, dat deze de God van Israël gelasterd had en dat Saul, de gezalfde koning, er de moed niet toe had Gods eer te verdedigen. David trok zelfs bij de eerstvolgende gelegenheid de consequentie uit zijn overwinning en trok met Goliaths zwaard diens stad Gath binnen (cp.21) om de Filistijnen duidelijk te maken, dat JHWH ook over hen God wil zijn. Inderdaad wordt Gath spoedig daarna niet meer onder de steden der Filistijnen genoemd. Later maakte David bij Baäl-Perazim de afgodsbeelden der Filistijnen buit, zodat zij geen bescherming meer van hun goden hadden (II Sam5:21).

De situatie der Moabieten is niet zo duidelijk. De bijbelse tekst schijnt over neerslaan van gevangenen te spreken (II Sam8:2), maar het is de vraag of de uitdrukking *'ôtâm* niet door haplografie uit *'ôtôtâm* ontstaan is. In dat geval zou het hun (cultische) tekenen, symbolen, betroffen hebben. Die werden vernietigd.

Op dezelfde manier is David onder de Arameeers opgetreden, doordat hij hun slechts honderd paarden liet en de andere kreupel maakte (II Sam8:4). Het feit, dat paarden tot de zonnecultus horen, wordt in het O.T. verschillende malen genoemd. Bovendien richtte David in het gebied der Arameeers *n^eṣîbîm* (vs.6) op, niet „stadhouders", zoals onjuist vertaald is, maar een soort godenbeelden, zoals die bijv. in de omgeving van Zendschirli (zelfs met de aanduiding *nṣb* bij een standbeeld van Hadad) bewaard gebleven zijn. Zo werd de opperheerschappij van de overwinnende God over het veroverde gebied verkondigd, en de Arameeers moesten nu David als de aardse vertegenwoordiger van JHWH hun offergaven (*minḥâ*; niet: „tribuut", „schatplichtigheid") brengen. Zelfs heette de ene aramese prins Jo-ram (vs.10). Het geeft niet, dat de parallelle tekst zijn naam in Hadoram veranderd heeft (I Kron.18:10). Een latere profeet weet nog te vertellen, dat het Woord Gods in het land der Arameeers zijn verblijfplaats had (Zach.9:1).

Ook in Edom richtte David *n^eṣîbîm* op (II Sam.8:14), maar hij eiste van de Edomieten als bloed- en blijkbaar ook geloofsverwanten van Israël geen offergaven. Daarentegen moesten de Ammonieten de kroon van hun koning aan David afstaan (12:30), die hem wel niet op zijn eigen hoofd, eerder op dat van een standbeeld gezet zal hebben.

Zo onderwierp David het hele gebied van het land der Egyptenaren tot dat van de Babyloniers aan zijn God. Zijn zoon en opvolger Salomo zette het werk van zijn vader voort.

Salomo werd om zijn wijsheid geroemd (I Kon.5:10 = 4:30) en toch deed juist hij dingen, die als afval van JHWH aangezien werden (11:1vv). De bijbel bewaarde twee tradities als bewijs hoe verschillend afzonderlijke epochen deze koning gewaardeerd hebben. Er bleef echter nog een derde, niet-kanonieke, traditie bewaard, n.l. die van de sprookjesachtige koning Suleiman, die volgens de verhalen uit „Duizend en één nacht" de machtige heerser over de hele wereld der geesten was. De bijbelse Salomo werd in de loop der eeuwen een bovenmenselijke gestalte. Ondanks de overdrijving heeft juist deze volkstraditie iets van de oorspronkelijke intentie van de bijbelse boodschap bewaard.

Het O.T. bericht bijv. slechts nuchter over Salomo's scheepsbouw (I Kon.9:26-28 10:22), maar door zijn zeereizen manifesteerde de koning zich als overwinnaar van de zee, terwijl voor Israël toch de zee als symbool van alle antigoddelijke vijandschap gold. Op dezelfde wijze, maar onder andere omstandigheden, kalmeerde de andere Zoon van David, Jezus Christus, de zee (Matth.8:26; vgl.Openb.21:1).

Op aarde was er dus geen tweede naast Salomo – en zo ook in de hemel geen tweede naast zijn God. De aardse heersers bewezen hun onderdanigheid o.a. daardoor, dat ze hun dochters afstonden aan Solomo's harem. Toen Salomo voor hun goden heiligdommen buiten Jeruzalem bouwde (I Kon.11:7v), was dat zeker geen afval van JHWH, maar juist bedoeld om JHWH's roem te verhogen. Voor zijn God bouwde Salomo immers een prachtige tempel in de buurt van zijn eigen paleis (cp.6v). Zoals Salomo de koning der koningen was, zo was JHWH de God der goden.

Toen liet zijn wijsheid de koning in de steek en zijn doelstellingen eindigden in een verraad, zoals het ook met de oorlogen van David het geval was. God heeft zijn eigen wegen, en die zijn anders dan de onze (vgl. I Cor.1:27-29). Het menselijke gaat te gronde, het goddelijke blijft bestaan.

EINIGE BEMERKUNGEN ZUR RELIGIÖSEN TERMINOLOGIE DER ALTEN ÄGYPTER

C. J. BLEEKER (AMSTERDAM)

Zwei Aussagen von bekannten Ägyptologen haben mich inspiriert, eine Untersuchung der religiösen Terminologie der alten Ägypter anzustellen, eine Untersuchung, die keineswegs den Anspruch erhebt, erschöpfend zu sein, die jedoch meiner Meinung nach zu interessanten Ergebnissen führt. Die betreffenden Ägyptologen sind S. Morenz und H. Brugsch.

Morenz hat in der „Einleitung" zu seinem Buch über die „Ägyptische Religion" die Bemerkung gemacht, dass die ägyptische Sprache die Begriffe „Religion", „Frömmigkeit" und „Glaube" nicht kennt.[1] Dies ist zweifelsohne richtig. Er fördert damit eine bemerkungswerte Tatsache zu Tage. Denn die genannten Begriffe gehören zu der gebräuchlichsten Terminologie des modernen Glaubens und besonders der christlichen Theologie; aber auch ist eine religionshistorische Behandlung der nichtchristlichen Religionen kaum möglich, ohne dass man sich der erwähnten Begriffe bedient.

Mit der von Morenz gemachten, rein sachlich-philologischen Bemerkung scheint die Ansicht von Brugsch in direktem Widerspruch zu stehen. Denn dieser gelehrte Ägyptologe hat behauptet, dass das alte Ägypten ein eigenes religiöses Idiom gekannt hat in dem er sogar eine theologische, eine mystische und eine mythologische Sprache unterscheidet.[2] Die drei Paragraphen, die er in seinem Buch „Religion und Mythologie der alten Ägypter" diesem Thema gewidmet hat, zeugen zwar von seinen grossen Kenntnissen der ägyptische Sprache, wirken jedoch nicht ganz

[1] op.cit., 3/4.

[2] *Religion und Mythologie der alten Ägypter*, 1891, 51, 61, 74.

überzeugend. Und dennoch muss man gestehen, dass er auf die richtige Spur gekommen ist.

Denn Brugsch hat geahnt, dass es im alten Ägypten eine eigene religiöse Terminologie gegeben hat. Seine Spekulationen über das dreifache religiöse Idiom stehen nur scheinbar in Widerspruch mit der philologischen Tatsache, die Morenz festgestellt hat. Denn obleich gewisse für uns zentrale Begriffe der religiösen Terminologie in der ägyptischen Sprache fehlen, ist es kaum glaublich, dass der Ägypter überhaupt keine religiösen Ausdrücke zur Verfügung hatte. Selbstverständlich hat es eine rein religiöse Sprache gegeben. Es ist nur die Frage, wie wir dieser religiösen Terminologie habhaft werden können und wie ihr Wortschatz aussieht. Kein Ägyptologe hat dieses Problem jemals systematisch in Angriff genommen. Das heisst, es gibt noch kein Handbuch der ägyptischen religiösen Sprache. Dennoch kann man ohne Mühe in den Schriften verschiedener Ägyptologen gelegentliche Ansätze zu einer solchen Untersuchung finden. Ich habe diese dankbar benutzt. In dieser „Vorarbeit" möchte ich versuchen, diese interessante Frage etwas weiter zu klären.

Meiner Ansicht nach geht die Bedeutung einer derartigen Untersuchung weit über ihren philologischen Wert hinaus. Denn sie ist eins der geeignetesten Mittel, um Einsicht in das ägyptische Denken zu bekommen. Im religionshistorischen Studium ist sie zweckmässiger als tiefgründige Auseinandersetzungen über die richtige religionshistorische Methode, die man heutzutage entwickelt. Wer den Glauben der alten Ägypter verstehen will, musz ägyptisch denken lernen. Und dies gelingt ihm nur, wenn er sich mit der typisch ägyptischen religiösen Terminologie vertraut macht.

Dass Morenz richtig gesehen hat, wird deutlich ,wenn man „Das deutsch-aegyptische Wörterverzeichnis" im sechsten Band des „Wörterbuch der aegyptische Sprache" (W.B.) aufschlägt und darin den „Anhang" zu Rate zieht. Darin findet man „eine Zusammenstellung der Wörter in begrifflich geordneten Sachgruppen". Dieses Register gibt eine Übersicht über und eine Einsicht in den Wortschat der alten Ägypter. Die Redakteure des W.B. haben die Wortarten in 69 Kategorien eingeteilt. Es würde den Rahmen dieses kurzen Artikels sprengen, wenn ich alle Wortarten nennen würde. Überdies ist es keine amüsante Lektüre. Dennoch gibt diese Liste der Bemerkung von Morenz erst das rechte Relief. Es zeigt sich nämlich, dass offiziell nur 5 von den 69 Kategorien religiöse Ausdrücke enthalten, das heisst 17) Götterbezeichnungen,18) Götter (Namen),19) Kultus und Priester,20) Totenwesen; Jenseits. Auf den ersten Blick schon fallen zwei Eigenheiten der religiösen Terminologie, wie sie vom W.B. geboten wird, deutlich auf: erstens bilden die Klassen von Begriffen, die sich ausgesprochen auf Religion beziehen, nur den vierzehnten Teil der 69 Kategorien und zweitens bezeichnen diese Wörter unverkennbar keine abstrakt-geistigen Werte, sondern sind Namen von mehr oder weniger konkreten Grössen, die hauptsächlich mit dem Kult von Göttern und Toten verknüpft sind. Im Vorübergehen darf ich wohl bemerken, dass dieser letztere Satz meine These, dass das Herz der altägyptischen Religion im Kult klopft, ungebeten bestätigt.[3] Wenn man den Inhalt der Kategorie „Kultus und Priester" näher prüft, zeigt es sich, dass darin unter anderem Wörter für Altar, Tempelgerät, Opfer und was damit zusammenhängt, Priester, Feste, Räucherung, verehren, beten, Prozession, Barke von verschiedenen Göttern vorkommen. Begriffe wie Mythus und Ritus, die der Religionshistoriker gewöhnlich- und gewiss nicht ohne Grund – verwendet, um das altägyptische religiöse Verhalten zu charakterisieren, fehlen ganz und gar. Es gibt überhaupt keine Begriffe, die von einer Reflexion über geistige Werte zeugen. Man wird sich also kaum der Schlussfolgerung entziehen können, dasz es im alten Ägypten keine richtige mythologische Terminologie und keine theologische Begriffsbildung gab.

Nun wird man einwenden können, dass gewisse religiöse Ausdrücke sich vielleicht in Wortklassen mit einer profanen Überschrift versteckt haben. Das wird gelegentlich der Fall sein. Aber das beweist aufs neue wie begrenzt die Zahl der altägyptischen Begriffe tatsächlich ist, die man geschaffen hat, um die Eigenart der religiösen Vorstellungen und Handlungen auszudrücken. Man könnte auch die Vermutung äussern, dass die Verfasser des W.B. nicht den richtigen Blick für die typisch religiösen Nuancen von altägyptischen Wörtern und Begriffen hatten. Das ist ein wichtiger Gesichtspunkt. Brugsch hat seine Betrachtungen über die drei Arten der religiösen Terminologie nicht ganz frei erfunden. Es muss zweifelsohne eine religiöse Terminologie geben, welche die Eigenart des altägyptischen religiösen Bewusstseins ausdrückt. Die Frage ist nur, wie man sie entdeckt.

Da will es mir scheinen, dass die beste Untersuchungsmethode wäre, sich zu fragen, welche typisch religiösen Ausdrücke verwendet werden für die Hauptbegriffe der Religion, das heisst für 1) Gott, 2) die Natur und das Schicksal des Menschen, 3) die kultischen Handlungen, 4) die Weltanschauung. Diese vier allgemeinen Begriffe bilden ein formelles Schema, mit welchem man die Struktur jeder Religion ausfindig machen kann. Denn gemessen an diesem Schema tritt die innere Struktur der betreffenden Religion klar zu Tage. Es wird sich zeigen, dass hier ein gewisses Glied dieses Schemas entweder schwach betont oder völlig abwesend ist, während ein anders stark den Nachdruck bekommen

[3] C. J. BLEEKER, *Egyptian Festivals*, Enactments of religious renewal, 1967.

hat, und dass dort die Verhältnisse umgekehrt liegen. In unserer Untersuchung hat man die Möglichkeit, mit Hilfe dieses Schemas die typisch religiösen Ausdrücke einzufangen, die sonst durch die Maschen des philologischen Begriffsapparates schlüpfen. Es versteht sich, dass die folgende Untersuchung nur Momentaufnahmen bieten kann und auf Vollständigkeit keinen Anspruch erhebt.

Was die altägyptischen Götter betrift, findet man nirgens eine klare, systematische, theologische Auseinandersetzung über ihr Wesen, ihre Eigenschaften und ihre Tätigkeiten. In gewissem Sinn scheint die berühmte Ptah-Theologie des Schabaka-Steines eine Ausnahme zu bilden. Wenn man jedoch den Kontext dieser theologischen Ausführungen genauer betrachtet, zeigt es sich, dass sie die Form eines Hymnes haben. Die tiefsinnigen Sätze über die Schöpfung, die zustande kam, indem der Gedanke, der im Herzen der Gottheit aufstieg, ausgesprochen wurde, und über den „Logos", der den Existenzgrund alles Seienden bildet, sollen nur dazu dienen, den Ruhm Ptahs zu erhöhen. Tatsächlich muss man die Götterlieder und die „epitheta ornantia" der Götter heranziehen, um die religiösen Ausdrücke zu finden, mit denen die Ägypter das Wesen ihrer Götter ausgesagt haben.

Es gibt Ägyptologen, die davon überzeugt sind, dass man in den Texten Ideen finden kann, die mit den Eigenschaften korrespondieren, die man in der Theologie der sogenannten höheren Religionen, z.B. des Judentums, des Christentums und des Islams, Gott zuschreibt. Das geht erstens deutlich hervor aus E. Ottos Studie über „Gott und Mensch, nach den ägyptischen Tempelinschriften der griechisch-römischen Zeit" (1964). In diesen spät-ägyptischen Texten, die gesprächiger sind als die älteren Texte, gibt es Umschreibungen vom Wesen der Gottheit, die Otto wiedergibt mit bekannten theologischen Begriffen, wie Einzigartigkeit, Allmacht, Allwissenheit, Gerechtigkeit, θεὸς σωτήρ. Zweitens hat S. Morenz in einer interessanten Erörterung die These verfochten, dass der Gedanke der Trinität schon in Ägypten vorhanden war, nämlich in der üblichen Verbindung von Ptah, Sokaris und Osiris, die eine Dreiheit und zu gleicher Zeit eine Einheit bilden sollten.[4] Er hat sogar einen Text aus dem Jahre 100 n. Chr. zitieren können, in dem seiner Meinung nach diese Idee „expressis verbis" ausgesprochen wird.[5] Weiter hat A. de Buck die sonderbaren Redewendungen, in denen das Verhältnis zwischen Shu und Atum formuliert wird, zu verdeutlichen versucht, indem er darauf hinwies, dass sie eine Ähnlichkeit mit den Thesen aufweisen, welche die christliche Kirche im Kampf um das „homoousios",

[4] S. MORENZ, *Ägyptische Religion*, 1960, 150.
[5] idem, 270 sq.

das heisst um das Verhältnis von Vater und Sohn im Gottesbegriff, benutzte.[6] Mit einigem guten Willen ist es auch möglich Rud. Ottos berühmten Gedanken vom „mysterium tremendum ac fascinans" der Gottheit in den altägyptischen Texten wiederzufinden. Das habe ich in meinen Studien über „Thoth in den altägyptischen Texten"[7] und über „Der religiöse Gehalt einiger Hathor-Lieder"[8] zeigen können. Die Gottheit erweist sich einerseits gnädig, ist andererseits jedoch majestätisch und angsterregend. Von Thoth, der übrigens als der Friedensstifter und als der Freund von den Göttern und den Menschen gilt, wird sogar erwähnt, dass er „kommt in seinem bösen Gang" – was übrigens auch von anderen Göttern gesagt wird.[9]

Der letzte geheimnisvolle Ausdruck lässt einen verstehen, dasz die altägyptische Terminologie durch die oben genannten Vergleiche mit den Begriffen der christlichen Theologie ebensosehr erklärt als verschleiert wird, –das letztere womöglich mehr als das erstere. Denn die analogen Begriffe fehlen in der ägyptischen Sprache. Die „Einzigartigkeit" z.B. muss man zurückfinden in Redewendungen wie „Es gibt nicht seines (ihres) gleichen", oder „Es gibt keinen, der ihm (ihr) ähnlich ist". Die Allmacht wird umschrieben durch Lobsprüche wie „was aus seinem (ihrem) Mund kommt, geschieht sogleich" und „was sein Herz denkt, geschieht sogleich".[10]

Um die typisch altägyptische religiöse Terminologie zu entdecken und damit wahre Einsicht in den ägyptischen Glauben und das religiöse Denken zu bekommen, soll man charakterische Begriffe aufsuchen. So verwendet der Ägypter z.B. die folgenden vielsagenden Ausdrücke, um die Natur der Götter zu definieren:

1) das Wort *nṯr*, was die allgemein übliche Benennung der Götter ist. Bei näherem Zusehen offenbart dieses Wort die ägyptische Konzeption vom Wesen der Gottheit. Die Hieroglyphe von *nṯr* ist wahrscheinlich ein Stab mit einer Fahne, der heilige Orte markierte, damit zu einem sakralen Gegenstand wurde und in zweiter Instanz die Gottheit bezeichnen konnte. Das Wort selbst zeigt Ähnlichkeit mit *nṯr*, was sowohl Natron als reinigen bedeutet. Reinheit spielte bekanntlich eine hervorragende Rolle im ägyptischen Kult. *Nṯr* wurde also zur Benennung von dem göttlichen Wesen, das an reinen, heiligen Orten residiert. Es ist

[6] A. DE BUCK, *Plaats en betekenis van Sjoe in de Egyptische theologie*, 1947.
[7] *Ex Orbe Religionum*, Studia Geo Widengren oblata I, 1972, 3 sq.
[8] Der religiöser Gehalt einiger Hathor-Lieder (*Z.A.S.* 99 Band 2es Heft, Teil Ib 1973).
[9] C. J. BLEEKER, *Hathor and Thoth*, Two Key Figures of the Ancient Egyptian Religion, 1973.
[10] E. OTTO, Gott und Mensch, nach den ägyptischen Tempelinschriften der griechisch-römischen Zeit, 1964, 11, 14.

vielsagend, dass *nṯr* in den Pyramidentexten variert mit *ʿnḫ*= Leben, *b3* = „Seele" und *śḫm* = Macht.[11]

2) Das Adjektiv *nfr* and das Substantiv *nfrw*. *Nfr* ist ein merkwürdiges Wort, weil es sowohl eine ethische wie eine kosmische Bedeutungsnuance besitzt. In manchen Fällen kann *nfr* nur mit ethisch gut oder schön übersetzt werden. Aber *nfr* kann auch das kosmisch Gute bezeichnen. Der Knabe, das Fohlen, das heiratsfähige Mädchen sind *nfr*, weil sie jung sind und die ungebrochene Lebenskraft haben. *Nfr Tm* ist der junge Sonnengott, der eben aufgegangen ist. Wenn die Göttin Ma-a-t, die als Lotse im Vordersteven des Sonnenschiffes steht, das „epitheton ornans" „mit schönem Antlitz" bekommt, will das nicht sagen, dass sie eine „beauty" ist-obgleich auch das zutreffen könnte-, sondern es bedeutet, dasz von ihrem Gesicht der göttliche Glanz und die unwiderstehliche Macht abstrahlt.[12] Die *nfrw* ist die Schönheit, die wahre Natur, die Schöpfermacht der Gottheit. Von dem Gott Min wird gesagt, dass er „stolz ist auf seiner Schönheit". Damit wird auf seinen „phallus erectus", der zeugende Kraft besitzt, angespielt.[13]

3) Bekannte „epitheta" der Götter, wie „der sich selber bildet", „er hat kein Vater, der seine Gestalt zeugte, er hat keine Mutter, die ihm gebar", „geheim von Geburt".[14] Dies sind charakteristische Ausdrücke, die den Gedanken wiedergeben wollen, dass die Gottheit ein ungeschaffenes Wesen und deshalb ihrer Natur nach ganz anders als alle Geschöpfe ist. In diesem Zusammenhang könnte man auch das „epitheton" *k3 mwt.f* = „der Stier seiner Mutter" nennen. Dieser sonderbare Ausdruck will sagen dasz der Gott seine eigene Mutter befruchtet und also sich selber erzeugt.[15]

4) Daran schliesst sich gut der Gebrauch, den man von dem Verbum *ḫpr* = werden macht, an. Es wird benutzt zur Definition der Natur der Götter, besonders des Sonnengottes. Denn in der religiösen Terminologie wird *ḫpr* verstanden als: aus sich selber entstehen. Und das kann nur die Gottheit. So erklärt man den Namen des aufgehenden Sonnengottes *Ḫprr* oder *Ḫprj* als: derjenige der aus eigene Kraft entsteht und aufgeht. Seine Hieroglyphe ist der Skarabäus, von dem die Ägypter glaubten, dass er durch „generatio spontanea" auf die Welt kommt. Es gibt einen Text, in dem dieser Gott in einem tiefsinnigen Spiel mit dem Verbum

[11] C. J. BLEEKER, The Key Word of Religion (*The Sacred Bridge*, 1963) 46/7.

[12] C. J. BLEEKER, *De betekenis van de Egyptische godin Ma-a-t*, 1929, 38 sq.

[13] C. J. BLEEKER, *Die Geburt eines Gottes*, eine Studie über den ägyptischen Gott Min und sein Fest, 1956, 48.

[14] DE BUCK, *Sjoe*.

[15] H. JACOBSOHN, *Die dogmatische Stellung des Königs in der Theologie der alten Ägypter*, 1939; BLEEKER, *Min*.

ḫpr über sein eigenes Wesen spekuliert. Ich zitiere hier die englische Übersetzung von R. O. Faulkner, weil sie genauer ist und das Wortspiel besser widergibt als die deutsche Ubertragung von G. Roeder. Die Stelle lautet folgendermassen: „When I came into being, „Being" came into being. I came into being in the form of *Ḫprj* who came into being on the first occasion. I came into being in the form of *Ḫprj* when I came into being. That is how „Being" came into being, because I was more primaeval (?) than the primaevals whom I had made."[16]

5) Die zitierte Stelle suggeriert, dass der Ägypter seine Götter als ewige Wesen auffasste. Der Ausdruck scheint tatsächlich zu existieren. Gewisse Götter werden *nb nḥḥ ḏ.t* genannt, was man gewöhnlich übersetzt mit: Herr der Ewigkeit und der Unendlichkeit. Dennoch soll man auch hier scharf zusehen und genau horchen auf das, was das altägyptische Idiom sagt. E. Hornung bekämpft die Meinung, dass die Ägypter den Begriff der Ewigkeit im modernen Sinn haben bilden können. Er übersetzt *nb r nḥḥ ḥḳ3 ḏ.t* mit „Herr bis an das Unabsehbare und Herrscher des Immerwährenden".[17] J. Leclant, der eine kurze Ubersicht über die verschiedenen Interpretationen der genannten Begriffe gibt, meint, dass „*nḥḥ* a un caractère plus spécialement temporel et *ḏ.t* s'applique plutôt au domaine de l'espace".[18] Wie dem auch sein mag, man hört hier aufs neue die Warnung, altägyptische Ausdrücke nicht zu modernisieren. Wenn man weiss, dass, wie im Laufe dieser Darlegung klar werden wird, die Ägypter unseren Zeitbegriff nicht gekannt haben, versteht es sich, dass sie die Idee der Ewigkeit im modernen philosophischen und theologischen Sinn nicht haben konzipieren können.

6) Eine Anzahl Götter, besonders Re, werden als Schöpfer der Welt betrachtet, dasz heisst, es ist keine Rede von der Schöpfung des Kosmos, sondern von dem Entstehen der „zwei Länder", wie Ägypten damals hiesz. Der geistige Horizont der Ägypter reichte anfangs nicht weiter. W. B. Kristensen hat darauf afmerksam gemacht, dass man für erschaffen das malerische Verbum „knüpfen" gebrauchte.[19] Mit diesem Bilde ist ausgesagt, dass die Teile der Erde, die im Chaos zerstreut lagen, in ihren richtigen Zusammenhang gebracht wurden. „Knüpfen" bedeutet organisieren, ein lebendiges Ganzes schaffen. Die Tod ist die Auflösung. Das Leben entsteht, die Auferstehung geschieht, indem die gesonderten Teile

[16] The Book of Overthrowing ʿApep (Bibliotheca Aegyptiaca III,28,20 sq.) (Ubersetzung R. O. FAULKNER, *J.E.A.* 23.166 sq.)

[17] E. HORNUNG, Zum ägyptischen Ewigkeitsbegriff (*Forschungen und Fortschritte* 39, 334,sq.)

[18] J. LECLANT, Espace et temps, ordre et chaos dans l'Egypte pharonique (*Revue de Synthèse,* Tome XC, série générale, juillet-décembre, 1969).

[19] W. B. KRISTENSEN, *Het leven uit de dood,* 1949, 77.

des Landes, die Glieder des zerstückelten Leichnams vereinigt werden. Diese Idee hat im Ritus von *sm3 t3wj* = „das Vereinigen der zwei Länder", ihren symbolischen Auruck bekommen. Die allen Ägyptologen wohlbekannte Handlung findet statt bei der Thronbesteigung des Pharaos und wird, der Idee und der Darstellung nach, von Horus und Seth oder Thoth vollzogen. Die zwei Götter stehen auf beiden Seiten einer grossen Hieroglyphen von *sm3* = vereinigen und ziehen die daran befestigten Stricke mit kräftiger Hand an. Dadurch gerät Ägypten wiederum in den Status von Leben und Harmonie.[20]

Man geht sicher nicht fehl, wenn man hinter den Begriffen „knüpfen" und „vereinigen" ein religiöses Ideal der Ägypter entdeckt. Der Ägypter war kein Zänker und hatte von Haus aus keine kriegerische Natur, sowie die eroberungssüchtigen Assyrer. Er liebte den Frieden, die Harmonie, das gute, ruhige Leben. Es war der Schöpfergott, der den Menschen diese Gabe mit seiner kreativen Arbeit verlieh. Denn er vereinigte nicht nur das Land, sondern er setzte auch Ma-a-t als die immerwährende und absolut gültige Weltordnung ein. Natürlich wurde diese Ordnung dann und wann zerbrochen und die Harmonie zerstört. Denn es gab Götter wie Seth, der mit Recht als „the God of Confusion" charakterisiert ist.[21] Aber dann griff ein anderer Gott ein, der den Akt des *sḥtp* vollzog. Das war Thoth, der Friedensstifter. Er stellte den *ḥtp*, Frieden wieder her, indem er die kämpfenden Parteien mit einander versöhnte. Es gibt sogar einen Gott, in dem dieses Ideal personifiziert worden ist. Das ist *Ḥtp*, der Herrscher der *sḫt ḥtp*, des elysäischen Gefildes, welches im Jenseits liegt. Von ihm wird gesagt, dass „er den Kummer der älteren Generation vertreibt und die Konflikte des jüngeren Geschlechts schlichtet."[22] Nach dem ägyptischen religiösen Bewusstsein ist also der wahre Gott derjenige, der ordnet, wiederherstellt, heilt, Frieden stiftet und das Leben auferstehen lässt.

Kristensens Bemerkung über „knüpfen" = schaffen ist seiner Auseinandersetzung über die Symbole der magischen Lebenskraft entnommen. Zu diesen Symbolen rechnet er z.B. das Band, das Kleid, das Netz, also Gewebe, die von Webekunst zeugen und die deshalb, seiner Meinung nach, von den antiken Völkern als Symbole der kosmischen Harmonie und der magischen Schöpfungskraft aufgefasst wurden. Zu dieser Reihe soll auch die bekannte Hieroglyphe von *ʿnḫ* = Leben gehören.[23] Ich habe diese Stelle zitiert, nicht um die Richtigkeit von Kristensens Auslegung zu prüfen, sondern um darauf hinzuweisen, dass

[20] BLEEKER, *Hathor and Thoth*, 118.
[21] H. TE VELDE, *Seth, God of Confusion*, 1967.
[22] BLEEKER, *Hathor and Thoth*, 118.
[23] KRISTENSEN, op.cit. 47.

man um die typisch altägyptische Terminologie zu ermitteln, nicht nur die Texte studieren muss, sondern auch den Symbolen, in denen die Ägypter ihre Auffassung über die Götter und das religiöse Leben ausdrückten, Aufmerksamkeit schenken sollte. E. Otto traf ins Schwarze, als er schrieb, dass der Ägypter im Gegensatz zum griechischen begrifflichen Denken sich plastischer Bilder, lebendiger Analogien und anschauliche Vorstellungen bediente um seine Gedanken und Gefühle zu äussern.[24] Das sind Ausdrucksmittel, die zu einer religiösen Terminologie gehören, wie sie im berühmten W.B. nicht inkorporiert ist.

Das zweite Thema ist der Mensch, das heisst die religiöse Anthropologie. Es wäre nicht merkwürdig, wenn man sich im „Jahrhundert der Psychologie" in erster Linie für die Religionspsychologie der alten Ägypter interessieren würde. Es gibt jedoch zwei Gründe, weshalb man dieses Kapitel überschlagen kann. Erstens sind die religiösen Gefühle der Ägypter uns nicht genügend bekannt. Sie treten nur in einigen Texten, nämlich in den von A. Erman und B. Gunn bearbeiteten Inschriften auf Denksteinen aus der Thebanischen Necropole[25] und in den von mir studierten Hathor- und Thoth-Liedeı[26], in den Vordergrund. Zweitens machte der Ägypter keinen Unterschied zwischen Körper und „Seele", als dem materiellen und dem geistigen Teil des Menschen. Aus den Pyramidentexten z.B.[27] geht hervor, dass der *ḏ.t* = der Körper, eine Kraftsubstanz bildet, die für das Fortbestehen ihres Besitzers unentbehrlich ist. Der „geistige" Teil des Menschen kan offenbar unter verschiedenen Aspekten gesehen werden. Denn man schreibt dem Menschen einen *k3*, einen *b3*, einen *'ib* = Herz, einen *ḫ3jb.t* = Schatten und einen *3ḫw* zu. Diese Grössen sind in der ägyptologischen Literatur so wiederholt behandelt worden, dass ich auf ihr Wesen nicht näher einzugehen brauche und die diesbezügliche Literatur unerwähnt lassen kann. Es ist nur wichtig, einzusehen, dass es sich hier um eine Pluralität von „Seelen" handelt, die der Mensch besitzen kann. Allerdings muss ich das Wort „Seele" sofort wieder zurücknehmen. Neulich hat J. Bergman in einer Studie über den *b3*-Begriff aufs neue vor der Gewohnheit gewarnt, die genannten Begriffe als „Seelen" zu bezeichnen. Es sind Aspekte des menschlichen Wesens, das seine „numinosen" Seiten hat, wie Rud. Otto

[24] E. OTTO, *Ägypten*, Der Weg des Pharaonenreiches, 1955; Siehe auch: S. SCHOTT, *Hieroglyphen*, Untersuchungen zum Ursprung der Schrift, 1951.

[25] A. ERMAN, *Denksteine aus der thebanischen Gräberwelt* (Sitzungsber. der kön. Preuss. Akad. der Wiss. 1911); B. Gunn, The Religion of the Poor in Ancient Egypt (*J.E.A*. 3, 8 sq.)

[26] Siehe Fussnoten No 7 und 8.

[27] G. VAN DER LEEUW, *Godsvoorstellingen in de oud-aegyptische pyramidentexten*, 1916, 32.

sagen würde. Die genannte Studie von Bergman bekommt in diesem Zusammenhang besondere Bedeutung, weil er mit vielen Zitaten klar macht, dass der *b3*, den nicht nur die Götter, sondern auch die Menschen besitzen, „eine göttliche Offenbarungsform" ist.[28] Es kommt also darauf an einzusehen, dass alle genannten Begriffe für die geistige Seite des Menschenwesens, letzten Endes eine religiöse Tiefe haben.[29]

Eine religiöse Anthropologie enthält immer eine Wertschätzung des Menschen. Das bedeutet, dass man in der Religion ein Auge hat sowohl für die Licht-, als für die Schattenseiten seiner Natur. Dies war auch in Ägypten der Fall. Da der alte Ägypter eine scharfe Beobachtungsgabe hatte, wusste er sehr gut die schwachen Seiten des Menschen zu entdecken. So gibt es eine lange Reihe von Wörtern für Sunde, nämlich *'iw, 'iwj.t, 'isf.t, ʿwt, wḫ3, bwt, bt3, ḫww, ḫ3b.t, ʿb* und eine etwas kürzere Serie Wörter für Schuld, das heisst *ḫbr.t, śḫf, gb3w, ʿd3, bt3*. Um die Funktion dieser Wörter zu verstehen muss man bedenken, dass der Ägypter in Gegensatz zu den Semiten keine unüberbrückbare Kluft zwischen Gott und Mensch gähnen sah, sondern bei aller Ehrfurcht für die Götter sich ihnen verwandt fühlte, so dass er hoffen konnte, – besonders im Tode – Anteil an ihrer Kraft der Auferstehung zu bekommen. Sein Gefühl von Sünde und Schuld wird also keine zerknirschende Erfahrung gewesen sein. Weiter soll man auch hier den Ton dieser Wörter gut belauschen. Dann erfährt man, dass die Wörter für Sünde auch verwendet werden für: Verbrechen, Torheit, Unrecht, Leiden, Schade, und dass die Wörter für Schuld die Nebenbedeutung haben von: Versehen, Unglück, Ärgernis. Nur ausnahmsweise stösst man in den Texten auf ein reines Gefühl von Sünde und Schuld.[30] Mit Recht hat Frankfort daher den Schluss gezogen: „the Egyptian viewed his misdeeds not as sins, but as aberrations... He who errs is not a sinner, but a fool, and conversion to a better way of life does not require repentance but a better understanding".[31]

Dies bedeutet, dass der Ägypter davon überzeugt war, dass sowohl seine Tugend als auch sein Glück geschützt sein würden, so lange er in Einklang mit Ma-a-t, der Weltordnung lebte. Derjenige, der diesen Lebenswandel gewählt hat, ist ein ma-a-tj = ein Gerechter. Ma-a-tj ist ein wichtiger und charakteristischer Begriff in der altägyptischen religiösen Anthropologie. In seiner profanen Bedeutung ist es der Ehrentitel des gerechten, zuverlässigen, unbestechlichen Beambten. Der re-

[28] J. BERGMAN, *B3* som gudomlig uppenbarelseform i det gamla Egypten (*Religion och Bibel*, 29, 1970).

[29] RUD. OTTO, *Aufsätze, das Numinose betreffend*, 1923, 37.

[30] C. J. BLEEKER, Guilt and Purification in Ancient Egypt (*Numen* 13,2)

[31] H. FRANKFORT, *Ancient Egyptian Religion*, 1948, 73/4.

ligiöse Sinn geht tiefer. Der ma-a-tj ist der geistig vornehme Mann, der infolge seines Lebens in Harmonie mit Ma-a-t Milde, Weisheit und beherrschte Würde gewonnen hat. Dieses Ideal – denn das ist es selbstverständlich – kann man auch mit dem Worte: der „Schweigende" (*gr*) bezeichnen, dessen Gegenstück der „Hitzige" ist. Und so stehen nach dem altägyptischen Empfinden zwei Typen einander gegenüber: der Leidenschaftliche, der Habsüchtige, der Zanksüchtige, der Selbstbewusste und der Beherrschte, der Bescheidene, der Geduldige, der Fromme.[32]

Es ist allbekannt, dass die Ägypter grosze Sorgfalt auf die Mumifikation, das Begräbnis, und den Kult ihrer Toten verwendeten, in der Absicht, ihnen damit ein glückliches Fortbestehen im Jenseits zu sichern. Sie haben sich jedoch gescheut, das numinose Wort Tod auszusprechen. So nannten sie den Tod einen Schlaf[33] und umschrieben das Sterben poetisch mit den Verba *mn'i* = landen und *ḫ3c* = (das Leben) verlassen. Die Unterwelt hiess bei ihnen unter anderem *'igr.t* = das Reich der Ruhe.[34] Eine der Göttinnen des Jenseits ist Meresger, derer Name bedeutet: die das Schweigen liebt.[35] In diesen Begriffen spürt man das klare Bewusstsein, dass der Tod den Menschen in eine ganz andere, numinose Dimension hineinführt.

Denn man war im alten Ägypten fest davon überzeugt, dass die Verstorbenen weiter leben, ja man glaubte, dass sie eine höhere Existenz erreicht haben. Der Tote wurde in einen *3ḫw*, ein verklärtes Wesen, eine Lichtfigur verwandelt. Deshalb kann man die Tendenz der ganzen, komplizierten Totenpflege am besten wiedergeben mit dem Verbum *ś3ḫ* = dem Toten den Status eines *3ḫw* geben, was praktisch bedeutet sein Leben erneuern.[36] Obendrein durfte der Tote hoffen, dass er mit der Hilfe von Thoth im Totengericht zu einem *m3ʿ-ḫrw* = Gerechten, erklärt werden sollte (*śm3ʿ-ḫrw*). *3ḫw, ś3ḫ,m3ʿ-ḫrw, śm3ʿ-ḫrw* werden regelmässig im profanen Sprachgebrauch benutzt. Hier handelt es sich jedoch um ihre religiöse Bedeutungsnuance. Diese ist bei *m3ʿ-ḫrw* sehr charakteıistisch. *M3ʿ-ḫrw* ist jemand, dessen *ḫrw* = Stimme als Äusserung der Lebenspotenz *m3ʿ* = in Einklang met Ma-a-t ist. Das kann erst beim Totengericht entschieden werden, denn dort wird nicht nur die ethische Tugend, sondern auch der kosmisch-religiöse Wert des Menschen geprüft.[37]

Drittens kommt die kultische Terminologie an der Reihe. Da die altägyptische Religion sich an erster Stelle im Kult, in der Verehrung von

[32] C. J. BLEEKER, *Ma-a-t*, 29 sq.
[33] A. DE BUCK. *De godsdienstige opvatting van de slaap* (MVEOL, 1939, No 4).
[34] J. ZANDEE, *Death as an Enemy*, 1960, 53 sq., 93.
[35] H. BONNET, *Reallexikon der ägyptischen Religionsgeschichte*, 1952, 455 sq.
[36] BLEEKER, *Festivals*, 139 sq.
[37] BLEEKER, *Ma-a-t*, 70 sq.

Göttern und Toten äusserte, ist es selbstredend, dass es eine reiche kultische Terminologie gibt. Die ägyptische Sprache hat eine Anzahl Bezeichnungen für das Heiligtum und einige wenige für das Allerheiligste des Tempels. Die Priester tragen ihre Namen nach ihren Beruf und Rangordnung. Sehr reich ist die Terminologie für alles, was mit dem Opfer zusammenhängt – zu umfangreich, um Einzelheiten zu erwähnen. Man braucht keinen besseren Beweis für die These, dass die ägyptische Religion eine richtige Opferreligion war.

Diese Kategorien von kultischen Wörtern, die sich vermehren liessen, bezeichnen jedoch nur sozusagen die äussere Fassade des Kultes. Von der geistigen Atmosphäre spürt man etwas mehr, wenn man hört, dass es sieben Wörter für beten gibt, die sich jedoch nicht nur auf die Bitte an die Götter, sondern auch auf die flehentliche Bitte an den Pharao beziehen. Dasselbe gilt von neun Wörtern für verehren und von vier Wörtern für Verehrung. Wichtig ist es, dass es verschiedene Ausdrücke für das Orakel und für die Zauberkraft gibt. Tempel und Kult liegen in der Sphäre der Heiligkeit. Es ist deshalb nicht verwunderlich, dass man vier Wörter antrifft, die mit „heilig" übersetzt werden können, obgleich sie auch Nebenbedeutungen haben, nämlich *ꜣḫ,śmj,štꜣ* und *ḏśr*. Wie gesagt, spielt die Reinheit eine grosse Rolle im ägyptischen Kult. Es kommen vier Ausdrücke für rein, vier für Reinheit und vierzehn für reinigen vor. Besondere Aufmerksamkeit wollen wir den zwölf Wörtern für unrein widmen: *ᶜb,btꜣ, prt, njd, ḥᶜḏꜣ, ḥḏꜣj, ḫww, ḫꜣt, tr, trj.t* und *ḏw*. Die wechselnden Unterbedeutungen sind interessant: sie reichen von Schmutz über das Verkehrte und die rituelle Unreinheit bis zu Sünde, im ethisch-religiösen Sinn. Hier werde ich es bei dieser Übersicht bewenden lassen, in der Überzeugung, dass man dem Geist, der im ägyptischen Kult waltete, beträchtlich näher kommt, wenn man die folgenden Begriffe betrachtet:

1) *štꜣ* = Geheimnis. Was bedeutet dieses Wort, das wiederholt in den kultischen und funerären Texten benutzt wird? Man liest, dass religiöse Menschen, sowohl lebendige als tote, erklären, dass sie in gewisse Geheimnisse eingeweiht sind. Auf den ersten Blick ist man geneigt, an die Einweihungen in die griechischen und orientalischen Mysterien zu denken. In der populären Literatur über Alt-Ägypten wird denn auch viel über eine esoterische Weisheit gefabelt, die die Ägypter besessen haben sollten. Die Texte schweigen völlig darüber. Es hat im alten Ägypten niemals geschlossene Kreise gegeben, die Geheimnisse besassen. Jederman kannte den Inhalt der Mythologie und die Tendenz der Riten. Das will nicht sagen, dass das grosse Publikum Zutritt zu den Tempeln hatte. Der Tempel war keine Kirche, in der die Gläubigen sich sammeln, sondern die Wohnung Gottes, dem der Pharao oder der Hohepriester

mit einer kleinen Gruppe Auserwählten – später wurde die Zahl sicher grösser – huldigten und dem sie opferten. Dieser Umstand unterstreicht die Wahrheit, dass es ein offenes Geheimnis gab, nämlich die Kenntnis des mysteriösen und unergründlichen Wesens der Gottheit. Davon waren die Ägypter tief überzeugt. Deshalb sprachen sie von *št3*. Das war eine Wahrheit, die im Kult dramatisiert wurde, derer Heiligkeitscharakter aber so gross war, dass sie nicht profanisiert werden durfte, indem man sie abbildete oder darüber redete. In den Texten rühmen Menschen sich der Kenntnis gewisser Wahrheiten, worüber sie nicht reden dürfen. Um Missverständnissen auszuweichen: es handelt sich hier nicht um theologische Thesen, sondern um die Einsicht in das Wesen der Gottheit, die dem Menschen im kultischen Handeln veranschaulicht wurde.[38]

2) Die *pr.t* = der Auszug. Dieses Wort bezeichnet die Prozession, in der das Bild der Gottheit herumgetragen und dem Volke gezeigt wurde. Die *pr.t* hatte jedoch eine tiefere Bedeutung. Es war die „Epiphanie" der Gottheit. Um das zu verstehen, soll man bedenken, dass das Götterbild für die Ägypter kein Stück Stein oder Holz, mit dem Bildnis der Gottheit war, sondern die Inkarnation der Gottheit selbst. Die Texte sagen „expressis verbis", dass die Götter ihre Bilder in Besitz nahmen. Deshalb ist die *pr.t* die Dramatisierung einer mythischen Wahrheit, nämlich des Sieges des göttlichen Lebens.[39] In Bezug auf die *pr.t* von Min habe ich zu seiner Zeit darzugelegen versucht, dass es seine *mśw.t* = Geburt sei, dass heisst nicht sein Hervorgehen aus einem Elternpaar, sondern seine spontane Geburt, aus sich selbst, die nur ein Gott leisten kann.[40]

3) *wṯs nfrw* = Emporheben der Schönheit. Kristensen hat damals mit Recht die Aufmerksamkeit auf die Bedeutung dieses Ausdruckes gelenkt. Er fungiert nämlich sowohl als Name des sakralen Schiffes als auch zur Bezeichnung des Ritus, in dem man das Boot oder das Götterbild emporhob.[41] Die Bedeutung von *nfrw* kam schon zur Sprache. *wṯs nfrw*, als Name des sakralen Bootes oder des genannten Ritus bringt einen Hauptgedanken der ägyptischen Religion, der im Kult in verschiedener Weise aktualisiert wurde, zum Ausdruck. Dies ist die Überzeugung, dass das göttliche Leben wiederholt triumphiert und den Sieg über Chaos und Tod davonträgt.

Schliesslich ist es der Mühe wert, sich zu fragen, wie die Weltanschauung der alten Ägypter aussah. Es ist wohlbekannt, dass sie ein geozentrisches Weltbild besassen. Sie orientierten sich nach dem Süden.

[38] BLEEKER, *Min*. 63; *Festivals*, 45.
[39] BLEEKER, *Hathor and Thoth*, 86.
[40] BLEEKER, *Min*.
[41] KRISTENSEN, op.cit., 134 sq.

Von den Himmelstrichen hatten besonders der Westen und der Osten religiöse Bedeutung, obgleich auch der Norden und der Süden in ihrer Weise in der Weltkonzeption fungierten. Der Westen, wo die Sonne untergeht, war äquivalent mit dem Totenreich, während der Osten als der Ort der Auferstehung gewertet wurde. Kristensen hat in seiner Doctorarbeit tiefschürfende Untersuchungen der religiösen Bedeutung der betreffenden Hieroglyphen und Wörter, nämlich *'imnt.t* und *'iȝb.t* durchgeführt.[42]

Man könnte noch mehr Besonderheiten des ägyptischen Weltbildes erwähnen. Sie würden jedoch nichts Wichtiges zu dieser Untersuchung beisteuern. Es ist entscheidend, dass die Weltanschauung der alten Ägypter grundverschieden von derjenigen des modernen Menschen war. Der letztere fühlt sich ergriffen von einer Dynamik, die ihn in einem fürchterlichen Tempo fortschleppt: er blickt nach der Zukunft, nach dem Jahr 2000. Der alte Ägypter besass eine statische Weltanschauung: er orientierte sich an der Vergangenheit, an der Schöpfungsmythe. Diese Haltung war der Grund seiner festen Überzeugung, dass Ma-a-t, die bei der Schöpfung ein für allemal festgesetzte Weltordnung, sich trotz Perioden von Chaos und sozialer Auflösung immer wieder behaupten würde.

Was die daraus erfolgende Terminologie betrifft, darf ich die Betrachtungen, die J. Leclant in einem schönen Artikel über „Espace et temps, orde et chaos dans l'Egypte pharaonique" angestellt hat, dankbar benutzen.[43] Sie bestätigen völlig die Ergebnisse meiner eigenen Forschung. Leclant macht die richtige Bemerkung, dass die ägyptische Sprache keinen Ausdruck für Raum besitzt, jedoch wohl verschiedene Wörter für Zeit, je nach deren Aspekt. In Bezug auf den Zeitbegriff stellt er fest: „il n'y a pas de véritable „progrès" des choses, ni non plus par rapport à un but vraiment final, car il n'y a pas d'entélechie", „le temps liminaire, qui déroule sa progression du passé, du présent, et du futur, n'a jamais joué un rôle essentiel dans la réflexion égyptienne", „C'est vers le passé que l'Egyptien fait face". Diese a-historische Haltung bestimmte auch die Formen des ägyptische Verbums. Darin fehlt der Zeitbegriff: Vergangenheit, Gegenwart und Zukunft. Die Formen des Verbum geben zwei Aspekte der Handlung wieder: das Vollendete und das Unvollendete. Es wundert einen nicht, dass eine fortlaufende Chronologie fehlt. Denn es gab kein Geschichtsbewusstsein.

Die Ägypter haben erstaunliche Leistungen, z.B. auf dem Gebiet der

[42] W. B. KRISTENSEN, *Aegypternes Forestellinger om Livet efter Doden*, i forbindelse med guderne Ra of Osiris, 1896.

[43] LECLANT, op.cit., 233.

Architektur, vollbracht. Und dennoch bestätigen diese Untersuchungen über die religiöse Terminologie, in der ihre naiv-poetische und dennoch tiefsinnige Natur so deutlich hervorgetreten ist, völlig Leclants Schlusscharakteristik der altägyptischen Kultur. Er schreibt: „civilisation de pierre, tournée obstinément vers les résultats de ses commencements, cherchant à les répéter, sans aucun sens de ces améliorations techniques que connaissent les civilisations du métal, ouvertes aux inventions de tous ordres, éventuellement aux changements sociaux, voire même tournées vers le messianisme".

Die Zusammenfassung dieser wenigen Notizen kann kurz sein. Die religiöse Terminologie der alten Ägypter war ausgesprochen prägriechisch und typisch antik. Das heisst, sie war spontan entstanden, bildlich und frei von begrifflicher Reflexion. Dennoch zeugt diese Terminologie von einer tiefen Einsicht in das Wesen der Gottheit und von einer originellen religiösen Weisheit. Es ist meine feste Überzeugung, dass man diese merkwürdige Religion nur dann richtig sieht und versteht, wenn man die technischen Begriffe der modernen Religionswissenschaft vergisst und vorurteilslos und unbefangen die religiösen Äusserungen der alten Ägypter studiert.

I SAMUEL 8, VERSE 16B

P. A. H. DE BOER (LEIDEN)

ועשה למלאכתו belongs to the catalogue of the customs of a king, I Samuel 8,11-16 (17). The sentence is a continuation of the statement that a king takes slaves, male and female, and the elite of the young men together with asses. Its construction is imperfect forms continued with perfect with *waw*, verses 11, 14, 15 and in verse 16, and can be compared with imperfect forms continued with *lamed* plus infinitive, verses 12 and 13.

The ancient versions render verse 16b in various ways. The Septuagint reads καὶ ἀποδεκατώσει εἰς τὰ ἔργα αὐτοῦ, ועשר instead of ועשה, a rendering which rightly did not find followers.[1] The usual translation of the sentence, 'doing his work', is given in the Peshiṭta, *wnᶜbd ᶜbdh,* and in the explanatory reading of the Targum למהוי עבדין עבידתא. The Vulgate renders *et ponet in opere suo*, which recalls (*tollet*) *et ponet* of verse 11.

Budde thinks ועשו במ' an easier reading[2] and similarly Segal suggests correcting the masoretic text into ועשׂה (ועשו) במ'.[3] Smith speaks of an unusual construction. He says: We should expect לעשות במ'.[4] The reading of 4QSam^{a} approaches Budde's wish and others suggestion, ועשו למלאכתו.[5] The Qumranreading takes מלאכה as work, labour, similar to the

[1] J. WELLHAUSEN, *Der Text der Bücher Samuelis*, Göttingen 1871, 70 observes that the expression 'the best, elite, of the young men' already marks the Septuagint reading as incorrect. The Septuagint reading 'your herds' instead of 'your young men' does not lessen the power of Wellhausen's remark.

[2] K. BUDDE, commentary, Tübingen/Leipzig 1902, 56, 'leichter wäre 'ועשו במ''.

[3] M. S. SEGAL, commentary, Jerusalem 1956, סג, 'perhaps to correct ...'.

[4] H. P. SMITH, commentary, Edinburgh 1899, 3rd ed. 1912, 58.

[5] Reproductions of the photographs of these fragments are kindly made available to me by Professor F. M. CROSS Jr in view of Biblia Hebraica Stuttgartensia, Samuel, which is expected to appear in 1974.

ancient versions. The reading 'and they will do his work' is possible. In later style *lamed* is used in the sense of את, indicating the direct object.

It is improbable that the Qumran fragment has preserved the original reading, however. The late style forms a reason to mistrust its originality. Moreover the construction of the masoretic text is similar to that used in verses 11, 14 and 15. All these statements have the same subject, the king. It would be very improbable to assume a deviation in verse 16. The object of the verb יקח would become the subject of the verb following.

Is 'doing his work' a correct rendering of our sentence? A review of a series of translations from the last century[6] shows an almost common opinion in rendering עשה ל with 'to use for'. Klostermann's 'einstellen für' (put into use); Buber-Rosenzweig's 'übermachen' (transfer to); and Stoebe's 'einspannen für' (assign to) differ from the usual rendering. This usual rendering 'to use for' (to put to, employer à, verwenden) might be influenced by מלאכתו. עשה ל means 'to make, *or* appoint, to'. If we try to fix the meaning of מלאכתו we see in the translations the idea, the works of the king, or the royal housekeeping, household, As far as is known to me only Stoebe translates differently, 'seine Vorhaben', his intentions, plans, projects. In his original and elaborate study of the first book of Samuel Stoebe distinguishes the statements of verses 11-15 from the directive in verse 16. In his opinion vv.11-15 contain the permanent obligations imposed by the king and verse 16 speaks of incidental

[6] Revised Version, 1884, 'and put them to his work'; *idem* Revised Standard Version, 1952; The Confraternity Version, 1965:
A. KLOSTERMANN, 1887, 26 'und für seine Wirtschaft einstellen';
S. R. DRIVER, 1889, 2nd ed. 1913, 68, 'and use them for his business';
Leiden Translation, 1899 'en ze bij zijn werk gebruiken';
W. NOWACK, 1902, 37, 'und für seine Wirtschaft verwenden'; *idem* A. SCHULZ, 1919, 122; R. KITTEL, 1922;
P. DHORME, 1910, 72, 'pour les employer à ses travaux';
W. CASPARI, 1926, 93, 'um arbeiten zu lassen';
Zürcher Bibel, 1931, 'und für seine Hofhaltung verwenden';
JOH. DE GROOT, 1934, 47 'om ze voor zich te laten werken';
M. BUBER-F. ROSENZWEIG, (no date), 'und seiner Wirtschaft übermachen';
Canisius Translation, A. VAN DEN BORN, 1939, 'om die voor zijn eigen werk te gebruiken';
Dutch Bible Society, 1951, 'en gebruiken voor zijn werk';
Bible de Jérusalem, R. DE VAUX, 1956, 'et les fera travailler pour lui';
Pléiade, DHORME, 1956, 'et les affectera à ses travaux';
A. VAN DEN BORN, 1956, 48, 'en ze voor hem laten werken';
H. W. HERTZBERG, 1965, 54, 'und (sie) für seine Arbeit verwenden';
New American Bible, 1969, 'and use them to do his work';
New English Bible, 1970, 'and put to his own use';
H. J. STOEBE, 1973, 185, 'und sie für seine Vorhaben einspannen'.

projects, probably building plans of the king.[7] I do not think that Stoebe gives sufficient evidence for a new meaning of מלאכה, a meaning which cannot be derived from the basic sense of the word, nor is found elsewhere in Hebrew or in a cognate language. מלאכה is a derivation of the root *l'k*, known in Ugaritic, Arabic and Ethiopic, to send, to charge with a mission. מַלְאָךְ is a messenger, and מלאכה an instruction, agency, charge. From the basic sense the various meanings of the term are comprehensible: The execution of orders, assigned duties, work, employment, in some cases including the results of work, property or stock (Ex.22,7.10; Gen.33,14; I Sam.15,9). In Ezech.15,3 Zimmerli suggests 'to make to a product of work',[8] לעשות למלאכה. עשה nif. with למלאכה occurs in Ezech.15,5 and Lev.7,24.

I think that in I Sam.8,16b מלאכה means the royal property, including his servants, acres, cattle, court. The royal property is required, recruited from families. Thenius was in my opinion not far from the correct sense: 'nach der gew. Bedeutung von עשה ל er wird sie zu seiner Habe (I Sam. 15,9) machen, d.i. sich aneignen; [möglicher Weise auch: er wird sie zu seiner Botschaft machen, d.i. zu seinen Beschickungen und Geschäften überhaupt verwenden.][9]

The rendering '(Your slaves, male and female, the elite of your young men and your asses he will take) and make his property' suits to the basic sense of the terms used and is in agreement with the context. The rendering seems to be supported by the description of the contrast, the ruin of royal power. Ruin of royal power is expressed by the return of the king's soldiers and servants to their ancestral families. 'And all Israel fled every one to his tent', after Absalom's death, II Sam.18,17b, cf. II Sam.19,8. Rejecting their king is expressed with: 'We have no portion in David – every man to his tent, O Israel', II Sam.20,1.

7 STOEBE, Das erste Buch Samuelis, Gütersloh 1973, 184-189.
8 W. ZIMMERLI, commentary 1969, 325f. 'Wörtl. zum Werk (stück?) zu machen'.
9 O. THENIUS, commentary 1842, 29.

DAS ZEITWORT *'ĀLĀ* UND SEINE DERIVATE

H. A. BRONGERS (LEUSDEN)

Unter den hebräischen *verba movendi* hat das Zeitwort *ālā* eine wichtige Stelle inne. Es ist im *Qal* nicht weniger als 675 mal belegt. Dazu gesellt sich noch das *Hiphil* mit 193 Belegen. Wir fangen mit einer Auslese der *Qal*-Stellen an.

1.1 Die meist hervortretende Bedeutung des Zeitworts ist die vertikal-lokale: von der Ebene heraus in die Höhe emporsteigen. Subjekte sind Rauch (Gen19,28; Ex19,18; Jes34,10; Ps18,9), Wolken (Jer4,13), Gestank (Jes34,3; Jo2,20), Feuer (Ri6,21), Staub (Jes5,24).

1.2 Daneben ist eine Verwendung zu verzeichnen, die einem breiteren Begriffsskala dienen soll, wie z.B. dem Hinaufwächsen von Bäumen (Jes55,13; Ez47,12), dem Ausschlagen von Blüten und Herauswachsen von Sprösslingen und Ähren (Gen40,10; 41,22; Dt29,22; Jes53, 2), Dornen und Disteln (Jes32,13; Hos10,8), dem Aufsprudeln einer Quelle (Nu21,17), dem Heraufkommen von Heuschrecken (Ex10,14), Fröschen (Ex8,2), Wachteln (Ex16,13)[1], eines Löwen vom Dickicht (Jer49,19), eines Rasiermessers auf das Haupt (Ri13,51; I Sam1,11), dem Springen eines Klappnetzes vom Boden (Am3,5); dem Emporsteigen des Nils (Jer46,7); des Meeres (Jer51,42), dem Hereinsteigen des

[1] Lässt sich das Heraufkommen von Fröschen (zB vom Wasser heraus auf das Land) mühelos verstehen, ist dies angesichts der Heuschrecken und Wachteln weniger der Fall, ist hier doch die Richtung des *movens* (von oben herab auf das Land) geradezu die umgekehrte. Anzunehmen ist, dass hier eine abgeschwächte und verallgemeinerte Verwendung von *'ālā*, der wir noch öfters begegnen werden, vorliegt.

Todes durch die Fenster (Jer9,20), dem Hervorkommen des Loses (Lev16,10; Jos18,11; 19,10).

1.3 Wir begegnen weiter einer breiten Verwendung des Zeitwortes im übertragenen Sinne: Auffahren des Zornes (II Sam11,20; Ez38,18; Ps78,21.31; Qoh10,4), Emporsteigen des Hilferufes (Ex2,23; I Sam5,12; Jer14,2), der Bosheit (Jon1,2). Hierzu gehören auch die Redensarten *welō ʿaletā ʿal libbī* oder dergleichen (Jes65,7; Jer3,16; 7,31; 19,5; 32,35; 44,21; Ez11,5; 20,32) und *lō ʿaletā ʾarūkat bat-ʿammī* (Jer8,22).

1.4 Genau der primären Bedeutung des Verbs entsprechend, sind folgende Stellen zu betrachten: Elohim fährt auf von Abraham (Gen17,22), von Jakob (Gen35,13). Jahwe steigt auf mit Jubelschall (Ps47,6). Nach seinem Besuch an Manoah fährt der *mal'ak yhwh* in der Lohe des Altars herauf (Ri13,20). Elia fährt im Wagen gen Himmel (II Kö2,11). Zu diesen Stellen gehört auch Am9,2: „und wenn sie hinaufsteigen zum Himmel, so will ich sie von dort herabbringen".

1.5 Die letzte Stelle schlägt eine Brücke zu einer Gruppe von Texten, wo *ʿālā* mit einer Präposition erscheint: Mose steigt auf (*'el*) den Berg Sinai (Ex34,4), auf den Berg Nebo (Dt34,1). Der Priester Aaron steigt auf Befehl Jahwes auf (*'el*) den Berg Hor (Nu33,38) *ʿālā ʿal* wird auch für die Begattung von weiblichen Tieren verwendet (Gen. 31,10).

1.6 Neben dem Steigen auf einem Berg ist noch das Hinaufgehen einer Treppe (II Kö4,21) und das Besteigen von Pferden (Jer46,4) zu erwähnen. *ʿālā ʿal* wird auch für die Begattung von weiblichen Tieren verwendet (Gen31,10).
Weil es Altäre auf jeder Kulthöhe gab,[2] ist die ständige Formel für das Steigen auf den Altar *ʿālā ʿal hammizbēaḥ* (I Kö12,33) oder *ʿālā ʾel mizbaḥ yhwh* (II Kö23,9).

In weitaus den meisten Fällen lagen auch die Heiligtümer selber auf Anhöhen. Folglich verwendet man für das Besuch an ein Gotteshaus entweder den Terminus *ʿālā + nomen loci* ohne Präposition (Ri20,18; Hos4,15) oder wenn auch der Gottesname erwähnt wird, mit der Präposition *'el* (Ri21,5; I Sam1,3.21; 10,3). Ständige Formel für den Tempelbesuch in Jerusalem ist *ʿālā bēt yhwh* (II Kö19,14; 20,5.8; 23,2; Jes38,22; Jer26,10). Nur in besonderen Fällen erfolgt eine Konstruktion mit *'el*: *naʿalè... 'el bēt 'elōhē yʿaaqōb* (Jes2,3; Mi4,2); *naʿalè ṣiyyōn 'el yhwh 'elōhēnū* (Jer31,6). Weil Kultfeste, namentlich in der nachexilischen Zeit, meistens in Jerusalem begangen wurden, verwendet man für die

[2] K. GALLING, *Biblische Reallexikon*, Tübingen, 1937, 14.

Teilnahme an einem *ḥag* den Terminus *ʿālā lāḥog ʾet-ḥag* (Sa14,16.18). Es leuchtet ein, dass für diese Wendungen vor allem die topographische Lage Jerusalems zuständig ist. Ebenfalls geographischen Verhältnissen entsprechend ist der Brauch von *ʿālā*, als es sich um die Reise von Ägypten nach Kanaan handelt (Gen13,1; 45,9; 50,6).

1.7 Neben diesen kultischen Redensarten gibt es auch eine juristische. In der Absicht, mit den juristischen Problemen, die der Eheschliessung mit der Ruth noch im Wege stehen, fertig zu werden, geht Boas hinauf zum Tor (*ʿālā haššaʿar* Ru4,1). Mit dieser Stelle ist Dt25,7 zu vergleichen, wo es sich um die Schwagerehe handelt und der Schwägerin empfohlen wird für die Verteidigung ihrer Sache ebenfalls zum Tor hinaufzugehen. Im Tor tagt das Gremium der *ziqnē hāʿīr*, denen es obliegt *in juridicis* richtige Entscheidungen zu treffen. Auch hier lässt die ständige Formel sich am leichtesten von der Topographie aus erklären, waren doch auch die Städte gewöhnlich auf Anhöhen gebaut.

1.8 Sind wir bisher mit der lokal-vertikalen Deutung von *ʿālā* gut fertig gekommen, müssen wir uns nunmehr mit einer Reihe von Stellen befassen, wo es nicht immer deutlich ist welche Richtung gemeint ist, die vertikale oder die horizontale. Es handelt sich um Wendungen wie *ʿālā* mit der Präposition *ʿal, ʾel, b^e, mīn* und *mēʿal*.

1.9 Es hat sich gezeigt, dass *ʿālā ʿal terminus technicus* ist für das Herausrücken eines Heeres oder einer Heeresabteilung, mit der Absicht sich eines bestimmten Territoriums zu bemächtigen oder mittels einer Belagerung eine Stadt zu erobern (I Kö14,25; II Kö12,18; 18,9.13.25; 23,29; Jer36,1; Jer50,3.21; Jo1,6; Ez38,11). Auch wenn nicht *expressis verbis* erwähnt, ist dieses *ʿālā* immer mit dem Begriff *milḥāmā* korreliert und deshalb zu vergleichen mit I Kö22,6, wo auf der Frage Ahabs an die Propheten *haʾēlēk ʿal rāmōt gilʿād lammilḥāmā* die Antwort lautet *ʿ^{a}lē*.

1.10 Übrigens wird für den Begriff „wider einen heranrücken auch *ʿālā el* verwendet (Nu13,31; Ri20,30; I Sam7,7; II Kö3,7; Jer49,28.31). Diesen Stellen lässt sich in den meisten Fällen über die Art des Heranrückens des Heeres nichts entnehmen, namentlich ob die Kriegsoperationen sich auf Flachland oder im Gebirgsland abspielen. Es hat also den Anschein, dass wir es bei *ʿālā ʿal* oder *ʾel* mit einer erstarrten, abgeschliffenen Formel, die für einen weiteren Brauch verwendbar ist, zu tun haben.

1.11 Die Wendung *ʿālā ʾel* beschränkt sich jedoch nicht nur auf das Militär. Ganz allgemein kann sie auch „sich begeben nach', bedeuten und damit dem Terminus *hālak 'el* nahekommen (Gen35,1; 44,17; I Sam23,19). I Sam15,34; 25,35 ist sie sogar gleichbedeutend mit *šūb* (zurückkehren)!

Nebenbei sei bemerkt, dass *'ālā* in der Bedeutung „sich begeben nach" gelegentlich auch ohne Präposition erscheint. Die Wendung ist dann fast gleichbedeutend mit *bō* (kommen): Ri16,31; 20,18 (Vg *venerunt*!). Wie das Verb im Laufe der Zeit einem nicht unwichtigen Bedeutungswandel ausgesetzt war, erhellt aus Gen46,29, wo es sich um eine Reise nach Gosen handelt, und Jer46,11, wo von einer Reise nach Gilead die Rede ist. In beiden Fällen beziehen die Stellen sich auf ein Herabziehen ins Flachland. Hier hat *'ālā* also die Bedeutung von *yārad* (hinabsteigen) bekommen![3]

1.12 Ähnliches lässt sich auch an der Wendung *'ālā b^e* beobachten. Sie kann bedeuten: sich auf den Weg machen (Nu. 20,19); einen Weg ziehen (II Sam2,1); das Land durchziehen (= *'ābar*, II Kö7,5). Auch hier kann der Terminus sich sowohl auf das Reisen in der Ebene als im Gebirgsland beziehen.

1.13 Ganz neutral wird für „wegziehen aus Babel" *'ālā mīn* verwendet (Ezra7,6). Vgl. auch Gen45,25; Ex33,1 und Nu16,24 (*Niph'al*!).

1.14 Genau wie *'ālā mīn* wird für den Begriff „wegziehen von" (z.B. Jerusalem) *'ālā mē'al* verwendet (II Sam23,9; I Kö15,19; II Kö12,19; Jer34,21; 37.5.11).

1.15 Abschliessend sei noch auf einige Stellen hingewiesen, wo *'ālā* ebenfalls in einem verallgemeinerten und abgeschwächten Sinne erscheint.

a. „Die Strasse *führt* von Bethel nach Sichem" (Ri21,19; vgl. auch 20,31).
b. „Einem entgegen *gehen*" (II Kö1,3.6.7).
c. „Der Preis eines Wagens *belief sich* auf 600 Silberstücke" (I Kö10,29).
d. „Ein Dornzweig *geriet* in eines Trunkenen Hand" (Spr26,9).
e. „Die Zahl *gelangte* nicht in „das Buch" der Kronik des Königs David" (I Chr27,24).
f. Der Imperativ *'^alē* hat an vielen Stellen nichts mehr mit dem Begriff „Hinaufsteigen" zu tun, sondern ist nur nach als eine Alternative zu *lek l^ekā* zu betrachten (Gen50,6; Dt1,21; Jos17,15 (+*l^ekā*!); II Sam 24,18; I Kö18,41; II Kö16,7; 22,4).

[3] Im deutschen Sprachbereich lässt sich etwas Ähnliches beobachten: Nicht hinaus*steigen* bevor der Zug hält.

DAS NIPHʿAL

2.1 Gegenüber den zahlreichen *Qal-* und *Hiphil*-Stellen fällt das *Niphʿal* stark an Frequenz zurück. Dennoch dürfen sie nicht vernachlässigt werden. Die meisten *loci* beziehen sich auf die Wolke, die den Israeliten in der Wüste Führungsdienste leistete. Als sie sich am Morgen vom Zelte erhob (*hēʿālōt mēʿal*) brachen die Israeliten jedesmal alsbald auf (Ex40,36; Nu9,17.21², vgl. Nu10,11).

In diesem Zusammenhang gehört auch Ez9,3, wo dergleiches von der Herrlichkeit (*kābōd*) des Gottes Israels, die sich vom Keruben erhob (*naʿᵃlā mēʿal hakkᵉrūb*), berichtet wird. Beachtenswert ist wohl, dass an der Parallelstelle 10,4 statt *naʿᵃlā meʿal, wayyārom mēʿal* gewählt worden ist!

2.2 Ps47,10; 97,7 jubelt der Dichter, dass Jahwe hoch erhaben ist (*mᵉʾōd naʿᵃlā*).

2.3 In einen ganz anderen Bereich führen uns zwei militär-technische Termini. Für den Begriff „die Verfolgung einstellen, die Jagd auf den Feind nicht weiter durchführen,"verwendet man 2 Sam2,27 die Wendung *naʿᵃlā mēaḥᵃrē*. Der Vers wurde von Hertzberg[4] buchstäblich übersetzt: „Wenn du nicht geredet hättest, dann würde das (Kriegs)volk (erst) am Morgen von der Verfolgung seiner Brüder hinaufgezogen sein". Die Wiedergabe ist soweit unbefriedigend, als ein „Hinaufziehen" hier gar nicht gemeint ist. Aus dem vorangehenden Vers erhellt, dass es sich um einen richtigen Rückzug (*šūb mēaḥʾᵃrē*) handelt. Wir begegnen hier also abermals einem uneigentlichen Brauch von *ʿālā*. Auch Jer37,11 handelt es sich um ein Abziehen des feindlichen Heeres (*hēʿālōt mēʿal*).

2.4 Abschliessend sei noch auf einen passiven *Niphʿal* hingewiesen. Ez36,3 wird von Zimmerli[5] wie folgt übersetzt: „So hat der Herr Jahwe gesprochen: Darum, ja darum, weil man euch verwüstet und euch nachgestellt von allen Seiten her, so dass ihr dem Rest des Volkes verfallen *und ins Gerede der Zungen und die* (*spottende*) *Nachrede der Leute gekommen seid*...". Wir haben es hier offensichtlich mit einer Wiedergabe *ad sensum* zu tun. Der hebräische Wortlaut ist in den von mir kursivierten Worten: *wattēʿᵃlū ʿal-sʾᵉfat lāšōn wᵉdibbat -ʿām*, d.h. „weil ihr hinaufgebracht worden seid auf die Lippe der Zunge und in die (spottende) Nachrede der Leute gekommen seid".

[4] H. W. HERTZBERG, *Die Samuelbücher* (*ATD*), Göttingen, 1956, 197.
[5] W. ZIMMERLI, *Ezechiel*, (*BK*), Neukirchen-Vluyn, 1969, 850.

DAS HIPHʿIL

Unter den *Hiphʿil*-Stellen fallen sofort zwei Gruppen auf. Die erste bezieht sich auf die Heraufführung der Israeliten aus Ägypten, die zweite auf das Opferritual, insbesondere als *terminus technicus* für die Darbringung des Ganzopfers (*ʿōlā*).

3.1 a) Die Wendung *hèʿèlā mīn hāʾāreṣ hāhī* oder *hèʿèlā mēʾèreṣ miṣrayîm* oder dergleichen mit Jahwe als *auctor* und das Volk Israel als Objekt findet sich Ex3,8.17; Lev11,45; Dt20,1; Jos24,17; Ri6,8; I Sam8,8; 10,18; 12,6; II Sam7,6; II Kö17,36; Jer2,6; 11,17; 16,14; 23,7; Am2,10; 3,1; 9,7; Mi6,4; Ps81,11. An 10 Stellen erscheint Mose als *auctor* (Ex17,3; 32,1.7.23; 33,1; Nu16,13; 20,5; 21,5; Ri6,13; Hos12,14).

Obwohl die Wendung eine gewisse Frequenz aufweist, kann jedoch von einem *terminus technicus* kaum die Rede sein. Es findet sich nämlich für denselben Begriff auch das Verb *yāṣā hi.* und zwar in viel grösserer Frequenz. So gibt es z.B. in Exodus gegenüber 2× *ʿālā hi.* mit Jahwe als *auctor*, nicht weniger als 10 *yāṣā hi.*-Stellen (7,4.5; 12,17.42.51; 13,3; 16,6; 18,1; 29,46; 32,12). Für die Mose-Stellen dagegen ist das Verhältnis 10× *ʿālā hi.* gegen 4× *yāṣā hi.* Beschränken wir uns auf das Buch Exodus, so ist ein gewisser Vorzug für *yāṣā hi.* in den Jahwe-*auctor*-Stellen nicht zu verkennen. Daneben kann es kaum Zufall sein, dass für das Handlen Mose das Verb *ʿālā hi.* gewählt wird. Die Erklärung dieser Differenz führt uns vielleicht zu der Annahme, dass der Autor betont haben will, dass es sich bei Mose mehr um die Handlung, als um die Person handlen soll. Das Verb *ʿālā* findet immer Verwendung als von der Abreise aus Ägypten die Rede ist. Auf die *Person* Mose fällt hier geringeres Licht. Dagegen scheint in den Jahwe-Stellen das Verb *yāṣā hi.* als spezifisch personhaft aufgefasst zu sein. Hier hängt alles an Jahwe in seiner Qualität von Erlöser und Befreier.

3.2 Ist der Vorzug für *yāṣā hi.* in Exodus, als vom Auszug aus *Ägyp*ten die Rede ist, auf deuteronomistischen Einfluss zurückzuführen? Tatsache ist, dass Dt für den Auszug aus Ägypten, fast ausschliesslich (nur eine Ausnahme: 20,1) das Verb *yāṣā hi.* verwendet (1,27; 4,20.37; 5,7.15; 6,12.21.23; 7,8.19; 8,14; 9,26.29; 13,11; 16,1; 26,8; insgesamt 16 Stellen). Bemerkenswert ist weiter, dass Mose hier nur einmal als *auctor* erwähnt wird (9,12).

3.3 Im Buche Jeremia halten *yāṣā hi.* (7,22; 11,4; 31,32; 32,21; 34,13) und *ʿālā hi.* (2,6; 11,7; 16,14; 23,7) fast einander die Waage.

3.3 b) In der Kultsprache bedeutet *ʿālā hi.*, sei es absolut, sei es kombiniert mit *'ōlā*, das Heraufbringen des Opfertieres auf den Altar, wo es als sogenanntes Ganzopfer vom Feuer völlig verzehrt wird (*holocaustum offerre*: Nu23,4; Ri6,26; 11,31; 13,16; I Sam5,14; 7,10; 13,12; I Kö9,25; Ez43,24; Ps51,21; 66,15; Job 1,5; 42,8. Zweifellos ist hiermit der ursprüngliche Sinn ans Licht gerückt. Doch scheint dieser sich später verallgemeinert und erweitert zu haben, demzufolge wir nun auch *minḥā* (Lev 14,20; Jes57,6) und *qᵉṭōret* als Objekt begegnen.

3.4 Sehen wir uns die weiteren *Hiph'il*-Stellen an, zerfällt die Gesamtzahl auf eine Kategorie, wo Jahwe als *auctor* auftritt, und eine andere, wo Menschen die handlenden Personen sind.

Fangen wir mit den Jahwe-Stellen an.

Jahwe führt Toten aus den Gräbern heraus (Ez37,13); dem Tode Verfallenen aus der Scheol (Ps30,4); aus dem Urmeer der Tiefe (Ps71,20). Er holt die Ägypter und die Frevler wie Fische mit dem Haken heraus (Ez29,4; Hab1,15) und ruft die Genesung herbei dadurch, dass er neues Hautgewebe heranwächsen lässt (Jer30,17; 33,6).

Ps 102,25 betet der Dichter, Jahwe möge ihn nicht hinraffen (= sterben lassen) in der Mitte seiner Tage. Er nimmt Elia im Sturmwind in den Himmel hinauf (2 Kö2,1).

Auch bringt er Wolken heran vom Ende der Erde (Jer10,13; 51,16; Ps135,7) und lässt den Gestank des erschlagenen Heeres in die Nase emporsteigen (Am4,10). In der Absicht den widerspenstigen Judäern den Tod des Ertrinkens herbeizuführen, lässt er die Wasser des Euphrat über sie aufsteigen (Jes8,7). Auch zieht er Sünder in seinem Garn heraus (Ez32,3).

3.5 Wo Menschen *auctores* sind, begegnen wir *Hiph'il*-Stellen für solche verschiedene Handlungen wie das Heraufbringen der Gebeine Josephs (Gen50,25; Ex13,19; Jos24,32); Sauls und Jonathans (II Sam21,13); der Lade (II Sam6,2.15); das Heraufholen des Jeremias aus der Zisterne (Jer38,10); gekochtes Fleisch aus dem Kessel heraufbringen (I Sam2,14); jem. auf den Wagen steigen lassen (I Kö20,33); eine Volksgemeinde aufbieten (Ez16,40; 23,46); das Ausheben von Fronarbeitern (I Kö5,27; 9,15.21); einen Toten heraufbeschwören (I Sam28,8.11); das Aufziehen eines Junges (Ez19,3); die Flügel wachsen lassen (Jes40,31); Rosse zum Kampf anrücken lassen (Jer51,27); ein Rauchzeichen heraufsteigen lassen (Ri20,38); die Lampen aufsetzen (= anzünden Ex30,8; Nu8,2); das Wiederherstellen von Mauern (Neh4,1); Erde auf das Haupt werfen (Jos7,6; Ez27,30; Thr2,10); Goldschmuck aufs Kleid heften (II Sam1, 24); Tribut zahlen (II Kö17,4).

3.6 Aus dem Tierreich sei noch das Phänomen des Wiederkauens (wörtlich: das Gekaute noch einmal aufkommen lassen – *ma'alat gērā* (Lev11, 3.4.5.7.26; Dt14,6-8) erwähnt.

3.7 Im übertragenen Sinne begegnen wir *'ālā hi.* an folgenden Stellen: Grimm heraufbringen, Zorn erregen (Ez24,8; Spr15,1); einen Götzen nachhangen (wörtlich: ins Herz hinaufkommen lassen – Ez14,4); Wenn ich Jerusalem nicht erhebe über die höchste meiner Freuden (Ps137,6).

3.8 Jos 7,24 ist ein gutes Beispiel dafür, das *'ālā hi.* gelegentlich auch im entgegengesetzten Sinne verwendet worden kann. In der Übersetzung Hertzberg[6] lautet die Stelle: „und sie führten (Achan) hinauf zum Talgrund Achor". Die Wiedergabe von *wayya'alū* (hinaufführen) ist so weit befremdend, als es sich hier um ein *Hinab*führen ins Tal (*'ēmeq*) handelt. Die von Hertzberg selbst vorgeschlagene Lösung der Schwierigkeit sieht wie folgt aus. Er bemerkt: „es verbirgt sich hinter der Formulierung von Vs24-26 ein heiliger Brauch, für den auch hier der Fachausdruck für das Gehen zum Heiligtum *'ālā* Verwendung fand. Man ist an einem bestimmten Tage zum Tale Achor „hinauf"-gezogen. Hierbei hat die Achangeschichte die Festlegende gebildet" (S.55). Gegen diese Erklärung erheben sich jedoch ernste Bedenken. So weit wir wissen, ist das Tal Achor niemals ein heiliger Ort gewesen. Die Herabführung Achans zur Gerichtsstelle, wo ihm der Tod durch Steinigung bevorsteht, ist gewiss heiliger Brauch. Jedoch hat der Ort, wo das Urteil vollstreckt wird, nichts heiliges an sich. Es ist daher nicht angebracht, die Verwendung von *'ālā hi.* an unserer Stelle zu dem Besuch an ein Heiligtum in Beziehung zu setzen.

Wie aus Ri15,13, wo wir einem ähnlichen Vorgang begegnen, erhellt, ist auch *'ālā* u.U. der Kategorie der Verben mit entgegengesetzter Bedeutung einzureihen. Wie z.B. *bō'* sowohl „kommen" als „weggehen" bedeuten kann, so *'ālā* nicht nur „hinaufsteigen", sondern auch „hinabsteigen" (Gen46,29; Jer46,11).

DIE DERIVATE

4.1 Das 286 mal belegte Nomen *'ōlā* ist grammatikalisch als ein Part. praes. fem. von *ālā* zu betrachten = „die, das Heraufsteigende". Man vergleiche hierzu Jes60,7, wo es heisst, dass die Schafe Kedars und die Widder Nebajots zum Wohlgefallen „auf" den Altar Jahwes steigen werden (lies mit den Versionen *l^erāṣōn 'al*).

[6] H. W. HERTZBERG, *Die Bücher Josua, Richter, Ruth* (*ATD*), Göttingen, 1953,46.

Das Nomen bezieht sich auf das männliche, unversehrte Opfertier (Lev1,3), das, wie schon gesagt, als Gabeopfer gänzlich (*kālîl*) vom Feuer verbrannt wurde (Lev6,1-6)[7]. Es fand vor allem Verwendung als Dankopfer (Gen8,20; Ri11,31; I Sam6,13ff); Ps66,13), diente aber auch zur Verstärkung des Gebets in Notzeiten (I Sam7,9; II Kö3,27). Die Opferung Isaaks (Gen22) war als Ausdruck von Abrahams Loyalität und Gehorsam Jahwe gegenüber gemeint, wie auch das Opfer Gideons (Ri6,26).[8]

4.2 *'ālè-* „das Heraussprossende": Spross, Laub, Blatt (Gen3,7; 8,11; Lev25,36; Jes1,30;34,4 (*// nōbèlèt*); 64,5; Jer8,13; 17,8; Ez47,12; Ps1,3; Hi30,4; Neh8,15).

4.3 *ma'ᵃlè*: I *'ālā*, ak. *mēlū* Treppe.
1. Anstieg, Aufgang (I Sam9,11 (*ma'ᵃlē hā'īr*); II Sam15,30 (*ma'ᵃlē hazzētīm*).
2. Tribüne, Podium (für die Leviten) Neh9,4.

4.4 1. *ma'ᵃlā*: I *'ālā* - Hinaufzug, Heimkehr (aus Babel) Ezr7,9. Weiter die Wendung *ma'ᵃlōt rūaḥ* – „was in eurem Geist aufsteigt" (Ez11,5).
2. Stufe (Altar) Ex20,26; (Thron) I Kö10,19; (Stadttor) II Kö9,13; Ez40,6.22.26; (Opferherd) Ez43,17; (Sonnenuhr) Jes38,8.

4.5 *mō'al*: I *'ālā* (*inf. pro nomine*): *bᵉmō'al yᵉdēhem* – „mit erhobenen Händen" (Neh.8,6).

4.6 *tᵉ'ōlā*: I *'ālā* – Überzug (die sich bei Heilung einer Wunde bildende neue Fleischschicht (Jer30,13).

4.7 *'ᵉlī*: I *'ālā* – Mörselkeule, Stössel, (der im Mörser von unten nach oben und umgekehrt geht (Spr27,22).

4.8 *'ᵃliyyā*: I *'ālā* – Obergemach, Raum im obern Stock (Ri3,20.23.25; II Sam19,1 (*'ᵃliyyat hašša'ar*); II Kö4,10 (*'ᵃliyyat qīr*); II Kö23,12; Jer22,13; Ps104,13).

4.9 *'alyā*; *n.l.*; I *'ālā*; Höhe = II *'alwā* (I Chr1,51)

[7] Vgl. LXX ὁλοκαυστον, ὁλοκαύτωμα (163×), ὁλοκαυτωτις (69×) und Vulg. *holocaustum*.

[8] W. B. STEVENSON, *Hebrew 'olah and zebach Sacrifices*, in: *Festschrift für Alfred Bertholet*, Tübingen, 1950, 489.

4.10 *ʿilli*: I *ʿālā*: *taḥtīt*: „da gab er ihr das obere und das untere Becken" (Jos15,19; Ri1,15).

4.11 *ʿelyōn*: I *ʿālā* – der obere. Gen40:17 (*ubassal hā-ʿelyōn*); Ez9,2 (*šaʿar hā-ʾelyōn*); II Kö18,17 (*habbᵉrēkā hā-ʿeloyōnā*); Jer36,10 (*ḥāṣēr hā-ʿelyōn*). Beliebtes Gottesepitheton: Gen14,18-20; Ps78,35 (*ʾēl ʿelyōn* – der höchste Gott); Ps83,19 (*ʿelyōn ʿal-kol hā-āreṣ* – „der Höchste über alle Welt").

Abschliessend und der Vollständigkeit halber seien nunmehr noch die Präpositionen *ʿal* und *maʿal* aufgeführt.

5.1 *ʿal*. Grundbedeutung: höher als (〉? **ʿālīm*, pl. v. **ʿalè-* Höhe).

a) *auf* – I Kö10,9: „Gepriesen sei Jahwe, dein Gott, der an dir solches Wohlgefallen hat, dass er dich *auf* den Thron Israels setzte"; Ps 3,9: „Dein Segen komme *auf* dein Volk"; II Kö16,4: „er opferte und räucherte... *auf* den Hügeln".

b) *über* – II Sam6,21: „um mich als Fürsten zu bestellen *über* das Volk Jahwes, *über* Israel"; Jes2,12: „Denn einen Tag hat Jahwe *über* alles Stolze und Ragende"; Ps29,3: „Die Stimme Jahwes erschallt *überm* Meer".

c) *gegenüber* – Ex20,3; Dt5,7: „mir *gegenüber*, mir zum Trotz".

d) *wegen* – Am1,3: „*Wegen* drei Vergehen von Damaskus ... will ich's nicht wenden"; Spr28,21: „*wegen* eines Bissens Brot"; Ps7,1: „*wegen* des Benjaminiten Kusch".
Zu erwähnen sind hier noch die Verbindungen *ʿal-zʾōt* (deswegen); *ʿal-kēn* (darum) und *ʿal ʾᵃšer* (weil).

e) *gegen* – II Kö10,9: „Ich für meinen Teil habe allerdings eine Verschwörung *gegen* meinen Herrn angezettelt"; Mi2,3: „Siehe, ich plane *gegen* diese Sippe Unheil"; Ps15,5: „nimmt Bestechung *gegen* Unschuldige nicht an".

f) *in Hinsicht auf* – Ru4,7: „Nun war das von altersher in Israel *in Hinsicht auf* ein Lösungsverfahren und beim Tauschen (der Brauch) ..."

g) *gemäss* (*ʿal dibrātī* – nach der Art von) – Ps110,4: „Du bist ein Priester für immer nach der Art Melchizedeks"; Spr13,11: „... aber wer händeweis (*ʿal-yad*) sammelt, vermehrt"; Ps10,3: „denn er rühmt sich des Frevels, wie es ihm gelüstet" (*ʿal-taʾᵃwat nafšī*).

h) *bei* – Dt23,14: „Und einen Spaten sollst du *bei* deinem Gerät haben".

i) *an* – Ps1,3: „Der gleicht dem Baum, gepflanzt *an* Wasserläufe".

j) *vor* – Ps9,20: „es werden gerichtet die Völker *vor* dir" (*ʿal pānèkā*).

k) *mit* – Ps15,3: „Wer nicht *mit* der Zunge Verleumdung verbreitet"; Qoh5,1: „Sei nicht vorschnell *mit* dem Munde".

l) *zu* – Ps23,2: „Zu ruhigen Wassern führt er mich" (*'al* hat hier den Sinn von *'el* bekommen, wie öfters der Fall ist).

m) *hinzu* – Ps61,7: „Füge Tage *hinzu* den Tagen des Königs".

n) *in* – Hi21,36: „Zusammen ruhen sie nun *im* Staub".

o) *nach* (= hinsichtlich) – Neh1,3: „und ich fragte sie *nach* den Juden".

Weiter sei noch hingewiesen auf das *'al dativ* (= *l^e*): Esth1,8: „... denn so hatte der König allen seinen Hofbeamten anbefohlen; Neh 2,5: „wenn es dem König genehm ist"; I Chr15,27: *w^e'al dāwīd 'ēfod bad,* und auf die Wendungen *'al yādō - daneben* (Neh3,2) und *'al pīhem* – „die ihrem Befehl gehorchten" (I Chr12,33).

Wie diese Rundschau ersichtlich macht, wird die Präposition *'al* für manche Zwecke verwendet. Folglich fällt die Übersetzung manchmal sehr verschieden aus. Auch hier wird sie vornehmlich vom Kontext bedingt. Dennoch bleibt in den meisten modernen Übersetzungen die Grundbedeutung noch leicht zu erkennen.

5.1 *ma'al* (140×): I *'ālā*. Grundbedeutung: *nach oben.*

a) *ma'^elā* – *immer höher*: Dt28,43: „Der Fremdling in deiner Mitte wird immer höher (*ma'^elā ma'^elā*) über dich emporsteigen..."
Temporell: I Sam16,13: „von jenem Tage an und weiterhin" (*mēhay-yōm hahū wa-ma'^elā*).

b) Oft mit *l^e* verbunden: *l^ema'^elā*: *nach oben* (Ex25,20; Jes7,11); über all das hinaus" (I Chr29,3); „oben über ihnen": *l^ema'^elā mē'al* (II Chr 34,4). *hāfak l^ema'^elā* – nach oben kehren; über den Haufen werfen (Ri7,13; Am5,7).
hāyā l^ema'^elā – „nur aufwärts wird es mit dir gehen und nicht abwärts" (Dt28,13).
niśśā l^ema'^elā – zu hohem Ansehen erhoben (I Chr14,2).
giddēl l^ema'^elā – hoch auszeichnen (II Chr1,1).
'ad-l^ema'^elā – in hohem Masse (II Chr16,12).
l^ema'^elā r'ōš – über den Kopf (wachsen) (Ezr9,6).

c) *mimma'al* – oben, droben (Ex20,4; Dt4,39; Jes45,8).
mimma'al 'al oder *l^e* – oberhalb von (I Kö7,3; Jer52,32).

d) *milma'^elā* – von oberhalb her (Gen6,16; Jos3,13.16; Ez1,11); oben auf (der Lade) (Ex25,21).

SOME REMARKS ON A NEW APPROACH TO HEBREW

R. FRANKENA (UTRECHT)

a. In my contribution to the Anniversary Volume of my colleague Beek I will deal with an aspect of the relationship between Hebrew and Akkadian, in which subject Professor Beek himself on several occasions has shown to be greatly interested, for in his books and articles he has always emphasized the importance of the Old-Mesopotamian materials for our understanding of the Old Testament. In this article I will try to answer the question, whether the increased knowledge of Old-Babylonian texts, especially those from Mari, enables us to speak of a common element in Hebrew and Akkadian which can be used as a means to understand these languages better.

As Bauer and Leander already stated in the introduction to their historical grammar of the Hebrew language,[1] the Hebrew language of the Old Testament is a mixed language in which an Old-Canaanite core was superposed by younger Semitic strata giving the Old-Canaanite its West-Semitic character. In this statement I can follow them, but I cannot agree with their ascribing this change in Hebrew to the 'Amorites'. In my opinion there is rather an Eastern element recognizable in Hebrew which may be ascribed to 'Amorite' influence starting perhaps already before the beginning of the second millennium B. C. Although historically later relations between Canaan and Mesopotamia through vassaltreaties, commercial ties, literary dependence, *etc.* will have caused the borrowing of Accadian words, especially in the administrative sector, this 'Amorite' influence is of a more fundamental character.

The Amorite language is nowadays better known to us from an in-

[1] H. BAUER - P. LEANDER, *Historische Grammatik der hebräischen Sprache*, 1922 (1950), 15ff.

creasing number of personal names in the texts from Mesopotamia, especially from Mari,[2] although personal names of this kind were already known in smaller quantities before the important tablets from Mari were found, on which material Bauer based his standard book on the East-Canaanites („Ost-Kanaanäer").[3] The study of the Mari texts showed further that this dialect of Accadian contained several words which, unknown in the Accadian texts from Mesopotamia proper, had a counterpart in Hebrew. Noth, in an article on this subject,[4] went too far in regarding a number of words in the Mari texts as Proto-Aramaic, as he called the 'Amorite' language. In a comment on this article Edzard[5] rightly states that the Aramaic character of these non-Accadian words cannot be proved, as several of them are also known from other Semitic languages or are even good Accadian, to which I should like to add that also other peculiarities of the Mari texts are not specific for Mari at all, though abounding there, e.g. the well-known contraction of *i-a*⟩*ê*,[6] the usage of *ummāmi* as indicator of direct speech,[7] the typical form of the sign A with diagonal wedge,[8] *etc.* There is, however, a divergence of opinion as to the name which should be given to this non-Accadian element in the Mari dialect. Bauer spoke of 'East-Canaanite', Noth preferred the designation 'Proto-Aramaic' and Huffmon in his standard book on the Amorite personal names of the Mari texts[2] opts for 'Amorite', the designation used nowadays by most Assyriologists, although Von Soden[9] uses the designation 'Old-Amorite' for this non-Akkadian element which he regards as a collective term for several dialects of Amorite. He considers it a task of future Assyriology to determine these underlying dialects, in which opinion he certainly is right.

[2] H. B. HUFFMON, *The Amorite Personal Names in the Mari Texts*, 1965.
[3] TH. BAUER, *Die Ostkanaanäer*, 1928.
[4] M. NOTH, *Die Ursprünge des alten Israel im Lichte neuer Quellen* = Arbeitsgemeinschaft für Forschung des Landes Nordrhein-Westfalen, Geisteswissenschaften, 94, 1961.
[5] D. O. EDZARD, *ZA* 56,1964,142-149 ('Mari und Aramäer').
[6] z.B. *AbB* 1, Nr. 29,8 (*tanaddê*<*tanaddiā*); 16 (*taddê*<*taddiā*); 17 (*šêti*<*šiāti*); *Iraq*, 25 184,35 (*rabâtim*<*rabiātim*); *TIM* 2,12,47 (*šūrênišš u*<*šūriānišš u*); 44,14' (*kalêku*<*kaliāku*); *CT* 48,17,14 (*unêtim*<*uniātim*), etc.
[7] *AbB* 3, Nr. 25,25 (*um-ma-mi*), *TIM* 2,Nr.23,24 (*um-ma-mi*).
[8] This form of the sign A may be found in the Leiden letters, e.g. *AbB* 3 (= *TLB* IV), Nr.4,10 (*a.šà-lam*), 30,12 (*a-wi-lam*), 34,22 (*ú-ba-na-a*), 35 (*a-na*), 78,24 (um-*me-a-ni-ja*) and 79,11 (*a-na-ku*). During my collation of Old-Babylonian letters I noticed that this form of the sign A was more common on the original tablets than the copies indicate. It was certainly not restricted to the Mari area as BOTTÉRO, *ARM* XV,21, Nr.311 and p.29 ad Nr.311, sub 3, says.
[9] *WZKM* 56,1960, 170ff.

b. In several articles[10] lists of the 'Amorite' words in the Mari texts which Mari-Accadian has in common with Hebrew may be found, e.g. *ḫamqum – 'ēmeq, maškabum – maškāb, gā'um – gōj, ḫibrum – ḥèber, ḫazzum – 'ēz, jagâtum – jāgōn; qatālum – qāṭal, naḫālum – nāḥal, ḫalûm – ḥālāh, šapāṭum – šāfaṭ, etc.* In his *Akkadisches Handwörterbuch* (*AHw*) Von Soden regards these words of the Mari texts as Canaanite loan-words and the Chicago Assyrian Dictionary (CAD) treats them as West-Semitic loan-words, whereas, in my opinion, it is better to regard them as belonging to the 'Amorite' stratum of Mari-Accadian, in the same manner as their Hebrew counterparts belong to the 'Amorite' stratum of Hebrew. This Eastern element in Hebrew enables us to reckon with more common words in Hebrew and Old-Babylonian, especially Mari-Accadian, as may also be concluded from the finding of some new parallels between Hebrew and Mari-Accadian by Von Soden in UF I, 198 (the verb *qūm* in ARM X, Nr.10,15: *qa-ma-at,* even with the vowel *ā* as in Hebrew, whereas Old-Babylonian has the vowel *ē*), in MIO 15, 322-326 (the noun *'ebjōn* in ARM X, Nr.37,23 and Nr.44,10: *abijānāku,* „I am a poor woman", and in Nr.55,9f.: *aššum ijati abijattim,* „as to me, a poor woman", etc. New parallels between Old-Babylonian and Hebrew were found by Walters, *Water for Larsa,* 45ff. (the verb *gêrum,* also known in the nouns *tagêrtum,* and *magêrtum,* as a parallel to Hebrew *gā'ar*), by Kupper, RA 53, p.178[1] (the verb *šiātum* as a parallel to Hebrew *šīt*), by me in AbB 3, Nr.3,17, where I regarded the noun *jaḫūdium* as a parallel of Hebrew *jaḥīd,* which, accordingly, I translated with 'a single man'. This suggestion seems to me now certain, as Kraus published another occurrence of *jaḫūdium* in AbB 5, Nr.171,24, where the context points out that being *jaḫūdium* means having no brother. Also Kraus in a foot-note mentions Hebrew *jaḥīd.* The dictionaries CAD,I/J,321, and AHw, 411, have to be corrected accordingly. In the lexical sections *jaḫūdium* is equalled with sig.lá in Sumerian. It was interesting to find in my SL of Deimel a reference made by the late Couprie to an equivalence of Sumerian sig with *ēdu,* 'one', in RA 44, p.39[3], corroborating my translation of *jaḫūdium* with 'single man'. Another Mari-Accadian word, which can be explained by means of its Hebrew counterpart, in *ṣinnatum* having the same connotation as Hebrew *ṣinnah,* 'shield'. The former translation was 'trumpet' (Oppenheim, JNES 13,144a) or 'lance' (ARM XV,270). In ARM IV, Nr.66,5f., where is said that there are no ^{giš}*ṣinnātum* for the soldiers, the translation 'shield (made of wicker-work)' suits the

[10] See notes 4 and 5 and further M. HELD, *BASOR* 200,34; A. MALAMAT, *CRAI* 15,135 (*nawûm — nāwèh*); *JAOS* 82,143f. (*ummatum — 'ummāh*); *Bibl. Arch.*, 34,13-15.

context certainly better than 'trumpet'. In ARM XIII, Nr.56,4,10 *ṣinnātum* are mentioned with 10 bows: also here the context asks for a piece of military equipment. Especially important is in this respect ARM XIII, Nr. 144,32, where a meaning 'shield' is the only possible one: *kīma ṣinnatim ana pānīšunu azzizma alānē ša iqquru ušēzib*, 'as a shield I placed myself before them and saved the towns they had started to destroy'. The same solution was reached by Sasson, Studia Pohl 3,27, and Driver, WdO 2,20.

Another language which may help to understand Accadian words better is Aramaic, as I have said also in OTS 17,62. In this way the passage 31f. of the same Mari letter ARM XIII,Nr.144 (*awatum laḫītum irṭub/p nenpuša*, 'a *bad* thing *started*[11] to be done') was explained by Finet by regarding *laḫītum* as the Accadian counterpart of Aramaic *lḥj*, for which the dictionary of Jean-Hoftijzer[12] gives the meaning 'bad' ('mauvais'), said of words and actions. In translating Accadian texts it is always worthwhile to revert to the Aramaic or Syriac dictionaries, as these languages, having their origin in Mesopotamia, still use a great number of Accadian words. Another word which finds its explanation in this way is the verb *šuqqulum* occurring sometimes in the Old-Babylonian text of the Epic of Atram-ḫasīs (I 384, parallel to 399,411; II ii 15: with object *qātum*; II i 11: with object *zunnum*). The translation of Millard-Lambert[13] for *zunnam šuqqulum* is 'to withhold the rain', as the New-Assyrian version of Atram-ḫasīs has the variant *zunnam šūqurum*, 'to make the rain scarce', and, accordingly, they translate *qātam šuqqulum* with 'to lift the hand'. A good solution for both passages gives, however, a combination of *šuqqulum* with the Aramaic verb *šᵉqal*, 'to take (away)', which has no Piʿēl.[14] Another occurrence of *šuqqulum* may be found in ARM X, Nr.92,8 *dimātīja šuqqil*, 'take may tears away', and not 'wäge

[11] The verb *raṭābum/raṭāpum* in Mari-Accadian, usually translated with 'to go on with' (*ARM* 13,172; 15,251; RÖMER, *AOAT* 12,27³; *AHw*, 963), in my opinion, cannot have this meaning, as the durative aspect of the meaning militates against the punctual G used in all the occurrences of the verb. Also I do not understand why this translation 'to go on with' was ever chosen, as a translation 'to start' suits much better the context of several passages, e.g. *ARM* X,Nr.50,12: *u amurma artub/p bakâm*, 'I saw (it) and started weeping', cf. *ARM* II,Nr.32,13f.: *kima ṣeḫrim irṭub/p bakâm*, 'as a child he started weeping'. In both passages a translation 'he went on weeping' is not logical, as there was no mention of weeping before. This translation makes also good sense in the other passages, where the verb is used.

[12] CH. F. JEAN-J. HOFTIJZER, *Dictionnaire des Inscriptions Sémitiques de l'Ouest*, 1965,137.

[13] W. G. LAMBERT-A. R. MILLARD, *Atra-ḫasīs. The Babylonian Story of the Flood*, 1969,68ff.,72ff.

[14] G. H. DALMAN, *Aramäisches und Neuhebräisches Handwörterbuch*, 1938³, 434 (*šql* II).

meine Tränen ab', as Römer, AOAT 12,64f., gives. The same expression occurs also in the New-Assyrian letter ABL 1149, rev.10 (*diātīja šaqqil*).

c. In this section I will mention some Hebrew words which may be explained by means of their Accadian parallels. Words belonging to this section have been treated already by me in my article in OTS 17,59 (*naḫāšum* – *niḥhaš*), 58f. (*ḥiṭṭē'*), *etc.* Important work has been done in this field by several colleagues, e.g. Loretz[15] studied the verb *lāfat* (Jud xvi 29; Ru iii 8; Iob vi 18) in the light of Accadian *lapātum*; in his book on the text of Canticles[16] he combines convincingly several words of this book with Accadian words, e.g. *ṭānaf* in v 3 with *ṭanāpum*, 'beschmutzen'; *dābar* in v 6 with *duppurum*, 'sich entfernen', *etc.* I can, therefore, not understand, why Loretz refuses to revert to Accadian in the translation of *diglō* in ii 4, as his translation on 14f. ('sein Zeichen über mir ist Liebe') makes no sense. When we bear in mind that a noun of the form *pirs*, as *diglō* is, can have the meaning of the action of the verb *dāgal*, 'his gaze (on me)', it is not to be understood why the whole passage should not be translated 'his gaze on me (was full of) love'. Apart from Loretz there are several other Assyriologists who have contributed to a better understanding of Hebrew words with the aid of Accadian words, but it would go too far to mention them here. In the course of my reading Hebrew I came across many new examples. In my notes of an Assyriologist to Ezechiel and my articles in OTS 14, and 17 I have already published some of them, to which I will add here some new examples. The Hebrew word *dibbah*, translated in Koehler-Baumgartner, HAL³, 200 with 'Gerede, Nachrede' and by Holloday, CHAL,66, with 'rumor, calumny', a word certainly to be derived from the verb *dabābum*, a verb otherwise unknown in Hebrew, has now an exact Old-Babylonian parallel in the Leiden letter AbB 3, Nr.2,6: *aššum amtim A. dibbatum mattum iliamma*, 'a big quarrel arose concerning the slave-girl A.' Against AHw,168, there exists a feminine counterpart *dibbatum* alongside of *dibbum*, which sometimes is very difficult to distinguish from its plural *dibbātum*.

Another example is the form *nikkar* in I Sam xxiii 7 (*nikkar 'ōtō 'ᵉlohīm bejādī*), where Gesenius-Buhl, HAW¹⁷,505, states that this passage is usually translated: 'Gott hat ihn verworfen (und überliefert) in meine Hand'; Holloday, CHAL,238, has 'to deliver over' and Koehler-Baum-

[15] *Studies presented to A. Leo Oppenheim. From the Workshop of the Chicago Assyrian Dictionary*, 1964,155ff.

[16] O. LORETZ, *Studien zur althebräischen Poesie I: Das althebräische Liebeslied* (AOAT 14/1, 1971).

gartner, Lexicon,617, emends *nikkar* to *mākar*, 'to sell'. The most simple solution of this problem, however, is to assume that Hebrew *nikkar*, a form of the Pi'ēl of *nākar*, could still have the original meaning 'to cause to go from one place to another' and hence 'to deliver over', which is a normal meaning of the Accadian parallel *nukkurum*, cf. AHw,719f. An emendation of *nikkar* to *mākar* or even *hisgīr* after the LXX reading πέπρακεν, as is sometimes proposed, is then not necessary. Another – less certain – example is the difficult word *šal(l)*in II Sam vi 7, concerning which Gesenius-Buhl, HAL[17],829, remarks that the word usually is translated with 'Vergehn', cf. Holloday, CHAL,370 ('disdain, irreverence?'). The Lexicon of Koehler-Baumgartner, 972, thinks of a text corruption, although referring to an Accadian verb *sullûm* and a derivation *sil'ātu*. It is certainly remarkable that the parallel text in Chronicles I xiii 10 avoids the difficulty by paraphrasing *haššal(l)* with *'al 'ašèr šālaḥ jādō 'al hā'arōn* showing, in my opinion, that the word *haššal(l)* was not understood; the LXX leaves the word *haššal(l)* out, whereas the Targum has *'al de'ištelī*, a form of a verb *šālāh*, to which verb *šal(l)* cannot belong. If the text of II Sam is in order, a combination of *šal(l)* with Accadian *šellatum* is likely, as this word has exactly the meaning required here.[17] A difficulty is that *šall* is a masculine word and *šellatum* feminine, but there is a possibility that the feminine parallel of *šellatum* *šlh* is to be found in Dan iii 29 (*jē'mar šlh*), where its being object to the verb *'emar* makes it an even better parallel to *šellatum* than *šall*, as *šellatum* is often object of the verb *qabûm*. Although the derivation of Accadian *šellatum* is still unknown, a derivation of the Hebrew word *šall* from a verb *šālal* is likely, cf. *'amm, śarr, etc.*

d. The examples listed in the sections b and c show that the common element in Hebrew and Accadian enables us to use one language in explaining difficult passages in the other and to expect more correspondences between them. Another result of this common core may be found in the circumstance that in Hebrew there exist a number of words which not often occurring in Hebrew are usual words in Accadian, e.g. *hawah* alongside of the usual *hajah*, cf. *ewûm*; *ḥādāh* – *ḫadûm*; *šā'āh* – *šē'um*; *dālaḥ* – *dalāḫum*; *sākar* – *sekērum*; *ṣā'an* (*or ṭā'an*) – *ṣēnum*; *nāsaḥ* – *nasāḫum*; *'ābāh* – *ebûm, etc.* More important than these words being difficult to trace are the idiomatic expressions which Hebrew and Accadian have in common. On several occasions the Accadian expressions suggest a convincing meaning for their Hebrew counterparts and may

[17] See for this word e.g. LAMBERT, *BWL*, 1960,312; L. CAGNI, *L'epopea di Erra*, Studi Semitici 34, 1969, 307.

even help to understand them, e.g. the well-known expressions *hē'īr pānīm 'el* and *nāśā' pānīm 'el* in Num vi 25-26 have parallels in Accadian texts, for which see AHw,770,D8c (*nuwwurum pānī*, 'to make the countenance radiant') and CAD B,320ff. (*ina būni namrūtim naplusum*, 'to look at a person with radiant countenance'), both expressions with many occurrences. Also the expression *būnī našûm ana PN* must be mentioned here, for which a very fine parallel is to be found in an inscription of Samsu-ilūna (LIH 98,66 and parr.): *ana Samsu-ilūna ... būnīšunu ša balāṭim namriš iššūšumma*, 'they, i.e. the gods Zababa and Ištar, lifted their lifegiving countenances to S. radiantly'. Other expressions with the verb *nāśā'* having parallels in Accadian are *nāśā' ʿēnājim*, 'to lift the eyes at' = 'to look covetly at', cf. *našûm ēnī*, for which see AHw, 762, I 2cβ (with many references); *nāśā' rōš NN* with *našûm rēš NN*, for which see AHw,762,I 3 (with many references); *nāśā' pᵉnē NN*, however, with *pānī NN wabālum*, for which see AHw,819,A9 ('Nachsicht üben'), *etc.* In my article in OTS 17 I was not able to offer an Accadian parallel to the Hebrew expression *nāśā' raglajim* in Gen xxix 1, but, according to a remark of Driver cited in ARM XV, 235, the verb *našûm*, elliptically, can have the meaning 'to depart', in which case the object *šēpīn* is left out, e.g. AS 16,189f.,9f. (in a Shemshara text): *u ana ON PN ittaši*. In the same manner the verb *nāśā'* can be used in Hebrew without the object *raglajim*, e.g. I Sam xvii 20. Other Mari expressions having a parallel in Hebrew are, e.g. *wūrti bēlija ana qaqqarim ūl imqut*, 'the order of my lord did not fall to the ground' = 'was not neglected' (ARM X, Nr.5,25f.), cf. II Kings x 10 (*lō' jippōl middᵉbar JHWH 'arṣah*); The expression *ina erēbiki u waṣīki*, 'at your going in and going out' (ARM X, Nr.141,22f.), cf. Hebrew *ṣētᵉka u bō'ᵃka*,[18] e.g. I Sam xxix 6; Ps cxxi 8, or in different word order: Deut xxviii 19; *lu ittum(ma)* 'This may be a token' (ARM X, Nr.31,5; Nr.117,4; VI, Nr.76,5), cf. Hebrew *hū' lakem 'ōt* in Jes vii 14, cf. Ex xxxi 13.17; Josh iv 6; I Sam ii 34, *etc.* On this expression I hope to write elsewhere, but see for the moment Moran, BASOR 200,53.

Another example of a Hebrew expression having a parallel in Accadian is 'the falling of the countenance' in Gen iv 5 (*lāmmah nāfᵉlū pānèka*). In Labat, TDP,74,37, we find as parallel *šumma pānūšu maqtū imât*, 'when his countenance is 'fallen', he will die', see AHw,606f., sub 12 ('krankhaft verfallen sein'). A similar expression in Accadian is *šērēšu imtaqtū*, see Labat, TDP,218,6.8, where instead of the countenance the flesh is subject. The Accadian expression certainly denotes a symptom

[18] See for this expression in Hebrew, W. SCHOTTROFF, *Altorientalischer Fluchspruch*, Wissenschaftliche Monographien zum Alten und Neuen Testament 30, 1969, 60f.

of illness which forebodes death. It is not unlikely that the 'falling of Cain's countenance' denotes also a kind of deathly pallor or the like. Another expression in Hebrew used in the same way as its Accadian counterpart is *haššēnīt* in II Sam xvi 19, cf. *šanītam* which in nearly every Mari letter is used to mark the beginning of a new section of the letter. It would not be difficult to give more examples, but it is not the place here to go into this idiomatic relationship of Accadian and Hebrew thoroughly, as the given examples make it sufficient clear that, in my opinion, a systematic study of this kind might prove to be successful.

e. A last remark concerns the lexical sections of the Hebrew dictionaries. The affinity of Hebrew and Accadian enables us to go further than is normally done. The lexical sections must list more carefully the Accadian material and especially the Old-Babylonian data in order that future users of the dictionaries understand better the connotations of the Accadian words in different contexts. It is, therefore, a pity that the texts from Tell-Shemshara and Tell-Rimaḥ for the greater part are still to be published by Mrs. St. Dalley and J. Laęssøe, as these are very close to Mari material. Nowadays the knowledge of Accadian words and expressions is not limited to the small group of people who are able to study the originals or copies thereof themselves. We are now in the lucky possession of the greater part of the Chicago Assyrian Dictionary and of Von Soden's *Akkadisches Handwörterbuch* making the Accadian materials accessible in an excellent way. Von Soden's *AHw* is further the first Accadian dictionary making remarks on the inner-Semitic relationship of the words. Although the first part of the third edition of the Dictionary of Koehler-Baumgartner did already make use of AHw, the lexical section is too succinct to elucidate the sometimes very complicated relationship of the words, as some remarks on the verb *bō'* may show. In the lexical section of HAL^3,108, the verb *bā'um*, 'entlang gehen', is noted as Accadian parallel to *bō'*, whereas CAD B,178ff., gives already the meaning 'to come in, to come to meet, to come into (the presence of a person)', occurring in Old-Assyrian, Mari, El-Amarna and Standard Babylonian. This meaning is also recorded by Von Soden in AHw,116f., but he distinguishes a verb *bā'um* I, 'entlang gehen', with vowel *ā*, from a verb *bā'um* II, 'kommen', a Canaanite word with vowel *ū*. As references for *bā'um* II he lists ARM IV, Nr.51,15 (*u ṣuḫārka lāmika libū'am*, 'your servant may come to me before you'), Nr.47,6 (*itti šarrim lā tabū'amma lā tallakam*, 'you shall not come to me together with the king'). To these may be added ARM XIII, Nr.46,12: *ina māti ṣābum šū libū'am*, 'when these troups will come to me!' It is interesting to see that Von Soden lists sub *bā'um* II only passages from Mari texts, whereas the verb *bā'um*

I does not occur there. This is so striking that, in my opinion, the verbs *bā'um* I and II have to be treated as only one verb, as is done in CAD. I consider the Mari forms (with vowel *ū*) dialectical forms of the Mari dialect of Accadian which shares with Hebrew the shift *ā*>*ō*, written *ū*. The vowel *ū* occurs also in Ugaritic, see Aistleitner, Nr.487 (stat. *bat*; punct. *jbu*, *tbu* and inf. *bu*). A further indication that *bā'um* I and *bā'um* II are one and the same verb is the circumstance that also *bā'um* I can have the meaning 'to enter', see AHw,117, sub 4, which I regard as the original meaning of *bā'um/bō'*, e.g. AbB 6 (=VS 16), Nr.91,17: *ina eleppim PN ... ibâm*, 'in the ship of PN he will come to you'. The verb *bu'ûm*, known in Hebrew as *bā'āh* I (HAL[3],135f.), certainly is to be distinguished from *bā'um*, 'to come into'. For this verb see CAD B,362, sub 2a and AHw,145 ('to search').

This article on the relationship between Hebrew and Accadian is a first attempt to reach a new approach to Hebrew, which will profit from the ever more manifest affinity of both languages and in which the mentioned parallels are not considered incidental, but symptomatic for this underlying affinity. The existing parallels between Hebrew and Accadian in words, grammatical structure and idiomatic expressions, in my opinion, warrant new investigations into this relationship between Hebrew and Accadian in order to understand both languages better. This would require a joint effort of Hebraists and Assyriologists. If more people would be convinced of the necessity and importance of such a study, the first aim of this article would have been attained.

Bilthoven, October 1973

HEBREEUWS EN HEBRAISTEN IN FRANEKER IN DE 17e EN 18e EEUW

L. FUKS (AMSTERDAM)

De belangstelling voor de grondtekst van de bijbel als bron van het christelijk geloof heeft in de loop der tijden vele veranderingen ondergaan. De Latijnse kerkvaders en vooral Origenes en Hieronymus kenden het oude testament in het Hebreeuws nog goed, en baseerden op deze kennis hun exegetische studies[1]. Ook in de middeleeuwen was de kennis van het Hebreeuws bij christelijke bijbelgeleerden niet geheel verdwenen, vooral dank zij het feit, dat er overal joden woonden, die belangstellende geleerden de weg naar de heilige schrift en de rabbijnse literatuur in het origineel konden wijzen[2], al werd er in het algemeen van deze mogelijkheid niet veel gebruik gemaakt. Belangrijk was ook, dat door de overleveringstraditie van sacrale teksten bij joden de Hebreeuwse tekst van het oude testament voldoende aanwezig was.

Anders was het met de Griekse tekst van het nieuwe testament, die vrijwel uit het Latijnse christendom verdwenen was. Pas na de kruistochten en het hernieuwde contact met het Byzantijnse rijk kwam hierin verandering. En het waren eerst de gevluchte Griekse geleerden, die na de verovering van Byzantium door de Turken in 1453 naar Italië vluchtten, die Griekse manuscripten in groteren getale meebrachten.

In de renaissance van de wetenschap in de 15e en 16e eeuw speelde de heropleving van de studie van het Hebreeuws, naast die van het Grieks, een grote rol. De ideale humanist moest een grondige kennis van de drie klassieke talen Latijn, Grieks en Hebreeuws hebben. Aanvankelijk moesten de christelijke hebraisten hun kennis direct van joodse leraren ontvangen. Maar toen in de loop van de 16e eeuw de grammaticale

[1] L. GINZBERG, *Die Haggadah bei den Kirchenvätern*, Den Haag 1899.
[2] BERYL SMALLEY, *The Study of the Bible in the Middle Ages*, Oxford 1941.

werken van David Kimchi[3] en Elia Levita[4] in Latijnse vertaling verschenen waren, gingen de christelijke hebraisten zelfstandiger werken.

Aan de toenemende vraag naar Hebreeuwse leerboeken werd voldaan door nieuw opgerichte drukkerijen, die zich speciaal op het drukken van Hebreeuwse boeken gingen toeleggen. Dit waren o.a. die van Daniel Bomberg, een Antwerpenaar, die zich in Venetië vestigde, Paulus Fagius in Isny (Zuid-Duitsland), Johannes Froben in Bazel, Robertus Stephanus in Parijs en Christoffel Plantijn in Antwerpen. In de tweede helft van de 16e eeuw begonnen de eerste werken over de Hebreeuwse taal van de hand van niet-joodse geleerden te verschijnen, om in de 17e en 18e eeuw steeds talrijker te worden[5].

De Nederlanden hebben in de ontwikkeling van de humanistische wetenschappen zeker niet achtergestaan. In Leuven werd in 1519 uit het legaat van Hieronymus van Busleyden het Collegium Trilingue opgericht, waar verschillende bekende hebraisten werden opgeleid.

De geest van renaissance en humanisme mondde in onze streken via het onderzoek van de bijbeltekst uit in de hervorming, die weer de katholieke tegenkrachten mobiliseerde. De politieke ontwikkelingen in de Nederlanden in de tweede helft van de 16e eeuw, de opstand tegen het Spaanse bestuur en de godsdienststrijd hadden tot resultaat, dat de zuidelijke Nederlanden in de greep van de contra-reformatie kwamen, waarin voor het vrije wetenschappelijke onderzoek en de studie van het Hebreeuws geen plaats was. In het opstandige noorden werd de humanistische traditie van het zuiden overgenomen, gestimuleerd door vele protestantse vluchtelingen uit Zuid-Nederland.

De respectievelijk in 1575 en 1585 opgerichte universiteiten van Leiden en Franeker, aanvankelijk vooral als theologische hogescholen voor de opleiding van protestantse geestelijken bedoeld, werden al spoedig centra van humanistische geleerdheid. De studie van het Hebreeuws had op beide hogescholen een belangrijke plaats, allereerst natuurlijk voor de opleiding van de predikanten, maar daarnaast toch ook vaak als doel op zich zelf.

[3] David ben Jozef Kimchi, overleden in 1232. Zijn grote grammaticale werk Mikl̲ôl werd, door Eliah Levita bewerkt en in Venetië in 1545 uitgegeven. In Latijnse vertaling werd het een van de pijlers van de kennis van het Hebreeuws in Europa.

[4] Eliah Levita Germanus (1469-1549) was de Joodse leermeester van de Italiaanse humanisten. Zijn werken werden vooral bekend in de Latijnse vertaling van zijn leerling Sebastiaan Münster.

[5] De meeste volledige opsomming van werken op het gebied van de Hebreeuwse taalwetenschap tot 1850 geeft M. STEINSCHNEIDER, *Bibliographisches Handbuch über die theoretische und praktische Literatur für hebräische Sprachkunde,* 2e dr. Jeruzalem 1937.

Hoe sterk de humanistische traditie aanvankelijk vooral door Zuid-Nederlanders aan de jonge Noord-Nederlandse hogescholen werd overgebracht, zien wij duidelijk zowel in Leiden als in Franeker. Dit laatste stadje, dat steeds een voorvechter van het protestantisme was geweest, in tegenstelling tot het lang katholiek gebleven Leeuwarden, kreeg in 1585 van stadhouder Willem Lodewijk van Nassau een octrooi om de bestaande Latijnse school te mogen veranderen in een theologische hogeschool, die al spoedig tot een volledige universiteit uitgroeide[6].

Voor de verschillende hoogleraren in het Hebreeuws aan de Franeker academie behandeld zullen worden, wil ik eerst even stilstaan bij een probleem, dat inhaerent is aan de studie van het Hebreeuws voor christelijke doeleinden.

Zoals reeds eerder gezegd is, konden ook de meest anti-joodse geleerden in de middeleeuwen en later, die zich ernstig met de exegese van het oude testament wilden bezig houden, niet zonder de hulp van joodse leraren en boeken. In de renaissance zwakte de afkeer voor joden als leermeesters wat af en later deed ook de strijd tussen protestantisme en katholicisme de eeuwenoude haat tegen de joden onder de theologen wat luwen. Maar een controverse bleef bestaan: de meeste christelijke theologen verdiepten zich in het Hebreeuws om door een betere kennis van het oude testament de foute exegeses van de joden te kunnen bestrijden en de joden zelf beter te kunnen overtuigen en eventueel bekeren. Afkeer en wantrouwen dus meestal van de kant van de christelijke leerling enerzijds, maar een zekere mate van afhankelijkheid van de joodse leermeester anderzijds. Van de kant van geleerde Joden was er in het algemeen ook niet veel animo om de kennis aan christenen door te geven. Weliswaar wordt het onderwijs van joden aan niet-joden, noch in de talmoed, noch in andere rabbijnse codices verboden[7], maar de joodse leraren vreesden toch vaak, dat de kennis, die zij overdroegen zou worden aangewend, om de joden te schaden.

In de 16e eeuw kennen wij alleen Eliah Levita, die als jood een geeerd en erkend leraar van christenen was. Hij werd zelfs omstreeks 1530 door koning Frans I van Frankrijk uitgenodigd, om professor in

[6] W. B. S. BOELES, *Frieslands hoogeschool en het Rijks Athenaeum te Franeker*, Leeuwarden 1879.

[7] De vaak geciteerde uitspraak uit de Babylonische Talmoed, tractaat Ḥagiga f. 13a heeft slechts betrekking tot de geheime leer, die trouwens alleen aan speciale categorieën van joden geleerd mag worden. Ook Maimonides Mišneh Torah, Madà, Hilḳôt talmûd tôrah, 4,1 somt vele categorieën mensen op, aan wie de leer niet overgedragen mag worden en dit heeft betrekking op alle mensen, en niet alleen joden. Zie verder over dit onderwerp CH. MERCHAVIA, *The Church versus talmudic and midrashic Literature* (500-1248) hfdst. 1, Jeruzalem 1970. (Hebr. tekst).

het Hebreeuws aan zijn nieuwe Collège de France in Parijs te worden. Maar Levita sloeg dit vererende aanbod af, omdat hij niet als enige officieel in Frankrijk toegelaten jood wilde leven[8].

Wel weten wij van verschillende joden, die vanaf de 16e eeuw in alle stilte christenen les gaven en hielpen bij het drukken van Hebreeuwse boeken[9], maar vooral de eerste bezigheid werd ook door de joodse gemeenschap zelf niet met een welgevallig oog beschouwd.

Wanneer een jood in de 16e eeuw of later ambities koesterde om een academisch docent te worden, moest hij met de doop zijn entree in de universitaire wereld betalen. Dit is overigens ook wel begrijpelijk. Niet alleen moest men bij de meeste universiteiten bij intrede een of andere christelijke eed afleggen, maar een orthodox levende jood zou als hoogleraar aan verschillende werkzaamheden en plechtigheden niet kunnen deelnemen, wanneer deze op een sabbath of joodse feestdag vielen. Ook vormen de joodse spijswetten een belemmering voor sociaal verkeer met collega's en leerlingen. Zo is er tot diep in de 19e eeuw aan de universiteiten een barrière gebleven voor het doceren van Hebreeuws door joden. Om in Nederland te blijven: toen Menasseh Ben Israel, toch een bekend leraar van verschillende christelijke geleerden, in 1636 solliciteerde naar de leerstoel voor het Hebreeuws aan het Amsterdamse Atheneaum illustre, werd dit door de burgemeesters van Amsterdam geweigerd[10]. Van verdere pogingen van joden om officieel als docent Hebreeuws te worden aangesteld in Nederland in de 17e en 18e eeuw, is mij niets bekend. Wel hebben enige gedoopte joden lessen aan de universiteit van Leiden gegeven en wel Philippus Ferdinandus[11], een gedoopte Poolse jood, die via de universiteiten van Oxford en Cambridge naar Leiden kwam. Hij werd in augustus 1599 tot professor in het Arabisch aangesteld en gaf daarnaast privé-lessen in het Hebreeuws, ook aan geïnteresseerde hoogleraren, waaronder Joseph Scaliger. Philippus Fer-

[8] G. E. WEIL, *Elie Lêvita, humaniste et massorète, 1469-1549*, Leiden 1963, 237.

[9] Zo had b.v. de bekende Bazelse hebraist Johannes Buxtorff sr. veel kontakt met geleerde joden, zoals de correctoren van de Bazelse talmoed, die 1578-1580 bij Ambrosius Froben gedrukt werd, Israel Sifroni en Jacob Luzzatto. Dezelfde Buxtorff moest in 1619 100 gulden boete aan het stadsbestuur betalen, omdat hij aanwezig was bij de besnijdenis van een zoontje van Abraham Braunschweig, corrector van de Biblia Rabbinica, die door Buxtorf in 1618-1629 bij Ludwig König werd uitgegeven. J. PRIJS, *Die Basler hebräischen Drucke (1492-1866)*, Olten etc. 1964, 175 sqq. en 333.

[10] Resolutieboek van Burgemeesters en Oud-Burgemeesters 1603-1649, 10 januari 1636. Gemeente-Archief van Amsterdam.

[11] H. F. WIJNMAN, *Philippus Ferdinandus, professor in het Arabisch aan de Leidse Universiteit, de eerste Oost-Europese jood in Nederland (1599)*). In: Jaarbericht van het Vooraziatisch Genootschap „Ex Oriente Lux" nr. 19, 1965-66, 558-580.

dinandus werd echter al enige maanden na zijn benoeming ziek en overleed in december 1599.

Omstreeks 1630 werd Isaac Palache, een oomzegger van de bekende gezant van Marokko in de Republiek, Samuel Palache, na zijn overgang tot het christendom tot lector in het Hebreeuws in Leiden aangesteld[12].

Om nog even naar Ferdinandus terug te keren, Scaliger schrijft over hem aan zijn vriend Johannes Drusius, professor in het Hebreeuws aan de universiteit van Franeker het volgende[13]: „... Ik kan niet verhelen, waarde Drusius, dat ik zeer smartelijk getroffen ben door de dood van Philippus, een tot het Christendom bekeerde Jood, die ons voor altijd verlaten heeft enerzijds op een te jonge leeftijd, anderzijds op een voor mijn studiën zeer ongeschikt ogenblik. Want wij hadden tezamen met groot succes en met niet minder genoegen veel in de Talmoed gelezen. Sinds Philippus ziek werd, heb ik geen Hebreeuws boek meer aangeraakt, zodat de Hebreeuwse studie scheen mee te treuren. Zoals bij Joden gebruikelijk is, had hij de Talmoed van jongs af aan zonder enig grammaticaal onderricht uit het hoofd geleerd. In verband hiermede werd hij dikwijls door mij op grammaticaal gebied terecht gewezen en niet ongaarne door ons op fouten opmerkzaam gemaakt. Verbazingwekkend was zijn geoefendheid in de Talmoed, hetgeen alleen een Jood kan overkomen, die daarin van zijn jeugd af is onderricht.

Onze Christenen stellen tevergeefs te dien aanzien pogingen in het werk; zij kunnen niets van deze literatuur behoorlijk begrijpen zonder hulp van een Jood, die zelf hierin onderwijs heeft gehad. In ernst kan ik verzekeren, dat ik van Philippus geleerd heb, dat behalve Joden niemand mij hierin kan onderwijzen..."

Duidelijker kan niet uiteengezet worden, hoe de verhoudingen in de Hebreeuwse studie waren en nog lang zouden blijven.

In de dissertatie van J. Nat, *De studie van de Oostersche talen in Nederland in de 18e en 19e eeuw*, Amsterdam 1929, wordt de afhankelijkheid van de hoogleraren in het Hebreeuws van joodse leraren ook ter sprake gebracht. Nat vindt, dat dit een verdrietelijke zaak is, omdat de christelijke exegese van het oude testament hierdoor duidelijk „verjoodst" werd. Een feit trouwens, waarop in de 17e en 18e eeuw herhaaldelijk door theologen gewezen is. Bij de aanstelling van professoren in het Hebreeuws werd vaak ook duidelijk gewezen op de apostolische taak van de betrokken hoogleraar. Hij behoorde, toegerust met zijn kennis, de joden op eigen gebied te verslaan en te overtuigen van hun verkeerde

[12] J. ZWARTS, *Hoofdstukken uit de geschiedenis der Joden in Nederland*, Zutphen 1929, p. 134.

[13] Ik neem hier de Nederlandse vertaling van Wijnman, l.c. over. De originele Latijnse tekst vindt men in JOS. SCALIGER, *Epistolae*, Leiden 1627, nr. 293, 594.

inzichten[14]. De wetenschappelijke natuur van de hoogleraren bleek echter vaak sterker dan de theologische leer en vele orientalisten hebben zich aan de kant van de filologie geschaard.

Zeer sterk was dit laatste het geval met de eerste hoogleraar in het Hebreeuws aan de nieuw opgerichte hogeschool van Franeker, Johannes Drusius. Hij werd als Johan van den Driessche[15] op 28 juni 1550 in Oudenaerde geboren en kreeg zijn opleiding in Gent en Leuven. Zijn vader was protestant en vluchtte reeds voor 1567 naar Londen. Na de komst van Alva naar de Nederlanden ging ook de jonge Drusius naar Engeland. In Londen en Cambridge nam hij Hebreeuwse les van A.R. Cevallerius, een bekend hebraist. Toen deze in 1570 naar Parijs vertrok kreeg Drusius een zeer goed getuigschrift van hem. In 1571 volgde hij zijn leermeester naar Parijs, maar moest in 1572 na de Bartholomeusnacht weer naar Engeland vluchten. Daar kreeg hij al spoedig in Oxford een leeropdracht voor Hebreeuws, Chaldeeuws en Syrisch. Hij woonde in Merton college. Daar ontmoette hij Thomas Bodley, de stichter van de beroemde Bodleian Library, die bij hem college liep en een vriend voor het leven werd[16].

Na de Pacificatie van Gent, toen vrijheid van godsdienst voor de Nederlanden was afgekondigd, vertrokken Drusius en zijn vader weer naar hun geboorteland. Drusius zelf ging al spoedig naar het noorden en werd in 1577 tot hoogleraar voor het Hebreeuws in Leiden benoemd. In 1580 trouwde hij met de Gentse Maria van der Varent. Het jonge gezin kon echter moeilijk rondkomen van het geringe salaris, zodat Drusius in 1585 gaarne op een veel beter aanbod van de pas opgerichte Franeker academie inging. Tot zijn dood in 1616 zou hij daar hoogleraar in het Hebreeuws, Chaldeeuws en Syrisch blijven en door zijn grote begaafdheid als docent en zijn geleerdheid van Franeker een centrum van Hebreeuwse studie maken.

Door toedoen van Drusius en zijn collega Henricus Schotanus, professor in de theologie, kwam nog in 1585 ook de Antwerpse drukker Aegidius Radaeus (Gillis van de Rade) naar Franeker als stads- en academie-

[14] Constantin l'Empereur in Leiden en Johannes Leusden in Utrecht hadden beiden met nadruk deze opdracht van hun faculteit gekregen. J. NAT. o.c. 9.

[15] Drusius' schoonzoon, de predikant Abel Curiander, gaf kort na de dood van zijn schoonvader in 1616 een uitvoerige biografie van hem uit: *Vitae operumque Ioh. Drusii... delineatio et tituli*, dat achter Drusius' werk *Ad voces ebraicas novi testamenti commentarius duplex*, Franeker 1616 werd gedrukt. Zie verder W. B. S. BOELES, o.c., 46 en *Nieuw Nederlandsch Biografisch Woordenboek* I, 757, Leiden 1911.

[16] A. G. H. BACHRACH, The foundation of the Bodleian library and 17th century Holland. In: *Neophilologus*, 1952, 101-114 geeft vele bijzonderheden over de vriendschappelijke verhouding tussen Drusius en Bodley.

drukker. Radaeus had het vak bij Christoffel Plantijn geleerd, maar moest Antwerpen verlaten na de verovering van Parma, tesamen met zovele andere protestanten[17]. Nog in Antwerpen had Radaeus in 1584 een boek van Drusius *Observationum libri XII* gedrukt en eenmaal in Franeker gevestigd, drukte hij het merendeel van Drusius' latere werken. Radaeus drukte ook uitstekend Hebreeuws en introduceerde deze kunst in dit deel van Nederland. Zijn lettercorpsen bleven nog lang bij de academiedrukkers in Franeker in gebruik.

Drusius als eerste in de rij van vaak zeer verdienstelijke hoogleraren in het Hebreeuws in Franeker, heeft de grondslag gelegd voor de faam van de Franeker universiteit in het buitenland. Vooral uit de Scandinavische landen, Duitsland en later ook Hongarije en Polen kwamen vele studenten naar het kleine stadje, dat vaak meer last dan plezier van zijn vele studenten had!

Drusius verzamelde een kring van jonge beoefenaars van het Hebreeuws om zich, waarin zijn in 1588 geboren zoon en naamgenoot de primus inter pares was. Proeven van Hebreeuwse dichtkunst uit deze kring zijn in handschrift bewaard gebleven[18], afgeschreven door de jonge Drusius, waaruit de vertrouwdheid met de Hebreeuwse grammatica, vocalisatie en syntaxis van de jongelui blijkt.

Als hebraist genoot Drusius grote faam onder zijn vakgenoten in binnen- en buitenland en met velen, zoals Johannes Buxtorff in Bazel en Thomas Bodley stond hij in regelmatige correspondentie. Volgens zijn biograaf Curiander[19] schreef hij 2300 Latijnse brieven, behalve de Hebreeuwse, Griekse, Franse, Engelse en Nederlandse. Van deze brieven publiceerde Drusius zelf 118 stuks, alle met betrekking tot het Hebreeuws en de exegese van het oude testament onder de titel *De Quaesitis per epistolam* verschenen in Franeker in 1595. In handschrift bevinden zich in de Provinciale Bibliotheek van Friesland te Leeuwarden nog 70 ongepubliceerde brieven aan verschillende geleerden en 47 speciaal aan Thomas Bodley gericht. Dat Drusius ook in het Hebreeuws correspondeerde blijkt uit twee Hebreeuwse brieven, resp. uit 1590 en 1592 van de

[17] A. HALLEMA, De drukker en uitgeversfamilie van den Rade (Radaeus) te Franeker en Leeuwarden. In: *Folium*, 5, 1957, 32-45.

[18] Het handschrift (nr. 730) bevindt zich, met de rest van de literaire nalatenschap van Joh. Drusius in de Provinciale Bibliotheek van Friesland in Leeuwarden, waarheen de academiebibliotheek van Franeker werd overgebracht na de opheffing van de universiteit in 1811. Zie ook L. FUKS, Het Hebreeuwse brievenboek van Johannes Drusius jr. In: *Studia Rosenthaliana* III,1, 1969, 1-47. Overigens bevinden zich vele Hebreeuwse gedichten in Nederlandse academische proefschriften van de 17e eeuw, die nog op verzameling en behandeling wachten.

[19] CURIANDER, o.c., 11.

joodse boekhandelaar Mozes ben Jacob Halevi uit Embden, die aan Drusius en de universiteitsbibliotheek boeken leverde en antwoordt op brieven van Drusius zelf[20].

Aanvankelijk werden de verdiensten van Drusius ook hier te lande zeer gewaardeerd. In 1596 werd hij op aanbeveling van Marnix van St. Aldegonde tot lid van de commissie van voorbereiding voor de nieuwe bijbelvertaling benoemd en hij kreeg hiervoor een jaargeld. In 1600 kreeg hij opdracht van de Staten Generaal om een commentaar op de moeilijke plaatsen in het oude testament te schrijven, met vergelijkingen met de Chaldeeuwse, Griekse en Latijnse vertalingen, een werk dat in 1617 posthuum verscheen. Maar Drusius was een zelfstandig en onafhankelijk geleerde, die zich als filoloog en niet als theoloog beschouwde. Hij stak deze mening niet onder stoelen of banken, want in een van zijn vele werken *Tetragrammaton, sive de nomine Dei proprio*, Franeker 1604, p. 81 zei hij duidelijk: „... certe non sum theologus. An Grammatici nomen, quod aliquando mihi probrose objectum, tueri possim, nescio..." (Ik ben beslist geen theoloog of ik mij als taalgeleerde mag beschouwen, zoals iemand mij als een schande heeft voorgeworpen, weet ik niet). Deze opvatting berokkende hem veeel moeilijkheden, vooral toen hij weigerde om in het geschil tussen Arminius en Gomarus partij te kiezen. Als persoonlijke vriend van Arminius kwam hij al gauw in de kwade reuk van vrijgeesterij te staan. Sedert 1601 werd hij niet meer officieel bij het werk voor de bijbelvertaling betrokken, maar zijn vele exegetische werken hebben indirect zeker veel bij de totstandkoming van de Statenvertaling geholpen. De bestuurders van de Franeker academie en de Staten van Friesland hebben Drusius altijd zeer hoog geschat en hem tegen vele aanvallen verdedigd.

Het was een vreselijke slag voor Drusius, toen zijn enige zoon, die hij zelf tot zijn opvolger had opgeleid en die zeer veel voor de toekomst beloofde in 1609 in Engeland stierf. Hij schrijft hierover in het voorwoord van een van zijn grotere werken *Annotationum in totum Iesu Christi Testamentum libri decem*, Franeker 1612: „... Vervolgens verloor ik mijn enige zoon, die ik zeer liefhad, waarop ik al mijn hoop gesteld had, op wie mijn ouderdom als op een stok steunde..."

De Staten van Friesland meenden, dat Drusius toch een andere opvolger moest opleiden en op 6 december 1610 gaven zij hem opdracht, dat hij „een van de alumnen sal mogen aensetten en mettertijd bequaem te maeken, omme nae sijn overlijden de professie Hebraeae linguae

[20] Gepubliceerd in L. FUKS, l.c., 11, 12. De eerste brief is ook afgedrukt in M. H. GANS, *Memorboek, Platenatlas van het leven der Joden in Nederland van de middeleeuwen tot* 1940, Baarn 1971 14, waar foutief vermeld is, dat de brief uit 1591 stamt.

te mogen bedienen, indien hij hem wel comt te quijten"[21]. Drusius koos hiervoor Sixtinus Amama uit, zoon van de stadsarchitect van Franeker, die in 1594 geboren was. Hij nam de jongen in huis en leidde hem volledig op. Blijkbaar was hij zeer tevreden over zijn vorderingen, want in zijn grote Hebreeuwse grammatica, Franeker 1612, beval hij in zijn opdracht aan de Staten van Friesland de jonge Amama met warme bewoordingen aan.

Johannes Drusius overleed op 12 februari 1616 na een welbesteed leven, gewijd aan de studie van het Hebreeuws en het onderzoek van de Bijbel. Van zijn talrijke werken worden hier alleen die opgenoemd, die uitsluitend op taalkundig gebied liggen, zoals dit ook bij de volgende Franeker hebraisten gedaan zal worden.

1. *Geannoteerde uitgave van de Hebreeuwse grammatica van Petrus Martinius, Leiden* 1585

Petri Martinii Navarri / Grammaticae / Hebraeae / libri duo. / Ad Othonem Colignium Cardinalem / Castilioneum. / I. Drusius recensui. / Lugduni Batavorum, / Ex officina Christophori Plantini. / CIↃ.IↃ. LXXXV. (120 pp.)
Herdrukt Leiden 1590

2. *Verhandeling over de Hebreeuwse letters* משה וכלב, *Leiden 1589.*

I. Drusii / De litteris / משה וכלב / libri duo. / Ad / Franciscum Raphelengium. / Lugduni Batavorum, / Ex officina Plantiniana, / Apud Franciscum Raphelengium, / CIↃ.IↃ.LXXXIX. (40 pp.)
Herdrukt Leiden 1599, Franeker 1608

3. *Geannoteerde uitgave van de Hebreeuwse grammatica van Nicolaus Clenardus, Leiden 1589.*

לוח הדקדוק / Tabula / in / grammaticen / hebraeam, / auctore / Nicolao Clenardo. / Lugduni Batavorum, / Ex officina Plantiniana, / Apud Franciscum Raphelengium, / CIↃ.IↃ.LXXXIX. (96 pp.)

4. *Herziene uitgave van de Aramese grammatica van Johannes Mercerus, Franeker 1602.*

Grammatica / chaldaica. / Descripta ex tabulis Merceri / ad usum juventutis; sed inter describen- / dum ita mutata. / Interpolata, aucta, / ut nova planè Grammatica dici- / meritò queat. / Franekerae, / Apud Aegidium Radaeum / Ordinum Frisiae Typographum. / CIↃ.IↃ.CII. (128 pp.) met bijbehorende paradigmata:

[21] BOELES, O.C., 98, 99.

Tabulae / in / grammaticam / Chaldaicam, / ad usum juventutis. / Franekerae, / Apud Aegidium Radaeum / Ordinum Frisiae Typographum, / CIↃ.IↃ.CII. (126 pp.)

5. *Verzamelde opstellen over de Hebreeuwse grammatica, Franeker 1609.*

Ioh. Drusii / Opuscula, quae ad Grammaticam spectant, / omnia, / in unum volumen compacta; quorum catalo- / gum sequens pagina indicabit / Franekerae, / Excudebat / Aegidius Radaeus, / Ordinum Frisiae Typographus. / 1609. (158 pp.)

6. *Hebreeuwse grammatica, Franeker, 1612.*

Grammatica / linguae sanctae / nova, / in usum Academiae quae est apud / Frisios occidentales. / Dedicata novemviris Ordinum / Frisiae delegatis. / Franekerae. / Excudebat Aegidius Radaeus / Ordinum Frisiae typographus. / M.DC.XII.

De tweede hoogleraar in het Hebreeuws aan de universiteit van Franeker was dus Sixtinus Amama, die als jongeman van 22 jaar zijn leermeester Drusius in 1616 opvolgde, aanvankelijk echter niet zonder moeilijkheden. Amama bevond zich sedert een jaar in Oxford[22] toen hem het bericht van het overlijden van Drusius bereikte. Hij keerde onmiddellijk naar Franeker terug, maar daar waren de contra-remonstrantse theologen Lubbertus en Bogerman reeds tegen de verdachte leerling van de „rekkelijke" Drusius in het geweer getreden. Zij hadden zelfs al drie zuiver in de leer zijnde kandidaten voor de vacante leerstoel aanbevolen. De Staten van Friesland wilden echter Amama niet zonder meer passeren en in het bijzijn van de curatoren van de universiteit werd hij op 17 mei 1616 door Lubbertus en Bogerman geëxamineerd in de Heidelbergse catechismus en de Nederlandse geloofsbelijdenis. Blijkbaar wist Amama de heren van zijn goede gezindheid te overtuigen want nog dezelfde middag werd hij met eenparigheid van stemmen tot opvolger van Drusius benoemd op een salaris van fl. 500.— per jaar. Wel moest hij zich nogmaals schriftelijk verplichten in zijn onderwijs niet van de zuivere leer af te wijken en zich van alle Arminiaanse geschillen te onthouden[23]. Als tweede voorbehoud werd hij achteraf toch alleen tot buitengewoon hoogleraar aangesteld en pas in 1618 werd zijn benoeming permanent.

Amama stelde zich tot taak, om de stand van de kennis van het Hebreeuws te verheffen en het als academisch studievak verplicht te maken. Daarom vervaardigde hij verschillende zeer goede leerboeken, ook in

[22] BOELES, O.C., 99.
[23] BOELES, O.C., 100.

het Nederlands, zodat zij ook door leerlingen van de Latijnse scholen en belangstellenden gebruikt konden worden. Zijn opvattingen over het Hebreeuws kunnen wij het best door hem zelf laten verkondigen. In het voorwoord, tegelijkertijd opdracht aan de Gedeputeerde Staten van Friesland van zijn *Hebreusche Grammatica ofte Taal-konst* Amsterdam 1627 zegt hij het volgende: „... Dat de Grieksche Tale de springader van alle geleertheyt is, sta ik geerne toe, welverstaande, van alle wereltlijkke geleertheyt, ende dit noch ten aansien van alle andere Talen, alleen uytgenomen de alder-oudste, de heylige, de Hebreusche Tale, waar van Godt de Here een autheur is. Want gelijk als dese Tale een moeder is van de de andere Hooft-Talen, also is sy ook een moeder van alle prijselijkke geleertheyt, die in de Boeken der Grieken te vinden is..."

Na een uitweiding, om deze stelling te bewijzen, gaat Amama dan verder: „... Maar dit also voorby gaande, sal ik dese sake wat naarder komen. Het oude Testament is de spring-ader van het Nieuwe.

Het Oude is oorspronkelijk beschreven in de Hebreusche Tale. Het Nieuwe in de Grieks-Hebreusche, welkke de hoog-beroemde mannen Scaliger, Drusius ende Heynsius Hellenisticam noemen. Ik noeme het in 't Nederlants Grieks-Hebreusche, want alhoewel het na de woorden Grieks is, so ist nochtans na de stijl Hebreusch, welkke noch Homerus, noch Demosthenes souden konen verstaan. Also dat tot grondig verstant van 't selve de Hebreusche Tale niet min nodig is als de Grieksche..." Na een scherpe uitval tegen het programma, dat op de Latijnse scholen aan de jeugd wordt voortgezet, en dat veelal slechts getuigt van „afgodenden-dienst, onkuyscheyt, leugens, bloedige en onrechtveerdige oorlogen", pleit Amama voor invoering van het Hebreeuws en bijbelstudie: „... By de Joden word de kinderkens als sy vijf Jaren out zijn (na de Thalmudische Wet, Puer V. annorum ad Biblia) so vroeg sy sullen beginnen te leren lesen, een Bibel in de hant gegeven, ende by ons komen ook wel somtijts die gene die Theologiae studiosi genoemt worden, niet eerder tot het lesen van dit Boek, dan als sy nu op den Predik-stoel sullen treden..."

En tenslotte stelt Amama dan voor: „... Laat dan de Fundamenten der Hebr. Tale in uwe MM. Scholen geleert worden ende uwe MM. sullen in korten tijt daar van treffelijke vruchten sien. Ik hebbe tot noch toe bespeurt, dat bykans alle degene die uyt Rotterdammer Amsterdammer ende Herderwijkker Schole met enige smaek der Hebr. Tale op onse Universiteyt quamen, tot treffelijkke ervarentheyt in dese Tale geklommen zijn, daar dikwijls onder x. xx. ja xxx. die uyt andere Scholen quamen, naulijks een sich so veel aan dese Tale liet gelegen zijn, dat hy het wel konde lesen. En verwonderen wy ons dan noch, dat de Barbaries in onse Provincien ende Kerkken so toegenomen heeft?..."

Bezield van dit vuur, om het Hebreeuws te doceren, werd Amama een geziene figuur in het universitaire leven van Franeker. Het aanvankelijke wantrouwen tegen hem werd al spoedig weggenomen en reeds in 1621 werd hij rector magnificus. In zijn rectorale rede sprak hij zich zeer scherp uit tegen de toenemende baldadigheid van de studenten, waartegen hij later ook samen met de theoloog Lubbertus zou optreden. Zijn wetenschappelijke activiteiten verdeelde hij tussen zijn filologische werk en het opsporen van foutieve vertalingen in de Vulgata-tekst, waarover hij vele werken schreef.

Zijn faam was zó groot geworden, dat de universiteit van Leiden hem in 1627 de vrijgekomen leerstoel in de Oosterse talen van Erpenius aanbood, maar door een salarisverhoging wist de Franeker akademie hem te behouden. Vele buitenlandse studenten, vooral uit de Scandinavische landen, Engeland en Duitsland, kwamen naar Franeker, om zijn colleges te volgen[24].

Amama werd in de herfst van 1639 plotseling ziek en hij overleed op 9 december van dat jaar, nog pas 36 jaar oud. Zijn weduwe bleef met zes jonge kinderen in behoeftige omstandigheden achter. Uit de reeks van grammaticale werken, die de jong gestorven geleerde heeft nagelaten, blijkt de grote energie en kennis, waarmee hij zich aan het onderwijs van het Hebreeuws gewijd heeft.

1. *Hebreeuwse grammatica van Petrus Martinius met tabellen en Aramese grammatica, geannoteerd door Gulielmus Coddaeus en aangevuld door S. Amama, Amsterdam 1621.*

Petri Martinii / Morentini Navarri / Grammatica / Hebraea, / Ad ultimam authoris recensiones accuratè / emendata: brevibusque insuper Notis illu- / strata a Gul. Coddaeao. Unà cum / eiusdem Auctoris TECHNOLOGIA, item / GRAMMATICA CHALDAEA, / quatenus ab Hebraea differt. / Omnia emendati, et multo quam unquam / antehac, accuratius edita. / Accessêre hâc Editione Commentariolus de recta / Lectione Linguae Ebraeae, et Regula- / rum Textualium Syllabus / Sixtini Amama. / Amstelrodami, / Apud Henricum Laurentium Bibliopolam. / Typis Frederici Heynsii Typogr. in Acad. Franekeranâ. 1621. (206, 96,248 pp.).

2. *Hebreeuwse grammatica, gebaseerd op die van Petrus Martinius en Joh. Buxtorf, Amsterdam 1625.*

Grammatica / Ebrea / Martinio-Buxtorfiana. / Seu, Grammatica Petri Martinii / Navarri, quam ex accuratissimis alio- / rum Grammaticis, praecipue vero cl. Bux- / torfii, suisque etiam observationibus / Sixtinus

[24] M. SCHOTANUS, *Oratio in obitum D. Sixt. Amama*, Franeker 1630.

Amama Innumeris in locis ita mutavit, correxit & auxit, / ut nova meritò Grammatica dici possit. / Ad Illustriss. & Geneross. / D. Achatium Burggravium / & Baronem à Dhona etc. / Addita est Paraenesis ad Ecclesias Protest. de / excitandis linguarum studiis. / Amstelrodami, / Apud Henricum Laurentium Bibliopolam. / Typis Fred. Heynsii Typogr. in Acad. Franekeranâ 1625. (288 pp.)
Herdruk Franeker 1634

3. *Vervolg op de voorafgaande grammatica, Amsterdam, 1625.*
Sixtini Amama / Coronis / ad / Grammaticam / Martinio-Buxtorfianam, / continens / 1. Explicationem omnium specialium Anomaliarum, / aliarumque difficultatum textus Ebraici, / ordine Bi- / blico institutam. / 2. Dissertationem de Keri et Chetib, id est, variis le -/ ctionibus, literis majusculis, minusculis, suspensis, inversis, etc. / 3. Consilium de studio Ebraico benè instituendo. / Amstelrodami, Apud Henricum Laurentium Bibliopolam- / Typis Fr. Heynsii Typogr. in Acad. Franek. 1625. (246 pp.)
Herdruk Franeker 1635

4. *Hebreeuwse grammatica, Amsterdam 1627.*
De Hebreusche / Grammatica / ofte / Taal-konst. / Met verscheydene regulen dien- / stigh tot grondigh verstand des ouden / ende nieuwen Testaments, ende / verklaringe van vele duy- / stere plaatsen. / Alles tot dienste der leer-gierige Neder- / landers in haar eygen tale gestelt / door / Sixtinum Amama, / Professeur der Heylige Tale tot / Franeker. / t'Amsterdam, / Voor Hendrick Laurens Boeckvercoper. 1627. (212 pp.)

5. *Hebreeuws-Nederlands woordenboek, behorende bij de Hebreeuwse grammatica, Franeker 1628.*
Sixtini Amama / Ebreusch / Woord-boek / Tot dienste der leergierighe / Nederlanders in 't Nederlandts ghe- / stelt / om by de Ebreusche Taalkonst te voeghen. / voor Hendrick Lauwerensz. Boekvercoper tot Amsterdam / Tot Franeker, / Ghedruckt by Ulderick Balck / gheordi- / neerde Boeckdrucker der E. H. H. Staten / van Frieslandt, Anno 1628. (350 pp.)

Na het overlijden van Amama bood Johannes Hachting, een alumnus van de Franeker universiteit, die sinds 1622 de leerstoel van de logica bekleedde aan om zo lang het nodig was Amama's colleges waar te nemen, opdat er geen studenten zouden vertrekken[25]. Gedeputeerde Staten van Friesland benoemden echter reeds op 18 december 1629 Bernardus

[25] BOELES, O.C., 121.

Fullenius, om de plaats van Amama in te nemen. Fullenius was een zoon van een Leeuwarder predikant en studeerde Oosterse talen en wiskunde aan de universiteit van Franeker. In 1636, toen zijn collega Metius overleed, verwisselde hij van leerstoel en doceerde van toen af wiskunde, tot zijn overlijden in 1657. Van zijn aktiviteiten op het gebied van het Hebreeuws is ons niets bekend. Boeles[26] meent, dat hij *Tabulae in grammaticam ebraeam* heeft gepubliceerd, maar dit boek heb ik bibliografisch niet kunnen opsporen.

Een echte orientalist was wel de opvolger van Fullenius, de in 1603 in Bremen geboren Johannes Coccejus. Hij doorliep eerst het gymnasium van zijn geboortestad en blonk vooral uit in Grieks en Hebreeuws. In 1625 ging hij voor een jaar naar Hamburg, om bij een jood rabbinica te studeren. In 1626 werd hij in Franeker als student ingeschreven en hij volgde vooral de colleges van Amama, die een hoge dunk van zijn kennis had[27].

Coccejus huldigde dezelfde opvattingen over het Hebreeuws als zijn leermeester en verdedigde het belang van de studie van het Hebreeuws, ook voor een beter begrip van het nieuwe testament in woord en geschrift. In Franeker was hij bijzonder actief. Na zijn benoeming tot professor in het Hebreeuws in 1636, nam hij van 1637 tot 1639 ook de colleges in het Grieks waar, toen die leerstoel vacant was. In 1643 werd hij ook hoogleraar in de theologie, een gebied, waar hij zich in zijn geschriften zeer sterk bewoog. Tot 1650 vervulde hij beide leeropdrachten. In dat jaar nam hij het aanbod van de Leidse universiteit aan, om professor in de theologie te worden en verliet hij Franeker.

Coccejus was eerder theoloog dan filoloog en heeft in zijn Franeker tijd geen werken op Hebreeuws taalkundig gebied gepubliceerd. Wel gaf hij in 1646 speciaal voor zijn Hongaarse studenten een Hebreeuws-Latijnse psalter uit, met vocalisatie en zangtekens, die hij zeker ook bij zijn onderwijs in het Hebreeuws gebruikt heeft[28]. Later, als hoogleraar in Leiden, publiceerde hij in 1669 een Hebreeuws-Chaldeeuws lexicon voor het oude testament en nog enige filologische werken[29].

Opvolger van Coccejus werd in april 1651 zijn leerling Johannes Ger-

[26] BOELES, o.c., 136 e.v.

[27] BOELES, o.c., 157 e.v.

[28] Psalmi Davidis/ Hebraeus textus ex optimo-/ rum codicum fide editus est,/ cum versione/ Johannis Cocceji/ S. Theol./ & Hebr. 1./ Professoris./ Franekerae,/ Typis et impensis Idzardi Al-/ berti, & Johannis Arcerii./ MDCXLVI. (295 ff.) In de opdracht van het boek vermeldt Coccejus uitdrukkelijk dat de uitgave speciaal voor de Hongaarse studenten bestemd is.

[29] Lexicon et commentarius sermonis Hebraeae et Chaldaicae Veteri Testamenti; zie verder M. STEINSCHNEIDER, o.c. 37.

hardi Terentius, zoon van een Friese predikant. Terentius had behalve in Franeker ook in Leiden gestudeerd en in 1650 lessen in rabbinica van Menasseh Ben Israel gehad. In de traditie van de Franeker hebraisten stelde de 22-jarige professor in zijn oratie ook het belang van de studie van het Hebreeuws voorop[30]. Hoewel hij verschillende filologische geschriften publiceerde, werd zijn onderwijs door tijdgenoten en opvolgers niet gunstig beoordeeld en werden de aanvankelijke beloften van zijn bekwaamheid niet vervuld. Mogelijk dat zijn huiselijke omstandigheden, die nogal onrustig schijnen geweest te zijn, hem in zijn academische loopbaan hebben gehinderd. Bij zijn overlijden in 1677 was er in ieder geval geen cent in huis, zodat de universiteit de kosten van de begrafenis op zich moest nemen.

In het algemeen moet men voor de concentratie en het doorzettingsvermogen van de 17e en 18e eeuwse hoogleraren grote bewondering hebben. Dikwijls slecht betaald en matig gehuisvest, moesten zij het grootste deel van hun werk thuis verrichten, temidden van het lawaai van een meestal talrijke kinderschare. Bij de grote sterfte onder de vrouwen in het kraambed zien wij geregeld, dat een man moest trachten een moederloos gezin te beheren, terwijl bij een tweede of vaak zelfs derde huwelijk dan onmiddellijk weer gezinsuitbreiding optrad. Om het tractement wat aan te vullen, waren de professoren gedwongen meerdere studenten in huis te nemen, wat de rust en concentratie voor wetenschappelijk werk ook niet bevorderde. Dat sommige geleerden er daarom van af zagen in het huwelijk te treden, is beslist niet onbegrijpelijk. Ons oordeel over Terentius, die blijkbaar niet zo goed tegen zijn gezinsomstandigheden opkon, mag dan ook wel wat milder zijn, dan dat van zijn tijdgenoten.

Terentius' filologische werk is in Franeker verschenen. Volgens Steinschneider[31] zouden zes kleinere filologische werken in twee delen in 1654 verschenen zijn, maar ik heb deze boeken niet kunnen vinden, Wat ik wel van hem kan noemen is:

1. *Het boek Job in het Aramees met Latijnse vertaling en filologisch commentaar, Franeker 1663.*

Liber IJobi / Chaldaice / et Latine / cum / notis. / Item Graece ΣΤΙΧΗΡΩΣ / cum / variantibus lectionibus. / Operâ & studio / Johannis Terenti, / L. A. M. & Linguae sanctae Professore Ordinarii. / Franekerae, / Ex officina Johannis Wellens, Illustriss. Frisiae Or- / dinum & eorundem Acad. Typogr. Ordinarii. 1662. (316 pp.)

[30] Oratio inauguralis de excellentia, utilitate, jucunditate et necessitate linguae Hebraea ad rem theologicam, Franeker 1651.

[31] STEINSCHNEIDER, o.c., nrs. 1998 en 1999, 139.

De pagina's 127-312 van het boek worden ingenomen door de linguistische noten van Terentius.

2. *Hebreeuwse grammatica van Joh. Buxtorf met noten, waaraan toegevoegd de Hebreeuwse tekxt van Obadiah met Latijnse vertaling en grammaticale analyses, Franeker 1665.*

Johannes Buxtorfi P. / Epitome / Grammaticae Hebraeae. / Autoritate & Decreto / Nobilissimorum DD. Curatorum / Academiae Franekeranae / emendata, & ex Thesauro Gramm. aucta. / Additi sunt / Propheta Obadja / et Ecclesiastes Schelomonis, / Hebraicè & Latinè / opera & studio / Johannis Terenti, / Lib. Art. Mag. et Linguae Sanctae / Professoris Ordinarii / Franekerae, / Typis Joh. Wellens, Acad. Typogr. ejusque / et Samuelis Arcerii, impensis. 1665. (192 pp.)

De opvolger van Terentius, Johannes van der Waeijen[32] werd grotendeels uit politieke motieven benoemd. Hij was een begaafde predikant, die als student ook aan verschillende buitenlandse universiteiten had gestudeerd en zich in de zestiger jaren van de 17e eeuw fel in de theologische twisten tussen Coccejanen en Voetianen had geworpen. Aanvankelijk was hij Voetiaan, maar werd later aanhanger van Coccejus.

In 1676 bemoeide stadhouder Willem III zich met de twist en werd van der Waeijen uit zijn ambt als predikant in Middelburg ontslagen. Hij vestigde zich in Amsterdam en werd na de dood van Terentius door de Curatoren van de Franeker universiteit, die in die tijd met Willem III overhoop lagen, als professor in het Hebreeuws benoemd en onbezoldigd ook in de theologie. Dit laatste werd door heftige weerstand van enige Voetiaanse Friese predikanten weer ongedaan gemaakt. In 1680 werd van der Waeijen toch weer als professor in de theologie benoemd en gaf hij zijn Hebreeuwse leeropdracht terug.

Ook de volgende professor in het Hebreeuws Kempe (Campegius) Vitringa was veeleer theoloog dan taalkundige, al had hij in zijn studententijd in Franeker van een jood les gehad[33]. De jonge hoogleraar (hij was bij zijn benoeming 21 jaar oud) werd in 1682 reeds ordinarius in de theologie.

Na Vitringa kwam weer een echte orientalist aan de Franeker academie. Jacobus Rhenferdius, een begaafde jonge Duitser, zoon van een Lutherse dominee, in 1654 geboren, voelde zich al vroeg aangetrokken tot de studie van de oosterse talen. Daarom koos hij ook Groningen als universiteit uit om daar bij de beroemde orientalist Jacob Alting te studeren.

In 1678 gaf hij in Franeker privé Hebreeuwse lessen en werd in het-

[32] BOELES, O.C., 268 e.v.
[33] BOELES, O.C., 289.

zelfde jaar tot rector van de Latijnse school benoemd[34]. Toen in 1680 Vitringa als professor in het Hebreeuws benoemd werd, voelde hij zich gepasseerd en nam ontslag. Rhenferd ging naar Amsterdam, om zich bij joodse geleerden verder in de rabbijnse wetenschap te bekwamen.

Dat hij deze tijd in Amsterdam produktief maakte, blijkt uit zijn colleges aan de Franeker academie, toen hij in 1682 toch tot hoogleraar werd benoemd. Franeker trok sinds lange tijd weer buitenlandse studenten, om Rhenferd te horen. Hij verdiepte het onderwijs door zijn leerlingen op vele vragen te laten antwoorden en deze dan in de vorm van disputen te laten drukken. Deze disputen, die in 1722 door David Mill uitgegeven werden, geven een goed overzicht over de gevarieerde onderwerpen, die Rhenferd behandelde.

In 1692 en 1693 gingen de disputen over de joodse opvattingen over de toekomst en de komst van de Messias; in 1694 en 1695 waren het filologische oefeningen over ketterse denkbeelden bij joden; in 1696 over de hoge ouderdom van de joodse lettertekens; in 1700 en 1701 over de rabbijnen en dienaren in de synagoge, over de gelofte van Jefta en een oefening over het kruis van Christus; tussen 1702 en 1706 werden de geônim, de schouwtafel en de schouwbroden, de Hebraismen in het nieuwe testament en een specimen van het Phoenicische alfabet behandeld.

Rhenferd was ook de eerste, die zich serieus met Palmyreense inscripties bezig hield. Het is verder bekend, dat hij aan twee projekten werkte, die hij niet heeft kunnen voltooien. Het eerste was een vergelijkende studie van de grammatica van alle oosterse talen, die erop gericht was om de verwantschap, de „harmonia" tussen deze aan te tonen[35]. Het tweede was een werk over de onderlinge overeenkomst van de oudste semietische schriftvormen, die volgens Rhenferd allen in het joodse cursieve schrift voorkomen.

Voor het onderwijs aan de studenten liet hij een geleerde Poolse jood komen, die volgens Schudt[36] Samuel heette en later werkzaam was in de Hebreeuwse drukkerij van Salomon Proops in Amsterdam. Zou deze Samuel dezelfde zijn als Samuel ben Aryeh Leib Halevi uit Posen, die van 1707 tot 1715 corrector was bij Salomon Proops?[37]
Ook Rhenferd ontkwam niet aan theologische twisten, en hij lag vooral overhoop met zijn Franeker collega in de theologie Vitringa. De heren

[34] BOELES, o.c., 300 e.v.
[35] J. NAT, o.c., 28 e.v.
[36] J. J. SCHUDT, *Jüdische merckwürdigkeiten*, Frankfurt/M 1714-1718, 315; NAT o.c., 27.
[37] B. FRIEDBERG, *History of Hebrew typography in Europe*, Antwerpen 1937, 36. (Hebr. tekst)

waren het volkomen oneens over de aard van de „minyan" in de oude synagoge en zij hebben aan deze kwestie veel energie en papier verspild. Rhenferd overleed op 7 november 1712 voor hij zijn twee grote werken over de oosterse grammatica en de oud-semietische lettertekens kon voltooien.

Een bijzonder begaafde jonge Groninger, Albert Schultens, nam in 1713 het ambt van Rhenferd over. In zijn inaugurele rede van 9 november 1713 over de gebrekkige uitleg van moeilijke Hebreeuwse bijbelplaatsen[38] kondigde hij reeds aan, wat hij in zijn colleges zou gaan vernieuwen. Schultens had zich vanaf zijn studententijd in Groningen en Leiden vooral op het Arabisch toegelegd, dat hij niet als dochter, maar als zuster van het Hebreeuws zag[39] en welke taal hij bij uitstek geschikt achtte, om de moeilijke plaatsen in het oude testament te verklaren. In zijn vele werken, begonnen in Franeker en sinds 1729, toen hij in Leiden tot professor in de oosterse talen benoemd werd, voortgezet, strijdt hij voor de invoering van een wetenschappelijk-filologische methode in de studie van de oosterse talen, waarbij het Hebreeuws niet als de op zich zelf staande moeder der talen beschouwd mag worden, maar als gelijke in de semietische talenfamilie. Fel trekt hij ook van leer tegen de „rabbijnse" wijze van exegese van het oude testament en in zijn strijdlust gaat hij wel eens wat ver in zijn beweringen, zoals b.v. dat Job een Arabier was.

Schultens' grote geleerdheid, vooral op het gebied van het Arabisch, heeft hem grote internationale roem verschaft en zijn kritische werken hebben de wetenschappelijke bestudering van de semietische talen een stuk vooruit gebracht. Maar men mag aan de wetenschappelijke kritiek van Schultens toch geen moderne maatstaven aanleggen. Zijn exegetische krachttoeren bv. om uit de volkerentafel van Gen. 10 te bewijzen, dat het Hebreeuws en het Arabisch even oud zijn, doen ons al even kinderachtig aan als de beweringen van zijn tegenstanders[40].

Zijn belangrijkste werken heeft Schultens in Leiden gepubliceerd, waar hij tot zijn overlijden in 1750 doceerde.

In zijn Franeker tijd kwam behalve zijn oratie ook nog uit:

[38] *De fontibus, ex quibus omnis L. Hebraea notia manavit, horumque vitiis et defectibus*, Franeker 1714.

[39] Overigens is Schultens hiermee niet de grote vernieuwer, voor wie hij vaak gehouden wordt. Wanneer hij de inleiding tot de Mik̲lôl van David Kimchi en de grammaticale werken van Abraham Ibn Ezra gelezen had, had hij daarin ook reeds deze stelling kunnen terugvinden. Zie ook WILLIAM CHOMSKY, *Hebrew the eternal Language*. Jeruzalem 1967, 181 (Hebr. tekst).

[40] J. NAT, o.c. 46 e.v.; F. MÜHLAU, Albert Schultens und seine Bedeutung für die hebräische Schprachwissenschaft. In: *Zeitschrift für die gesammte lutherische Theologie und Kirche*, 1870.

Over de oorspronkelijke verwantschap van het Hebreeuws en het Arabisch, dl. I Franeker 1724, dl. II Leiden 1738.

Origines Hebraeae / sive / Hebraeae Linguae / Antiquissima natura & indoles / ex / Arabiae penetralibus / Revocata / ab / Alberto Schultens. / Libri primi / Tomus primus / cum Indicibus. / Franequerae, / Excudit Henricus Halma, Illustr. Frisiae / Ordd. atque Eorundem Academiae Typogr. Ordin. / MDCCXXIV (500 pp.)

Originum / Hebraeorum / Tomus secundus. / Cum / Vindiciis tomi primi, / nec non / Libri de Defectibus Hodiernis / Linguae Hebraeae / Adversus Cl. Dissertatorem. / Accedit / Gemina Oratio / de / Linguae Arabicae antiquitate / et Sororia cognatione cum Hebraea etc. / Auctore / A. Schultens. / Lugduni Batavorum, / Apud Samuelem Luchtmans, 1738 / Academiae Typographum. (366 pp.)

In de plaats van Schultens werd in maart 1730 Emo Lucius Vriemoet, predikant in Harlingen benoemd, die zijn taak bekwaam, maar zonder vernieuwingen verrichtte. Hij had in Utrecht bij de orientalist Reland gestudeerd. Wel paste hij zijn colleges bij de opvattingen van Schultens aan en gaf voor zijn studenten naast een beknopte Hebreeuwse grammatica ook een Arabische grammatica uit[41]. Maar zijn persoonlijke voorkeur ging meer naar de Israelietische oudheden dan naar de filologie.

In de Franeker academie was hij een zeer geziene collega en hij was vier maal rector magnificus. Vriemoet was zeer vredelievend van aard en vrijzinnig van opvatting en kwam openlijk voor vrijheid van ieder geloof op. Zijn overlijden in 1760 werd alom betreurd. Zijn filologische werken zijn:

1. *Hebreeuwse grammatica, Franeker 1733.*

Grammatica / Hebraea / 5 / Syntaxis, / contracta. / Accedunt: / Designatio Dictorum V.T. / iuxta seriem Systematis Theologici. / Pericopae V.T. / Hebr. & Latine. / Et a C. H. R. quondam editus, / Elenchus Philologicus. / Iunctim edidit / Emo Lucius Vriemoet. / In Usum studiosae Iuventutis. / Franequerae, / Apud Vibium Bleck, Bibliopolam. MDCCXXXIII.

2. *Hebreeuwse grammatica voor beginnelingen, Franeker 1742.*

Tirocinium / Hebraismi: / complectens / Breve Glossarium / praecipuarum vocum Hebr. / & / Dicta quaedam Vet. Test. / ad praecipua Dogmata Theologica. / Hebr. & Latine. / cum / Adnotationym philologicarum, quibus Canonum Grammatices rationes / exponuntur, Spe-

[41] BOELES, O.C., 437.

cimine. / Ad usus Academicae Iuventutis. / Franequerae, / Apud Viduam Martini van der Veen. / MDCCXLII.

Vriemoet's opvolger, Samuel Hendrik Manger[42], die ook in Utrecht gestudeerd had, besteedde in de vier jaar, dat hij oosterse talen doceerde, vooral aandacht aan het Arabisch. In 1760 benoemd, ging hij in 1764 over naar de theologie. Zijn plaats voor de oosterse talen nam Johannes Hendrik Verschuir in, een leerling van de orientalist Schroeder in Groningen. Hij was een goed docent, die naast het Hebreeuws ook Aramees, Syrisch en Arabisch onderwees. Zijn geschriften bewegen zich uitsluitend op theologisch-exegetisch terrein. In 1797, dus reeds in de Franse tijd, werd hij op zijn verzoek eervol ontslagen[43].

De omwenteling van 1795 in de Republiek had ook zijn weerslag op de Franeker academie. Franeker was steeds een bolwerk van de patriotten geweest en had hiervoor bij de restauratie van Willem V in 1787 moeten boeten met de slechting van zijn stadswallen en het verlies van zijn zetel in de Staten van Friesland. Maar reeds eerder, in de tweede helft van de 18e eeuw bleek, dat de Franeker universiteit niet opgewassen was tegen de grotere aantrekkingskracht van de universiteit van Groningen. De academie leidde nog een kwijnend bestaan tot 1811, toen zij op bevel van Napoleon opgeheven werd.

In die laatste jaren, van 1797 tot 1811, was Egbert Jan Greve professor in de oosterse talen, een zeer geleerde en ietwat zonderlinge man, die zo'n fenomenaal geheugen had, dat hij voor zijn colleges practisch geen aantekeningen gebruikte. Zijn onderzoekingen op het gebied van de Hebreeuwse metriek hebben hem grote bekendheid gebracht[44].

Bij een terugblik over twee eeuwen universitaire aktiviteit op het gebied van het Hebreeuws in Franeker kan men zien, hoe de aanvankelijk eerste positie op dit gebied, die de academie door Johannes Drusius en Sixtinus Amama had verkregen, in de loop van de 17e eeuw naar Leiden en in mindere mate naar Utrecht overging. Grote geleerden als Coccejus en Schultens verwisselden gaarne Franeker voor Leiden, ook al omdat Leiden door de Hebreeuwse en Arabische handschriftencollecties van Scaliger en Warnerus een wetenschappelijk onderzoeker veel meer te bieden had. In het algemeen werd het Hebreeuws in Franeker echter zeer verantwoord gedoceerd. Na Drusius en Amama, die meer filologen dan theologen waren, kwam de nadruk bij de studie van het Hebreeuws meer op de exegese van het oude testament te liggen, maar dat was ook

[42] BOELES, o.c., 543 e.v.
[43] BOELES, o.c., 547 e.v.
[44] J. NAT, o.c. 122 e.v.; BOELES, o.c. 657.

in andere universiteiten het geval en in ieder geval de bedoeling van de leeropdracht.

Belangrijke vernieuwingen in het onderwijs van het Hebreeuws zijn van de Franeker hoogleraren niet uitgegaan. Men hield zich aan de grammatica's, zoals die door Martinius Petrus en Johannes Buxtorff waren vastgelegd. In de grote controverse over de oorsprong van de Hebreeuwse vocalisatie, waarbij Ludovicus Cappellus[45] de stelling van Eliah Levita opnam, dat deze in de 6e eeuw n. Chr. was ontstaan en niet aan Mozes op de Sinai geopenbaard was, bleven de Franeker hebraisten aan de veilige kant van de openbaring. Pas Albert Schultens zou zich halverwege tot de inzichten van Cappellus bekeren, maar hij was dan ook de grote nieuwlichter onder de professoren in de heilige taal. Schultens bestreed echter de „rabbijnse" uitwassen van de bijbel-exegese in zijn dagen zo fel en verdiepte zich zozeer in het Arabisch, dat de Hebreeuwse filologie als zodanig door hem niet zoveel verder werd gebracht. Na Schultens hebben echter alle Franeker hebraisten ook aandacht aan het Arabisch geschonken en het onderwijs in de oosterse talen bleef tot het laatste toe op behoorlijk peil staan.

[45] In zijn *Arcanum punctationis revelatum sive de punctorum, vocalium et accentuum apud Hebraeos*... Leiden 1624.

REST UND ÜBERSCHUSS
EINE TERMINOLOGISCHE STUDIE

GILLIS GERLEMAN (LUND)

Die Vorstellung vom Rest im Alten Testament ist ein vielerörtertes Problem. Die Frage nach der Herkunft und theologischen Bedeutung des Begriffes ist verschiedentlich beantwortet worden[1]. Nach einigen Forschern ist der „Rest" ein wichtiges, dem kultischen Bereich entstammendes Theologumenon, das zunächst in dem eschatologischen Vorstellungskreis seine Funktion hat[2]. Nach anderen handelt es sich gar nicht um einen religiösen Begriff, sondern um einen politischen. Als politischer Terminus bezeichnet das Wort ursprünglich und eigentlich „den Überrest eines Volkes, der einem Vernichtungsfeldzug hat überdauern können"[3]. Die Verwendung der Restvorstellung in der religiösen Sprache und Begrifflichkeit ist nach dieser Auffassung das Ergebnis einer sekundären Übertragung[4].

Der Zweck der folgenden Zeilen ist nicht, eine erneute Untersuchung der Herkunft und theologischen Bedeutung der Restvorstellung zu geben. Sie beschränken sich bewusst auf die Frage nach der Terminologie hinter dem Begriff. Je stärker die Eigenbegrifflichkeit der Restvorstellung betont wird – sie mag ihren Sitz im religiösen oder politischen Leben haben – desto dringender meldet sich die Frage nach einer sinngemässen

[1] S. die ausführliche Forschungsübersicht in G. F. HASEL, *The Remnant.* The History and Theology of the Remnant Idea from Genesis to Isaiah (Andrews University Monographs V) 1972, 1-44.

[2] So z.B. H. GRESSMANN, *Der Ursprung der israelitisch-jüdischen Eschatologie* (FRLANT 6) 1905 und S. MOWINCKEL, Psalmenstudien II. *Das Thronbesteigungsfest Jahwäs und der Ursprung der Eschatologie*, 1922.

[3] G. VON RAD, *Theologie des Alten Testaments* II, 1960, 175.

[4] W. E. MÜLLER, *Die Vorstellung vom Rest im Alten Testment* (Theol. Diss.), Leipzig 1939, 40 ff.

Terminologie. Mit Recht ist davor gewarnt worden, ohne Bezugnahme auf eine feste terminologische Basis in den Texten von einer „Restvorstellung" zu sprechen: „To use such phrases as 'the notion of the Remnant' and 'the concept of the Remnant' where the root – שאר – does not occur is to run the risk of serious confusion"[5]. Dass diese methodische Warnung nicht ganz unberechtigt ist, scheint mir die neue Studie über die Restvorstellung von G. F. Hasel zu zeigen[6]. Diese gründliche und sorgfältige Untersuchung leidet m.E. daran, dass sie eine klare und präzise Begriffsbestimmung nirgends gibt. Die vage und weiträumige Definition des „Restes", die Hasel gibt, hängt damit zusammen, dass er das Restmotiv auch in Texten finden will, die eine explizite Terminologie vermissen lassen[7].

Unter den hebräischen Vokabeln, die zur Bezeichnung des „Restes" infrage kommen, erscheint in erster Reihe שאר. Das Substantiv meint Rest im eigentlichen Sinn, residuum, das was als Ergebnis einer Subtraktion noch übrig bleibt. Ihre häufigste Verwendung findet die Wurzel als Verb, und zwar – mit einem Qal-Beleg als einziger Ausnahme – nur im Niphal und Hiphil: „übrig sein" bzw. „übrig lassen". Die überall vorauszusetzende Minderung kann verschiedener Art sein. Häufig geht es um eine zerstörende Handlung, Tötung und Ausrottung. In solchen Fällen suggeriert שאר die Vorstellung eines Mindestmasses. Die Nebenbedeutung des Geringfügigen, Elenden, Verächtlichen ist meistens unüberhörbar.

Die Wurzel שאר kann aber auch einen neutralen Sinn haben und das „Restwerden" und „Übriglassen" als einen hauptsächlich rechnerischen Vorgang darstellen, z.B. Est.9,12 בשאר מדינות המלך „in den übrigen königlichen Provinzen", d.h. mit Ausnahme der Hauptstadt.

Neben שאר als der häufigsten Vokabel der Restterminologie findet sich die seltenere Wurzel יתר, die gewöhnlich als ein Synonym von שאר betrachtet wird[8]. In der Tat gibt es zahlreiche Stellen, wo die beiden Wörter gleichbedeutend und auswechselbar zu sein scheinen. Das sollte die Tatsache jedoch nicht verhüllen, dass die Grundbedeutung des יתר eine völlig andere ist als die des שאר. Wie aus anderen semitischen Spra-

[5] E. W. HEATON in *JThSt.* New Series 3(1952)27.

[6] o.c.; Anm. 1.

[7] o.c., 46 ff; s.bes. 50: „Inasmuch as the remnant motif can be expected whenever and wherever there is any reference to the destruction or threat of destruction of human life it will be our task to examine such reports without regard to whether or not the remnant motif is referred to implicitly by circumstances or explicitly by verbal expressions".

[8] R. DE VAUX in *RB* 42(1933)528 Anm. 1; HEATON, a.a.O. 29 Anm. 1 (beide mit gewissen Vorbehalten); HASEL, a.a.O. 386.

chen deutlich hervorgeht, bezeichnet die Wurzel *j/w/tr* nicht den Rest, sondern den Überschuss, d.h. was über das jeweilige Mass hinausschiesst; vgl. akk. *watāru* „überflüssig, überschüssig sein", arab. *watr* „ungerade Zahl", d.h. was über die gerade Zahl hinausschiesst, syr. *jatīr* „mehr, überschüssig". Der gleiche superlativische Sinn kommt auch im Hebräischen klar zum Vorschein. Während שאר auf ein Minimum zielt, herrscht in יתר die umgekehrte Blickrichtung auf ein Maximum oder eine Totalität hin. Als besonders klare Beispiele können folgende Stellen dienen: Gen.49,3, Jes.56,12, Ps.17,14; 31,24, Hi.22,20, Spr.17,7, Dan.8,9.

Superlativisch steht יתר auch an nicht wenigen Stellen, die gewöhnlich anders gedeutet werden. Ein eindrucksvolles Beispiel bietet Jes.38,10, wo פקדתי יתר שנותי als Parallele von בדמי ימי אלכה steht. Wie דמי ימי „Mitte meiner Tage", meint יתר שנותי den Höchststand, Zenith des Lebens, also „auf dem Gipfel meiner Jahre werde ich in die Tore der Unterwelt befohlen". Die übliche Übersetzung „für den Rest meiner Jahre" ist ganz offenbar irrig.

Ebenso befremdlich ist der „Rest" in Num.31,32. Der Zusammenhang stellt ausser allen Zweifel, dass יתר הבז die totale Beute meint und ראש מלקוח in V.26 parallelisierend aufnimmt. Die falsche Übersetzung „Rest der Beute" oder „das Übrige der Beute" hat sehr gezwungene Erklärungen auf den Plan gerufen: „d.h. was von den gefangen weggeführten Menschen nicht getötet und von dem erbeuteten Viehe nicht während des Rückzuges verzehrt worden war"[9].

Der superlativische Sinn wird auch in den zahlreichen Fällen ersichtlich, wenn יתר einen weiteren Kreis, eine Grösse höherer Ordnung bezeichnet. Die Wendung נשאר מיתר soll nicht tautologisch verstanden werden, etwa „was von einem Rest übrig bleibt". יתר meint nicht „Rest", sondern gerade im Gegenteil auch hier die Totalität. So in Deut.3,11: „Denn nur Og, der König von Basan, war noch übriggeblieben von der Gesamtheit der Rephaiter". Den gleichen Sinn hat יתר in Jos.12,4 und 13,12. Ähnlich soll auch יתר העם הנשארים in II Kön.25,11, Jer.39,9; 52,15 verstanden werden: „alle die übriggeblieben waren". Ebenso I Kön.22,47: Josaphat rottete alle Geweihten aus, die zur Zeit seines Vaters Asa noch übriggeblieben waren.

Jos.7 erzählt von der bekannten Trinkprobe, durch die Gideon sich eine Elitetruppe gegen die Midjaniter herauswählte. Diejenigen, die das Wasser wie Hunde leckten, sollten am Kampf teilnehmen. Sie waren nur eine kleine Minorität. Die vielen, die auf andere Weise tranken, werden als כל יתר העם bezeichnet, und das heisst nicht „der Rest",

[9] C. F. KEIL in *Biblischer Kommentar über das AT*, hg. von C. F. KEIL u. F. DELITZSCH, 1870, z.St.

sondern die „Mehrheit des Volkes", das Volk als ein Ganzes betrachtet. In den folgenden Versen werden sie sogar כל־העם (V.7) und כל־איש ישׂראל (V.8) genannt.

Die Grundbedeutung des יתר – alles was über das bestimmte oder erwartete Mass hinüberschiesst – kommt in mehreren Derivaten klar zum Vorschein, besonders יתרון und מותר „Gewinn, Vorzug", ebenso wie die anatomische Bezeichnung יתרת הכבד bzw. היתרת על־/מן־/הכבד, die das überschiessende Appendix der Leber, den Leberlappen meint[10]. In diesem Zusammenhang möchte ich die Aufmerksamkeit auf das hapaxlegomenon יתור in Hi.39,8 richten, das noch keine befriedigende Deutung gefunden hat. Der fragliche Satz lautet יְתוּר הָרִים מִרְעֵהוּ. Beschrieben wird der unzähmbare, auf der Steppe und den Bergen frei weidende Wildesel. יְתוּר wird fast einstimmig in יָתוּר geändert und als Impf. von תור erklärt: „Er kundschaftet das Gebirge, seine Weide". Sehr wahrscheinlich ist die masoretische Vokalisation richtig und יְתוּר als ein Nomen zu verstehen: „das Hervorragende der Gebirge, d.h. der Felsenvorsprung ist seine Weide".

Nun gibt es jedoch zahlreiche Stellen, in denen der superlativische Sinn auffallenderweise zurücktritt. Das gilt besonders von den Verbalformen, dem Niphal נותר und dem Hiphil הותיר. Zwar fehlen nicht Belege dafür, dass auch das Verb von der Grundvorstellung des Überschiessens beherrscht ist, z.B. Ez.48,15, wo הנותר ein (profanes) Gebiet bezeichnet, das über den inneren (heiligen) Bezirk um 5000 Ellen hinausschiesst; vgl. V.18 und 21. Sehr oft werden die Verben aber in einem abgeschwächten Sinn vom Existieren einer unbestimmten Mehrheit verwendet. Auch in solchen Fällen hebt sich der Sinn des יתר meistens von dem des שׁאר ziemlich klar ab. Der Unterschied zwischen den beiden Vokabeln kann an Hand Jos.11,22 veranschaulicht werden: „Es gab keine Anakiten (לא־נותר) im Lande Israels; nur in Gaza, in Gath und in Asdod waren etliche übrig geblieben (נשׁארו).

Theoretisch könnte man das blosse Existieren als ein Überschiessen über die Null hinaus verstehen. Im praktischen Sprachgebrauch aber sind die Grenzen zwischen „existieren" und „(als Rest) übrig sein" fliessend. Was über ein Minimum hinaus schiesst, kann mit veränderter Blickrichtung als ein Rest betrachtet werden. Das trifft wohl in allen Sprachen zu. Als exemplum inter alia könnte man lat. ceteri und reliqui nennen, zwischen denen ursprünglich ein klarer Unterschied bestand, die für das Sprachgefühl jedoch in einander übergegangen sind.

[10] Näheres bei L. Rost in *ZAW* 79(1967)35-41.

WHAT IS WISDOM IN THE OLD TESTAMENT?

W.H. GISPEN (AMSTELVEEN)

The study of wisdom literature has assumed considerable proportions in the last fifty years.[1] Of the many recent books and articles I would mention three, apart from the commentaries, viz. H. Gese, *Lehre und Wirklichkeit in der alten Weisheit, Studien zu den Sprüchen Salomos und zu dem Buche Hiob*[2], H. H. Schmid, *Wesen und Geschichte der Weisheit. Eine Untersuchung zur altorientalischen und israelitischen Weisheits-literatur*[3]; and G. von Rad, *Weisheit in Israel*[4].

It may seem strange since there is so much literature about wisdom in the OT in existence, to pose the question: What is wisdom in the OT?

However, W. G. Lambert opens his „Introductory Essay" of his standard work *Babylonian Wisdom Literature*[5] with the sentence: '"Wisdom" is strictly a misnomer as applied to Babylonian literature".[6]

In Babylonian the term for 'wisdom' (*nēmequ*) is connected rather with ability in cult and magic.[7] 'Though this term is thus foreign to ancient Mesopotamia, it has been used for a group of texts which correspond in subject-matter with the Hebrew Wisdom books and may be retained as a convenient short description'. Fohrer thinks the usual translation 'wise, wisdom' for *ḥakam* and *ḥokma* unfortunate and in many respects not correct. It does no justice either to the broad sense of the Hebrew expressions or to their real meaning. These expressions are not so much concerned with the theoretical mastery of life and world problems as

[1] *Cf. Register zur ZAW* Band 26-50 (N.F.9) 1906-1932, s.v. „Weisheit".
[2] Tübingen 1958.
[3] Berlin 1966 = BZAW 101.
[4] Neukirchen-Vluyn 1970.
[5] Oxford 1960 = BWL.
[6] BWL p.1.
[7] emēqu is 'to be profound' and then 'to be wise' (cf. VON SODEN AHW s.v.).

with a solution of a practical nature in view of concrete requirements.[8] In fact wisdom is concerned with experience which helps man to choose the right means for attaining a certain end.

Gese too is of the opinion that the name 'Weisheitsdichtung' as adopted by OT scholarship on account of the biblical notion *ḥokma* to denote a certain form of literature widely known in the ancient East, is not well-chosen inasmuch as the ancient East has no uniform 'wisdom' concept underlying this literary form.[9]

The question 'What is wisdom in the OT' apart from the problem whether the word 'wisdom' constitutes an adequate translation of the Hebrew *ḥokma*, has yet another aspect. It refers to a problem which one encounters time and again in the study of the OT. The difficulty is to establish the extent of the *ḥokma* parts of the OT. The problem is one of determining or demarcating the boundary-line. In my view it arose with the increase in the study of the wisdom literature which I mentioned above. Not only should we be beware of pan-babylonism and panugaritism, but also of pan-ḥokmatism. This overstepping of the mark may be due to a particular conception of wisdom as the gift by virtue of which man directs everything he does towards the perfection of human happiness. In that case the task of wisdom is universal. It transcends all. Learning on the contrary, though comprehensive, does not comprise all.[10]

However, to arrive at a demarcation of the *ḥokma* parts of the OT, we shall also have to take into account the literary form and the context in which the *ḥokma*-like parts occur. In case the form is a *māshāl*, this is simple. The book of Proverbs is without doubt a book of wisdom. This is apparent even from the title in Prov.1:1. The *māshāl* contains allusions, comparisons, similes, statements with a profound purport and meaning.

According to Koch[11] the individual aspect in such a saying is scarcely evident. Koch also underlines the poetic form of the proverbs.[12] But there are parts of the OT which, even though the *māshāl* form does not dominate, may be reckoned to belong to wisdom as literary genre on account of their content. As to content the *ḥokma*-concept somewhat approaches our philosophy-of-life concept. When the saying grapples with the question what life really has to offer, and an attempt is made to master a special problem (such as the meaninglessness or vanity of suffering), then it may be said that we are dealing with wisdom literature.

[8] FOHRER in ThWNT, VII, 476.
[9] H. GESE, art. 'Weisheit' in RGG[3] VI, Sp. 1577.
[10] This is Bender's point of view in '*Het Schild*' 1953, 129-135.
[11] K. KOCH, *Was ist Formgeschichte?*[2], Neukirchen-Vluyn 1967, 15.
[12] *Ibid.*, 116, 117.

Besides Proverbs we may then reckon Ecclesiastes and perhaps Job as well among wisdom literature. In support of this view we may point to the fact that in Mesopotamia poems (more than real proverbs) have been found, such as *Ludlul bēl nēmeqi* which is sometimes compared to Job[13].

Apart from the philosophy-of-life a craving for real knowledge may be taken as a criterion of a ḥokmatic portion[14]. Thus Cassuto and Koole e.g. connect Gen.1 with the wise men. Besides Gen.1:1-2:4a Fohrer[15] places other portions of the OT also under the heading 'Bildung'. It seems possible to call these portions '*ḥokma*'.

What are the symptoms of panḥokmatism?

They are to be seen in the present-day tendency to ḥokmatize historical books. To give some examples.

Robert H. Pfeiffer assumes an S source[16] in the Pentateuch. 'The editor's philosophy and his religious attitude are totally at variance with those of Israel at any time of its history, and they are closely related to the teaching of the Book of Job, which is saturated with the wisdom of Edom if not of Edomatic origin'[17]. Gen.1-11 is an 'ancient document' ... 'not written by an Israelite, but probably by an Edomite'.[18]

Cassuto writes in the second volume of his commentary on Genesis: 'It is possible that on the one hand the Torah took material for its construction from the tradition of the 'wise men', who reflected on the relationship between the families of peoples and sought to establish their unity on a genealogical basis; and on the other hand, it also derived material from the tradition current among the people at large, which explained the ramification of humanity in a dramatic and marvellous manner'. In this way Gen.9:18-11:9 originated[19].

G. von Rad regards the story of Joseph as a ḥokmatic-didactic narrative[20].

S. Talmon has written an extensive and interesting article entitled

[13] See a fragment from *Ludlul bēl nēmēqi* = 'I will praise the Lord of Wisdom' in the translation of Robert H. PFEIFFER in *ANET*, 434-437.

[14] The expression is from O. EISSFELDT in SVT III, Leiden 1955, 94. SVT III bears the title 'Wisdom in Israel and in the Ancient Near East'.

[15] *O.c.*,485.

[16] S, from South or Seir. Cf. R. H. PFEIFFER *Introduction to the Old Testament*, New York, London 1941, 159-167.

[17] PFEIFFER *ibid*. p. 166. *Cf*. R. H. PFEIFFER 'A Non-Israelite Source of the Book of Genesis' *ZAW* 48(1930), 66-73; 'Wisdom and Vision in the Old Testament' *ZAW* 52(1934), 93-101.

[18] Cf. *ZAW* 52(1934), 97.

[19] U. CASSUTO *A Commentary on the Book of Genesis*. (Translated from the Hebrew by Israel Abrahams) II, Jerusalem 1964, 143.

[20] A 'weisheitlich-didaktische Erzählung'. Cf. GERHARD VON RAD, 'Josephsgeschichte und ältere Chokma' *SVT* I, Leiden 1953, 120-127 (127).

'Wisdom' in the Book of Esther'.[21] He says: „We propose to define the Eshter-narrative as a *historicized wisdomtale*'[22]. 'What the Esther narrative in fact does is to portray applied wisdom'[23]. 'By contrast with Haman, who is personified "evil wisdom" Mordecai can pass muster as the representative of desirable "virtuous wisdom"'[24].

Talmon states: 'it appears that the wisdom-affiliations of the Esther-narrative are best brought in relief by its comparison with the Joseph-story'[25]. 'We wish to stress, however, that the presentation in traditional imagery does not necessarily impair the possible authenticity of the historical situation which is described in the book'[26].

McKenzie holds that the Israelite historians, especially those of J in the Pentateuch can be identified with the wise men and that the so-called historical books ought really to be called wisdom books[27].

Talmon's article has been criticized by H. Bardtke[28]. He writes i.a.: 'Im Estherbuch geht es um Sein oder Nichtsein eines Volkes'. Both Mordecai and Haman act unwisely[29]. 'Hier sieht man, dass man besser nur von Einzelzügen der Weisheit im Buch Esther spricht, aber nicht von mehr'[30]. The point of the book is the destiny of the Jewish people in the world. In my opinion the future of the Messiah at the back of that.

If we want to define the line of demarcation rightly with regard to the ḥokmatic parts of the OT, we might go to work as follows. In the first place we should proceed from the purport of a pericope or a bible book. If the object of the larger unity, in which something occurs that strikes us as ḥokmatic, is to impart something not primarily of the nature of a wisdom ideal or wisdom saying, then we should not adduce as 'Sitz im Leben' a so-called circle of wise men, but place it along with the rest in the appropriate category.

Gen.1 may have undergone the influence of the circle of the wise men, but as part of Gen.1-11 it forms part of a prologue to the origination of the people of Israel.

The point of Joseph's course of life is 'to bring good ... by preserving the lives of many people' (Gen.50:20 NEB).

It is the same with the Book of Esther.

[21] *VT* 13(1963), 419-455.
[22] *O.c.*, 426.
[23] *O.c.*, 427.
[24] *O.c.*, 443.
[25] *O.c.*, 454.
[26] *O.c.*, 453.
[27] J. L. MCKENZIE 'Reflections on Wisdom', JBL 86 (1967), 1-9.
[28] H. BARDTKE 'Neuere Arbeiten zum Estherbuch' *JEOL* 19, 519-549: cf. 541-545.
[29] *O.c.*, 544.
[30] *O.c.*, 544.

We cannot allow *ḥokma* to usurp the historical narrative. When all is called *ḥokma*, nothing is *ḥokma*.

Traits of *ḥokma* do not determine the whole of a piece of literature. The splitting up of passages into fragments does not lead to a right exegesis. One ought not to say with McKenzie that the so-called historical books are actually books of wisdom.

By means of a better definition of *ḥokma* we should be able to demarcate the literary forms of the OT better. We might ask the question: 'Did the school constitute the 'Sitz im Leben' of wisdom in Israel?' Egypt and Babylonia might offer material for an answer in the affirmative.

The OT tells little about schooling in Israel. Though in the Book of Proverbs the father is the teacher the son the pupil.

Fohrer states that 'Bildung' played an essentially greater part in Israel than OT tradition which shows no interest in it, divulges. The 'Bildungsweisheit' is 'weithin aus den Schriften des AT ausgeschlossen worden'[31].

Yet I wonder whether possibly besides the history lessons in the family the instruction from teachers outside the family circle may not have influenced history, so that wisdom infiltrated the prophetical history books[32].

Still another factor remains in answering the question: 'What is wisdom in the OT?'

Exactly when we want to draw the distinguishing line, we should keep in mind that unlike the prophet who knew himself addressed by Jahweh and the priest who knew himself taken into the service of Jahweh from his birth and the king who was anointed by Jahweh (with the exception of the usurpers), the wise men is somebody who speaks and notes down his thoughts of his own accord. The wise man speaks from below upwards, the prophet from above downwards. The wise man approaches reality horizontally, the prophet vertically. The wise man is the layman who has something to say and accordingly finds a hearing (in the canon; albeit sometimes with difficulty, judging from Ecclesiastes). He delves up problems for which there is no solution (the Asaph problem: Ps.73, Job) Thus the dialogues arise (in Job; perhaps in Ecclesiastes). But there is, so he knows, also a *ḥokma* of God (cf. Job28, the ending of the Book of Job; Prov.8). It cannot be found by man. And yet it holds the solution of the mysteries of life, the answer to the question: 'What is wisdom?' It is the operating of reality not by the image bearer, but by God himself. It is the preaching of 'Christ nailed to the cross', 'Christ, the wisdom of God' (I Cor.1:23,24).

[31] *O.c.*, 485.

[32] See for instruction in history in the family the passages in the OT dealing with oral tradition. The principal object of this oral tradition is the revelation of Jahweh in Israel's history.

DE GERICHTSSCENE IN HET EGYPTISCHE POORTENBOEK

M. HEERMA VAN VOSS (AMSTERDAM)

Het is bekend, dat de jubilaris van heden door talrijke thema's uit de wereld rond de Bijbel geboeid wordt. Eén daarvan is het dodengericht, met name in Egypte. Gaarne vraag ik daarom hier de aandacht voor een minder vermaarde vertegenwoordiger van het laatste. In de koningsgraven van het Nieuwe Rijk treft men hem het eerst aan. En wel tegen het midden van het Poortenboek, waar hij op de wanden van tombe of kist een prominente plaats gekregen heeft. De „Spätzeit" introduceert hem opnieuw en geïsoleerd, thans op de hardstenen sarkofagen van partikulieren.

Uit vroegere perioden zijn afbeeldingen en teksten, als gezegd, niet bekend. Hetzelfde geldt voor de vermaarde weging van het hart („psychostasie") en betuiging van onschuld („negatieve konfessie") uit het Dodenboek (spreuk 125). Toch zijn het beoordelen van de morele staat van dienst[1] en het wegen[2] wel oudere begrippen.

Inleiding

De scène toont een vertrek, waarop evenals op de poortgebouwen in het Poortenboek de zogeheten *ẖkr*-figuren zijn aangebracht. Aan het plafond ziet men vier dierekoppen. Op een troon zit Osiris met vóór hem een weegschaal. Beide bevinden zich op een verhoging, waaronder vier vijanden liggen en waarheen een trap voert. Op of bij laatstgenoemde zijn negen mannelijke gestalten weergegeven. Verder ontwaart men in het vertrek een boot met een varken en twee apen. Tenslotte figureert Anoebis.

[1] Zie MÜLLER, *Zeitschrift für ägyptische Sprache und Altertumskunde* 94, 117-124.
[2] Cf. *Coffin Texts* I 181 c-e en 209 d-e, IV 299 b-300 a, V 321 c-d.

SIGLA DER BRONNEN

monumenten, I: koninklijke	editie	kopie naar origineel	kollatie met origineel	herkomst
H. = graf Horemheb, Thebe	Hornung, '71			
S.I s. = sarkofaag Seti I, Sir John Soane's Museum	Bonomi-Sharpe		Heerma van Voss	Thebe
R. II = graf Ramses II, Thebe	Piankoff, '61	Maystre	J. J. Clère; Jacquet-Gordon	
O. = cenotaaf Seti I - Merenptah (Osireion), Thebe	Piankoff, '61		Wente	
R. III = graf Ramses III, Thebe	Piankoff, '61			
R. VI = graf Ramses VI, Thebe	Piankoff, '54; '61	[a])	Fairman	
II: partikuliere sarkofagen				
D.C. = Kaïro 29305	Piankoff, '58 (foto)	[a])		Memfis (Sakkara)
D.P. = Louvre D 9	Vigneau-Puy le Blanc			
G. = Brits Museum 1504	[a])	Heerma van Voss		Memfis (Sakkara)

[a]) Mijn dankbaarheid geldt wijlen mijn kollega's Drioton en Piankoff evenals kollega Edwards voor het afstaan van respekt. zijn afschrift van D.C. en de hierbij afgebeelde tekening van R. VI, en het verlof om mijn kopie van G. te bezigen. Opm.: De bovengenoemde edities van O., R. III, R. VI en D.C. vergeleek ik met ondersch. die van Frankfort, Lefébure, Champollion en Maspero.

Bij de voorstellingen zijn teksten geplaatst. Deze zijn in de koninklijke recensies kryptografisch, in de partikuliere als regel normaal geschreven. Helaas zijn de laatste door plaatsgebrek bij lange na niet overal aanwezig, waar de eerste wel present zijn. De kryptografische vertonen niet alleen hun inhaerente moeilijkheden. Soms zijn in een kopie tekens of kolommen op een verkeerde plaats gezet of ontbreken zij. In de regel volgen de kolommen elkaar niet op in de richting, waarin onder meer de dierenhiërogliefen kijken, maar meer dan eens wel. Het komt tenslotte voor, dat afschrijvers hun voorbeeld van achteren naar voren gelezen hebben.

Een dergelijke situatie maakt vertalen zeer hachelijk en het resultaat slechts voorlopig; niettemin doe ik een poging. Ik probeer tevens een toelichting te geven, hetgeen recente bewerkers als Zandee en Hornung ('72) door hun beknopt bestek niet of nauwelijks vergund was. Het kader van deze bundel en de toegestane omvang dwongen echter ook mij tot aanzienlijke beperking. In het bijzonder de taal- en schriftkundige verantwoording hoop ik elders te publiceren, evenals Drioton's kopie van Dzjedher (D.C.) en mijn afschrift van Gemhep (G.).

Piankoff ('54, I, 171, n. 51) zegt, dat H., de oudste, de beste tekst schijnt te hebben. Voor dit oordeel zie ik geen grond. Ik ben integendeel tot de slotsom gekomen, dat eerder R. VI, de jongste faraonische versie, op dit relatieve predikaat aanspraak kan maken.

I. Bovenschrift (Piankoff, '61, tekst 1)

Vijf recensies uit het Nieuwe Rijk geven boven de scène een korte tekst. Dat die met de naam „Osiris" begint is wel zeker. In het volgende herken ik twee epitheta: „die is onder de bewoners van de Dāt" en „beschermer van *Ṯnn.t*". Elk van beide situeert de god in het dodenrijk, de onderwereld.

Drioton[3] ziet er daarentegen een voorbeeld van „Cryptographie par perturbation" in. Hij wijzigt de rangschikking overal grondig en leest: „Boek van het beschermen van Osiris onder de bewoners van de Dāt". De wijze, waarop hij tot deze vertaling komt, is echter geheel willekeurig en verdient daarom geen navolging.

II. Anoebis (Piankoff, '61, t. 5, 8a, 5, 7; met afwijkende volgorde der regels)

De god met de jakhalskop is blijkens de bijgeschreven naam, die ook in D.C. en D.P. voorkomt, Anoebis. Vergelijking van de koningsteksten leert, dat de vijf speciaal in O. verspreid aangebrachte zinnetjes bijeenhoren. Mij dunkt, dat zij gelezen moeten worden in de volgorde van R.

[3] *Annales du Service des Antiquités de l'Égypte* 44, 33.

VI en dat de vertaling als volgt luidt. „Anoebis, hij legt (het omhulsel van) zijn vader in. 'Verheft U en ziet: hij richt, Thoth! De stem (var.: het woord) zij waar voor mij'."

Het verbum, *šˁm*, betekent „inleggen" met goud, lapis lazuli e.d., en wordt onder meer m.b.t. het mummieomhulsel gebezigd. De wending op onze plaats komt ook elders als epitheton van Anoebis voor: „die (het omhulsel van) zijn vader Osiris inlegt."[4] Als zoon van die god is Anoebis bekend.

Treedt deze in de tweede regel als mummificeerder op, in de volgende verschijnt hij in het kader van het gericht. De derde t.e.m. vijfde regel bevat zijn toespraak, wellicht bestemd voor de nader te bespreken goden en doden. Hij vestigt daarin de aandacht op de typische handeling van Thoth – zie V – en op zijn eigen aandeel („voor mij", naar R.VI). Voor dit laatste vergelijke men onder andere de vignetten van Dodenboek 125.

III. De dierekoppen (Piankoff, '61, t. 2, 3, 4)

Van de dieren in kwestie zijn verschillende identificeringen gegeven. Men heeft aan herten, gazellen, ossen en koeantilopen gedacht. De laatste opvatting is juist. Voor de bubalis (Alcelaphus buselaphus; Egypt. *šš3w*) zijn bijvoorbeeld de liervormige hoorns karakteristiek. In H. en R. III zijn deze weliswaar niet aldus voorgesteld, maar toch zijn zij in vooraanzicht weergegeven in tegenstelling tot de hoofdtooi van andere antilopen en gazellen. Kop en hals zijn echter te slank om aan runderen toe te behoren, wier hoorns eveneens frontaal afgebeeld worden. Ook in deze beide graven zal de koeantiloop bedoeld zijn.

Het korte bijschrift, dat in D.C. en D.P. evenzeer te lezen valt, vertoont de vorm van een pluralis part. act. In *h3h3* zie ik het werkwoord „klagen."[5] Ik kom daar later op terug.

In de koninklijke versies staat bij de koppen nog een langere tekst. Vergelijkt men de exemplaren, dan stuit men op verschillen in redaktie, die als volgt te verklaren zijn. Een voorbeeld met de kolomafdeling van O. is door de kopiisten in S. I s. van rechts naar links, in R. VI van links naar rechts gelezen. Als S. I s. is ook H. geredigeerd, doch met allerlei afwijkingen. Bij R. III is de richting niet uit te maken. Een bepaling van de juiste volgorde vermag ik niet te geven. Evenmin als een vertaling, dit met uitzondering van één regel (in R. VI: 3 van l.). Daar is er m.i. sprake van, dat „hun koppen geofferd zijn". Antilopen werden als ty-

[4] Zie *Wörterbuch* IV, 45, 10-13 en *CT* VI 221 p. De parallel: CHAMPOLLION (1844), 626; voor de variant-spelling cf. *WB* IV, 44-45.

[5] JUNKER, *Die Stundenwachen in den Osirismysterien*, Wien 1910, 29 en 24; *WB* II, 502,9 en 470.

phonische dieren en hun koppen als een geliefd offer beschouwd. De plaatsing aan het plafond is te vergelijken met de bevestiging van schedels of koppen van verschillende beesten aan diverse objecten, waaronder gebouwen, schrijnen en baldakijnen, ter bezwering van boze machten[6]. Dat de koeantilopen „de Klagenden" genoemd worden, past geheel bij de Egyptische opvattingen over offerdieren.

IV. Boete en beloning

(Piankoff, '61, t. 12, 13, 6; met afwijkende volgorde)

Onder, respektievelijk naast de laatst behandelde bevindt zich tekst IV. De onderlinge afwijkingen in de volgorde der hiërogliefen laten zich slechts op de aldaar besproken wijze verklaren. Leest men konform de richting van R. VI, dan kan ik tot een doorlopende vertaling geraken. Volgt men S. I s. (en H.), dan zijn behalve in één geval dezelfde caesuren in de weergave mogelijk, terwijl de rangschikking even aanvaardbaar blijkt. In dat ene geval weet ik met de elementen echter geen raad; daarom prefereer ik ook hier R. VI.

Mijn voorstel luidt: „Wanneer het berechten plaats vindt, roeit dan uit[7] ⟨ de slechte ⟩; wanneer de woorden gewogen worden, slacht dan de boze! Maar het brood is het brood van de god, die richt en de voeding zijn de koeken der achoe. De god, wanneer hij verschijnt, onderzoekt de Dātbewoners vanwege zijn tegenstanders. U, aan U behoren de Dātbewoners toe door Uw mes."

„Woorden wegen" ken ik niet van elders. Blijkbaar wordt niet het hart of het hele lichaam gewogen – de balans (VI) toont hen dan ook niet –, maar het mondelinge getuigenis getoetst. Na de bestraffing der zondaren vermeldt de tekst, dat de goeden leven van het voedsel van Osiris en dat van de achoe, de geprivilegieerde doden. Daarna wordt de motivering van het gericht genoemd. Osiris revideert de inwoners van het dodenrijk ter identifikatie van de slechten, zijn belagers. Deze tegenstanders, vaak (o.m. in VIII) zijn „Vijanden" geheten, worden hier eigenlijk aangeduid als de „Gebondenen"[8]. Geboeid zijn zij ter beschikking van de executeurs van het doodvonnis, tot wie begin en einde van de tekst zich richten en die een mes[9] bezitten.

[6] Cf. BONNET, s.v. Bukranien; STÖRK, in *Lexikon der Ägyptologie*, I, Wiesbaden 1973, s.v. Antilope.

[7] het verbum van *WB* III, 403, 2. Cf. voor een overeenkomstig gebruik bijv. I, 579, 11-12.

[8] HORNUNG, *Das Amduat*, II, Wiesbaden 1963, 129.

[9] evenals bijv. *CT* IV 303 b ss. en HORNUNG, *o.c.* (zie noot 8), 128-129.

V. De apen en het varken (Piankoff, '61, t. 8b, 9, 10)

Wij zullen de zojuist gereleveerde executeurs moeten zien in de twee apen en wellicht de persoon met de bijl (over hem nader in VII en VIII). Ook in de afbeeldingen uit Dodenboek 125 treedt de cynocephalus vaak op. Het vignet van Naville's P.c. geeft twee dieren weer, die vóór Osiris zitten. Onder de scènes met één baviaan noem ik die van P.b., waar „de juist Berechtende" een mes in zijn poot houdt[10]. Bij ons hanteren de apen geen mes maar een stok; ik vermoed, dat zij op weg zijn van de weegschaal en Osiris naar de plaats van terechtstelling en daarheen het slachtoffer drijven. Want dat is het lot van het varken.

Dat met hem de in gebreke gestelde Dātbewoner uit IV identiek is, valt af te leiden uit de omstandigheid, dat het dier als onrein en typhonisch gold en uit de positie, waarin het zich in de onderhavige voorstelling bevindt. De zondaar werd gelijkgesteld aan de god van het kwade en manifesteert zich als (het dier van) Seth. De naam, die het in alle recensies (behalve G., waar de boot leeg is) draagt, geef ik weer als: „Die de portie slikt", wel een variant van: „Die zijn portie slikt", zoals elders[11] vijandelijke wezens betiteld worden. Een dergelijke eufemistische karakteristiek acht ik een goede tegenhanger van: „Die zijn portie brengt", aanduiding[12] van de scherprechter bij het dodengericht.

Het uur van zijn doodsnood heeft geslagen. „O Benauwde[13]! Deze god is verschenen," wordt hem in de koningsgraven door de ene aap toegevoegd. Het klinkt als een bevestiging van tekst IV. Van de andere beul vernemen wij (behalve in R. VI), dat „hij erin plaatst", d.w.z. het varken in de boot. Bij de bavianen denke men aan de in tekst II genoemde Thoth. In vele der besproken vignetten (Db 125) is het dier blijkens weergave en bijschriften zeer duidelijk deze god zelf. Een tweetal apen komt ook buiten het Dodenboek in verbinding met Thoth voor, getuige een bronzen groep[14].

[10] NAVILLE, *Das aegyptische Todtenbuch der XVIII. bis XX. Dynastie*, I, Berlin 1886, CXXXVI; ed. RATIÉ, Le Caire 1968, pl. XVII.

[11] *CT* VI 166 b, cf. 139 a (zonder „zijn"); SHARPE, *Egyptian Inscriptions* (First Series), London 1837, pl. 11, r. 7 (= Brits Museum 190). De arm vat ik op als *di*, „gave".

[12] *CT* IV 302 e. Voor andere passages en een spelling met het teken X 8 cf. BORGHOUTS, *The Magical Texts of Papyrus Leiden I* 348, Leiden 1971, 68-69.

[13] Als benaming van slechte wezens in de Pyramideteksten te signaleren: SETHE, *Übersetzung und Kommentar zu den altägyptischen Pyramidentexten*, Glückstadt-Hamburg-New York, III, 219 en V, 231-232.

[14] Hildesheim 59, cf. FRANKFORT, *Ancient Egyptian Religion*, New York 1948, ill. 4.

VI. Osiris en de weegschaal (Piankoff, '61, t. 14)

De uitbeelding van Osiris is niet steeds dezelfde. Vergelijkt men bijvoorbeeld de duidelijk gepubliceerde D.P. met de versies uit de koningsgraven, dan mist men op de sarkofaag de rode kroon. Dit heeft D.P. gemeen met een presentatie uit Db 125, zoals die Naville, *o.c.*, CXXXIII, te vinden is. D.P. en de farao's verschillen ook in de scepter, die de god vasthoudt. Het levensteken is er echter steeds mee gekombineerd, in afwijking van de gedragslijn in de plastiek. De uraeus van de sarkofaag zien wij niet bij de koningen; dezen vermelden daarentegen Osiris' naam.

Kollationering van hen en D.P. toont ook een verschil in de vorm der balansschalen. Zij plegen[15] overigens leeg te zijn. De plaats van de vertikale balk wordt ingenomen door een mummie, die naar Osiris kijkt. Een dergelijke personifikatie van de weegschaal is in Egypte niet uniek[16]. D.C. en D.P. noemen de gemummificeerde figuur „Waagmeester", een term, die elders de weger aanduidt, onder meer in het dodengericht (*WB* II, 130, 11). Over de toelichting in de koningsteksten spreek ik in VII.

VII. De Enneade en de bijldrager (Piankoff, '61, t. 11, 15)

Osiris' troon rust in Db 125 herhaaldelijk op een verhoging en laatstgenoemde soms op een podium met treden, maar de estrade uit ons tafereel overtreft alle aanzienlijk in hoogte.

Op, c.q. vóór de trap bevindt zich een negental goden. D.P. betitelt hen als de „Enneade, die in het gevolg van Osiris is". H, S. I s. en O. doelen in hun bijschrift m.i.[17] op een Enneade, die bij Osiris behoort. De papyrus van Ani (ed. Budge, pl. 3) beeldt bij de psychostasie twaalf goden af: „de grote Enneade, die vóór Osiris is"; deze lokalisatie zullen wij in VIII eveneens aantreffen.

D.C. en D.P. geven ter halver hoogte van de weegschaal een figuur weer, die in de richting van Osiris kijkt met een bijl in zijn handen; cf. over hem VIII. In de versies van het Nieuwe Rijk ontwaart men die gestalte ook, maar tot het formaat van een hiëroglief verkleind en opgenomen in r. 1 (links) van de tekst boven de Enneade. De twee resterende tekens uit die regel laten zich vertalen als „Drager van de weegschaal", met de betekenis „Weger" van elders (bijv. *CT* I 181 d) bekend en tevens kenmerkend voor de eerder besproken mummie van de balans. Het

[15] O. is niet duidelijk. Op S. I s. bevat één een raadselachtige vogel; de onwaarschijnlijke spekulaties van BUDGE en SHORTER laat ik hier onbesproken.

[16] In religieus verband: *CT* IV 299 b en V 321 c-d; Anchnesneferibra, r. 424 (ed. SANDER-HANSEN, 129).

[17] Cf. HEERMA VAN VOSS, *De oudste versie van Dodenboek 17a*, Leiden 1963, 20, n. 12.

blijkt, dat bijldrager en bijschrift (VI) abusievelijk naar de grote tekst VII overgebracht zijn. Men kan zich de verplaatsing indenken via de groepering op S. I s., waar de elementen mogelijk nog hun oorspronkelijke taak vervullen. Weliswaar is de gedaante met de bijl daar niet veel groter dan een schriftteken, doch de vijanden van VIII zijn eveneens tot dergelijke proporties teruggebracht.

De eigenlijke tekst begint dus, evenals in de recensie van D.C., pas daarna. „O achoe, die in het Westen zijt! Iachoe, hij gaat onder in de Dāt, hij opent het oerduister[18], verjongd in leven. De grote god rust in zijn schijf, schijnend in zijn oog". Vermoedelijk is het de Enneade, die zich tot de in t. IV en VIII ook genoemde, maar niet afgebeelde achoe richt. Het onderwerp vormt Iachoe, de zonnegod, residerend in zijn eigen schijf en oog[19]. Diens kringloop wordt beschreven. De opeenvolging van ondergang en herrijzing, waaraan de bevoorrechte overledenen in het Westen evenzeer de voortzetting van het leven ontlenen.

De onderhavige tekst is in het tableau de enige, die van de zon rept, en daardoor de trait d'union met het overige Poortenboek, waarvan het thema immers de nachtelijke tocht van die god door de onderwereld is. Hem kunnen zij, die het gericht doorstaan, niet ontberen; hij op zijn beurt vermag zijn opgang niet te verwezenlijken zonder eliminatie van de bozen. Want in wezen zijn de „vijanden" van de zon en die van Osiris dezelfden.

VIII. De vijanden (Piankoff, '61, t. 16)

Voor de laatste teksten en figuren staan alle bronnen te onzer beschikking behalve R. II en R. III. De „Vijanden van Osiris", zoals het bijschrift zegt, zijn ten getale van vier (H. twee) onder het podium uitgebeeld en wel in miniatuur. De grote tekst behoeft na het bovenstaande weinig toelichting. „Zijn vijanden zijn onder zijn voeten (late var.: hem), goden en achoe zijn vóór hem in tegenwoordigheid van de slachters onder de Dātbewoners. Hij zet de vijanden op de (laat: hun) plaats der terechtstelling. Hun ba's, hij slacht hen". Laat schrijft men in plaats van de slotzin: „Hij keelt hun ba, hij slacht hen".

Met de ook verder in de onderwereldliteratuur figurerende „Slachters"[20] zijn hier – gelijk in V betoogd – de apen en wellicht de bijldrager bedoeld. Als slachtoffer verschijnt thans ook de ba, de „ziele"vogel. Osiris draagt

[18] Verwante plaatsen geeft *WB* V, 144, 2.

[19] Cf. voor deze facetten HEERMA VAN VOSS, *o.c.*, resp. 54, 52 en 73.

[20] HORNUNG, *o.c.*, 98, 3; PIANKOFF, *Le Livre des Portes*, III, Le Caire 1962, 15 (links). – De vertaling „Hij zet" dank ik aan een suggestie van É. Drioton.

dus zorg voor een totale vernietiging van de slechten. Daarmee beschermt hij tevens (zie I) het dodenrijk en zijn bewoners, onder wie hij de eerste is.

Toegift: een curieuze variant

In de bespreking van de scène zijn herhaaldelijk naast overeenkomsten verschillen met Dodenboek 125 aan de orde geweest. Een kombinatie van elementen uit beide blijkt ook mogelijk. Op een laat mummie-omhulsel uit het Semitic Museum van de Harvard-Universiteit[21] is een podium afgebeeld, waarheen een trap leidt en waaronder vier vijanden liggen. Op een kisttroon zit daar een god in dezelfde kleding als onze Osiris, doch met alleen de Benedenegyptische kroon en een scepter. Het bijschrift spreekt van Ra. Vóór de god staat een weegschaal als die uit Poorten, maar deze draagt het hart en als tegenwicht de veer, die de harmonie representeert.

THE JUDGMENT-SCENE IN THE EGYPTIAN BOOK OF GATES (SUMMARY)

Though hazardous, an attempt is made to translate and to comment on the texts of the scene mentioned in the title. The majority of them being rendered in a cryptographic form only, the result remains tentative.

Six royal versions and three from private sarcophagi were at the author's disposal.

LITERATUUR

(tenzij anders aangegeven, met de auteursnaam aangehaald)

Bonnet, Reallexikon der ägyptischen Religionsgeschichte, Berlin 1971.

Bonomi-Sharpe, The Alabaster Sarcophagus of Oimenepthah I., King of Egypt, London 1864, pl. 5.

Champollion le Jeune, Monuments de l'Égypte et de la Nubie, III, Paris 1838, pl. 272; Monuments ... Nubie. Notices descriptives, (II), Paris 1844, 494-496.

Frankfort, The Cenotaph of Seti I at Abydos, II, London 1933, pl. 55.

Hornung, Das Grab des Haremhab im Tal der Könige, Bern 1971, T. 41-43 (Hornung, '71).

Hornung, Ägyptische Unterweltsbücher, Zürich-München 1972, 237-240 (Hornung, '72).

Lefébure, Les hypogées royaux de Thèbes. 2e Division. Notice des hypogées, Paris 1889, pl. 64.

Maspero, Sarcophages des époques persane et ptolémaïque, I, Le Caire 1914, pl. 18 en p. 195.

[21] CAPART, *Chronique d'Égypte XIV*, 233 en fig. 1.

Piankoff-Rambova, The Tomb of Ramesses VI, New York 1954, I, fig. 42 en 45; addenda, fig. 154; II, pl. 47-48 (Piankoff, '54).

Piankoff, *Annales du Service des Antiquités de l'Égypte* 55, pl. 4 na p. 165 (Piankoff, '58).

Piankoff, Le Livre des Portes, II, 1, Le Caire 1961, 13-24, 87-91 en 1-5 (Piankoff, '61).

Vigneau-Puy le Blanc, Les antiquités égyptiennes du Musée du Louvre, in *Encyclopédie photographique de l'art*, I, Paris, 151.

Zandee, in *Liber Amicorum*, Leiden 1969, 298-299.

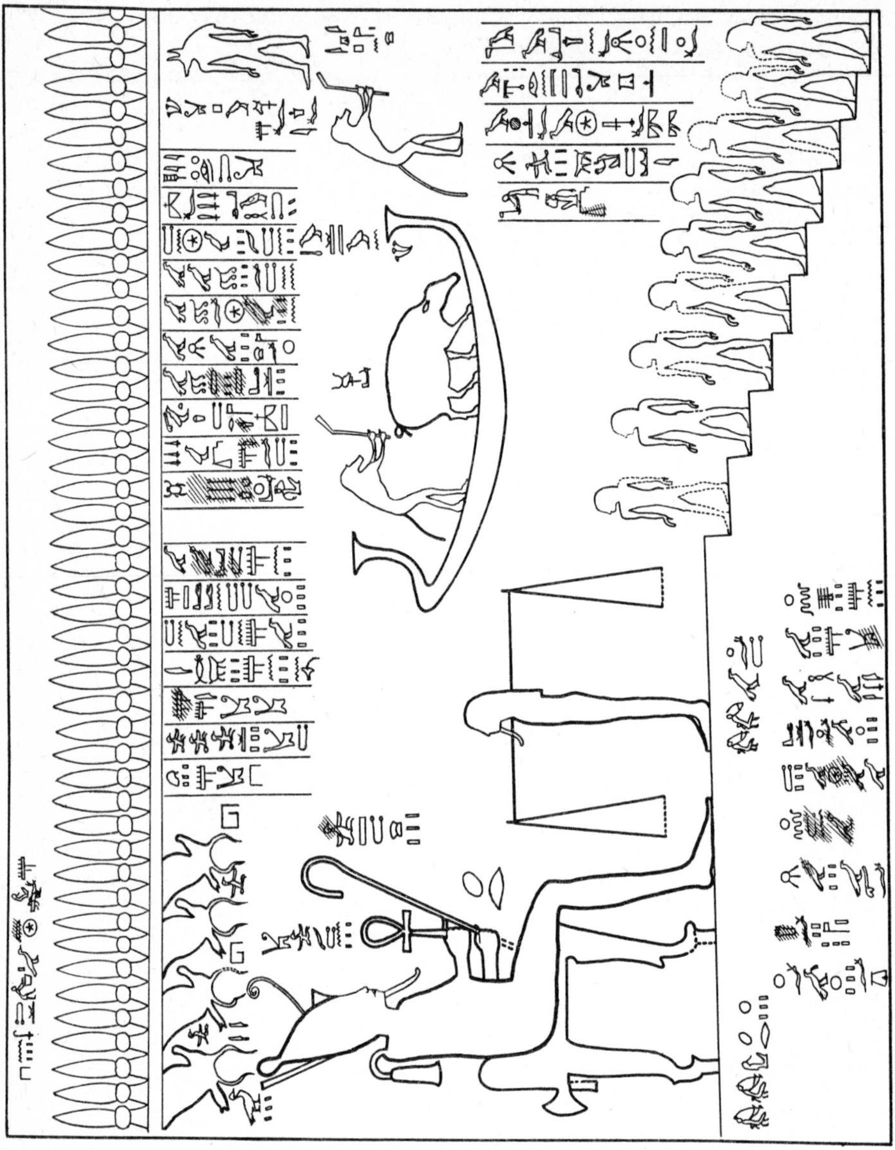

De gerichtsscène in het graf van Ramses VI (naar Piankoff)

EEN OPMERKING BIJ II SAM.15:24 (WAYYAṢṢĪQŪ).

J. HOFTIJZER (LEIDEN)

Er kan, naar mijn oordeel, geen twijfel bestaan dat in bepaalde gevallen, emendatie van de ons overgeleverde OTische tekst de voorkeur verdient boven het vasthouden aan de traditionele consonantentekst. Het is evenwel evenzeer een feit dat in het verleden (en in het heden is de toestand niet altijd beter) emendaties te snel zijn voorgesteld en men zich te weinig heeft afgevraagd, of de redenen hiertoe wel dringend genoeg waren. Bij het afwegen van een dergelijke beslissing moet men er zich o.m. van bewust zijn dat onze kennis van het klassieke Hebreeuws verhoudingsgewijs gebrekkig is: het ons ter beschikking staande corpus van teksten is beperkt en neemt slechts in zeer geringe mate toe, bovendien geeft de orthographie (zeker wanneer men de veel latere vocalisatie wegdenkt) geen of onvoldoende inlichtingen over menig probleem van phonologische of morphologische aard (wat ook zijn weerslag heeft op het syntactisch onderzoek). Dit alles moet zwaar wegen bij een eventuele beslissing dat de ons overgeleverde tekst op een bepaald punt geen „correct" Hebreeuws biedt en dus geëmendeerd moet worden (het feit dat de tekst op bepaalde punten wel „correct" Hebreeuws biedt, behoeft uiteraard nog niet te betekenen dat men dan met zekerheid met de originele tekst te doen heeft). In de volgende regels hoop ik aan een voorbeeld aan te tonen, hoe voorzichtig men moet wezen met op het eerste gezicht niet onaannemelijke argumenten voor tekstemendatie.

In II Sam.15:24 wordt verteld, dat bij David's vlucht uit Jeruzalem ook Zadok met de zijnen en met de ark zich bij hem wilde aansluiten. In dit ook in andere opzichten niet makkelijke vers (waar vooral voor het slot tekstcorruptie voor de hand schijnt te liggen) biedt de vorm *wayyaṣṣīqū* van semantisch standpunt bezien moeilijkheden. Kan de Hiph'il van *yṣq*, die (evenals de Qal) normaal de betekenis heeft van *gieten* en vloeibare (of vloeibaar gemaakte) stoffen tot object heeft gebruikt worden om het brengen van de ark aan te duiden? Verschillende auteurs hebben dan ook tekstemendatie de voorkeur gegeven[1]. Toch moet men zich afvragen of het gebruik van *yṣq* op deze plaats en in deze context wel zo vreemd is, als het op het eerste gezicht lijkt. Er zijn in het klassieke Hebreeuws meer voorbeelden van werkwoorden die normaliter (en terecht) met *gieten* worden vertaald, maar die daarnaast een enkele maal ook gebruikt worden om het brengen van niet vloeibare goederen naar een bepaalde plaats, of het deponeren van hen op een bepaalde plaats aan te duiden. Het betreft hier de volgende gevallen. Jos.7:23, waar de door Achan gestolen goederen op bevel van Josua worden weggehaald *wayyaṣṣīqūm lifnē YHWH*, het is duidelijk dat zij voor het aangezicht van God gedeponeerd werden. Kan men hier aan *storten* denken, wat een zekere parallel met *gieten* zou geven, moeilijker is dit in II Sam. 13:9. In deze tekst wordt verteld dat Tamar die koeken voor haar broeder Amnon gebakken heeft, deze op een schaal (?) opdient *wattīṣōq lᵉpānāw*. Hier is een interpretatie met *deponeren, plaatsen voor hem* op zijn plaats; het idee dat de tekst zou zeggen, dat ze de koeken in kwestie voor hem neer liet glijden van de schaal (of elk ander idee wat enige vorm van „storting" uitdrukt) lijkt me hier minder toepasselijk. In dit verband is ook interessant II Reg.22:9, waar niet de stam *yṣq* is gebruikt zoals in de voorgaande voorbeelden, doch *ntk*. Blijkens de contekst gaat het om geld, dat zich in de tempel bevindt en dat aan de opzichters over herstelwerkzaamheden aan het gebouw ter hand moet worden gesteld om hun werklieden ermede te betalen (zie ook vv. 4 v.). In v.9 wordt de koning meegedeeld *hittīkū ʿᵃbādèkā ʾèt-hakkèsèp ... wayyittᵉnūhū ᶜal-yad ᶜōśē hammᵉlākā* ... In deze contekst is de gebruikelijke vertaling „gieten" uitgesloten, doch ook storten lijkt minder aantrekkelijk, het past beter in de contekst dat hier het zilver in kwestie wordt aangedragen, dan dat hier gezegd wordt dat het neer werd gestort. Van belang in dit verband is ook een oudere aramese tekst de Sfire-tekst iii (= KAI 224) r.7 waar de mogelijkheid besproken wordt dat koning Matiel van Arpad zijn

[1] Men zie om een enkel voorbeeld te noemen de voorstellen om hier een vorm van de stam *yṣg* in plaats van van de stam *yṣq* te lezen, bij bv. A. B. EHRLICH, *Randglossen zur hebräischen Bibel* III, Leipzig, 1910, a.l., P. (=E.) DHORME, *Les livres de Samuel*, Paris, 1910, a.l., S. R. DRIVER, *Notes on the hebrew text and the topography of the Books of Samuel*², Oxford, 1913, a.l. en het woordenboek van KOEHLER-BAUMGARTNER, s.v. *yṣq* (zie ook R. KITTEL in het critisch apparaat van BH³). Een ander voorstel om het probleem op te lossen dat o.m. door R. A. CARLSON is gedaan (in *David the chosen king*, Stockholm, 1964, 172v.) om hier te denken aan „the common alternation between the velar *q* and the palatal *g*" is m.i. niet noodzakelijk. Zoals ik hoop aan te tonen is het niet noodzakelijk dat men een dergelijke klankverandering aanneemt, om voor *yṣq* een betekenis als bv. *plaatsen* te kunnen verdedigen.

verbondspartner ontrouw zal worden en diens vijanden zal onderhouden en beschermen: *wtsk lhm lḥm.* Elke betekenis van *gieten* of *storten* is hier voor de hier gebruikte stam *nsk* uitgesloten, de betekenis moet hier iets als *verschaffen, brengen* zijn (een verwante tekst in r.5, deze is helaas beschadigd).

Indien we thans terugkeren tot onze eigenlijke tekst II Sam.15:24, kunnen we op grond van het bovenstaande concluderen dat tekstemendatie niet noodzakelijk is en dat we de desbetreffende passage (bij benadering) kunnen vertalen met „zij droegen de ark Gods aan".

Een andere conclusie is dat het semantisch veld van bepaalde stammen, die frequent voor het aanduiden van de „giet"-handeling gebruikt worden (in oorsprong) veel ruimer was. Zij duidde dan een handeling aan waarbij een bepaald object (al dan niet vloeibaar) ergens heen werd gebracht of ergens gedeponeerd werd. Voorzover wij uit ons materiaal kunnen opmaken werden de desbetreffende stammen althans in de tijd waarover wij enigermate geïnformeerd zijn hoofdzakelijk gebruikt voor het uitgieten van vloeibare objecten, dit kan de aanduiding zijn van een proces waarbij het semantisch veld van deze stammen steeds meer tot deze speciale handeling beperkt werd. Doch ook indien dit juist is bleven er voorbeelden die op een (oorspronkelijk) ruimer gebruik wezen, het geringe aantal van deze voorbeelden die ons zijn overgeleverd in het OT, en het feit dat een enkele van hen ook nog een met *gieten* verwante interpretatie *storten* scheen mogelijk te maken, hebben ertoe geleid dat men in een plaats als de onze aan tekstcorruptie heeft kunnen denken.

Het zou de moeite lonen te bezien in hoeverre in overige semitische en niet-semitische talen een verwante problematiek voorkomt. Ik heb mij hier tot het klassiek hebreeuws en daarmee meest verwante semitische tekstmateriaal beperkt. Ik wil deze korte opmerking besluiten met mijn vreugde uit te spreken dat ik in staat gesteld ben van mijn grote waardering voor Prof. M. A. Beek te getuigen door een kleine bijdrage te leveren dat terrein betreffende wat hem bij uitstek dierbaar is.

SUMMARY

Emendation of the verbal form *wayyaṣṣīqū* in II Sam.15:24 is unnecessary. The Hiph'il of the root *yṣq* not only has the meaning *to pour,* but also *to carry, to bring, to put.* The same is true also for the Hiph'il of the root *ntk* in classical hebrew.

THE TEACHING OF OLD TESTAMENT HEBREW AND APPLIED LINGUISTICS

J. H. HOSPERS (GRONINGEN)

Although in the following lines I wish to pay homage to Mr. M. A. Beek, who has made himself a name in the first place as an Old Testament Scholar and a historian, I shall not do so in the framework of these disciplines but in a field which is more familiar to me and which is certainly not foreign to him either. For the Old Testament Scholar Beek has also applied himself with great enthusiasm and success, both professionally and con amore, to the teaching of Old Testament Hebrew.

The past few years have seen the light of several articles on the problems concerning the said instruction, after virtually nothing had been published on this subject for almost a quarter of a century since the well-known article of J. Fück from 1947[1],[2]. I particularly have in mind the articles of J. Barr[3], C. A. Keller[4], D. Vetter and Johanna Walther[5] and P.

[1] J. FÜCK, Gedanken zur Methodik des hebräischen Unterrichts = J. Fück, Festschrift Otto Eissfeldt zum 60. Geburtstage dargebracht, Halle/Saale, 1947, 125-140.

[2] We must consider the immediate cause of FÜCK's article the fact that Hebrew had disappeared from the curriculum of the grammar-school, so that it had to be considered how one should try to teach Old Testament Hebrew in a shorter period of time – namely only at the University. And 25 years later the situation had changed again as a result of the fact that the students often no longer had had a classical education. (Cf. VETTER & WALTHER). Moreover by that time one also aimed at letting the instruction of Old Testament Hebrew benefit by the developments that Applied Linguistics had undergone during those 25 years, with regard to the didactics of the modern languages.

[3] J. BARR, The Ancient Semitic Languages – The conflict between Philology and Linguistics, *TPS* 1968, 37-55.

[4] C. A. KELLER, Probleme des Hebräischen Sprachunterrichts, *VT* 20, 1970, 278-286.

[5] D. VETTER & J. WALTHER, Sprachtheorie und Sprachvermittlung. Erwägungen zur Situation des Hebräischen Sprachstudiums, *ZAW* 83, 1971, 73-96.

Katz[6], which articles I have dealt with more or less exhaustively in another study.[7] I should next like to add a few more things. Subsequently I should like to draw the article, published afterwards by A. Zaborski[8], into my observations and finally view the whole in the light of Applied Linguistics.

As I have already said elsewhere[9], the great value of the publications of Keller, Vetter & Walther and Katz lies in the fact that these may be regarded as very important attempts to integrate newer (applied) linguistic insights into the teaching of Old Testament Hebrew. With all mutual discrepancies they have the following things in common:
They are all in favour of abandoning the traditional methods with explicitly formulated grammatical rules, paradigms and with translations as material for practising and checking.
Against this 'sprachwissentschaftliche Methode' they set the 'funktionale Methode'[10], which does not require a complete acquisition of the structure of a language of the students before encountering the actual language in the text.

They found their method on that which has usually been applied during the last few years for teaching the modern languages.

With regard to the development of this method Keller and Katz are far more circumstantial than Vetter & Walther. The former pair give a project of a course of Biblical Hebrew, in which a major part is plaid by an active command of this language, the use of simplified transcriptions and afterwards the omission of the Tiberian punctuation. Katz even pleads for two separate courses, namely a 'Grundkurs' for all Theology students, in which the active command of the language is greatly limited, and an 'Aufbaukurs' for Bible specialists, in which the functional method can be more effectively practised.

Vetter & Walther are very brief and vague about the practical development of their views, but meanwhile they have published a booklet[11] in which they have worked out these views in detail, starting from a number of Psalms.

[6] P. KATZ, Hebräische Grundkenntnisse für jeden Theologen – warum, wozu und wie?, *ZAW* 84, 1972, 220-242

[7] J H. HOSPERS, Some observations about the Teaching of Old Testament Hebrew, M. A. BEEK, A. A. KAMPMAN, C. NIJLAND, J. RIJCKMANS, *Symbolae Biblicae et Mesopotamicae F. M. Th. de Liagre Böhl Dedicatae*, Leiden, 1972, 188-198.

[8] A. ZABORSKI, Teaching the Language of the Bible, *FO* 14, 1972-1973, 65-76.

[9] J. H. HOSPERS, op.cit., passim.

[10] These terms used by P. KATZ, op. cit. 'Sprachwissenschaftlich' here refers to the traditional grammar and translating methods.

[11] D. VETTER & JOHANNA WALTHER, *Hebräisch Funktional.* Beschreibung operationelen Verfahrens, Stuttgart, 1973.

As has been said before, another author has meanwhile entered into the discussion namely A. Zaborski[12]. He agrees with the others regarding his rejection of the existing grammars. He even says: 'The student of most of the Semitic languages is in as bad a position as he was hundred years ago'.[13] He does not, however, agree with Keller's concrete solution, although he considers the actual method of the latter incomparably superior to the traditional one. But, he says – in my opinion rightly so- the methodology of modern language-teaching has made it clear that there is no universal method for language-teaching, because the method must depend on the objective. He further points out that the methodology with regard to the instruction of dead languages is not nearly so far advanced as that of teaching living languages. And Old Testament Hebrew is a dead language, preserved in a limited corpus and, according to Zaborski, Biblical Hebrew should therefore not be instructed as a living language with the aid of the apparatus of a language-laboratory, as Keller would have it and here I agree again with Zaborski. For Bible students and Semitists – not for Hebraists! – Zaborski thinks it a waste of time to learn to speak this type of Hebrew. He does agree with Keller that Biblical Hebrew ought first to be learnt in a simplified transcription and that the graphemic system ought to be learnt only gradually afterwards.

Zaborski shares the opinion of Vetter & Walther that the greatest emphasis must ly on the text and not on the grammar as was the case in the traditional handbooks, so that the language itself was 'only an addition to grammar'[14]. But he denies most emphatically that every pronouncement regarding the structure of the language should be omitted: 'Discovering many structures may take too much time and it is more economical to give some of them especially the rare ones, aprioricallly'[15]. He also flatly opposes Vetter & Walther when he says: 'Verbal' translations must be strictly excluded'.[16]

Finally Zaborski points out once more that we certainly ought to learn

[12] A. ZABORSKI, op.cit. In this article ZABORSKI discusses the articles of BARR, KELLER, VETTER & WALTHER, mentioned above. The article of KATZ had probably not yet appeared when ZABORSKI wrote his article. My article, at any rate, had not yet appeared when ZABORSKI's article was published.

[13] A. ZABORSKI, op.cit., 67. The writer is therefore not only thinking here of Biblical Hebrew, but also of the other Semitic languages.

[14] A. ZABORSKI, op.cit., 72.

[15] A. ZABORSKI, op.cit., 73.

[16] A. ZABORSKI, op.cit., 75. Also compare J. H. HOSPERS, op.cit., 195-196 where opposition was also raised against the remark made by VETTER & WALTHER, that in a translation the characteristic features ought to be retained, even when the receiving language should offer resistance.

from modern linguistics and even more from the methodology of teaching foreign languages, based on modern linguistics, when we want to teach Biblical Hebrew in the right way. He goes on: 'We must, however, remember, that teaching of the written analytic code of a dead language has a peculiar character of its own and a special methodology must be developed. In a sense this method should be traditional'.[17] With the expression ''Reading (i.e. understanding) and translating' method'[18] Zaborski then indicates how he intends to oppose this method against the traditional 'Grammar and translating method'.

In my opinion this article of Zaborski is a very important and necessary addition to what has been brought forward in the articles of Keller and Vetter & Walther and also in that of Katz. For it would seem to me that in spite of the many correct things they undoubtedly offer, in which they were in a sense preceded by Fück and Barr, these authors have yet overlooked certain matters.

In the first place they take too little account, for example, of the fact that Biblical Hebrew is a dead language, so that a rather limited corpus of graphically represented language is at one's disposal. Because of that one cannot turn to the native speaker who can verify or falsify the grammaticality of all linguistic utterances in that language. The methods that have been developed during the last few decades for teaching the modern languages cannot simply be applied to the teaching of dead languages, therefore. Zaborski rightly points this out in his article.

But there is more to be said against the ideas held by Keller, Vetter & Walther and Katz, but first the latest developments in the field of Applied Linguistics will have to be outlined.

The 'direct or natural methode', which in fact is more or less advocated by all authors mentioned, originally rested on the equalization of the process of acquiring a foreign language with that in which a child acquires the mother-tongue. The line was taken that the direct way towards the language of the child would also be the most natural one for acquiring a foreign language later in life. Thus Katz speaks of a 'sprachentwicklungspsychologische Methode',[19] which ought to be closely connected with the way in which a child learns his mother-tongue, not starting from its grammatical construction but 'von den einzelnen Sachgebieten her'.[19] This conception clearly explains the aversion to giving explicitly formulated grammatical rules and the preference for the 'pattern drill' (habit formation) of the language laboratories, which eliminates or at

[17] A. ZABORSKI, op.cit., 76.
[18] A. ZABORSKI, op.cit., 76.
[19] P. KATZ, op.cit., p. 226.

least minimalizes the use of the mother-tongue and therefore also of translations when teaching foreign languages.

For the rest this direct method was a direct projection of the linguistic structuralism into the linguistic paedagogics[20] and it mainly drew on two sources, namely:

a) The Saussurian thesis with regard to the arbitrary linguistic sign which is part of an arbitrary system, which makes every language something unique so that it should also be learnt without the interference of a familiar language, and translating can therefore no longer play a part in the process of learning,

b) The Bloomfieldian behavioristic 'stimulus-response' model according to which linguistic utterances are a kind of reflexes, so that the factor of practise (pattern drill) ought to be sufficient to learn to use the language in question.

Now it is generally accepted these days that the process of acquiring the mothertongue by the child is certainly not identical with that of acquiring a foreign language later on. The latter process cannot be a copy of the former for the reason that the motivation is so entirely different. The child's contact with the surrounding mother-tongue is an automatic consequence of his social situation, in which it usually does not have a teacher at its disposal with paedagogically and didactically responsible teaching-material. Usually, the pupil has chosen a confrontation with the new language himself or at any rate this confrontation has seemed necessary to him through whatever reason. Most of the similarities between learning the mother-tongue and learning a second language manifest themselves in the final achievement and not in the process of learning. Moreover, the very fact that one controls one language already and is able to read and write it implies a very fundamental inequality between the situation of the child and that of the language student. The latter cannot undo this fact and become a 'tabula rasa' again, so to speak, but, on the contrary, he will have to exploit it in a sensible way.

By rejecting the identification of the processes of mother-tongue and foreign language acquisition, a reconsideration is also taking place, lately regarding the value of the direct methods in teaching the modern foreign languages. For example, it has turned out to be wise to modify the pattern drills according to the different mother-tongues of the pupils.[21] So here the mother-tongue is beginning to figure again in the direct

[20] With regard to this one should also compare B. MALMBERG, *Språkinlärning. En orientering och ett debattinlägg*, Stockholm, 1971, 5. Direktmetod- naturmetod, 78-104 en 6. Direktmetoden i ljuset av teoretisk forskning och praktiska erfarenheter, 105-136.

[21] Comp. B. MALMBERG, op.cit., 86 sqq.

method. And because of the new vision on language universals, as developed by R. Jakobson and N. Chomsky, its place is becoming even more prominent. The position of translating in the teaching process has also become a stronger one again. One has come to realize that it is a good thing to take advantage of the inevitable mother-tongue, if only because a translation into the mother-tongue is often the only possibility to give an exact explanation of the meaning.[22]

Of course the value of a frequent practise, introduced by the direct method, has continued to be realized although one has come to think more subtly about the part played by the mother-tongue and translating than was the case in the initial period of that method. The language-laboratories will continue to play an important part in foreign language teaching. But apart from this frequent practising – if I am right – the insight into the structure of linguistic systematics is lately considered of greater importance again for the process of language acquisition. And this, indeed applies to all kinds of language acquisition, both that of the young child learning the mother-tongue and the pupil learning a foreign language. For here, indeed, there is a similarity between the two processes, namely in that both are not exclusively founded on passive imitation but that they also have a creative aspect.

This aspect has been emphasized by N. Chomsky a.o. in imitation of C. F. Hockett (Generative grammar). It appears that the paradigmatic aspect of the language is deeply rooted in the consciousness of all – even of very young – people.[23] In connection with this, Malmberg points out that the so-called 'analogical forms' that are sometimes produced by children[24] illustrate that the systematic aspect of the language is a more important factor for the child with regard to the generation of the linguistic forms than the frequency of such forms is.[25] Such forms illustrate that the child is already master of part of the grammatical categories and applies them in new though faulty forms of his own. And as for pupils who want to learn a second language, Malmberg points out that at any rate those pupils that are greatly interested in language and are therefore also properly motivated, feel the need to

[22] B. MALMBERG, op.cit., 126 sqq.

[23] Comp. RUTH M. BREND, The Return of the Paradigm, *Language Learning* 17, 1970, 33-35, which article is also pointed out by B. MALMBERG, op.cit., 132-136.

[24] It is often a matter of certain irregular forms which are all the more frequent, however, and for that very reason they have been very often heard by the children. Comp. analogical forms such as 'I goed' e.g. on the analogy of 'I worked' in stead of 'I went'.

[25] B. MALMBERG, op.cit., 37 an 135.

become acquainted with the linguistic systematics as a system of rules.[26] In connection with this, doubt has risen of late, therefore, about the thesis that everybody should always learn a second language in the same way. One should not only consider the different purposes, implying different methods, but also the different dispositions of the pupils receiving the education. Thus at present a pluriformity of teaching-methods is advocated, which does not stake everything on one throw.[27]

With regard to the articles of Keller, Vetter & Walther and Katz I should like to conclude by saying that in the first place they do not fully take into account that Old Testament Hebrew is a dead and mainly literary language, to which the methods developed in the last few decades for teaching the modern foreign languages cannot be simply applied. It is also not practicable to teach Biblical Hebrew in this way in a short space of time. Katz, indeed, speaks of a 'Basic Biblical Hebrew',[28] that should be used, and, in his opinion, that Hebrew should also be stilistically simple with the use of tense as in later Biblical Hebrew or in the Mišna. But in that case one does not do justice to Biblical Hebrew!

And in the second place I cannot rid myself of the thought that the said authors, in their desire to replace the traditional and, indeed, unsatisfactory didactic method by a better one, resort to methods that are wholely or partly abandoned again in the most recent views on Applied Linguistics.

That is not to say that I am of the opinion that for teaching Biblical Hebrew we should return to the old method. The method of the Latin paradigm was a didactic absurdity[29] and certainly when applied to a language like Biblical Hebrew. Zaborski rightly says: 'Grammar must be learnt from the texts beginning with clauses, sentences and short

[26] B. MALMBERG, op.cit., 130. In a series of lectures during the course of 1972-1973 organized by the Department of Applied Linguistics of the State University of Groningen this point was also made in the lectures of E. M. UHLENBECK and C. F. VAN PARREREN.

[27] Thus MALMBERG also concludes his book with the observation that the direct method has been carried through in a too partial and uncritical way, also in fields where it does not belong and where a modified method would function better. Op.cit., 178.

[28] Here the fact is overlooked, however, that in the teaching process the tendency is decreasing to concentrate only on highly frequent words, because especially elements occuring with a low frequency may be of importance for an insight into the structure of linguistic systematics.

[29] Classicists in the mean time have also come to think better of the methodology of teaching the classical languages. Elsewhere I already mentioned R. PFISTER, Thesen zur Linguistik und Sprachunterricht, *Gymnasium* 77, 1970, 405-407. To this may be added R. NICKEL, *Altsprachlicher Unterricht*, Darmstadt, 1973.

texts and not vice versa'.[30] We shall have to start from the pluriformity of methods that have already been mentioned above, which is also what Zaborski means when he says that the methodology concerning modern language teaching has made it clear that there is no universal method for language teaching. And for teaching Hebrew in particular that means starting from a cognitive approach to the grammar problem, which is, indeed, increasingly the case in teaching the modern foreign languages.

Further it should be continually kept in mind when teaching a language that the natural language is a functional datum and no object in itself, but a means of communication. For the fact is, that language always functions in a certain social and cultural context, and this should be kept in mind all the time in the teaching-process. This applies to all language teaching but in my opinion even more so to dead languages. When teaching these languages one will have to pay even more attention to the cultural and social context in which these languages have functioned than when teaching modern languages. For as we shall never be able to know the dead languages to the full as language,[31] – as has been said above –, so it is no longer so easy for us to observe the social and cultural context in which these languages have functioned or even to participate in it, as is the case with living languages.

[30] A. ZABORSKI, op.cit., 72. Comp. also J. H. HOSPERS, op.cit., 197-198.

[31] In the recent – and indeed excellent – method for Biblical Hebrew by TH. O. LAMBDIN, *Introduction to Biblical Hebrew*, London, 1973, this is also pointed out, which is rather unusual in handbooks of that kind. This author ventures to say that at times not everything is known with regard to Biblical Hebrew, 'since there are no informants available who speak 'Biblical Hebrew', op.cit., 55.

ANSATZ ZU EINER MEDITATION ÜBER PSALM 8

A. R. HULST (UTRECHT)

In der Psalmenexegese wird oft versucht die Meinung des Psalmisten, seine Absichten und Gedanken, herauszustellen. Man bleibt dabei ganz auf der Linie eines exegetischen Verfahrens, das vor allem nach die Absicht des Verfassers fragt. Auf diese Weise ist jedoch nur dann Erfolg zu erwarten wenn zwei Fragen in positivem Sinne beantwortet werden; erstens: wer war der Psalmist und was wissen wir von ihm? und zweitens: wie sah der ursprüngliche Text des Liedes aus? Jeder Exeget weiss aber dass gerade hier oft kaum eine befriedigende Antwort gegeben werden kann; man kommt in der Exegese manchmal nicht über unbeweisbare Hypothesen hinaus. Als Beispiel möge Psalm 8 dienen.

Der Dichter ist unbekannt; aus dem Text heraus wagt man es einiges über seine Situation zu sagen. *Z.B.* Staerk: „er steht in stiller Nacht unter dem strahlenden Firmament, im Innersten ergriffen von der dem Ohre der Sterblichen schweigenden Pracht, die das Heer der Lichtwesen dort oben entfaltet..." (Lyrik, Schr. des A.Ts.3,1,1920², S.76). Zurückhaltender Kraus: „in V.4 erhebt sich die Stimme eines einzelnen Sängers der in den leuchtenden orientalischen Himmel hinaufschaut". „So besteht ... die Möglichkeit an ein nächtliches Fest zu denken in dessen Verlauf das lobpreisende Lied im Wechselgesang angestimmt worden ist". „Es könnte sich jedoch auch um eine dem Gottesdienst entnommene Nachdichtung handeln" (Psalmenkommentar z.St.). Bis in Besonderheiten hinein Schmidt: „man ist versucht in diesem Wort" (gemeint ist V.3, wo von der Macht der Kinderstimme die Rede zu sein scheint) „den Nachhall eines persönlichen Erlebnisses zu sehen" und „der Dichter muss wohl selbst Vater eines kleinen Kindes gewesen sein. Als er seinen Lobgesang dichtete, war es Nacht: er sah den gestirnten Himmel über sich und träumte von der Musik der Sphären, aber in seinem Herzen hörte er den lieben

Jubel seines kleinen Kindes daheim, an dessen Lagerstatt vorüber er in die Nacht hinausgetreten war" (Die Psalmen 1934 S.14f).

Es dürfte ohne weiteres klar sein, dass man auf diese Weise zu keinerlei unanfechtbaren Ergebnissen kommt; mit solchen unbeweisbaren Vermutungen macht man keine rechte Exegese. Wenn man versucht eine Rekonstruktion des ursprüngliches Textes vorzulegen, so befindet man sich auf sehr unsicherem Boden. Manchmal kann nicht festgestellt werden ob ein Psalm von Anfang an als Kultlied gemeint war oder nachher durch kleinere oder grössere Texteingriffe und Zusätze für den Kult zurechtgemacht wurde. Er kann auch, ganz oder teilweise, einem Kultlied nachgedichtet worden sein. Die Lage wird noch problematischer, wenn wir bedenken, wie leicht als ureigene Auffassung des Dichters betrachtet wird, was tatsächlich nur als subjektive Interpretation des Exegeten zu werten ist. Das ist schon der Fall wenn Dichter und Interpretator Zeitgenossen sind, um so mehr wenn viele Jahrhunderte beide trennen.

Nun kann man, im Hinblick auf diesen Tatbestand, entweder aus rein praktischen, oder auch zum Teil aus theoretischen Gründen, auf historische Hintergründe und biographische Notizen verzichten. Man will vielmehr den Text so wie er uns tradiert worden ist, als selbständige literarische Einheit, zu Wort kommen lassen. Wortgebrauch, Stilanalyse usw. sind dabei wichtig. Diese Betrachtungsweise mag faszinierend sein weil uns die oben angedeuteten Unsicherheiten nicht mehr zu bedrücken scheinen, eine Gefahr ist jedoch, dass der Psalm von seinem erstmaligen historischen Hintergrund gelöst wird und in diesem Sinne übergeschichtlich, wenn nicht sogar a-historisch zu werden droht. Die Bindung des Textes an den Menschen, der ihn zuerst geäussert hat, wird aufgelockert. Richtig ist, dass ein Psalm nicht ausschliesslich einem historischen Moment in ferner Vergangenheit angehört, und in dieser Hinsicht nicht etwas Einmaliges ist. Dies darf jedoch nicht dazu führen den Psalm vom lobenden, betenden oder klagenden Menschen mehr oder weniger zu lösen. Gerade um diesen lobenden, betenden, klagenden Menschen geht es, um sein Verhältnis zu Gott, seine Antwort auf Gottes Wort, seine Reaktion auf Gottes Handeln. Es mag sein, dass jeder Mensch seine Not und seinen Lobpreis in der geprägten Psalmensprache auszusprechen vermag, aber beim Lesen, Nachbeten, Nachsingen des Psalms, bedenke man dass er die Aussage ist eines Menschen, wie wir, der fürs erstemal im Rahmen seines Gottesverhältnisses sie gesprochen hat. Wichtig ist dann nicht die Vordergrundsituation seines Lebens an sich; wichtig ist nur wie er sich in seinem Leben zu Gott hält. Für die Interpretation der Psalmen bedeutet es ein Verfahren des genauen Hinhörens auf den Text; eine Betrachtungsart, die ich versuchsweise exegetisch-meditierend nennen möchte.

Jetzt zu Ps 8; nur einiges kann hier angedeutet werden.
a. Alle Verbalformen sind 2.Pers. sing.masc. mit Jahwe als Subjekt. Ausnahme: אראה in Vs.4, 1 Pers.sing., der Dichter ist Subjekt. Über das schwer verständliche תנה in Vs.2 kann in diesem Zusammenhang nicht gesprochen werden; keiner der vielen Interpretationsvorschläge hinsichtlich Vokalisation, Verbalstamm und Konjekturen bietet eine befriedigende Lösung. In diesem Psalm kommt nie ein Suffix der 1.Pers. sing. vor, wenn man es nicht für möglich halten wagt, dass אדנינו (Vs.2,10) aus einem ursprünglichen אדני entstanden ist, als der Psalm von einer religiösen Gemeinschaft übernommen wurde. Es finden sich Suffixa der 2.Pers.sing., auf Jahwe bezogen (dein Name usw.) und der 3.Pers.sing., die sich auf בן־אדם, אנוש beziehen. Zweierlei ist in diesem Tatbestand wichtig. Erstens handelt es sich keineswegs um mehr oder weniger abstrakte anthropologische Betrachtungen an sich; alle Aussagen sind ja in den Rahmen des Ich-Du-Verhältnisses des Dichters zu seinem Gott gestellt worden. Und zweitens ist der Psalmist nicht dem weiteren Kreis der Menschen als Sonderfall gegenübergestellt, sondern in diese Gesamtlage der Menschen überhaupt hineingenommen, מה־אנוש (Vs.5) gilt auch für ihn selbst. Auch von daher wird klar, dass eine vorausgesetzte Sondersituation des Dichters (die wir nicht kennen!) keine wesentliche Bedeutung hat für die Interpretation; eine Tatsache, die man in Rechnung zu ziehen hat wenn man eine (spätere) messianische Verwendung des Psalms zu erklären versucht.

b. Man setzt am besten ein da, wo der Dichter von sich selbst redet, also Vs.4f. Die Frage der Anthropologie wird hier nicht aus rein theoretischem Interesse heraus gestellt, sondern drängt sich (jedem) auf, wenn man Himmel, Mond und Sterne betrachtet. Die Aussage enthält ein klares Bekenntnis Jahwes als Schöpfer. Die in Vs.5 anvisierte Frage ist also letzten Endes nicht die des Verhältnisses des Menschen zur Welt, sondern vielmehr die religiöse Frage seines Verhältnisses zu seinem Gott, dem Weltschöpfer. Streng genommen redet der Psalm gar nicht von der Schöpfung des Menschen als Teil der göttlichen Schöpfungsarbeit; weder ברא noch עשה oder יצר so wie in Gen.1,2, werden verwendet. Die Schöpfung des Menschen als solche wird vorausgesetzt, es wird nur auf seine besondere Stellung innerhalb der von Gott geschaffenen Welt hingewiesen, ihm wurde Herrschersmacht über die Schöpfung verliehen (Vs.6ff). Mit Ehre und Hoheit (כבוד, הדר) hat Gott ihn gekrönt; mit Recht kann man also sagen dass der Mensch als Geschöpf in der Schöpfung „wichtig" ist und sein „Gewicht" (כבוד) als „Herrscher" (משל) anwenden kann.

c. Die Frage „was ist der Mensch" wird in Ps.144 beantwortet mit einem Hinweis auf seine Nichtigkeit und Vergänglichkeit, er ist einem Hauch gleich, sein Leben ist wie ein vorbeigleitender Schatten (Vs.4). In Ps.8 ganz anders; man könnte hier angesichts der Majestät und unbegrenzten Macht Jahwes, sich zeigend am Sternenhimmel erwarten, der Mensch sei unbedeutend, klein, hinfällig, sterblich, ein Erdenkind. Mag dies in אנוש und אדם mitklingen, expressis verbis wird es nicht gesagt. Es heisst: es fehlt nur wenig, der Mensch wäre göttlich gewesen, er hat Macht bekommen über die Geschöpfe, ist ein Herrscher. Man beachte, dass in Ps.144 unmittelbar auf die Frage die Verbalformen ותדעהו und תחשבהו folgen, so wie in Ps.8 die Formen ותחסרהו und תעטרהו (Vs.7); ganz ohne Parallele finden sich in Vs.6 תזכרנו und תפקדנו. Der emphatische Charakter dieser Aussagen geht hervor aus den sog. energ. Verbalformen und der Partikel כי. Das könnte Konsequenzen haben für die Übersetzung, etwa folgendermassen:

Was ist der Mensch? – Du gedenkst sein!
Was ist das Menschenkind? – Du achtest auf ihn!

wodurch das Staunen des Psalmisten zum Ausdruck kommt. Seine Antwort ist ja eine ganz andere als die man erwarten dürfte wenn es sich hier um eine Erfahrung handeln würde, die ein Mensch erlebt in der Anschauung des strahlenden Himmels. Der Dichter wundert sich über Jahwes Interesse am Menschen, über seine Herablassung zu ihm; der Mensch ist nicht hilflos und schwach sich selbst überlassen, sondern er erfährt in seiner Existenz dass Gott sich seines annimmt so wie er in der Geschichte mit seinem Volk immer wieder neu gezeigt hat. Man versteht die Aussagen des Dichters erst recht von der Begegnung mit dem Gott heraus, den er als den Gott der Geschichte seines Volkes und damit seines eigenen Lebens kennengelernt hat, als den Herrn, den Gebieter (אדון Vs.2,10). Was der Mensch erst wirklich zum Menschen macht, ist die Tatsache dass er Mensch ist vor Gott, seinem Herrn und Erlöser. Darauf dürften ja auch die Verba זכר und פקד hinweisen: Jahwe ist zum Guten da und hat einen Plan mit jedem Menschen. Der Gott der den Himmel gemacht hat ist nicht ein Schöpfergott in weiter Ferne, sondern Jahwe, der ihm in seiner heilsamen Offenbarungspräsenz, in seinen Machterweisen begegnet ist (sein „Name" ist in aller Welt, herrlich und machtvoll wirkt er auf der ganzen Erde, Vs.2a). Dieser Glaube an Jahwe war vorgegeben und von diesem Glauben her sind nicht nur Vs.5 sondern auch Vs.6ff zu verstehen.

d. „Du lässt ihn herrschen über deine Geschöpfe, du hast ihm alles unterworfen" (Vs.7). Zum Vergleich ist Gen.1,26 heranzuziehen; das gleiche Thema, jedoch in Gen. in göttlicher Selbstüberlegung, in Ps.8

in Anrede an Jahwe. Über ev. Abhängigkeit des einen Textes vom anderem lässt sich mit Sicherheit nichts ausmachen. Diese nicht einem Einzelnen, sondern jedem beliebigen Menschen von Gott verliehene Macht ist durchaus positiv als Geschenk zu bewerten, ihr haftet der Herkunft nach nichts Dämonisches an. Die Konkretisierung und Aktualisierung von Vs.6 in den Aussagen in Vs.7ff kann man verstehen gegen den Hintergrund der soziologischen Situation der damaligen Zeit; man kann an Viehzucht, Jagd und Fischerei denken. Jedoch – auch Wissenschaft, Technik und Kunst sind m.E. mit einbegriffen. Von daher is es wohl richtig zu sagen: „sie sind Modell für uns, es nun unsererseits zu wagen diese unerhörte und unbegrenzte Feststellung von Vs.6 auf den Menschen des technischen Zeitalters anzuwenden, sie auszuziehen in die Welt der Technik und Naturwissenschaft hinein bis in die Bereiche der Atomphysik, der Astronautik und der Biochemie" (W. Rupprecht, Calwer Predigthilfen Band 5, Stuttgart 1966, S.141). Hier gibt es schon erkannte und noch ungeahnte Möglichkeiten die Gott dem Menschen zur Verfügung gestellt hat.

Immerhin ist vom Thema und Wortlaut des Psalms her unbedingt Folgendes zu sagen. Erstens, die Macht ist nicht eine dem Menschen inhärente Gegebenheit. Nicht als Mensch ohne weiteres herrscht er, sondern nur als der von Gott beauftragte Mensch. Ohne diesen Auftrag ist er Geschöpf wie alle anderen Geschöpfe, nicht mehr, nicht weniger. Erst als Geschöpf versehen mit einem göttlichen Auftrag und einem von Gott verliehenen Befugnis, ist er vollauf Mensch. Das bedeutet auch dass er zur Verantwortung gezogen wird; die Herrschermacht wird nach der Verleihung nicht eine von Gott losgelöste, unabhängige Grösse, nicht ein Besitz; תמשלהו darf niemals für eine selbständige Aussage ימשול ausgetauscht werden. Zweitens, aus dem Vorhergehenden geht deutlich hervor, dass der Mensch mit der Schöpfung und den Geschöpfen in einem grenzenlosen Machtsübergriff nicht machen darf was er will. Geschieht dies, so wird was von Gott als Segen für die Welt gemeint war, zum Fluch der den Menschen vernichten kann. Der Mensch „kann die Herrschaft die ihm Gott gegeben hat, missbrauchen, kann zerstören was Gott geschaffen hat, indem er die Natur vergewaltigt, Landschaften entstellt, Luft und Wasser vergiftet, Pflanzen und Tiere ausrottet, ja die menschliche Existenz selbst bedroht" (Rupprecht, a.a.O. S.142). Diese Macht, dem Menschen gegeben, kann in seinen Händen zu einer immensen Gefahr werden. Nur der Name Jahwes ist auf Erden gross, machtvoll, herrlich; daneben ist für einen machtvollen und herrlichen Namen des Menschen kein Platz und hier liegt die Beschränkung weil ja immer die Erde und was sie erfüllt letztlich doch Jahwe gehört (Ps.24).

So sind dem Menschen Schranken gesetzt dadurch dass er sich um eine geschenkte Macht handelt. Diese Wahrheit muss dem Menschen auf dieser Welt zu allen Zeiten immer aufs neue eingeprägt werden, gerade auch aus Anlass dieses Psalms; hier liegt die Aufgabe derjenigen Glaubensgemeinschaft auf Erden, die „Jahwe, unser Gebieter" sagt und bekennt dass sein „Name" auf Erden als machtvoll anerkannt werden muss.

Diese knappen Bemerkungen, die bei weitem nicht das Kerugma des 8.ten Psalms erschöpfen, dürften jedoch einigermassen angedeutet haben was beim Hören und Fragen aus dem Wortlaut herauskommt and so den Weg gezeigt haben, exegetisch-meditierend, zu einem adäquaten Psalmenverständnis in unserer eigenen Zeit.

CHAGALL UND DIE BIBEL

H. L. C. JAFFÉ (AMSTERDAM)

Am 7. Juli 1973, Chagalls 86. Geburtstag, ist in Cimiez bei Nice vom französischen Staat ein staatliches Museum eröffnet worden, in dem Marc Chagalls „Biblische Botschaft" (message biblique) einen dauernden Platz gefunden hat. Eine Reihe der Meisterwerke des grossen Künstlers, zum Thema der Bibel, die er und seine Gattin der französischen Republik geschenkt haben, werden unserer Generation und der Nachwelt zeigen können, dass Chagall zu den grossen Gestaltern biblischer Themen in der Geschichte der bildenden Kunst gehört, und dass er einer der wenigen grossen Maler unseres Jahrhunderts ist, dem es stets in seiner künstlerischen Laufbahn gelungen ist, die Bibel zu neuem, bildnerisch packendem Leben zu erwecken.

Die Kunst des 20. Jahrhunderts, die sich im Laufe der letzten 50 Jahre stets mehr von der Abbildung gegenständlicher Themen abgewandt hat, scheint – wie[1] Schapiro zurecht bemerkt hat – die Darstellung biblischer Thematik nicht zu fördern: in ihrem Streben nach Autonomie, nach Eigengesetzlichkeit, wehrt sie sich gegen jegliche Abhängigkeit von litterarischen Quellen und sucht nach einer Gestaltung, die ausschliesslich von den bildnerischen Sprachmitteln selbst ausgeht. Darum wohl auch die besondere Stellung, die Chagalls biblisches Werk - neben dem von Emil Nolde und Georges Rouault – in unserem Jahrhundert einnimmt. In den folgenden Seiten soll versucht werden, den spezifischen Beitrag Chagalls in seiner Darstellung der Bibel zu umschreiben; René Schwob[2]

[1] *Illustrations pour la Bible par Marc Chagall*; textes par M. SCHAPIRO et J. WAHL, Paris, ed. Verve, 1956, 1.
[2] RENÉ SCHWOB, *Chagall et l'âme juive*; Paris, éd. Corréa, 1931.

und E. Neumann[3] sowie H. M. Rotermund[4] und Jean Cassou[5] haben bereits wertvolle Beiträge zu diesem Thema geliefert, und Jean Leymarie hat in seiner Einleitung[6] zur Genfer Ausstellung „Marc Chagall et la Bible" und in seinem Buch[7] „*Marc Chagall-Vitraux pour Jérusalem*" das vorliegende Problem deutlich umschrieben und eine ebenso klare als poetisch inspirierte Antwort darauf gegeben. Schliesslich ist in der umfassenden und meisterhaften Biographie Franz Meyers[8] „*Marc Chagall, Leben und Werk*",und im Buch des selben Autors über „*Chagalls graphisches Werk*"[9] ein Reichtum an Material zu finden, der über Chagalls ganze Kunst, und darum auch über dieses so wesentliche Kernstück des Oeuvres, Aufschluss und Einsicht bringt.

Dieser spezifische Beitrag Chagalls zur Darstellung der Bibel geht aus seiner Herkunft als Jude hervor und wurzelt in der tiefen und direkten Kenntnis der Worte und der Bilder des Alten Testaments, die Chagall seit seiner frühsten Jugend vertraut sind. In dem *Cheder*, der jüdischen Elementarschule seiner Heimatstadt Witebsk, die er bis zu seinem siebten oder achten Jahr besucht hat, war das Jiddisch die gangbare Sprache, und *Tenach* das wesentliche Lehrbuch: die Welt der Bibel, ihr Reichtum an Bildern und Geschehnissen war, neben der kleinen Welt des jüdischen Städtchens, Chagalls erstes und entscheidendes Kindheiterlebnis. Die biblischen Geschichten, die er in seinen frühen Kinderjahren „lernte", waren dann auch für ihn – wie für alle Schüler des *Cheder* durch die Jahrhunderte – nicht nur Tatsachen aus der Vergangenheit seines Volkes, sondern zugleich eine Verheissung, die der ganzen Menschheit galt: „Geschichte und Überlieferung, die in der jüdischen Tradition mehr als fünf Jahrtausende überbrücken, gelten hier nicht als Legitimation eines Besitzes, sondern als eine Verpflichtung auf ein Erbe: die Geschichtskonzeption der Bibel ist eine Projektion der Vergangenheit, deren Brennpunkt aber in der Zukunft liegt"[10]. Diese in der jüdischen

[3] E. NEUMANN, Chagall und die Bibel: „*Merkur*", Stuttgart, 12, no 130, dec. 1958.
[4] H. M. ROTERMUND, Marc Chagalls Radierungen zur Bibel; „*Eckart*", April-Juni 1960, 86-99, Witten (R).
[5] JEAN CASSOU, Chagall peintre religieux; *Revue d'esthetique*, tome XVIII, fas. 1, 7-11.
[6] Marc Chagall et la Bible, exposition au Musée Rath, Genève, 30 juin-16 septembre 1962, *catalogue*, 9-14.
[7] JEAN LEYMAIRIE: *Marc Chagall, Vitraux pour Jérusalem*; introduction et notes de Jean Leymaire; A. Sauret, Monte Carlo, 1962.
[8] FRANZ MEYER, *Marc Chagall, Leben und Werk*; Verlag DuMont Schauberg, Köln, 1961, 2. Auflage 1968.
[9] FRANZ MEYER, *Marc Chagall, Sein graphisches Werk*, Stuttgart, G. Hatje Verlag 1957.
[10] Synagoga; Städtische Kunsthalle Recklinghausen, 3 Nov. 1960-5 Jan. 1961, *Catalog*: Gedanken zur Ausstellung.

Tradition verwurzelte Auffassung der Bibel, und die grosse Vertrautheit mit dem Urtext der Schrift, liegt Chagalls „*Biblischer Botschaft*" zu Grunde, schafft ihre ersten und wichtigsten Voraussetzungen. Sie erklärt auch den grossen Abstand, der Chagalls Werk von dem seiner beiden oben genannten Zeitgenossen trennt: Emil Noldes biblische Bilder sind aus der lutheranischen Frömmigkeit Deutschlands, gesteigert durch die Gefühlsextase des Expressionismus, entstanden, und Georges Rouaults Gemälde und Grafiken zur Bibel wurzeln in jener düsteren katholischen Glaubenstiefe, die mit dem Namen Léon Bloys genügend gekennzeichnet ist.

Zu jener entscheidenden Basis der Vertrautheit mit der Bibel, die in Chagalls frühesten Jahren liegt, bevor er noch an eine Laufbahn als Künstler hatte denken können, fügt sich noch eine andere Tatsache, die Chagalls Werk seinen besonderen Karakter verleiht: Chagall hat seinen Lebensweg als bildender Künstler gesucht und gefunden, und zwar im Gegensatz zu den traditionellen Gebräuchen der Welt, aus der er stammte. Die Welt des östlichen Judentums hat sich stets dem zweiten Gebot verpflichtet gefühlt, und war demnach bilderfeindlich: „Du sollst dir kein Bildnis noch irgend ein Gleichnis machen, weder des, das oben im Himmel, noch des, das unten auf Erden, oder des, das im Wasser unter der Erde ist. Bete sie nicht an, und diene ihnen nicht." (Ex.20,4-5). Chagall hat, aus der Tradition des chassidischen Judentums den Schritt zur bildnerischen Darstellung der Welt, also auch der biblischen Welt, gewagt. Und dieser Schritt erklärt zugleich die Ursprünglichkeit seiner Darstellung der biblischen Themen: Chagall ist nicht belastet mit der jahrhundertelangen Tradition einer biblischen Ikonographie; seine Quellen sind nicht Bilder älterer Meister – wenn auch hier und da in seinem späteren Werk Erinnerungen vor allem an Rembrandt mitspielen – sondern der Wortlaut der Schrift selbst, die grossartig bildenden Worte der biblischen Sprache, die er – als erster biblischer Künstler jüdischer Herkunft – ohne weiteres in eine bildende Sprache übersetzt. Und gerade diese Unmittelbarkeit, die Unabhängigkeit von einer bildnerischen und ikonographischen Tradition, das direkte Verhältnis zum Bibeltext, gehört zur Welt der chassidischen Frömmigkeit, die vor allem die innere Übereinstimmung des Gläubigen mit der göttlichen Offenbarung sucht und fordert. Die Demut, mit der das gläubige Herz den Bibeltext in sich aufnimmt, um ihn dann aus sich aufblühen zu lassen, ist ein Grundzug chassidischer Frömmigkeit, und zugleich ein Gegenpol zur rationalistischen und gesetzmässigen Tradition im Judentum.

Um so merkwürdiger und erstaunlicher ist es darum, zu konstatieren, dass Chagalls biblisches Werk nicht mit dem vertrauten Themenkreis einsetzt. Die ersten biblischen Bilder und Studien behandeln das Thema der Heiligen Familie, allerdings auf eine Weise die in ihrer Unmittelbarkeit etwas von der chassidischen Frömmigkeit zu verraten scheint: Maria und Joseph – zwei junge bäuerliche Figuren – sind vor den Hintergrund von russischen Holzhäusern gestellt und auf Josephs Schoss erscheint die Figur Christi: eine kleine Gestalt, nackt und bärtig, bekrönt mit dem Nimbus. Die Komposition und ihre Varianten datiert aus den Jahren 1910 und 1911, aus denen auch Werke wie die Auferweckung Lazarus' und eine Gouache zum Thema Kain und Abel stammen, in der die Dramatik seines expressiven frühen Stils einen ersten Höhepunkt erreicht.

Im späten Sommer 1910 hat Chagall Russland verlassen, um in Paris, dem Zentrum künstlerischen Schaffens, die Quellen der neuen Kunst kennen zu lernen, von deren Strömen er in Petersburg nur ein entferntes Echo vernommen hatte. Dort entsteht sein erstes biblisches Meisterwerk, das ausserdem als Resultat der Auseinandersetzung mit dem Kubismus zu verstehen ist: *Hommage à Apollinaire* (Stedelijk Van Abbe-Museum, Eindhoven). Im Thema des Bildes fallen zwei Geschehnisse der biblischen Geschichte – die Erschaffung Evas und der Sündenfall – zusammen: das erste Menschenpaar steht inmitten farbiger Kreise, und zwar so dass nur die oberen Hälften der beiden Körper eine Zweiheit formen, in deren Mitte der Apfel erscheint, während in der unteren Hälfte des Bildes die beiden Figuren als ein Leib erscheinen. Diese Struktur erscheint schon auf den ersten Skizzen zum Thema; doch in der entgültigen Fassung bereichert Chagall die Darstellung sowohl durch die reiche, glühende Farbigkeit, die seine Gestalten in einen schwebenden, überwirklichen Raum versetzen, als auch durch die Beziehung der Figuren, zu dieser Umgebung: sie stehen wie grosse Uhrzeiger vor einem Zifferblatt, das links durch die Zahlen 9,0,11 angedeutet wird. Meyer[11] deutet das Bild, in Zusammenhang mit dem *Sohar*, in dem Sinne, dass mit der Teilung der Geschlechter und dem Sündenfall die Zeit – also die Geschichte – anhebt, und dass der Mensch, als Zeiger dieses Ablaufs von Ewigkeit zu Ewigkeit, mit dieser Kosmologie verbunden ist. Er legt in seiner Deutung auch den Nachdruck auf die Tatsache, dass in diesem Bild die Trennung und die Hoffnung auf die Überwindung der Trennung als zentrales Motiv hervortreten – und durch die farbige Einteilung des Bildes noch hervorgehoben werden. Diese Vorstellung von der Einheit von Mensch und Schöpfung, deren Verwirklichung Aufgabe jedes gläubigen Menschen ist, stimmt allerdings ganz mit dem Geist chassidischer Religiosität überein.

Das Kreismotiv tritt, wohl in ähnlichem Sinne, im Bilde „*Golgotha*"

[11] Meyer, o.c. sub 8, 161.

von 1912 auf, das Chagall unter dem Titel „*Christus gewidmet*" bei Herwarth Walden in Berlin im Jahre 1913 ausstellte. Das Bild besitzt, wie Meyer[12] betont „keine in Worten zu wiederholende Aussage" – die Erscheinung der kindlichen Christusfigur am Kreuze inmitten eines farbigen Kreises weist aber auf eine Übereinstimmung mit der Erlebniswelt von „*Hommage à Apollinaire*", auf die Spannung zwischen Zeit und Ewigkeit.

In den Jahren seines ersten Pariser Aufenthalts sind sonst wenig Bilder mit biblischen Themen entstanden; statt dessen wendet Chagall sich stets mehr der Welt seines heimatlichen Witebsk zu; das „*Selbstbildnis mit 7 Fingern*" (Stedelijk Museum, Amsterdam) zeigt diesen Schaffensprozess deutlich: im Rücken des vor seiner Staffelei sitzenden Künstlers erscheint der tatsächliche Ausblick aus dem Fenster, auf die Häuser von Paris und den Eifelturm, vor ihm aber taucht, in einem Wölkchen, das heimatliche Witebsk auf, und dieses „zweite Gesicht" findet seinen Niederschlag auf dem Bild, das auf der Staffelei steht. Der Künstler schafft aus der Erinnerung, er folgt seinem „inneren Gesicht" und lässt die Eindrücke der äusseren Wahrnehmung buchstäblich hinter sich. So entstehen die Bilder betender Juden, jüdischer Feiertage, die zwar nicht zum Themenkreis der Bibel gehören, aber direkt auf die religiösen Erlebnisse der Jugend Chagalls zurückgehen. Als der Künstler im Jahre 1914 nach Russland zurückgekehrt ist, konkretisieren sich diese Erinnerungen um bestimmte Figuren: alte Juden, in greifbarer, wirklichkeitsnaher Erscheinung, werden der Wirklichkeit entrückt durch den biblischen Text, der im Hintergrund erscheint: bei dem *Juden in Hellrot* (Russisches Museum, Leningrad) und dem *Juden in Grün* (Slg. Ch. Im Obersteg, Genf) ist es der Text der Verheissung Gottes an Abraham, der den zeitgebundenen Figuren biblische Dimension verleiht – eine Tatsache, die durch die Formgestaltung und die Farbgebung noch verstärkt wird. Die Erscheinungswelt erlangt biblische, überzeitliche Bedeutung: so im Gemälde des *Friedhofsportals* von 1917, so auch in den Wandbildern für das Jüdische Theater in Moskau, von 1920/21, also gegen Ende von Chagalls russischer Zeit entstanden, wo als Verkörperung der *Litteratur* ein Thoraschreiber erscheint, neben Personifikationen der Musik, des Tanzes und des Dramas.

Im Jahre 1922 verlässt Chagall Russland, bleibt ein Jahr in Berlin und zieht dann, 1923, nach Paris. In Berlin allerdings hat sich ein Ereignis ergeben, das Chagalls biblisches Werk auf die Dauer entscheidend beeinflussen sollte: der Kunsthändler und Verleger Paul Cassirer hat dem Künstler den Auftrag verliehen, seine Erinnerungen die er unter

[12] Meyer, o.c. sub 8, 174.

dem Titel „*Mein Leben*" niedergeschrieben hatte, zu illustrieren. Hier setzt Chagalls Oeuvre als bildnerische Gestaltung eines Textes in Druckgrafik ein, und es ist ein glücklicher Zufall gewesen, dass der erste Text, den er illustrierte, seine eigene Schöpfung war. Hier erarbeitet sich Chagall zum ersten Mal den bildnerischen Stil, der ihn befähigt Zyklen zu gestalten und über das Einzelwerk hinauszugreifen. In den ersten Jahren seiner Rückkehr nach Paris folgt der Auftrag Vollards zur Illustration von Gogols „*Tote Seelen*" an dem Chagall von 1923 bis 1925 arbeitet: die 107 Blätter sind, wie Meyer[13] es in anderem Zusammenhang so klar formuliert „eine Bild-Fassung der Erzählung, dem Text parallel, ihn aber nicht wiederholend". Dabei hält der Künstler sich strikt an den Text, und die Texttreue ist gerade eine der auffälligsten Züge dieser Illustrationen. Den Illustrationen zu Gogol folgt, auf Vorschlag des Künstlers, Vollards Auftrag zu Illustrationen zu La Fontaines „*Fabeln*". Das Buch muss Chagall besonders gefesselt haben, da es seiner eigenen übersinnlichen Welt so nahe stand; Vollard selbst hat es so formuliert[14]: „Gerade er, weil mir seine Aesthetik derjenigen des La Fontaine nahe und in gewissem Sinne verwandt erscheint, fest und zart, realistisch und phantastisch zugleich". Chagall hat an diesem Auftrag von 1926 bis 1927 gearbeitet, und zwar hat er die Fabeln in Gouachen illustriert, die von einer Reihe von grafischen Künstlern in farbige Radierungen übertragen werden sollten. Auch hier fällt der Nachdruck auf das Überzeitliche: der Mensch in seinem Verhältnis zum Tier ist Träger dieser Auffassung des Lebens, die jegliches Moralisieren hinter sich lässt.

Die Illustrationen zu *Mein Leben*, zu Gogols *Tote Seelen* und zu La Fontaines *Fabeln* erscheinen uns heute als eine Vorbereitung zu Chagalls graphischem Hauptwerk, den Illustrationen zur Bibel, zu denen Vollards Auftrag im Jahre 1930 zu Stande kam, allerdings auf Chagalls deutlich geäusserten Wunsch. Auch hier liegen oft Gouachen– die jetzt im Museum zu Nice zu sehen sind – den schwarz-weiss Radierungen zu Grunde, denn auch hier hat Chagall in Farben gedacht, und die Farbigkeit seiner Welt ist in den Reichtum an Nuancen seiner grafischen Technik eingegangen. Es war Chagalls Absicht, das ganze Alte Testament zu illustrieren; die Auswahl der Textstellen, zu denen dann Illustrationen zu Stande kamen, ist aber eine durchaus persönliche, die wohl zum grössten Teil bestimmt ist durch die Vertrautheit mit der Schrift, die Chagall seit seiner Kindheit im *Cheder* eigen war: die Erzväter, die grossen Anführer des biblischen Volkes und die Profeten stehen im Zentrum seiner Darstellung der biblischen Welt: also der Mensch in seinem Verhältnis

[13] Meyer, o.c. sub 8, 323.
[14] Meyer, o.c. sub 8, 348.

zu Gott – die Schöpfungsgeschichte vor der Erschaffung des Menschen findet in den Illustrationen keinen Platz. Bevor er aber an die eigentliche Arbeit ging, hat der Künstler die Notwendigkeit empfunden, mit der tatsächlichen Welt des biblischen Geschehens Fühlung aufzunehmen: im Frühling des Jahres 1931 ist er mit Frau und Tochter nach Palästina gereist, um die Landschaft, die Umwelt des biblischen Geschehens kennen zu lernen. Die Reise, die ursprünglich der Dokumentation galt, hat sich als einer der stärksten Eindrücke in Chagalls künstlerischer Laufbahn erwiesen, und zwar hat vor allem das Licht des Landes merkbare Spuren im Werk der folgenden Periode hinterlassen.

Chagall hat lange Jahre, bis 1939, an den Illustrationen zur Bibel gearbeitet, und doch ist der Zyklus eine Einheit geblieben. Denn die 105 Radierungen, die erst 1956 bei Tériade erschienen, gehen auf eine gemeinsame Quelle, auf Chagalls ursprüngliches Erlebnis der Bibel zurück, auf seine tiefe Vertrautheit mit dem Wortlaut. Chagalls Bibelillustrationen sind dann auch keine Paraphrasen der biblischen Geschehnisse, sie sind keine Wieder-Erzählungen der Themen in eigenen Worten, sondern sie sind eine Übersetzung des Wortlauts der Bibel in eine andere, bildende Sprache. Auch hier entstehen die Figuren, der Raum der sie umgibt, aus dem Text und aus Chagalls Erinnerung: so werden die biblischen Themen mit den Erinnerungsbildern von Chagalls Jugend verknüpft, und sie verbinden auf diese Weise biblische Zeitlosigkeit mit erlebter Gegenwart – so, wie die biblischen Geschichten im Judentum, und vor allem in der chassidischen Frömmigkeit, leben. Ein Beispiel für dieses Zusammenfallen von vorbildlicher Vergangenheit und eigenem Erleben ist wohl die Figur des Profeten Elias, von dem Chagall in *Mein Leben*[15] erzählt": „Vielleicht steht er noch im Hof und wird gleich in Gestalt eines schwächlichen Alten, eines gebeugten Bettlers ins Haus treten mit einem Sack auf dem Rücken und einem Stock in der Hand." So, als bärtigen alten Juden, sehen wir ihn auf den Radierungen zur Bibel, auf seiner Fahrt im feurigen Wagen, die in der Darstellung den Bibeltext treu übersetzt. Aber gerade diese Treue dem Wort – und seinem eindrucksvollen Bilderreichtum – gegenüber, diese Unabhängigkeit von einer vorgeprägten Ikonographie macht Chagalls Übersetzung in die Bildersprache zu einer neuen Offenbarung des Bibel-Textes, die auf einmal Worte und Bilder im Betrachter neu entstehen lässt – ähnlich wie die neue Bibelübersetzung von Franz Rosenzweig und Martin Buber das zu erreichen vermochte.

Auch noch in anderer Hinsicht offenbart sich in Chagalls Bibelillustra-

[15] MARC CHAGALL, *Mein Leben*; Verlag G. Hatje, Stuttgart, 1959, 40.

tionen jene Spannung zwischen zeitloser Wahrheit und zeitgenössischem Geschehen: die Jahre, in denen der Künstler an dem grafischen Zyklus arbeitete, waren ja die gleichen, in denen die Verfolgung der Juden in Deutschland begann und stets unmenschlichere, tragische Folgen zeitigte. Der Niederschlag dieses Zeitgeschehens wird auf vielen Blättern – vor allem in den Radierungen zu den Profeten – sichtbar: das Leiden des Volkes, die Stimme der Profeten, die angstvolle Erwartung werden zu deutlich fassbaren, ergreifenden Bildern. Diese biblische Schau des Zeitgeschehens gipfelt in dem Gemälde der *Weissen Kreuzigung* von 1938 (Art Institute, Chicago), das die Kreuzigung Christi als jüdisches Martyrium auffasst und auslegt: Christi Lendentuch ist ein Gebetsmantel (Talith) und um die Figur des Gekreuzigten tobt das Pogrom – rechts brennt eine Synagoge, unten fliehen die bekannten Gestalten der alten Juden, mit Sack oder mit der Thora, und eine Figur trägt, in deutscher Sprache, die Inschrift auf seiner Brust „Ich bin ein Jude". Hier wird, in umgekehrter Richtung wie in den Bibelillustrationen, das furchtbare Geschehen der Zeit in biblische Dimensionen erhoben.

Nach dem Krieg, und nach Chagalls Aufenthalt in den V.S., hat auch in seiner Schau der Bibel der Himmel sich erhellt. Chagall hat im Frühjahr 1950 ein Haus in Vence, in der Provence, bezogen, wo er noch immer wohnt. Dort hat er sich aufs neue mit biblischer Thematik beschäftigt, und zwar bot der Plan, sein religiöses Werk in einer kleinen Kapelle unterzubringen, den Anlass zu diesem Schaffen. Chagall hat für die kleine „Chapelle du Calvaire" einen Plan geschaffen, in dem sich stets paarweise zwei Bilder sinnvoll gegenüber stehen sollten: die Erschaffung des Menschen und der Bund des Herrn mit Noah, das Paradis und die Jakobsleiter, die Vertreibung aus dem Paradis und Jakobs Kampf mit dem Engel, das Opfer Abrahams und die Arche Noah, Moses schlägt Wasser aus dem Felsen und Moses empfängt die Gesetztafeln, und schliesslich der brennende Dornbusch und Abraham bewirtet die Engel; an diese Reihe sollten sich einige Bilder zum Hochlied anschliessen, jener biblischen Verflechtung von „Himmlischer und Irdischer Liebe", die ebenfalls Zeit und Ewigkeit vereint. Von dieser Reihe war nur das Bild *„Moses empfängt die Gesetztafeln"* bereits gemalt, die anderen wurden erst später geschaffen, weil der architektonische Rahmen sich nicht als geeignet erwies. Der Plan aber, mit seiner grossartigen Gegenüberstellung von Verheissung und Prüfung, von Auserwählung und dem Ringen um deren Verwirklichung, hat in grossen Zügen Chagalls biblisches Schaffen der letzten zwei Dezennien bestimmt, also jener Werke, die jetzt in Cimiez ihre dauernde Bestimmung gefunden haben. Es mag die Stiftung des Staates Israel gewesen sein, die Chagalls Schau der Bibel und seiner ikonographischen Wahl eine andere Richtung gegeben hat als in den Jahren vor dem Krieg: Verheissung und Bewährung des Menschen vor seinem Gott stehen im Zentrum der Thematik.

Chagall hat an diesen Werken während der fünfziger und sechziger Jahre gearbeitet. Im Jahre 1956 ist die Folge seiner Bibelradierungen erschienen, und 1960 hat er den Radierungen eine Reihe von Zeichnungen zur Bibel hinzugefügt, die mit 24 farbigen Lithographien unter dem Titel „*Dessins pour la Bible*" in Reproduktion in Tériades Zeitschrift „*Verve*" erschienen. In dieser Folge liegt der Thematik ein anderer Grundgedanke zu Grunde: Leben und Werken der Frau in den biblischen Geschichten. So wird diese zweite Folge, in einer weicheren und zarteren Technik gedacht und ausgeführt, zur sinnvollen Ergänzung der radierten Illustrationen. Was die beiden vereint, ist die zyklische Zusammenfassung der Einzelwerke unter einem Leitgedanken.

Neben der Arbeit an diesem graphischen Zyklus, und an den Bildern, die aus dem Plan für die Kapelle in Vence entstanden, formt ein biblischer Zyklus einen neuen Höhepunkt in Chagalls Werk zur Bibel: die Fenster für die Synagoge des Hadassah-Spitals in Ein-Karem bei Jerusalem, deren Thema die zwölf biblischen Stämme sind. Sie nehmen im Werke des Künstlers eine so grosse Bedeutung ein, weil er durch die neue Technik seine Farbigkeit – die stets Form und Ausdruck seines Werkes getragen hatte – zu neuer Vollendung hat führen können. Chagall hat sich zuerst 1957 mit der Technik der Glasmalerei befasst, als er zwei kleine Fenster für die Kirche in Assy entwarf, die Engel darstellen. Kurz darauf hat das französische Amt für historische Monumente ihn eingeladen, zwei grosse Fenster für die Kathedrale in Metz zu entwerfen. Chagall hat Entwürfe für zwei Fenster geschaffen, von denen nur einer, mit drei lanzettformigen Öffnungen und einer assymetrisch darüber gestellten Rosette bisher zur Ausführung kam: in den Lanzetten sind Moses, König David und der Profet Jeremias dargestellt, in der Rosette schwebt der Gekreuzigte, von Engeln umgeben, über den Vertretern Israels: dem Gesetzgeber, dem König und Psalmisten und dem Profeten - Darstellungen, die in engem Zusammenhang stehen mit den damals geschaffenen Bildern.

Das Fenster, das in der grossen Chagall-Ausstellung von 1959 im Pavillon de Marsan zu sehen war, bot den Anlass zu dem grossen Auftrag für Jerusalem. Dort freilich stehen Chagalls Fenster nicht als Ergänzung einer schon bestehenden Verglasung in einem alten, geweihten Raum – sie schaffen, allein, den Karakter und den Ausdruck eines einfachen quadratischen Gebäudes, das auf den vier Seiten durch je drei Fenster erhellt wird. In den zwölf Fenstern werden die zwölf Stämme Israels zu anschaulichem Leben gerufen, und zwar ganz im Sinne von Chagalls früheren Bibelillustrationen: es ist der biblische Text, im ganzen Reichtum seiner bildreichen Sprache, der hier in bildende Formen und Farben übersetzt ist. Dabei geht der Künstler von Jakobs Segen an seine Söhne aus (Gen.49) sowie von der Segnung der Stämme durch Moses (Deut.33); für die Wahl der Farben griff er – wie Leymarie[16] aufzeigt – auf das Vorhängeschild des Hohenpriesters Aaron mit den zwölf farbigen Edelsteinen zurück (Ex.28,15-21). Und gerade die Farben sind es, die – durch die Technik der Glasmalerei – diesen Zyklus zu einem Höhepunkt in Chagalls Schaffen machen. Schon immer hat die Farbe in seinem Werk den Bildraum geschaffen und den Ausdruck getragen – jetzt aber bleibt die Farbe nicht an die Oberfläche des Bildes gebunden, sondern sie strahlt in den Raum des Baus und füllt ihn mit farbigem Licht. Farbe ist hier zum Licht geworden, hat seine letzte stoffliche Bindung hinter sich gelassen, und flutet – immateriell und vergeistigt – um den Besucher der geweihten Stätte. Die Embleme der zwölf Stämme schmelzen so zu einem farbigen Akkord zusammen, der die Gegenwart der Bibel zur sinnlich anschaulichen Erfahrung macht. Aber auch die Darstellung der zwölf Stämme ruft, vor allem an diesem Orte, die Gegenwärtigkeit der Bibel bei jedem Betrachter auf: die zwölf so verschiedenen Temperamente der Söhne Jakobs, der Stammväter des biblischen Volkes, sind den Worten der Bibel gemäss gestaltet, und für den heutigen Betrachter menschliche Gegenwart. Chagall hat in diesen Werken die Darstellung der menschlichen Figur vermeiden müssen, – nur Augen und Hände vertreten den Menschen – und doch hat er, gerade durch die Worte der Bibel, eine menschliche Wirklichkeit schaffen können, die zeitloser ist als die Darstellung menschlicher Figuren: alles ist bewegtes Licht geworden, und die Illusion von Volumen und messbarem Raum ist völlig weggefallen.

Chagalls biblisches Werk umfasst sein ganzes, langes und reiches Leben. Er hat sich bei seinen biblischen Werken stets eng an den von Kindheit an vertrauten Wortlaut gehalten. Und doch ist Chagall in diesen Schöpfungen ganz er selbst, sogar, wie Dorival[17] in seinem Vorwort zur ersten Ausstellung des *Message Biblique* bemerkt, noch persönlicher als in den anderen Äusserungen seines Schaffens. Nicht nur die lange Vertrautheit mit dem Stoff seiner Darstellungen kann dafür der Grund sein. Chagall hat uns, seinen Zeitgenossen, eine neue Gestaltung der Bibel geschenkt, und er hat dies zu einem historisch bedeutsamen Zeitpunkt getan: im Augenblick einer Umkehr in der bildenden Kunst, die sich von der sichtbaren Wirklichkeit, von der zufälligen Erscheinung

[16] Leymarie, o.c., 21.
[17] B. DORIVAL, in: *Le Message biblique de Marc Chagall*, Donation Marc et Valentina Chagall, Musée du Louvre, Galerie Mollien, Paris 1967.

abwandte. Paul Klee, der nur wenige Jahre älter war als Chagall, hat dieses neue Streben der Kunst so formuliert[18]: „Kunst gibt nicht das Sichtbare wieder, Kunst macht sichtbar." Chagalls ganzes Oeuvre, und vor allem sein Werk zur Bibel, erfüllt Klees damals noch nicht verwirklichte These völlig und ganz: er macht die Bibel sichtbar, und zwar nicht als „Historienstück", wie die Maler früherer Generationen das erstrebten, sondern als zeitloses Geschehen. In seinen biblischen Werken offenbart sich, was René Schwob als[19] „une violente nostalgie de l'éternité" karakterisiert und als typisches Merkmal jüdischer Religiosität hervorgehoben hat. Aber Chagall will in seiner Religiosität durchaus nicht auf das Judentum beschränkt bleiben: unter seiner keramischen Darstellung des Durchzugs durch das Schilfmeer in der Kirche in Assy stehen die Worte: „Pour la liberté de toutes les religions". Aber seine Gestaltung der biblischen Wahrheit geht von der jüdischen Auffassung der Schrift aus, und seine Schau lässt sich wohl am besten mit den biblischen Worten umschreiben „und siehe, ich sah". Darum sind Chagalls Bilder zur Bibel nie „Geschichten", sondern vielmehr „Gesichte". In einem Vortrag, den er 1946 in Chicago gehalten hat, umschreibt er diese geistige Haltung, die seiner Gestaltung auch im biblischen Werk zu Grunde liegt[20]: „Während ich vom ,,Auge" der französischen Maler, von ihrem Sinn für Mass fasziniert war, konnte ich nicht umhin, zu denken: vielleicht gibt es noch ein anderes Auge, eine andere Vision, eine Sicht aus einem anderen Blickwinkel, anders orientiert". Und zum Schluss des selben Vortrags[20]: „(der Mensch) muss den Ursprung seiner eigenen Sprache wiederfinden, einer Sprache wie die der Primitieven, der Menschen, die ihren Mund zum ersten Mal auftaten, um ihre eigene Wahrheit auszusprechen". Als Jude und als bildender Künstler hat Chagall gerade das in seinem biblischen Werk getan: er hat uns so die Bibel neu erschlossen.

[18] P. KLEE, *Das bildnerische Denken*; Basel, 1956, 56.
[19] R. Schwob, o.c., 40.
[20] Marc Chagall, Kunsthaus Zürich, 6 Mai-30 Juli 1967. *Katalog*, 8,11/12.

„MAAR MEFIBOSJET ZELF ZAL AAN MIJN TAFEL ETEN ALS EEN VAN 'S KONINGS EIGEN ZOONS"

ENKELE OPMERKINGEN OVER 2 SAM. IX, 11B

T. JANSMA (LEIDEN)

Sinds ruim een eeuw zijn vrijwel alle uitleggers het erover eens, dat de zin die in de titel is geciteerd, moet worden gewijzigd[1]. De uitzonderingen bevestigen de regel. De verandering die men voorstelt, is op zichzelf inderdaad betrekkelijk gering. Dat neemt echter niet weg dat de conjectuur ingrijpende gevolgen heeft voor de bouw van de hele episode. De tekst in zijn huidige vorm is ontegenzeglijk de lectio difficilior. Doch wie het woord onveranderd wil laten staan, zal niet aan de noodzaak van een even diepe ingreep kunnen ontkomen. In dit opstel wil ik pogen de twee verklaringen waartussen de keuze uiteindelijk gaat, met de consequenties, aan elk van beide verbonden, duidelijk voor ogen te stellen. Mijn eigen voorkeur zal ik niet verhelen.

De omstreden vraag, of hoofdstuk IX deel uitmaakt van de zg. „Thronfolgegeschichte"[2], kan hier voorlopig buiten beschouwing blijven. Zeker is, dat het hoofdstuk een min of meer op zichzelf staand tafreel vormt:

[1] Geraadpleegd zijn de volgende commentaren en andere werken van exegetische aard: O. THENIUS[1] (Leipzig 1842), F. BÖTTCHER, *Neue exegetisch -kritische Aehrenlese zum Alten Testamente* I (Leipzig 1863), O. THENIUS[2] (Leipzig 1864), C. F. KEIL (Leipzig 1864), A. KLOSTERMANN (Nördlingen 1887), S. R. DRIVER, *Notes*[1] (Oxford 1890,[2] 1913), O. THENIUS-M. LÖHR[3] (Leipzig 1898), H. P. SMITH[1] (Edinburgh 1899), W. NOWACK (Göttingen 1902), K. BUDDE (Tübingen/Leipzig 1902), P. DHORME (Paris 1910), H. GRESSMANN, *Die älteste Geschichtsschreibung*[1] (Göttingen 1910,[2] 1921), A. B. EHRLICH, *Randglossen* III (Leipzig 1910), A. SCHULZ (Münster i.W. 1920), W. CASPARI (Leipzig 1926), J. DE GROOT (Groningen/Batavia 1935), S. GOLDMAN (London/Bournemouth 1951), H. W. HERZBERG 1956 (Göttingen 1956), A. VAN DEN BORN (Roermond en Maaseik 1956), C. J. GOSLINGA (Kampen 1962), W. MCKANE (London 1963).

[2] Zie O. EISSFELDT, *Einleitung in das Alte Testament*[3] (Tübingen 1964), 182-185 en 368-370.

het onderscheidt zich, naar onderwerp en stijl, scherp van het voorafgaande caput (VIII, 1-14: Davids overwinningen, VIII,15-18: lijst van functionarissen) en van het volgende (X: oorlog tegen de Ammonieten en de Arameeërs). De episode beschrijft hoe David het besluit neemt, de overlevende telg uit het huis van Saul, Jonathans invalide zoon Mefibosjet, terwille van zijn vriend al het grondbezit van de familie terug te geven en hem geregeld aan zijn tafel te laten eten. Of de beslissing, die nadrukkelijk als een daad van piëteit wordt voorgesteld, tevens dient om een mogelijke troonpretendent in een gouden gevangenschap te zetten[3] – daarover wordt in de tekst met geen woord gerept. Wie wil, kan het tussen de regels lezen. (Gelden voor een stuk oudisraelitische vertelkunst ook niet de woorden: „Lees maar, er staat niet wat er staat"?)

Al bij een eerste aandachtige lectuur herkent men meteen de meesterhand: ex ungue leonem. Aan het hoofdstuk ligt een even simpel als doeltreffend compositorisch principe ten grondslag. De structuur van de episode kan in ruwe lijnen als volgt in een schema worden gebracht:

1. inleiding (vv. 1-2a): David stelt zichzelf of hovelingen die niet ten tonele worden gevoerd, een vraag naar Sauls huis; hij ontbiedt Siba –
2. gesprek tussen David en Siba (vv.2b-4) –
3. inleiding (vv.5-6a): David laat Mefibosjet uit Lodebar halen –
4. gesprek tussen David en Mefibosjet (vv.6b-8) –
5. inleiding (vv.9a): David ontbiedt Siba opnieuw –
6. gesprek tussen David en Siba (vv.9b-11) –
7. slot (vv.12-13): mededelingen over Mefibosjets zoon Micha, Siba's dienstverband, Mefibosjets verblijf in Jeruzalem als gast aan Davids tafel, zijn invaliditeit.

De constructie van v.11 dwingt de lezer er toe te denken dat de woorden „en Mefibosjet zal aan mijn tafel eten als een van 's konings eigen zoons", evenals de onmiddellijk voorafgaande, gesproken zijn door Siba. Zo hebben verschillende uitleggers het dan ook opgevat, bijv. – om enkelen uit velen te noemen – Kimchi („ook al eet Mefibosjet aan mijn tafel als een van 's konings eigen zoons en heeft hij dit alles niet nodig, toch zal ik, zoals gij mij hebt opgedragen, het hele erfgoed voor Mefibosjet en zijn zoons bewerken"[4]), Luther („Und Mephiboseth esse auf meinem Tische wie der Königskinder eines"), Vatablus („quamquam Mephibóseth comederet super mensam meam veluti vnus de filiis Regis"

[3] Zie THENIUS-LÖHR, a.a.O., 151, GRESSMANN[1], a.a.O., 147 (=[2] 143), HERZBERG, a.a.O., 241.

[4] *Miqra'ot gedolot* (Tel-Aviv 1959), 156b: *'‘"p šmpjbšt 'wkl ‘l šlḥnj k'ḥd mbnj hmlk wl' jṣtrk lkl hdbr hzh "p"k "śh kmw ṣwjtnj l‘bwd kl hnḥlh lmpjbšt wlbnjw.*

[noot: „Hic *u* pro Quanuis. Iam enim dixerat David praecedenti versu, atque versu 7, Comedes panem super mensam meam. Interea ipse Mephiboseth erat conuiua ipsius Siba. Vertendum igitur vt noster interpres fecit, Quanquam Mephiboseth comedebat, siue comederet i. comedere soleret, &c. q.d. Nihil hactenus defuit illi: alui enim eum regio apparatu, quemadmodum ali solent filii Regum, hoc est lautissimé"[5]]), de Statenvertaling („Ook zou Mefiboseth, etende aan mijne tafel, als één van des konings zonen zijn"[6]), Grotius („Si apud me divertere voluerit, honor ei erit ut regis filio"[7]) en, van de recente commentatoren: Ehrlich („Mephiboseth aber könnte auch an meinem Tische wie ein Prinz dinieren"[8]). Hoe dwingend de logika ook is – „mijn" slaat op wie spreekt –, toch is deze explicatie, terecht, als gewrongen afgewezen: de woorden passen niet in Siba's mond[9].

Deinst men er voor terug de tekst te wijzigen, dan rest niets anders dan David de woorden in de mond te leggen. Dat heeft Rasji gedaan. Met de bondigheid hem eigen annoteert hij: „Siba zei: 'Dat zal uw knecht doen', en David antwoordde: 'Maar Mefibosjet zal aan mijn tafel eten'"[10].

[5] *Biblia Vtriusque Testamenti* [cum annott. Vatabli] Tomus I (Oliva Rob. Stephani 1557).

[6] De statenvertalers hebben hier TREMELLIUS-JUNIUS gevolgd (*Testamenti Veteris Biblia sacra* (Hanoviae 1596): „quamquam Mephiboscheth comedens in mensa mea [noot: „quam ego ei paraturus essem"], foret ut unus è filiis regiis" [noot: „ut filium regis decet, exciperetur lautè, curaretúrque"]), bij wie zich ook Piscator aansluit (*Commentarii in omnes libros Veteris Testamenti,* Tomus I (Herbornae 1646). Zie verder S. AMAMA, *Bijbelsche Conferentie* (Amsterdam 1623), 141: „Wie soude niet meenen/dat dit waren de woorden van Siba? 'twelck nochtans niet can bestaen/ so om de volghende woorden/*als des Conincx kinderen een,* als ook vers. 7.10.13 *Liesvelt* heeft het so willen concilieren/... *ete op u Tafel.* Dan in t'Hebreeuwsch is niet *šlḥnk* maar *šlḥnj*: moeten derhalven voor dese woorden/*ende Mephiboseth* dese tusschen gheset worden/[*ende de Coninck seyde*] gelijck te sien is bij de *Eng. Ital. Zur. Genev.* Doch *Iun. Piscat.* setten het so over/sonder eenighe suppletie: *Doch indien Mephiboseth aen mijnen disch ate,* [*so soude hij sijn*] (noot in de marge: Dat is getracteerd worden.) *als eener van de Sonen des Conincx*". Voor de werkwijze der vertalers zie C. C. DE BRUIN, *De Statenbijbel en zijn voorgangers* (Leiden 1937), 293-299. Professor de Bruin was zo vriendelijk mij te wijzen op de volgende artikelen: JOH. DE GROOT, „De Statenvertaling van het Oude Testament als wetenschappelijk werk", in *De Statenvertaling* 1637-1937 (Haarlem 1937), 93-103 en G. SEVENSTER: „De Statenvertaling en hare kanttekeningen", in *Ned. Arch. v. Kerkgesch.* N.S. XXIX (1937), 263-306.

[7] H. GROTIUS, *Annotata ad Vetus Testamentum,* Tomus I (Lutetiae Parisiorum 1644), 246.

[8] EHRLICH, a.a.O., S.293. Overgenomen door M. BUBER-F. ROSENZWEIG, *Bücher der Geschichte* (Köln/Olten 1955).

[9] Zie bijv. THENIUS[1], a.a.O., 168, DRIVER[1], *op.cit.*, 221 (=[2], 286), NOWACK, a.a.O., 186 en GOSLINGA, a.w., 189.

[10] *Miqra'ot gedolot,* 156b: *ṣjb' 'mr kn j'śh 'bdk wdwd hšjb wmpjbšt 'wkl 'l šlḥnj.*

Hij heeft navolging gevonden bij de vertalers van de Authorized Version („As for Mephibosheth, *said the king*, he shall eat at my table as one of the king's sons"), bij Sebastian Münster („Haec sunt uerba Dauid. Nam postquam Ziba regi repondisset, sic faciet seruus tuus, intulit rex: bene, Mephiboseth uero comedet panem, &c."[11]) en bij Clericus („At Mephibosethus, *subjecit iterum David*, comedet in mensa mea, instar filiorum Regis"[12]). De bezwaren, hiertegen ingebracht, rusten op goede gronden: iedere aanduiding ontbreekt dat David, na Siba's instemmend antwoord, opnieuw tot hem spreekt; bovendien is Davids mededeling aan Siba een ongemotiveerde herhaling van wat de koning even tevoren (v.10) tegen de knecht had gezegd[13].

Indien men het middel van de emendatie toelaatbaar acht, is het de meest vanzelfsprekende zaak, v.11b als een corrupte tekst te beschouwen en er een conjectuur op toe te passen. (Eén van de codices die Kennicott gecollationeerd heeft, leest *šlḥnw*. Hoe deze vorm ook verklaard moet worden: als spoor van de originele tekst[14] of, wat mij waarschijnlijker voorkomt, als poging de fout op de eenvoudigste manier te herstellen, aanspraak op oorspronkelijkheid kan hij, zoals het zinsverband uitwijst, niet maken.)

Sterker gefundeerd lijkt, althans op het eerste gezicht, een andere emendatie. Böttcher neemt aan, dat de tekst *šlḥnyk* luidde. De corruptie is volgens hem ontstaan doordat de kaf waarmee het volgende woord begint (*k'ḥd*) de slot-kaf van *šlḥnyk* heeft opgeslokt. De pluralis moet in extensieve zin worden opgevat: „respectvoll", dis in plaats van tafel[15]. Onder de indruk van Böttchers critiek liet Thenius zijn eigen conjectuur (waarover aanstonds meer) in de tweede druk van zijn commentaar vallen. Hij vermoedt echter, „minder *künstlich*", dat de jod uit een verkleinde kaf is verschreven en dat men derhalve *šlḥnk* moet lezen[16]. König neemt Böttchers emendatie over, doch meent dat *šlḥnyk* hier „één van uw tafels" betekent[17]. Thenius had zich op een oude getuige kunnen beroepen. Immers in enkele handschriften van de Vulgata luidt de zin, zoals Smith heeft opgemerkt[18], „et Mifiboseth comedet super

[11] S. MUNSTER, *Hebraica biblia* Tomus I (Basileae 1534), 289.

[12] J. CLERICUS, *Veteris Testamenti libri historici* (Amstelodami 1708), 304-305. THENIUS¹, a.a.O., 168 vermeldt voorts nog de Wette als aanhanger van deze opvatting.

[13] Zie bijv. THENIUS¹, a.a.O., 168, KEIL, a.a.O., 269, DRIVER¹, *op.cit.*, 221 (=², 286).

[14] THENIUS¹, a.a.O. („Residuum der urspr. LA").

[15] BÖTTCHER, a.a.O., 162-163.

[16] THENIUS², 187.

[17] E. KÖNIG: *Syntax der hebräischen Sprache* (Leipzig 1897), § 252d.

[18] SMITH, *op.cit.*, 312.

mensam tuam quasi unus de filiis regis”. De Benedictijnen van S. Girolamo in Rome hebben voor hun editie[19] aan deze vorm de voorkeur gegeven boven de lezing „mensam meam”, die de Editio Sixto-Clementina biedt. Het is evenwel hoogst onwaarschijnlijk dat deze vertaling de originele tekst weergeeft. Immers, zij veronderstelt dat v.11b deel uitmaakt van Siba’s antwoord. En Driver heeft volledig gelijk als hij zegt „The words are unsuited to the mouth of Ziba”[20].

Een derde emendatie: *šlḥn dwd*, „Davids tafel”, die steunt op de voornaamste handschriften van de Septuaginta, heeft zich een bijna canonieke status verworven. Thenius was de eerste die in 1842 deze conjectuur maakte. De hoofdregel die hij bij het toepassen van tekstcritiek volgde, was door Capellus aldus geformuleerd: „Ea nempe lectio indubitatò melior est, atque praeferenda, quae sensum parit in se veriorem, planiorem, aptiorem, concinniorem, commodiorem, consequentibus & antecedentibus magis cohaerentem, menti & scopo scriptoris propiorem atque congruentiorem, ac totius scripturae analogiae magis conformem, concordémque, in quocumque tandem Codice illa lectio occurrat”[21]. Aan de voorwaarden, hier beschreven, voldoet, naar het schijnt, de Griekse vertaling: καὶ Μεμφιβόσθε ἤσθιεν ἐπὶ τῆς τραπέζης Δαυεὶδ καθὼς εἷς τῶν υἱῶν αὐτοῦ τοῦ βασιλέως[22]. In 1862 echter nam de voorvechter van emendaties op grond van de Septuaginta zijn suggestie terug[23]. (Het is merkwaardig dat de latere uitleggers de eerste en niet de tweede uitgave van zijn commentaar zijn gevolgd). In datzelfde jaar 1862 maakte Keil, zonder zijn voorganger te noemen, de conjectuur opnieuw[24]. Sindsdien heerst hierover, enkele uitzonderingen als König en Ehrlich daargelaten, een communis opinio. (Het is ook Thenius, die erop wijst dat de Syrische[25] en de Arabische vertaling hun weergave „de tafel des konings” aan v.13 hebben ontleend. Hetzelfde, kunnen we eraan toevoegen, zou voor de Lagarde’s editie van de Septuaginta kunnen gelden.)

„LXX fasste 11b als Beschreibung ..., damit sind die Schwierigkeiten

[19] *Biblia sacra iuxta latinam vulgatam versionem*, Tomus V (Romae 1944). Zo ook de handuitgave van Dom R. WEBER, Tomus I (Stuttgart 1969).

[20] DRIVER, *op.cit.*, 221 (=², 286).

[21] L. CAPPELLUS, *Critica sacra* (Lutetiae Parisiorum 1650), 303. THENIUS, a.a.O.¹, Vorwort, VII, veroorlooft zich bij het citeren van deze regel enkele kleine afwijkingen.

[22] A. E. BROOKE-N. MCLEAN, *The Old Testament in Greek*, Vol. II, Part I (Cambridge 1927).

[23] THENIUS², a.a.O., 187.

[24] KEIL, a.a.O., 269.

[25] A. M. CERIANI, *Translatio Syra Pescitto Veteris Testamenti ex codice Ambrosiano, sec. fere VI photolithographice edita* (Milano 1876): *wmpjbšt 'kl hw' lḥm' 'l ptwrh dṁlk' : 'jk ḥd mn bnj ṁlk'*.

gehoben", stelde Nowack in 1902 tevreden vast[26]. Toch blijft de vraag klemmen: waarom is Thenius teruggekomen van een opvatting die zo evident juist leek te zijn? Hij zwichtte, zoals gezegd, voor een tegenwerping van Böttcher. Indien men de Septuaginta volgt, aldus diens redenering, is Siba's antwoord onvolledig; bovendien wordt dan hetzelfde tweemaal verteld (vs.11b en v.13: „want hij at aan de tafel des konings")[27]. Het eerste bezwaar heeft geen grond. Het tweede snijdt hout[28]. De anomalie is een scherpzinnig criticus als Wellhausen evenmin ontgaan: „Dann aber ist der Satz an dieser Stelle unpassend, da er dem v.13 vorgreift"[29].

In de voortgang van het onderzoek is hieruit door vele exegeten een gevolgtrekking gemaakt, die voor de bouw van de episode verstrekkende consequenties heeft. Enkele citaten kunnen dit toelichten: „Die Stellung dieses Satzes ist hier durchaus am Platze. Denn was in v.12f. folgt, sind unter sich und mit v.1-11 nicht zusammenhängende Notizen"[30], „The verses seem to be an appendix, giving further information as to the line of Saul", „Such a remark is the natural conclusion of the account and what follows must be an afterthought"[31], „A part les vv.12-13 où se fait sentir la main du rédacteur, le chapitre IX offre une parfaite unité"[32], „Nachträge"[33], „In einer Art Nachtrag wird der angeordnete Status noch einmal ausdrücklich wiedergegeben"[34], „Slotopmerkingen. Volledigheidshalve deelt de auteur nog het een en ander mee over Mefibosjets gezin en leefwijze..."[35]. Wie de emendatie van het ene vers aanvaardt, kunnen we concluderen, krijgt onvermijdelijk te maken met de compositie van de hele episode.

De juistheid van de conjectuur zal moeten blijken uit een onderzoek naar de structuur van de scene. We gaan hierbij uit van de geëmendeerde tekst. Een analyse, die noodgedwongen tot de grote lijnen beperkt moet worden, wijst uit, dat de episode is opgebouwd uit drie, door korte overgangszinnen verbonden dialogen, een inleiding en een slot. Deze structuur vloeit op natuurlijke wijze voort uit de situatie. David bepaalt zijn

[26] NOWACK, a.a.O., 187.
[27] BÖTTCHER, a.a.O., 162.
[28] Anders DRIVER, *op.cit.*[1], 221 (=[2] 286) („v.13 states the new fact that Mephibosheth dwelt at Jerusalem"), en BUDDE, a.a.O., 246 („nicht ganz überflüssig, weil dieselbe Aussage dort einem neuen Zwecke dient").
[29] J. WELLHAUSEN: *Der Text der Bücher Samuelis*, (Göttingen 1871), 178.
[30] THENIUS-LÖHR[3], a.a.O., 151-152.
[31] SMITH, *op.cit.*, 311, 312.
[32] DHORME, *op.cit.*, 345.
[33] CASPARI, a.a.O., 509.
[34] HERZBERG, a.a.O., 241.
[35] GOSLINGA, a.w., 189.

gedragslijn tegenover Jonathans zoon Mefibosjet, de overlevende telg uit het huis van Saul. Daartoe zijn drie gesprekken nodig: met Siba terwille van informatie, met Mefibosjet om hem het besluit mee te delen, en vervolgens weer met Siba voor het geven van nadere instructies. De twee motieven die in deze episode door hun drievoudige herhaling opvallen, zijn Davids piëteit en zijn gastvrijheid. Het eerste drietal eindigt in dezelfde zin waarin het tweede begint.

Een schema kan dit aanschouwelijk maken:

Inl. v.1	*w'ʿśh ʿmw ḥsd bʿbwr jhwntn*
D I v.3a	*w'ʿśh ʿmw ḥsd 'lhjm*
D II v.7a	*ʿśh "ʿśh ʿmk ḥsd bʿbwr jhwntn 'bjk*
v. 7c	*w'th t'kl lḥm ʿl-šlḥny tmjd*
D III v.10a	*wmpjbšt bn-'dnjk j'kl tmjd lḥm ʿl-šlḥnj*
Slot v.11b	*wmpjbšt 'kl ʿl-šlhn dwd k'ḥd bnj hmlk*

Wie let op de woordherhalingen in de parallele zinnen, bij gewijzigde woordplaatsing, merkt meteen dat hij met een meester in de variatiekunst te doen heeft. De conclusie uit het schema kan geen andere zijn dan deze: vv.1-11b vormen een straf gecomponeerde episode met een duidelijke afsluiting in het laatste vers. Wat verder volgt zijn inderdaad losse notities die, naast een nieuw feit (Mefibosjet heeft een zoon) en een gevolg van de aangeboden gastvrijheid (Mefibosjet woont in Jeruzalem), slechts een herhaling van wat al was verteld brengen. De schrijver of redacteur die de mededelingen toevoegde, doet daarmee de zorgvuldige straklijnigheid van de episode teniet. Wie hoofdstuk IX in zijn geëmendeerde vorm op zichzelf beschouwt, moet wel zo oordelen.

Hoe zal het oordeel uitvallen, als ook de twee andere scenes waarin Mefibosjet een rol speelt, in de beschouwing worden betrokken? In de tweede scene tracht Siba met behulp van geschenken de gunst van de gevluchte koning te winnen. Door zijn meester van verraad te beschuldigen ontvangt hij het grondbezit van Saul, dat David aan Mefibosjet had teruggegeven (XVI,1-4). De derde episode laat zien hoe Mefibosjet, ter verantwoording geroepen voor zijn blijven in Jeruzalem tijdens de opstand van Absolom, de knecht van bedrog beticht. David stelt geen van beide in het gelijk, doch decreteert: niet langer praten, het grondbezit delen! (XIX,25-31). Aldus blijkt dat in wijder verband bezien de slotopmerkingen van de eerste scene alle vijf in nauwe samenhang staan met de twee volgende episoden: (1) Mefibosjets zoontje Micha is borg dat het huis van Saul bij eventueel herstel in het koningschap toekomst heeft[36];

[36] Zie HERZBERG, a.a.O., 241.

(2) de dienstverhouding van Siba en zijn familie ten opzichte van Mefibosjet is mogelijk de oorzaak van zijn verraderlijke handelwijze; (3) Mefibosjet had zich in Jeruzalem gevestigd (4) om daar gastvrijheid aan Davids tafel te genieten; dat hij in de stad bleef voor de duur van de revolte – wat door Siba aan politieke aspiraties wordt toegeschreven – (5) brengt hijzelf in verband met zijn lichaamsgebrek.

Er zijn meer draden aan te wijzen die de drie episoden hecht met elkaar verbinden. In elk van de drie treft David een beschikking over de landerijen van Sauls huis: eerst geeft hij ze als daad van piëteit aan Mefibosjet terug (IX,7); na diens vermeend verraad wijst hij alles aan Siba toe (XVI,4); tenslotte, als hij de schuldvraag niet kan of wil beslissen, moeten beiden ze delen (XIX,29). Een nog sterkere draad vormt het thema van Mefibosjets invaliditeit. Frappant is de wijze waarop de schrijver in de eerste scene (IX,3) Jonathans zoon introduceert: bij monde van Siba wordt hij aan David voorgesteld met zijn afstamming en zijn lichaamsgebrek („Er is nog een zoon van Jonathan, die verlamd is aan beide voeten"). Zwaarder nadruk kan dit thema niet krijgen dan de auteur het gegeven heeft, door het aan het slot van de eerste scene te herhalen (IX,13). Opnieuw komt de relatie van de eerste episode met de twee volgende klaar te voorschijn: het feit van Mefibosjets afstamming beheerst de tweede scene, dat van zijn kreupelheid de derde. Een analyse van hoofdstuk IX, die zich, wederom, noodzakelijkerwijs tot het essentiële beperkt, laat deze structuur zien: een inleiding (vv.1-2a), drie dialogen (vv.2b-11a), en een slot (vv.12-13) dat werkelijk, als samenvatting van al het voorafgaande en als kiem van al wat komen gaat, de climax vormt van de eerste acte van Mefibosjets kleine drama in drie bedrijven.

Het volgende schema toont hoe de verbindingslijnen met de andere sceneslopen:

IX,1			*w'‛śh ‛mw ḥsd b‛bwr jhwntn*	(1)
3a			*w'‛śh ‛mw ḥsd 'lhjm*	(2)
		3b	*‛wd bn ljhwntn nkh rgljm*	(a)
7a			*‛śh '‛śh ‛mk ḥsd b‛bwr jhwntn 'bjk*	(3)
	7b		*whšjbtj lk 't-kl-śdj š'wl 'bjk*	(A)
7c			*w'th t'kl lḥm ‛l-šlḥnj tmjd*	(I)
10a			*wmpjbšt bn-'dnjk j'kl tmjd lḥm ‛l-šlḥnj*	(II)
(11b			*wmpjbšt 'kl ‛l-šlḥnj k'hd mbnj hmlk*)	
13a			*kj ‛l-šlḥn hmlk tmjd hw' 'kl*	(III)
		13b	*whw' psḥ štj rgljw*	(b)
	XVI,4		*hnh lk kl 'šr lmpjbšt*	(B)
		XIX,27	*kj psḥ ‛bdk*	(c)
	30		*'th wṣjb' tḥlqw 't-hśdh*	(C)

Hoe men het ook wendt of keert, in een episode die aldus is gebouwd, is geen plaats voor v.11b: de structuur verdraagt deze woorden niet. Ik ben geneigd aan te nemen dat de zin, als variant van v.10aβ in de marge geschreven, abusievelijk in de tekst is opgenomen of – als men zich de toedracht anders voorstelt – terechtgekomen[37]. De compositie en de wetten die zij stelt, vormen, dunkt mij, een toereikende grond om aan de gemaakte gissing een redelijke mate van mogelijkheid te verlenen. Er is trouwens al verschillende malen gewezen op het verschijnsel van de „Double Readings"[38]. Wel gaat het in de behandelde gevallen steeds om twee tradities die, op welke wijze ook, in één vers zijn gecombineerd. Dat doet echter niets af aan het feit dat aan beide: de alternatieve lezing in de tekst en de variant in de marge, één en hetzelfde motief ten grondslag ligt: alle twee zijn de moeite waarde geacht te worden overgeleverd.

Bekijken wij de tekst en de veronderstelde variant eens iets nauwkeuriger:

v.10 *wmpjbšt bn-'dnjk j'kl tmjd lḥm 'l-šlḥnj*
v.11 *wmpjbšt 'kl 'l-šlḥnj k'ḥd mbnj hmlk*

De woorden „de zoon van je meester", „geregeld" en „brood" die we in de tekst lezen, ontbreken in de variant. Wellhausen – in een overigens anders gericht betoog[39] – heeft spits opgemerkt dat David in hoofdstuk IX tot Siba steeds spreekt als „de zoon van je meester", en dat hij alleen in hoofdstuk XVI, aannemend dat Mefibosjet zich jegens hem illoyaal heeft gedragen, van deze etikette-regel afwijkt. De variant, daarentegen, biedt de woorden „als een van 's konings eigen zoons", die de tekst niet heeft. De tekst, kunnen we gevoeglijk aannemen, bedoelt Siba's positie ten opzichte van Sauls nakomeling tot uitdrukking te brengen. In de variant echter gaat het om iets anders: hier kent David aan Mefibosjet dezelfde status toe als de koninklijke prinsen bezitten[40]. (Dat David

[37] WELLHAUSEN, a.a.O., 178 meent dat zowel v. 11b als v. 10ab toevoegingen zijn („Vielleicht wurde beides eingesetzt, um dem Misverständnis zu wehren, als ob wenn Siba geheissen wird, für das Brot des Mefiboset zu sorgen v. 10 und diesem Geheisse nachkommt v. 11, damit das Versprechen des Königs, den Sohn Jonathans an seinem Tisch essen zu lassen, zurückgenommen hatte".).

[38] Zie O. H. BOSTRÖM, *Alternative Readings in the Hebrew of the Books of Samuel* (Rock Island 1918), J. W. WEVERS, „Double Readings in the Books of Kings", in *JBL* 65 (1946), 307-310 en S. TALMON, „Double Readings in the Massoretic Text", in *Textus* I (Jerusalem 1960), 144-184.

[39] a.a.O., 178.

[40] Voor „zoon (zonen) des Konings" als officiële titel zie G. BRIN, „The Title *bn* (*h*)*mlk* and its Parallels. The Significance and Evaluation of an Official Title", in *Annali dell' Instituto Orientale di Napoli* 29 (1969), 433-465 en M. HELTZER, „Some North-west Semitic Epigraphic Gleanings from the XI-VI Centuries b.C.I", *ibid.* 31 (1971), 183-193.

over zichzelf in de derde persoon spreekt – het is weer Wellhausen, die erop wijst[41] – heeft niets bevreemdends, vgl. 2 Sam.XIX,3 (in de vertalingen v.2); XX,16 en 1 Kon.I,33. En aan de tegenwerping dat niet het participium, maar – als in de twee andere gevallen (IX,7c en 10aβ) – het imperfectum de passende werkwoordsvorm is[42], hoeven we evenmin zwaar te tillen; immers het participium kan zeer wel met betrekking tot de toekomst worden gebruikt[43].

Het alternatief, waarvan in het begin van dit opstel sprake was, is nu met alle duidelijkheid gesteld: òf men emendeert de tekst, en aanvaardt, als uitvloeisel daarvan, de noodzaak aan te nemen dat de schrijver aan het eind van de episode zijn greep op de stof verloor, eventueel: dat een redacteur de „Nachträge" heeft toegevoegd, òf men gelooft dat de originele tekst een welgebouwde scene bood, die bij vergissing door een copiist is aangevuld met een alternatieve lezing, die in de marge behoorde te blijven.

Ik voor mij geef de voorkeur aan de laatste verklaring, omdat die ervan uitgaat dat de lectio difficilior – ook de Targoem veronderstelt deze lezing[44] – de oorspronkelijke tekst is. Ik kan mij gemakkelijker voorstellen dat ἐπὶ τῆς τραπέζης Δαυεὶδ een noodvertaling van de onmogelijke vorm *šlḥnj* is[45], dan dat een copiist in een onbewaakt ogenblik, onder invloed van het voorafgaande vers, in v.11b *šlḥnj* schreef in plaats van *šlḥn dwd*[46].

Op de vraag: hoe zal de variant op de plaats waar zij thans in de tekst staat, door de toenmalige lezers en hoorders als integrerend deel van de episode zijn begrepen?, luidt het antwoord: waarschijnlijk op de verscheiden wijzen die door Rasji en Kimchi en door latere uitleggers in de trant van deze twee schrandere exegeten zijn gegeven[47].

Als de hier voorgedragen opvatting juist is, verleent zij op haar wijze steun aan de these dat hoofdstuk IX een onderdeel vormt van de „Thronfolgegeschichte"[48], dat fameuze stuk novellistische historio-

[41] *k'ḥd mbnj hmlk* „past nach meinem Geschmacke nur in den Mund des Berichterstatters", a.a.O.

[42] Zie KEIL, a.a.O., 269, WELLHAUSEN, a.a.O., 178, DRIVER, *op.cit.*[1], 221 (=[2] 286).

[43] Zie KÖNIG, a.a.O., § 237d, P. JOÜON, *Grammaire de l'Hebreu biblique*[2] (Rome 1947), § 121e, C. BROCKELMANN, *Hebräische Syntax* (Neukirchen 1956), § 44b.

[44] A. SPERBER, *The Bible in Aramaic*, Vol. II (Leiden 1959): *wmpjbšt 'kjl 'l ptwrj kḥd mbnj mlk'*.

[45] Zie ook BÖTTCHER, a.a.O., 162f.

[46] Zo GOSLINGA, t.z.p.

[47] Cf. Amama: „Alterutrum sequi debuisset Interpres", zie Excurs.

[48] Zie bijv. L. ROST, *Die Überlieferung von der Thronnachfolge Davids* (Stuttgart 1926), 82ff., en R. N. WHYBRAY, *The Succession Narrative* (London 1968), 8. Vgl. ook J. W. FLANAGAN, „Court History or Succession Document? A Study of 2 Samuel 9-20 and 1 Kings 1-2", in *Journal of Biblical Literature* 91 (1972), 172-181.

grafie[49], waarvan E. Meyer schreef: „wir stehn hier, wie in aller Geschichte, vor dem unerforschlichen Rätsel der angeborenen Begabung”[50].

EXCURS

Wie het spoor terug volgt in de exegese van een bijbelvers, komt diep onder de indruk van de degelijkheid waarmee de oudste protestantse uitleggers te werk zijn gegaan. De annotaties van verschillende hunner zijn bijeengesteld in de *Critici sacri* – een volumineus, respect afdwingend werk. Als exempel van grondige tekstverklaring wordt hier een scholium van Amama in extenso geciteerd. (Ik kan niet nalaten er in het voorbijgaan op te wijzen dat Nowacks vaststelling „LXX fasste 11b als Beschreibung ..., damit sind die Schwierigkeiten gehoben” door zijn voorganger – die er overigens geen verdere conclusie aan verbindt – op de volgende wijze is geformuleerd „Lxx difficultatem sustulêre pro *šlḥnj* vertendo *ad mensam Davidis*”).

Amama was de opvolger van zijn leermeester Drusius op de leerstoel voor het Hebreeuws aan de Hogeschool van Franeker. „Al zijn wetenschappelijke werken”, schrijft Sepp[51], „hadden één doel: het verdrijven van hetgeen hij de *barbaries theologiae et ecclesiae* noemde: onbekendheid met de Hebreeuwse taal”. Onverdroten ijverde hij ervoor dat „de studenten Theologiae ... gecomen zynde tot den kerckendienst ... tot de Fonteine selffs haeren toevlucht moghen nemen”[52]. Het was aan hem te danken dat de synode van Friesland, gehouden te Harlingen in 1624, – hierin later door andere provinciale synoden gevolgd –, de resolutie aannam „dat voortaen de candidati Theologiae, versoeckende tot het Examen ministerij Ecclesiastici geadmiteert te werden, sullen nevens de Testimonia senatus Academici ende der professoren Theologiae mede moeten verthoonen getuijchenisse vande professoribus Hebraeicae ende Graecae linguae, datse in die spraecken haer ten minsten hebben so veele geoeffent, datse connen den Originalen text des ouden en nieuwen Testaments lezen ende redelickerwijse verstaen”[53].

[49] Zie voor deze kenschetsing B. LUTHER in E. MEYER, *Die Israeliten und ihre Nachbarstämme* (Halle a.S. 1906), 195 („novellistische Geschichtschreibung”); vgl. ook W. CASPARI, „Literarische Art und historischer Wert von 2 Sam. 15-20”, in *Theologische Studien und Kritiken* (1909), 317-348; zie 337 („Sie setzt etwa als Novelle an, wächst aber aus der Novelle heraus”).

[50] E. MEYER, *Geschichte des Altertums*², II/2 (Stuttgart/Berlin 1931), 285.

[51] CHR. SEPP, *Het godgeleerd onderwijs in Nederland, gedurende de 16e en 17e eeuw*, Tweede Deel (Leiden 1874), 9.

[52] P. H. DE BIE-J. LOOSJES, *Biographisch Woordenboek van Protestantsche Godgeleerden in Nederland* I ('s-Gravenhage [1911]), 135.

[53] t.z.p.

Amama's verklaring van 2 Sam.IX,11[54] luidt als volgt: „11. *Dixit Ziba ad Regem, sicut jussisti Domine mi Rex, servo tuo, sic faciet servus tuus: Et Mephiboseth comedet super mensam meam, quasi unus de filiis Regis,* Vulgatus. Ebraea κατὰ πόδα expressit. Cûm aliaś tam sit liberalis, miror hîc fuisse adeò parcum. Volunt enim Lyra, Cajet. & alii posteriora illa, *Et Mephiboseth* &c. esse verba Regis. Inserendum ergò erat, *Et dixit David,* sicuti Tigur. & Angli fecêre. Lxx difficultatem sustulêre pro *šlḥnj* vertendo *ad mensam Davidis.* Hier. in Quaest. R.Jes. & R. Salomo quoque subaudiunt, & *respondit David.* nec improbat R. David. Priori tamen loco ponit aliam interpretationem quam Junius & Tremellius secuti sunt, ut vid. omnino haec sint verba Sibae, & posteriora sic reddantur, *quamvis Mephiboseth comedens de mensura mea* futurus esset vel tractandus esset, *ut unus è filiis Regis,* q.d. non opus fuisset hâc tuâ eximiâ benignitate, tamen quia ita vis, fiat &c. Alterutrum sequi debuisset Interpres"[55].

SUMMARY

It is almost generally agreed that v.11b cannot be correct as it stands. In the mouth of Ziba the words are wholly superfluous (Smith). And the position for such a remark on the part of David, after Ziba in v.11a has signified his assent, is awkward (Driver).

It seems that the reading afforded by the Septuagint is intrinsically superior to the Massoretic text. Most scholars are, therefore, inclined to restore the Hebrew text with the help of this Version. If its reading is adopted, v.11b is to be regarded as the author's concluding remark. It follows as a corollary that vv.12-13 must be an appendix which was added by the author or is due to a redactor's hand.

On closer investigation, however, thematic threads are shown to run through the whole of the Mephibosheth story. As is clear from Tables II and III on pp. 125 and 126 most of the themes contained in the „appendix" are found in the account of chapter IX,1-11 and all of them in the other scenes (XVI,1-4 and XIX,25-31). As a consequence of these findings the whole of chapter IX, with the exception of v.11b, is to be considered a literary unity, vv.12-13 being the natural conclusion of this part and its climax.

The fact that the reading presented by the Hebrew text decidedly is

[54] Voor een beoordeling van Amama als exegeet zie L. DIESTEL, *Geschichte des Alten Testaments in der christlichen Kirche.* (Jena 1869), 425.

[55] *Critici sacri.* Ed. nova aucta (Amstelaed. 1698), Tomus II, cc. 997-998. (Ondanks nasporingen in AMAMA's mij toegankelijke werken – en dat waren de meeste – is het mij niet gelukt te weten te komen aan welk boek van hem het scholium dat in *Critici sacri* gedrukt is, is ontleend.)

the lectio difficilior and that the reading of the Septuagint seems to be simply a freer rendering of the same text is in favour of the assumption that the Massoretic text may have a claim to originality. It is the view of the present writer that v.11b originally was a variant reading of v.10 aβ inadvertently included in the text by a scribe.

EXCURSUS

The paramount task which Christian Hebrew scholarship found in the Reformation period was the elucidation of the Bible[56]. As a remarkable example of exposition of Scripture, based upon exact knowledge of Hebrew with all the aids of Jewish and Christian learning, Amama's comment on 2 Sam.IX,11 is quoted in full in an Excursus.

[Sixtinus Amama was born and died at Franeker (13th Oct. 1593-9th Dec. (not Nov.) 1629). He learned Hebrew from Drusius in Franeker (1610-14), Arabic in Leiden (1614), and studied with Prideaux and d'Orville in Oxford (1615-16). In 1616 he was appointed professor of Hebrew at Franeker. His main exegetical ideas are set forth in his *Anti-barbarus biblicus* (Amstelrodami 1628, also Franequerae 1656), which contains excursuses a.o. on the Tetragrammaton and on the Massoretic Qere and Kethibh readings. Amama's life was an impartial crusade against clerical ignorance of Hebrew: he exposed Catholic errors resting on inaccuracies in the Vulgate (*Dissertatiuncula, qua ostenditur praecipuos Papismi errores ex ignorantia Ebraismi et Vulgata versione partim ortum, partim incrementum sumpsisse,* Franeker 1618), criticised the Pentateuchal version approved by the Council of Trent (*Censura Vulgatae Atque à Tridentinis Canonizatae Versionis Quinque Librorum Mosis,* Franekerae 1620) and likewise the current Protestant versions (*Bijbelsche Conferentie,* Amsterdam 1623). His *Cort Vertoogh* (Franeker 1624, also in Latin *Paraenesis ad Synodos, Episcopos & Super-Intendentes Ecclesiarum Protestantium de excitandis S.S. Linguarum studiis*) resulted in several provincial synods of the Dutch Reformed Church requiring a knowledge of Hebrew and Greek from their ordinands. Amama published Aramaic and Hebrew grammars (*Tabula in Grammaticam Chaldaicam,* Franeker 1620, *Grammatica Ebraea Martinio-Buxtorfiana,* Amstelrodami 1634, first ed.) and a Hebrew dictionary in Dutch (*Ebreusch Woord-boek,* Franeker 1628). He also annotated P. Hackius' and H. Faukelius' Bible Translations (*Biblia,* Amsterdam 1625, also 1630 and 1632).]

[56] See G. H. BOX, „Hebrew Studies in the Reformation Period and After: Their Place and Influence", in E. R. BEVAN-CH. SINGER, *The Legacy of Israel* (Oxford 1927), 315-374, esp. 342-348 and H. J. KRAUS, *Geschichte der historisch-kritischen Erforschung des Alten Testaments*[2] (Neukirchen 1969), 6-73.

NOTES ON TESTAMENT OF LEVI II-VII

M. DE JONGE (LEIDEN)

When, some twenty-five years ago, I was faced with the choice of a subject for my doctoral thesis I also asked the advice of Professor Beek, whose *Inleiding in de Apocalyptiek van het Oud- en Nieuwtestamentisch tijdvak*[1] had then just reached the proof-stage. Like my promotor J. de Zwaan he advised me to go on with the work on the Testaments of the Twelve Patriarchs which I had done for my doctoral examination, and I followed this advice. In the preparation of my *The Testaments of the Twelve Patriarchs. Their Text, Composition and Origin*[2] which was accepted as a thesis for the doctorate by the Leyden Faculty of Theology in 1953 Professor Beek took a lively interest in the conclusions which seemed to present themselves.

It is fitting, therefore, to devote my contribution to this anniversary volume to a subject connected with the Testaments. In the form of a number of notes on some chapters of the Testament of Levi I hope to show how our knowledge of the Testaments has been increased in recent years and to indicate where the real problems are to be found. This contribution should be read together with the present author's survey-article „Recent Studies on the Testaments of the Twelve Patriarchs"[3]. It provides some illustrations to the points raised there and some additional information on literature which has appeared since then. Throughout the author's *editio minima*[4] and the textual material collected

[1] Haarlem 1950.

[2] Assen 1953 (quoted below as *The Testaments etc.*).

[3] *Svensk Exegetisk Årsbok* XXXVI, 1971, 77-96 (published in 1972).

[4] *Testamenta XII Patriarcharum* (Ps. V.T. Gr. I), Leiden²1970; for the sigla of the MSS see the introduction to this edition.

for the *editio maior* (which is at present being prepared at Leyden) are used.

1. SOME TEXT-CRITICAL NOTES ON II,3-III,9

The most recent evaluation of the Greek textual evidence can be found in Henk Jan de Jonge's article „Die Textüberlieferung der Testamente der Zwölf Patriarchen" published in 1972[5]. Further studies by the small Leyden team which is preparing a new edition of the Testaments have not led to any important new insights. Family α, now consisting of *n* Serb. *c h i* Ngr. has definitely been shown to be the result of a late recension. The siglum β is to be discarded; the MSS taken together under this siglum do not form a unity, and should simply be indicated as non-α. The most important MSS are *b, l, g* and *e,* and of these *b* is usually the best witness to the original text. This may be substantiated also in an analysis of the textual variants in the descriptions of the two visions of heavens in Testament of Levi.

In T.L. II,3-III,9 we find many variants in (*n*) *c h i* against all others; the most important of these are the following (collation against *b* in editio minima-de J.):

II 5	τουτο ορος Ασπιδος εν Αβελμαουλ	] om., sed + και ημην εν αυτω
II 7	εκ του πρωτου ουρανου	] εις τον πρωτον ουρανον
	εις τον δευτερον	] om.
	υδωρ	] + πολυ
	αναμεσον τουτου κακεινου	] om.
II 8	τριτον	] δευτερον
	παρα τους δυο	] om.
II 9	αλλους... ασυγκριτους	] sing. et τεσσαρας om.
	οτε ανελθης εκει	] και εν τω ανελθειν σε εκει
II 10	οτι	] om.
III 1	επτα	] δειχθεντων σοι
	N.B. Introduction to fragment in *n*	περι των τριων ουρανων ων εδειξεν αυτω ο αγγελος κυριου
III 2	ο δευτερος	] και
	εις ημεραν προσταγματος κυριου	] εις ημεραν κρισεως
III 3	τριτω	] δευτερω

Complex situation at the end of this verse.

b	οι	δε	εις	τον	τεταρτον		επανω	τουτων	αγιοι	εισιν.
eaf	„	„	„	„	„	+ οι	„	„	„	„
g	„	„	„	„	„	–	–	–	„	„
k	–	–	εν δε τω		δ		–	τουτου	„	„

[5] *Z.N.W.* 63, 1972, 27-44.

d	–	–	εις	τον	δ δε ουρανον	–	–	αγιοι	εισιν
l	οι δε		„	„	τεταρτον „	επανω	τουτου	„	„
m	–	–	εν δε το		δ ουρανω	–	παντες οι	„	„
n	–	–	–	–	– και επ αυτω εισιν	–	–	„	„
chi	–	–	–	–	– και „ αυτους „	–	–	„	„

III 4 εν αγιω αγιων] om.
III 5 αγγελοι] αρχαγγελοι
του προσωπου κυριου] om.
III 9 οι ουρανοι] ο ουρανος.

That the *n c h i*-text is the outcome of deliberate recensional activity is immediately clear if we look at the description of the various heavens. In the non-α MSS we find twice seven heavens. Both in ch. II and in ch. III the number of seven is reached in a rather complicated manner, but in both cases first three heavens are mentioned which are, later on, connected with another four. II,9 calls these four φαιδροτέρους καὶ ἀσυγκρίτους; in III,3b where (we should follow MS *b*!) we hear „But the (heavens) down to the fourth above these (three just mentioned) are holy"[6]. Both descriptions are obviously the result of intensive redactional activity, but whatever discrepancy there may have been earlier, the final text as we have it is, if not polished, at least consistent.

If we now turn to *c h i* we find that these MSS remove an anomaly in II,7. Levi enters first into the first heaven, whereas in the non-α MSS he goes straight from the first to the second one. It is in this heaven and not between the first and the second that he sees *much* water (not simply: water[7]). In vs 8 the third heaven becomes the second and in the redactional vs 9 only one further heaven is announced. Next at the end of this verse the concluding phrase ὅτε ἀνέλθῃς ἐκεῖ followed by ὅτι in vs 10 is altered into an expression introducing vss 10-12, thereby locating Levi's priestly and prophetic activity in the third heaven and not on earth. This is intelligible as far as σύνεγγυς[8] Κυρίου στήσῃ is concerned – though this expression is regularly used for being priest on earth[9] –

[6] I owe these observations to H. J. de Jonge and Th. Korteweg. The essential point is that vs 3b refers to heavens, not to angelic beings.

[7] Another „embellishment" is the doubling of Levi's name in the angels' address in vs 6b where *c h i* read Λευί, Λευί, εἴσελθε. On the use of a double name in address see C. BURCHARD, *Der dreizehnte Zeuge* (F.R.L.A.N.T. 103), Göttingen 1970, 93 n. 136.

[8] *g d e a f* read σύ (<*d*) ἐγγύς, *c h i* ἵστασαι (ἔσωσε *c*) ἐγγὺς τοῦ κυρίου.

[9] See Dt. X, 8, XVIII,5; 2 Chron. XXIX,11 and compare Jub. XXXI,14, also for the following parallel expression λειτουργὸς αὐτοῦ ἔσει (see my *The Testaments*, 50). D. HAUPT, *Das Testament des Levi* (Typewritten diss., Halle-Wittenberg 1969), 34 thinks that Levi's priestly service takes place simultaneously in heaven and on earth (see Jub. XXXI, 14 and 1 QSb IV,25 ff.).

but it is clearly less suitable in the case of the prophetic activities mentioned in the rest of vs 10.

Also in ch.III *c h i*, now joined by (the fragmentary) *n*, introduce a number of variants in order to arrive at the number of three heavens; *c h i* implicitly by changing the ἔπτα in III,1 into δειχθέντων σοι, *n* by introducing the description with the words περὶ τῶν τρίων οὐρανῶν ὧν ἔδειξεν αὐτῷ ὁ ἄγγελος Κυρίου.[10] Here the α-recension is less succesful than it was in ch.II. By leaving out ὁ δεύτερος in vs 2, changing 'third' into 'second' in the beginning of vs 3[11] and altering the last part of vs 3, the heaven mentioned in vs 4 becomes the third one. There ἡ μεγάλη δόξα dwells, just like in II,10 Levi's meeting with the Lord takes place in the third heaven. Then, once again, three heavens are mentioned (in vs 5, vs 7 and vs 8) but the connection between these and the previous three is not clear. It is obvious in the non-α MSS, in which vss 3b-8 give the description promised in III,1 of the four heavens only mentioned in II,9.

This comparison between α and non-α in the descriptions of the heavens makes clear, I think, that the α-text can be explained as the result of recension of the non-α text. The latter, as we have seen, is very complicated but consistent. The α-MSS give a much smoother text, and betray recensional activity in II,10 where earthly activity is transported to heaven, and in the lack of connection between its three heavens in III,2-4 and the three mentioned in vss 5-7.

In one verse, however, this explanation does not seem to be possible; in II,5 the non-α MSS identify the mountain which Levi sees in his dream as 'the mountain of the Shield in Abelmaul'. This constitutes a connection with VI,1 where Levi, after waking up, finds a brass shield on a mountain which is called Ἄσπις and which is located ἐγγὺς Γεβάλ, ἐκ δεξιῶν Ἀβιλᾶ. The identification of the mountain in II,5, though intelligible from a redactor's intention to connect the beginning of the vision(s) with the end, is obviously awkward. It is at least unusual to identify a visionary mountain with a mountain on earth which is said to have been visited after the end of the vision. The connection intended

[10] J. BECKER, *Untersuchungen zur Entstehungsgeschichte der Testamente der Zwölf Patriarchen* (A.G.J.U. VIII), Leiden 1970, 37-39 wrongly assumes that α gives a description of seven heavens in chapter III (however clumsily) and of three heavens in chapter II. Though he admits that it gives an inferior text in many individual passages, he prefers the inconsistent composition of α to the consistent picture of two times seven heavens in β. The scribe of the MS *n* which gives the α-text, understood its meaning better than BECKER.

[11] In III,2 the α-reading εἰς ἡμέραν κρίσεως is obviously secondary compared to εἰς ἡμέραν προστάγματος κυρίου. It is easier and agrees with the expression used by all MSS in vs 3.

could better have been inserted in the beginning of II,3. It is quite clear, therefore, why the α-MSS omitted the phrase and substituted a neutral sentence: καὶ ἤμην ἐν αὐτῷ. J. T. Milik considers this the right reading and even fills in a lacuna in the corresponding passages in col. II,1.17 in the parallel 4Q Aramaic Levi-text[12] accordingly. To this text we shall return presently; here, however, we should state that the fact that the α-reading fits better (and seems to conform to another, perhaps earlier version of the same story) does not, in itself, prove its authenticity. The non-α-text clearly gives the lectio durior, but this reading is not impossible. It can be explained as the result of a not quite succesful redactional effort and the α-reading as an attempt to correct it. If the α-reading would be original one asks why the non-α-reading would ever have originated. Also here the non-α MSS give the 'rougher', less polished text.[13]

2. THE COMPOSITION AND REDACTION OF T.L. II-VII

a. Some basic considerations

This leads us to a discussion of some important points in connection with the composition and redaction of T.L.II-VII. In what was just said about II,5 it will have become clear that I am of the opinion that the study of recensional activity and the analysis of redactional activity must be kept apart.[14] There may be parallel phenomena in the time the MSS were copied and in the period the document was composed (and, perhaps, added to), but we should conclude our analysis of the text-

[12] See his 'Le Testament de Lévi en araméen. Fragment de la grotte 4 de Qumrân", *R.B.* 62, 1955, 398-406, esp. 404.

[13] In his *The Greek Versions of the Twelve Patriarchs*, Oxford 1908, R. H. CHARLES prints the text of II,7-10 and III,1-9 in three columns, the middle column giving the text of the α-text of the Armenian version. In his *The Testament of Levi.* A first study of the Armenian MSS of the Testaments of the XII Patriarchs in the Convent of St. James, Jerusalem, Jerusalem 1969, M. E. STONE has shown (on the basis of more MS-material than any scholar before him!) that A^{α} is clearly the result of recensional activity and that therefore the MSS of this type of text cannot be regarded as of equal value with the other MSS. Nevertheless it represents an Armenian prototype which is not identical with any of the existent MSS or the 'Vorlagen' of existent groups of MSS (*op.cit.*, 30-31). There is no reason to make an exception for Test. Levi II-III (contra CHARLES, and BECKER, *op.cit.*, 46-47, who rashly assumes that A^{α}, though secondary, goes back to an Armenian 'Vorlage' which is nearer to Greek α!).

[14] See also the present author's 'Textual criticism and the analysis of the composition of the Testament of Zebulun' in *Texte und Textkritik*, ed. J. DÜMMER (forthcoming).

critical data, leading up to the reconstruction of the text which is most likely to be orginal, before we use the results of this study in the analysis of the composition and redaction of the text. In the case of T.L.II-III the earliest text is the 'rougher' non-α-text, best preserved in *b*, and precisely its 'roughness' provides a number of starting points for redactional analysis.

Another remark may be made in advance. The Testaments, in their present form, present a very complicated picture, the different elements of which should be determined with all the methods at our disposal. But after we have analysed the different constituent parts we shall have to explain each testament as a whole, and the Testaments themselves as a deliberate composition. In my doctoral thesis I laid much stress on the activity of the author(s) of the Testaments as 'composer(s)'. Theories of 'interpolation' (R.H. Charles)[15] or 'gradual growth' (J. Becker)[16] do not give a real explanation for the present Testaments. My working-hypothesis is still that the very fact that a man or a group of people wanted to compose testaments of twelve patriarchs made him (or: them) look for all relevant material he (they) could find in order to put this together within a certain framework with a definite, primarily ethical purpose. This material was not only brought together, it was rewritten. The result of this process is obviously still very complex and extremely variegated. Yet we have not completely interpreted the text in front of us before we have explained how the present arrangement and composition makes sense.

In a short article this cannot be proved conclusively for the Testaments, or for the Testament of Levi, or even for T.L. II-VII. I shall try to show, however, that we can receive some insight into the process of redaction and composition if we compare the present chapters with the 4Q Ar.-Levi document published by Milik in 1955 (see 2b) and, next, that the chapters II-VII are complex but not inconsistent (see 2c).

b. *Milik's Aramaic 'Prayer of Levi', its Greek counterpart in MS e and the present Testament of Levi*

Among the many fragments found in the fourth cave at Qumran in some way related to our Test. Levi which J. T. Milik has deciphered and announced,[17] the fragment which he published in 1955[18] is interesting

[15] See my *The Testaments etc.*, particularly chapter II.
[16] See also my 'Recent Studies' (note 3), 91-93.
[17] For a full list see J. BECKER, *op.cit.*, 67-72; but add the information given in MILIK's article in the *Harvard Theological Review* 1971 mentioned in n.18.
[18] See note 12 above. In this article he specifies that the 4 Q-fragments were the

for several reasons. First, it runs parallel to the Greek text inserted after ἀδικία in T.L.II,3 in MS *e*, just as part of the Genizah-fragments published by R. H. Charles find a parallel in a similar addition in the same MS at T.L.XVIII,2. We do not know the provenance of the Greek additions, nor is it easy to establish the exact literary relationship between the Aramaic and the Greek, in the case of the Genizah-fragments[19] as well as the new Qumran fragments, but the parallels are sufficiently close to compel us to study them side by side. Consequently, since it proved possible to show that the present Greek Testament of Levi must have known and used tradition(s) preserved in the Aramaic Genizah and corresponding Greek fragments,[20] we can try to use the new material in the same way. Here a second point is of importance: contrary to the majority of the other fragments this text shows agreements with a part of the Greek Testament not yet 'covered' by the Genizah-fragments and the corresponding Greek text in *e*.

In col.II, ll.11-18 of Milik's fragment we read that Levi after ending a prayer goes to his father Jacob, then leaves Abel-main to go to another place. There he sees a vision and/or visions after lying down to sleep. In this vision he sees the gates of heaven and a high mountain reaching to heaven below him. The Greek text inserted in *e* at T.L.II,3 gives only the text of the prayer with a short introduction which does not provide any information about the situation. As we have already seen, the introduction to the vision in Ar.II,14-18 shows points of contact with T.L.II,6. We can also point to II,5 τότε ἐπέπεσεν ἐπ' ἐμὲ ὕπνος and to V,1 where the angel opens τὰς πύλας τοῦ οὐρανοῦ. This raises immediately the problem of the composition of the vision in Test. Levi. Is the use of nearly the same formulae in V,1 and in II,6 an attempt to return to an earlier version of the vision? We should note that Ar.II,18 speaks of תרעי שמיא and that the Aramaic text does not necessarily presuppose more than one heaven. The words τὰς πύλας τοῦ οὐρανοῦ may correspond to this Aramaic expression, and are in any case awkward after the descriptions of several heavens in the previous chapters. In its present context the angel obviously gives Levi access to the highest heaven where the Most

rests of three MSS and he calls the solitary fragment discussed here 4 Q Levi[b]. In *R.B.* 73, 1966, 95 n. 2 he announces that all fragments mentioned in the 1955-article must have belonged to one MS, called 4 Q 213 Test. Levi[a] and that, in the meantime, he has also identified a few pieces of a second MS 4 Q 214 Test. Levi[b]. In his 'Problèmes de la littérature hénochique à la lumière des fragments araméens de Qumran', *H.Th.R.* 64, 1971, 333-378 he publishes a translation of 4 Q Test.Levi[a] 8 III 2-8 (on pp. 344-345).

[19] See my *The Testaments etc.*, 129-131.

[20] So *The Testaments etc.*, 38-52, with conclusion on p. 52.

High dwells, previously described as the highest heaven (III,4). The angel does so after finishing a long speech (II,9-IV,6) in which he describes the heavens which Levi is yet to see, and announces God's judgment on the sinners and God's election of Levi as his priest and servant. This speech is situated between the first three and the following four heavens (II,9, comp. III,3), but in V,1 the latter are no longer in the picture.

Yet, if we would consider II,6-IV,6[21] or alternatively II,7-V,1a[22] as an interpolation in a more original version of the vision we would disregard the fact that IV,2, belonging to this 'interpolation', presupposes the contents of the prayer of Levi preserved in the Ar. and Greek fragments.

In T.L.II,3-5 Levi's prayer follows on a short vision in which he sees the sins of men and 'the fortifications' of Unrighteousness.[23] He prays that he may be saved and immediately after that he receives a vision in his sleep. The order of events is different from that which can be reconstructed from the Aramaic fragment, particularly because the journey to Jacob is only mentioned *after* the vision, in VI,1. Also the words ηὐξάμην Κυρίῳ, ὅπως σωθῶ are a very incomplete and one-sided summary of the prayer of Levi as it is found in the Aramaic and Greek fragments. Levi's desire to be guarded against evil (Greek fragm. vs 7,10) and his appeal to God to destroy evil (id., vs 13) are covered adequately. The latter phrase is also reflected in the announcement of God's judgment on the wicked in III,(1-3), 9-IV,1. But one important point at least is missing: Levi's request to be allowed to serve God. The answer to the prayer given through the angel in IV,2 reflects the contents of the prayer much better and obviously presupposes what Test. Levi in its present form does not mention.[24]

21 Comp. BECKER, *op.cit.*, 261: '5,1 setzt also die Situation aus 2,5 voraus und kennt 2,6ff nicht.'

22 HAUPT, *op.cit.*, 17f. regards II,6 as the 'original' introduction, because of its parallel with Ar. fragm. Col. II,18. V,1 and Col. II,18 both mention the gates of heaven, but II,6 agrees with the Aramaic fragment in that the angel does not open the gates, but addresses Levi.

23 With ὅτι τείχη ᾠκοδόμησεν ἑαυτῇ ἡ ἀδικία, καὶ ἐπὶ πύργους ἡ ἀνομία κάθηται one should compare CD IV,12f. and 4 Q Test. 26. In the Greek prayer of Levi in MS *e* vs 12 Levi asks God τεῖχος εἰρήνης σοι (conj. MILIK: σου) γίνεσθαι κύκλῳ μου, καὶ σκέπη σου τῆς δυναστείας σκεπασάτω ἀπὸ παντὸς κακοῦ. This is a metaphorical expression in the same vein as T.L. II,3b corresponding to the ὅπως σωθῶ of II,4 end. We may compare also καὶ πάντας ἑώρων ἀνθρώπους ἀφανίσαντας τὴν ὁδὸν αὐτῶν in II,3 and Gr. fragm. vs 10 καὶ μὴ κατισχυσάτω με πᾶς σατανᾶς πλανῆσαί με ἀπὸ τῆς ὁδοῦ σου. It is possible that also II,3-4a corresponds to a passage now lost in the Aramaic and not extant in Greek.

24 So rightly also D. HAUPT, *op.cit.*, 16f. See also II,10; it is interesting to note that in V,2 MS *e* adds the following words spoken by God himself: (σοι) δοθήσεται ἡ ἱερατεία

T.L.IV,3 reminds one of XIV,3f and the description of the 'new priest' in XVIII,3f. The degree of 'christianization' of these passages can be a matter of dispute; fortunately again a 4Q Levi fragment is preserved with a text which can be compared to XIV,3f. In the translation published by Milik[25] it runs '[...le soleil], la lune et les étoiles [... brillent] au-[dessus de la terre. Ne ressemblez-vous pas au soleil et à] la lune? [Si] vous vous obscurcissez [par l'impiété, que feront tous] les [peuples]? Hénoch n'avait-il pas accusé [les responsables (?) de la perdi]tion. Et sur qui sera la faute, [si] non sur vous, mes fils?' This makes it probable that also in the text behind T.L.IV,3 Levi was compared to a light and to the sun.[26] Also IV,4a may go back to this earlier version, because of its parallel to V,2; T.R. VI,10f. and Jub.XXXI,15. The following verses are obviously Christian[27] including vs 5; apart from the words περὶ αὐτοῦ this verse may reflect Levi's prayer καὶ βουλὴν καὶ σοφίαν καὶ γνῶσιν καὶ ἰσχὺν δός μοι (in Greek fragm. vs 8[28]).

Negatively, it should be noted that in the introduction to the prayer in the Greek and Aramaic fragments much emphasis is laid on cleanliness. We may compare here the emphasis on avoiding ἀκαθαρσία in the non-technical parts of the instructions of Isaac to Levi recorded in the fragments given in the Appendix of Charles, particularly vss 14-18. In the corresponding chapter IX the Greek Testament of Levi pays nearly no attention to this because of his lack of interest in sacrificial matters.[29] The same is true of II,3-4 and IV,2-6 where separation from evil is the issue which receives all the emphasis.

καὶ τῷ σπέρματί σου τοῦ λειτουργεῖν τῷ ὑψίστῳ ἐν μέσῳ τῆς γῆς καὶ ἐξιλάσκεσθαί σε ἐπὶ ταῖς ἀγνοίαις τῆς γῆς (τότε ἔδωκεν). This may, again, be a fragment of the text, of which substantial portions were added at II,3 and XVIII,2.

[25] See n. 18. On pp. 344f. MILIK writes: 'Le contexte de ce passage est celui du ch. 14 du Testament grec de Lévi, mais avec des phrases qu'on rencontre dans les ch. 15 et 16; cette partie du Testament contient des invectives contre le sacerdoce israélite'.

[26] See also 4 Q Sb IV,27.

[27] See the limitation of the period of Levi's priesthood in the clause ἕως ἐπισκέψηται κτλ., comp. V,2 and T.R. VI,8, and the following sentence. In vs 2 Levi is also designated as God's son, whereas in the Greek fragment he calls himself God's παῖς (vs 17) and ὁ υἱὸς παιδός σου ('Ιακώβ) (vss 15,19). This change need not necessarily be attributed to a Christian author – see *The Testaments*, 50 and D. HAUPT, *op.cit.*, 14f.

[28] Comp. Is. XI,2 and, perhaps, T.L. II,3a. See also καὶ μέτοχον ποίησον τοῖς λόγοις σου ποιεῖν κρίσιν ἀληθινὴν εἰς πάντα τὸν αἰῶνα, ἐμὲ καί τούς υἱούς μου ... (Gr. fragm. 18). J. BECKER, *op.cit.*, 263f. repeats the theory that the original version of vs 6 read a double σε in stead of the double αὐτόν of the present text. This is possible but cannot be in any way be proved – see also M. DE JONGE, 'Christian influence in the Testaments of the Twelve Patriarchs', *Novum Testamentum* 4, 1960, 182-235, esp. 224.

[29] See *The Testaments*, 39f.

The vision in T.L.II,6-VI,2 leads up to Levi's actual appointment as priest by God himself in V,2. This is preceded by II,10-12 and IV,2-6 where Levi's installation is announced by the angel and where a connection is made between Levi's piety and wisdom and his teaching and preaching to others, even in the present text with his duty to announce the one who is to save Israel. The appointment in V,2 is followed by Levi's investiture in the second vision recorded in chapter VIII. There is a clear connection between VIII,18f and V,7-VI,2, the repetition of the vision underscoring the validity of his calling.[30] Now vs 7 of the Aramaic Genizah-fragments corresponds to T.L.VIII,18f and presupposes that the vision mentioned immediately before is not the first one.[31] It is not too rash to conclude that the Aramaic fragment published by Milik represents essentially the same document as the Cairo Genizah-fragments and, in that document, preceded them.

This is corroborated by the following observations: T.L.II,1-2 give a biographical introduction, corresponding to T.L.XI, XII. In XII,5 Levi's exploits in Shechem are connected with his appointment to the priesthood. The *post* is explained as a *propter* in chapters V-VII. The angel gives Levi the command to avenge Dinah and this is recorded in the heavenly tablets (V,2f.).[32] This corresponds to Jub.XXX,17-19,23, and is hinted at in T.L.VI,8a in the complex chapters VI-VII to which we shall return presently. Because of their fragmentary nature we cannot be sure that the Aramaic and Greek fragments mentioned a *propter*, but the *post* is there in vss 78f, the equivalent of T.L.XII,5 and there are left, in vss 1-3, some fragments of a Shechem story which in Charles's edition are rightly put at the head of the fragments at his disposal, before the others which correspond to T.L.VIII end -XIII.

All this should be examined in far greater detail that can be done here; but the examples given may have shown that the Aramaic fragment

[30] See also the two visions in the Test. Naphtali and their conclusion in T.N. VII. See also Hebr. T.N. VII,4 ...He said unto me, 'My son, because of the repetition of thy vision my heart has sunk within me'... (transl. R. H. CHARLES, *The Testaments of the Twelve Patriarchs*, London 1908, 225) and the following vs 5; comp. I Sam. III and I Ki. XIX,9-18.

[31] On vss 4-10 = Bodl.fragm.col.a see especially P. GRELOT, 'Notes sur le Testament Araméen de Lévi (fragment de la Bodleian Library, colonne a)', *R.B.* 63, 1956, 391-406. Grelot tries to situate 1 Q 21,1 immediately before this fragment. Comp. J. T. MILIK in *Discoveries in the Judean Desert I*, Oxford 1955, 88f. who also connects fragm. 1 Q 21,7 with it. For criticism see J. BECKER, *op.cit.*, 77-79.

[32] P. GRELOT, *op.cit.* 393-397 connects the peaceful priestly activity mentioned in V,2 with Bodl. fragm a ll 1-2a (to be compared with the מלכות כהונתא of 1 Q 21,1) and the military exploits of V,3 with the מלכות חרבא described in ll 2b-4.

published by Milik belongs to an earlier stage in the transmission of the document to which also the fragments from the Cairo Genizah must have belonged. This is evident from the fact that other 4Q-fragments belonging to the same scroll run partly parallel to Genizah-fragments already known to us. Further details may perhaps be established after publication of the full material by Milik and it is to be hoped that then the relationship between the Aramaic and Greek material preserved in the two large additions (and in the smaller one in V,2?) in *e* may be determined more precisely. This much is clear, however, that the publication of Milik's fragment of 1955 corroborates the conclusion reached by the present author in 1953. The Testament of Levi presupposes a source which was much nearer to the stage of tradition reflected in the various fragments than the Testament itself, and in many cases the fragments can help us to determine how the author of the Test.XII Patr. used and redacted his source.[33]

It is difficult to determine the literary genre of 'Original Levi'. In vs 81 of the Aramaic fragments published by Charles the autobiographical account with the description of the visions, the punishment of Shechem, the elaborate instructions to Levi as priest and the biographical summary (coresponding roughly to T.L.II-XII) ends in the 137th year of Levi's life, before his death. Then, in vs 82ff, follows an address of Levi to his sons, roughly corresponding to T.L.XIII, spoken in the year of Joseph's death equated with the 118th year of Levi's life. The present Testament of Levi, in XII,6-XIII,1 has concealed this seam somewhat awkwardly, but effectively. In this way it is able to combine biography, exhortation and predictions for the future,[34] like the other testaments. Moreover, as D. Haupt has shown, a number of elements found in vss 82-83 are also used in the opening passages of the individual Testaments (though only a

[33] So also D. HAUPT, *op.cit.*, *passim* against J. BECKER who assumes a) that there is only a distant traditio-critical relationship between MILIK's 4 Q-fragment and T.L. II-V (see *op.cit.*, 72-76, in which he misses the clue provided by T.L. IV,2); b) that it should be treated apart from the rest of the Aramaic (and parallel Greek) material. For the latter material BECKER quite unnecessarily presupposes a relatively fixed *oral* tradition parallel to that behind the present Greek Test. Levi (*op.cit.*, 77-105, esp. 103-105).

[34] Because of the fragmentary state of 4 Q Test.Levi^{a} 8 III,2-8 (see n.18 above) we are not certain that Or. Levi contained also predictions of the future, but because of the parallels between this fragment and T.L. XIV this is likely. See also MILIK's remark on a possible Aramaic text behind T.L. XVI-XVII (to which also the 'Pesher on the Periods' in 4 Q 180-181 would go back) on p. 123 of his 'Milkîsedeq et Milkî-resa dans les anciens écrits juifs et chrétiens', *J.J.S.* 23, 1972, 95-144. We should note that in T.L. X (which has no parallel in the fragments) exhortations are already combined with predictions.

few of them in T.L. I).[35] All this requires further investigation and perhaps we need more material before we can reach definite conclusions.

In any case we may now compare the 4Q ʿAmram-fragments which were recently published by Milik.[36] It gives 'the words of visions' recorded by ʿAmram, son of Qahat, son of Levi – but on the day of his death. The verbs used are אחוי = 'to show, to tell' and פקד 'to charge'.[37] In 4Q Qahat also published by Milik, father Qahat again 'charges' to hand on what was given to Levi and by Levi to the speaker.[38] It may not be too rash to suppose that the Levi-, Qahat- and ʿAmram-material belongs to a series of documents giving priestly final exhortations and visions, preserved in the sectarian priestly circles whose literature was hidden at Qumran. Again, this needs to be investigated more fully after all extant material has published.[39]

c. *The composition of T.L.II-VII*

Space does not permit me to give a detailed analysis of these chapters or to discuss the results of J. Becker and D. Haupt in detail. Perhaps, however, it may be useful to give a survey of the composition of the chapters in the present testament, and to attempt to show that the working-hypothesis mentioned under 2a leads to satisfactory results. It cannot explain all details simply because we still know too little of what the author(s) had in front of him (them). Also we cannot exclude the possibility that the redaction went through different stages before the last one which is definitely Christian; nor is it impossible that glosses

[35] *Op.cit.*, 84-86 and 120-122. HAUPT refers to J. BECKER's treatment of the 'framework' of the Testaments on pp. 158-172 of his book. HAUPT's parallel elements are: mention of Levi's age; synchronization with the years of Joseph's death; the coming together of all sons; introduction to the farewell-address with a verb of saying; the 'Lehreröffnungsformel'. The difference is the use of the first person singular.

[36] '4 Q Visions de ʿAmram et une citation d'Origène', *R.B.* 79, 1972, 77-97.

[37] פקד is also used in Ar. fragm. vs 82 and 84 (comp. vs 13 where Isaac teaches Levi).

[38] See '4 Q Visions de ʿAmram...', 96f. We should note that Qahat and ᶜAmram are mentioned in T.L. XI-XII and the Aramaic and Greek parallels to these chapters. In the case of Qahat an elaborate explanation of his name is given both in Test. Levi and in the fragments and a vision is recorded (XI,4-6 and fragm. vss 66f.; comp. XI,3 and Greek fragm. vs. 64). His leadership of the nation and his future high priesthood get great emphasis. In the case of ᶜAmram Ar.fragm. vs. 76 explains the name as 'the exalted people' and connects it with the exodus from Egypt. His marriage to Levi's daughter Jochebed receives much attention (XII 4, comp. Ar.fragm. vs 75).

[39] J. T. MILIK regards the Aramaic T. Levi and T. ʿAmram as 'preessenian' – see *H.Th.R.* 64, 1971, 345 and *J.S.J.* 23, 1972, 137, 144.

were added later after the actual testament had been composed. I do not think, however, that we can really distinguish stages in the composition of the testament and assign the various verses to these stages.

With these restrictions we can present the following picture: *II,1-2*: biographical details, comp. XI-XII, perhaps 'taken from' Or.Levi. *II,3-5*: Levi's prayer after a vision, introduction to vision of heavenly journey; probably going back to Or.Levi, with the exception of the clearly redactional vs 5b. *II,6-V,6*: highly complex vision of heavenly journey; a number of elements can be traced back to Or.Levi, as was shown above. The final redactor superimposed a system of seven heavens and obviously looked for traditional material to 'fill' this.

II,6 an angel invites Levi to enter.
II,7-8 first three heavens.
II,9-IV,6 speech of accompanying angel.
- II,9 announcement of four further heavens; clearly redactional.
- II,10-12 announcement of Levi's installation as priest. II,11 a Levi-Judah-addition; in vs 10b Christian influence?[40]
- III,1-3 description of first three heavens. Emphasis on the punishment of the wicked. Probably originally connected with:
- III,9-IV,1 which gives a description of the final judgment,[41] 'christianized' in IV,1.
  - III,4-8, after the transitory sentence vs 3b: description of the four highest heavens (in the order 7,6,5,4!) centering around the heavenly cult, of which Levi's priestly activity is to be the counterpart.[42]
- IV,2-6 a second announcement and description of Levi's priestly work, in the context of God's hearing Levi's prayer. Clear Christian influence on the present description.

V,1-2 return to the topic of the heavenly journey. Levi sees the Most High and is appointed priest.
V,3-6 Levi's return to earth. Vs 3 the angel commands Levi to punish Shechem and gives him armour and sword.[43] Vs 4 antici-

[40] See M. DE JONGE, *Nov. Test.* 4, 1960, 212-213 and comp. J. BECKER, *op.cit.*, 265-267.
[41] See *The Testaments etc.*, 47.
[42] See *The Testaments etc.*, 48f., where a number of (mainly Christian) parallels are mentioned. In its present redaction the passage is undoubtedly Christian, but it incorporates many elements which represent also Jewish (especially Hellenistic-Jewish) thinking on sacrifice – see J. BECKER, *op.cit.*, 267, n.6 and D. HAUPT, *op.cit.*, 42-44.
[43] The belligerent Levi also in T.R. VI, 11-12 and T. Sim. V, 4-5; comp. also P. GRELOT's remarks mentioned in n. 32 and M. DE JONGE, *Nov. Test.* 4, 1960, 209-212. VI, 3 connects this with his 'zeal for the Lord' – comp. also M. HENGEL, *Die Zeloten* (A.G.J.U. 1), Leiden/Köln 1961, 182-184 and D. HAUPT, *op.cit.*, 27.

pates VI,3ff; Levi tells that he did kill the sons of Hamar. In vss 5-6 Levi asks and receives information about the angel's identity.[44]

V,7-VI,2: conclusion of the vision. Levi goes to his father.[45]

VI,3-VII,4: highly complex description of what happened at Shechem, with various motivations.[46]

VI,3-5 describes what happened (comp. Gen.XXXIV,13-31).

VI,6-7 tries to explain Gen.XLIX,5-7 and (nearly) explains it away – see the ἄλλως ἐποίησεν in vs 6b, and Levi's admission that in his zeal for the Lord (vs 3, comp.V,3-4) he was not sufficiently considerate towards his father.[47]

VI,8-11 various motivations. Vs 8a (perhaps) alludes to V,2-3. Vs 8b-10 mentions expected atrocities in the future and a list of those in the past.[48] Vs 11 agrees with I Thess.II,16b.[49]

VII,1 takes up VI,6f and records Levi's answer to Jacob, presupposing Jacob's remark in Gen.XXXIV,30 (comp. Jub.XXX,25f.) which is not mentioned in T.Levi.

VII,2a alludes to Sir. L,26; it is further explained in vss 2b-3.

VII,4 describes the departure of Jacob's family to Bethel, where the next vision occurs (VIII,1ff).

[44] On this angel and his activities see *The Testaments etc.*, 93.

[45] On the geographical names in T. Levi and the Aramaic and Greek fragments see J. T. MILIK, *R.B.* 62, 1955, 403-405. The identification with Γεβάλ, that is the Ebal near Shechem (see also *The Testaments*, 68) may well be an attempt by a scribe to make sense of a text which had become unintelligible to him.

[46] On this section see now especially D. HAUPT, *op.cit.*, 23-27. Columns *a* and *b* of the Cambridge Genizah fragments published by CHARLES are unfortunately too mutilated to be of much use. This account must have given a fuller description of the negotiations on circumcision than T.L. VI,3.

[47] Contrary to what is suggested in the note on VI, 7 in the *editio minima*, ἐμαλακίσθη must be considered as the right reading. The last sentence in vs 7 explains why Jacob did not interfere when his sons attacked Shechem.

[48] Note the καὶ οὕτως in vs 9 and καίγε οὕτως in vs 10!

[49] There must be a literary relationship between these verses (so D. HAUPT, *op.cit.*, 25, n. 68 contra J. BECKER, *op.cit.*, 258, n. 1). The hypothesis that a Christian used this anti-Judaic phrase to crown his description of the complete destruction of Shechem remains more probable than the assumption that T.L. VI, 11 was quoted in Christian anti-Judaic polemic. T.L. VI, 11 may go back to a phrase in Or. Levi – see Jub. XXX, 5 and XXX, 26 (comp. Gen. XXXV, 5) – and may therefore be earlier than the present Testaments; but did this phrase exist in Greek so as to be quoted by a Christian in the first century?

DIE JURISTISCHEN GEGEBENHEITEN IN DEN PROLOGEN UND EPILOGEN DER MESOPOTAMISCHEN GESETZESWERKE

J. KLÍMA (PRAHA)

Das bevorstehende Jubiläum meines hochverehrten und lieben Freundes bietet mir eine treffende und willkommene Gelegenheit, noch eines anderen Ereignisses zu gedenken: Gerade vor vierzig Jahren, im Wintersemester 1933/34, hat sich im Leipziger Semitistischen Institut, in der berühmten Schule von B. Landsberger und P. Koschaker eine Reihe junger Adepten der Assyriologie aus verschiedenen europäischen Ländern versammelt, die seitdem eine feste Freundschaft und Milchbruderschaft während vierzig folgenden Jahren, von denen manche nicht gerade anspruchslos und bequem waren, untereinander verbindet.

In jener Leipziger Versammlung stellte der heutige Jubilar einen bemerkenswerten Kommilitonen dar, in dessen Herz zwei grosse wissenschaftliche Sphären – die alttestamentlichen Studien und die Assyriologie – ihr Heimatrecht gefunden haben. Der liebe Jubilar möge mir also erlauben, ihm eine bescheidene Probe aus der zweiten Sphäre seines Interessengebietes, dessen hervorragende Beherrschung er u.a. durch seinen grundlegenden „Bildatlas der assyrisch-babylonischen Kultur" erwiesen hat, vorzulegen. In diesem Werk widmet er einer der wichtigsten Epoche der babylonischen Geschichte ein umfangreiches Kapitel unter der Bezeichnung „Das Zeitalter Hammurabis", worunter er vor allem für das Gesetzeswerk dieses Herrschers in mehreren Abschnitten besonders aufschlussreiche Folgerungen zieht. Durch dieses unbestrittene Interesse des heutigen Jubilars, das ohne jeden Zweifel bereits in den Leipziger Zeiten, in der erwähnten Schule Landsbergers und Koschakers, verankert ist, fühle ich mich ermutigt und wohl auch berechtigt, meinem jubilierenden Freund nebst meinen innigsten Wünschen zu fester Gesundheit und weiteren Arbeitserfolgen eine bescheidene Festgabe aus dem Gebiete der keilschriftrechtlichen Forschungen anzubieten.

Auch das konkrete Thema dieses Beitrages habe ich auf Grund der Erwägungen des Jubilars gewählt, die unter dem Abschnitt „Biblisches und babylonisches Recht" (vgl. das oben zitierte Werk, 83) in scharfsinniger Kürze aufgeworfen sind, wobei sie die umfangreiche und stets lebendige Problematik, die sich um die Gestalt Hammurabis und um den Charakter und den Sinn seiner Gesetze häuft, anschneiden. Wir können mit vollem Recht mit dem Jubilar übereinstimmen, dass Hammurabi zu den bedeutendsten Herrschern der mesopotamischen – ja sogar der altorientalischen Geschichte schlechthin – gezählt werden kann; dabei bemerkt der Jubilar mit der gebührenden Vorsicht, dass diese besondere Bedeutung Hammurabis als Herrschers nicht nur in seinem babylonischen Kernland, sondern auch in den durch ihn eroberten weiteren vorderasiatischen Provinzen auf Grund seines Gesetzeswerkes, vor allem des Prologes und Epiloges, aber auch auf Grund anderer Textbelege, zu untersuchen ist. Ich möchte im folgenden versuchen, soweit es aus Raumgründen möglich ist, jene Ausführungen des Prologes und des Epiloges, nicht zuletzt unter Vergleich mit den älteren analogen Dokumenten, zu berücksichtigen, die für die Beurteilung vor allem der öffentlichrechtlichen Stellung und Macht des altmesopotamischen Herrschers sowie auch für die Sendung ihres Gesetzeswerkes sich als massgebend erweisen könnten.

Die Prologe und Epiloge der mesopotamischen Gesetze[1] haben seit der Erstausgabe der hammurabischen Stele eine ständige, wenn auch nicht immer ihrer Bedeutung völlig entsprechende Beachtung gefunden; nur ausnahmsweise bleiben sie unberücksichtigt[2]. Grundsätzlich wird den

[1] Bei den bis jetzt bekannten Prologen und Epilogen (man spricht auch von den Rahmentexten) handelt es sich also – in chronologischer Reihe – um den Prolog zu den sumerisch verfassten Gesetzen Ur-nammus (=*CU*) – der Epilog bei diesem Werke fehlt – die entsprechende Tafel mit dem Text des *CU* stellt lediglich eine Teilabschrift des zweifellos viel umfangreicheren und auch um drei Jahrhunderte älteren Originals dar; vgl. J. KLÍMA, *RlA* III/4, 243 - sowie um die Prologe und Epiloge zu den ebenfalls sumerisch verfassten Gesetzen von Lipit Ištar (=*CL*) und zum akkadischen Gesetzeswerk Hammurabis (=*CH*). Den bis jetzt ältesten bekannten akkadischen Gesetzen von Ešnunna wird in der uns erhaltenen Fassung nur eine sumerische „Jahresdatum" vorausgeschickt (vgl. B. LANDSBERGER, *Symbolae M. David II*, 65f., wo der früher benutzte Termin „Präambel" als falsch bezeichnet wird); ein analoges „Jahresdatum" enthielt wohl auch der Edikt Samsuilunas (vgl. H. PETSCHOW, *RlA* III/4, 276).

[2] So entbehrte bereits die als Privatdruck verbreitete Übersetzung des *CH* von F. DELITZSCH weder des Prologs noch des Epilogs. H. WINCKLER wollte wohl durch Petitdruck diesen Rahmentexten des CH ihre mindere Bedeutung im Vergleich mit den gesetzlichen Bestimmungen beilegen. Die Auslassung dieser Partien bei modernen Editoren von Übersetzungen des *CH*, wie z.B. V. KOROŠEC, Slovenski prevod določb Hammurabijevega zakonika, *ZZR* 24, 1959, 53-96, H. A. BRONGERS, *Oud-Oosters en Bijbels Recht* (1960) oder R. HAASE, in *Die keilschriftlichen Rechtssammlungen in deutscher Übersetzung* (1963), lässt sich vor allem durch die technischen Gründe erklären.

Prologen und Epilogen, also den Rahmentexten, die das eigentliche Gesetzeskorpus des Werkes umgeben, derjenige Charakter und Zweck zuerkannt, den bereits die Gesetzgeber bzw. die von ihnen berufenen Redakteure schon äusserlich andeuteten, indem sie diese Rahmentexte von dem gesetzgeberischen Teil nicht einmal graphisch abgesondert haben. Eine ganz anschauliche Vorstellung bietet in dieser Hinsicht der hammurabische Prolog[3], dessen letzte Worte (*inumišu* „zu jener Zeit", Kol.V 25) ohne irgendwelche Unterbrechung unmittelbar an das Gesetzeskorpus anschliessen. Es war die feste Absicht des Herrschers in seiner Eigenschaft als Gesetzgeber, sein Werk als Ganzes denjenigen zu präsentieren, die von diesem Werk betroffen werden sollten: die Rahmentexte hatten sogar die Aufgabe, einen unabtrennbaren Teil des gesamten Gesetzeswerkes zu bilden. Dieser Tatsache wiederspricht keineswegs der Umstand, dass die Prologe und die Epiloge stilistisch sowie inhaltlich eine andere Aufgabe bzw. einen anderen Zweck im Rahmen der gesetzgeberischen Tätigkeit des Herrschers verfolgen als die eigentlichen Entscheidung von konkreten Rechtfällen, Preis- und Lohntarife u.ä. Dem kasuistisch formulierten Charakter der letzteren fehlt die Fähigkeit, der eigentlichen politischen, sozialen und moralisch-ethischen Gedankensphäre des Herrschers einen klaren, allgemeinen und abstrakten Ausdruck zu geben. Dies war eben im grossen und ganzen die Mission der Rahmentexte.

Wenn man also die Prologe und Epiloge als „nichtjuristische" Bestandteile bezeichnet[4], ist darunter nichts anderes als ein blosser konventioneller Ausdruck zu verstehen. Mit ihm beabsichtigt man nur den Umstand offenbar zu machen, dass sich in diesen Rahmentexten keine Gesetzesbestimmungen im engeren Sinne des Wortes befinden. Es wäre vielleicht besser, diese Bestandteile als „nicht gesetzgeberische" zu bezieichnen, damit einerseits ihre Zugehörigkeit zum gesamten Gesetzescorpus[5] ausser Zweifel bleibt, andererseits jedoch, damit ihre sonderbare

[3] Der hammurabische Prolog umfasst 296 Zeilen (im Gegensatz zum Epilog von 499 Zeilen) und bildet, vom syntaktischen Standpunkt angesehen, einen einzigen Satz (vgl. W. EILERS, *Gesetzesstele Hammurabis*, 4, Anm. 2, unter Hinweis auf A. POEBEL, *Das appositionell bestimmte Pronomen*, 3ff.). Wegen der nur fragmentarisch erhaltenen Prologe von *CU* und *CL* (bei diesem auch des Epiloges) kann man bei diesen Werken keine ähnlichen Feststellungen treffen.

[4] Vgl. J. KLÍMA, *JJP* 5, 1951, 161ff. Idem, *RlA* III/4, 244ff.

[5] Diese Einheit geht ganz klar aus der Veröffentlichung des ganzen Textes auf der hammurabischen Stele hervor; dasselbe gilt ohne Zweifel für den *CL*, der ebenfalls, wie es in seinem Epilog vermerkt wird, auf einer Stele eingemeisselt wurde. Das Original des *CU* dürfte sich wohl ursprünglich ebenfalls auf einer Stele befinden. In diesem Falle könnte man schon von einer gewissen Tradition in der Promulgation der Gesetze sprechen.

formelle und inhaltliche Struktur die gebührende Bedeutung und Zweckmässigkeit findet. Dabei gibt es, wie wir noch näher erkennen werden, inhaltliche Unterschiede zwischen den Prologen und Epilogen, was sich aus der abgesonderten Zielsetzung jedes einzelnen ergibt: Im Grundsatz sollen die Prologe den Gesetzgeber und seine Gesetze vorstellen und charakterisieren, die Epiloge setzen bereits die allgemeine Kenntnis des Bestehens der Stele voraus: einerseits fordern sie jeden betroffenen Bürger auf, für seinen Rechtsfall die entsprechende Lösung unter den gesetzlichen Bestimmungen der Stele auszusuchen und sich danach zu richten, andererseits drohen sie denjenigen mit einer Reihe von Strafsanktionen, die die Gesetze missachten, ihren Text beschädigen, abändern, austilgen oder sogar die ganze Stele vernichten werden (vgl. noch unten, S. 166 Anm. 95).

Wie schon angedeutet, stehen die Texte der „nichtgesetzgeberischen Bestandteile" graphisch in ununterbrochenem Zusammenhang mit dem Text der eigentlichen Gesetze[6]. Sonst unterscheiden sich jedoch die „nichtgesetzgeberischen" Bestandteile von dem eigentlichen Gesetzescorpus in formeller Hinsicht ganz wesentlich. Obwohl das ganze Werk dem Grundauftrag und den Richtlinien eines einzigen Urhebers, d.h. des Herrschers als obersten Gesetzgebers, entsprach bzw. entsprechen sollte, indem die Mitglieder der „legislativen Kommission bzw. Redaktion" den Willen ihres Brotgebers zu respektieren verpflichtet waren, kann man deutlich unter den Mitgliedern dieser Redaktion zwei Gruppen beobachten, die voneinander ganz unabhängig arbeiteten. Diejenige unter ihnen, die sich mit der Formulation und Zusammenstellung der einzelnen gesetzlichen Bestimmungen beschäftigten, taten es selbstverständlich nicht nur nach ihren eigenenen Arbeitsmethoden, sondern auch in ganz besonderem Stil und Dialekt. Man sprach früher von einem „hymnisch-epischen" Dialekt[7], um der dichterischen Form dieser Bestandteile Ausdruck zu geben[8].

[6] Es würde nämlich der Idee der innerlichen Verknüpfung der Rahmentexte mit dem eigentlichen Corpus des *CH* nicht entsprechen, hätte der Künstler, der den gesamten Text in die repräsentative Stele eingemeisselt hat, die Rahmentexte von dem Corpus graphisch – wohl durch einen Zwischenraum oder einen stärkeren Querstrisch-abgeteilt (wie z.B. im Falle der Gesetze von Ešnunna, wo das „Jahresdatum" durch einen Querstrich von dem Gesetzestext abgesetz wird; ebenfalls bei dem sg. Edikt Samsu-ilunas; vgl. H. PETSCHOW, *RlA* III/4, 276).

[7] So nach VON SODEN, Der hymnisch-epische Dialekt des Akkadischen (*ZA NF* 6, 174ff. Man nennt jetzt diesen Stil und Dialekt eher archaisierend, weil der hymnisch-epische Dialekt nicht folgerichtig beibehalten wurde (zur ersten Information *RlA* III/4, 244).

[8] Bereits vor vierzig Jahren hat W. EILERS (Gesetzesstele Chammurabis, 4) hervorgehoben, dass die Rahmentexte des *CH* in dichterisch beschwingter und zum

Es ist wohl anzunehmen, dass die Verfasser dieser Teile zu dem Palast- und nicht zu den Tempelschreibern[9] gehörten. Trotz der unbestreitbar sakral gefärbten Passagen der Rahmentexte wird nirgends das Verhältnis des Gesetzgebers zu den Göttern in unwürdiger und übertriebener Unterwürfigkeit gesehen: der Gesetzgeber stellt sich als bevollmächtigter Stellvertreter dar; in der langen Passage (Kol.I 50-V 24), die als historischer (wohl auch zugleich politischer) Teil bezeichnet wird[10], finden wir eine gründliche Aufzählung der *res gestae* Hammurabis unter Anführung der einzelnen Städten – im ganzen 26 – und der Götter, deren Erwähnung eher ihre Schutzmission als ihren Obrigkeitscharakter betonen sollte. Ausserdem könnte diese Passage, die sonst auf einige Gelehrte durch ihren ganz besonderen und dem eigentlichen gesetzgeberischen Ton nicht unmittelbar entsprechenden Charakter sogar befremdend wirkt[11], sehr anschaulich von der fortschreitenden Ausbreitung des Reichsterritoriums und der Regierungsmacht des Herrschers zeugen. Doch wäre es m.E. nicht richtig, in dieser Passage eine „Interpolation" erblicken zu wollen: man findet bereits im Prolog zu den Gesetzen Ur-Nammus, soweit diese unbeschädigt geblieben ist (vgl. Zeigen 117-122, 125-129) die Erwähnung von einzelnen, namentlich angeführten Städten[12], die wohl für die Ausbreitung der Regierungsgewalt des Gesetzgebers eine Rolle spielten. Dieses Vorgehen des Gesetzgebers verfolgte einen

Teil strophisch gehaltener Form sowie in einer vom Corpus erheblich abweichenden Sprachgestalt verfasst sind, die sie ohne weiteres dem Gebiete der Poesie zuweisen. Aus diesem Grunde hat EILERS auch versucht, die metrische Gliederung bei den Rahmentexten vorzunehmen. Die Sprache der hammurabischen Gesetze schlechthin und der Rahmentexte insbesondere wurde früher als „klassisch Akkadisch" charakterisiert, als Muster des sprachlichen Ausdrucks anerkannt und zur Grundlage der wissenschaftlichen Erkenntnis desselben gemacht (vgl. W. EILERS, l.c. 4). Wenn man heute diese Ansicht etwas mildert, indem man im Akkadischen des *CH* kaum mehr die rein klassische Form, d.h. eine literarische Sprache obligatorischen Charakters erblickt (vgl. VON SODEN, *GAG*, 5; J. KLÍMA, *CRAI* 1972, 299), wodurch die Bedeutung der Stele als eines verlässlichen Führers in die akkadische Grammatik keineswegs nachgelassen hat, bleibt die Kernlage unverändert.

[9] Eher als zu den Tempelpoeten, unter der Voraussetzung, dass die Abneigung des Gesetzgebers gegen die Priesterschicht aus der Tatsache abzuleiten ist, dass diese im *CH* praktisch überhaupt nicht berücksichtigt wurde; auch bei der Gerichtsreform Hammurabis wurde sie aus der eigentlichen richterlichen Kompetenz zurückgedrängt (vgl. zuletzt H. SCHMÖKEL, *Hammurabi von Babylon*, 1958, 58, und besonders jetzt W. F. LEEMANS, King Hammurapi as Judge, *Symbolae M. David II*, 1968, 107ff.).

[10] Vgl. J. KLÍMA, *RlA* III/4, 244.

[11] So z.B. H. SCHMÖKEL, l.c. 67, charakterisierte diese Passage als ein „Fremdkörper", der „vom Thema 'Sinn und Absicht des Gesetzes' weitschweifig abweicht".

[12] Soweit erhalten, lediglich also Umma(?), Marad und Kazallu.

wichtigen Gedanken: Ur-Nammu beabsichtigte dadurch seine Gesetze zum Landesrecht, nämlich jenem von Sumer und Akkad, zu erklären[13], ebenso wie es später Lipit Ištar von Isin in seinem Gesetzeswerk getan hat[14]. Dieser Gedanke wird im hammurabischen Prolog noch verstärkt durch die Aufzählung der Städte, die bereits an sich eine imposante Reihe bildet, und die Anführung der einzelnen Schutzgötter wollte Hammurabi ohne jeden Zweifel seiner Reichsidee Geltung verschaffen[15].

Die Art, mit der die Palastschreiber der Idee des Rechtsgedankens den passenden Ausdruck verleihen konnten, ist besonders hervorzuheben; auch der Scharfsinn, mit dem sie das Wesen der Staatsgewalt in ihrer bindenden Wirkungen den betroffenen Personen zu präsentieren wussten, ist tatsächlich zu bewundern, dies umso mehr, wenn wir uns vergegenwärtigen, dass man eigentlich noch an der Schwelle der gesetzgeberischen Technik steht. Man könnte ja sagen, dass die Palastschreiber jener Zeiten sogar einer getarnten Demagogie nicht allzufern standen, indem sie alle Lasten und Einschränkungen, die sich für die Bevölkerung aus den gesetzlichen Anordnungen oder Verboten ergeben, für den Willen der höchsten Götter erklären, denen der irdische Herrscher als ihr Bevollmächtigter seine Herrschaft und sein Reich zu verdanken hat[16]. Wir finden hier einen der ältesten Belege jener Ordnung, die das Göttliche dem Weltlichen unterstellte, obwohl äusserlich und formell die Allmächtigkeit der Götter nicht angetastet wurde. Seine tief durchdachte Formulierung zeugt davon, dass die Urheberschaft dieser Belege u.a. den Palastschreibern zugesprochen werden muss, die sich im Dienste des weltlichen Herrschers wohl füllten und die ausserordentliche Erfahrungen und tiefes diplomatischpolitisches Gefühl besassen.

Ausserdem wird hier der Reichsgedanke auch in einer ganz konkreten

[13] Wenngleich der Mondgott Nanna durch die göttliche Ermächtigung von An und Enlil ausdrücklich nur mit der Herrschaft über die Ur-nammus Residenzstadt, Ur, beauftragt wurde (Vgl. Prolog des *CU*, Z.31-35).

[14] Seine Schutzgöttin, Ninisinna, wurde von denselben Göttern, An und Enlil, bereits ausdrücklich mit der Herrschaft über Sumer und Akkad beauftragt (vgl. Prolog des *CL* I, Z.1-19).

[15] Der Reichsgedanke wird im hammurabischen Prolog nicht nur sinnbildlich angedeutet, indem sich der Gesetzgeber Herrscher von vier Weltenden proklamiert (vgl. *CH* V 10-12), sondern auch ausdrücklich dargelegt, was durch die Beauftragung Hammurabis zur Gerichtsbarkeit über alle Bewohner erklärt wird, die ihm von Marduk (von Enlil nach der von D. J. WISEMAN publizierten Version des Prologes, *JSS* 7, 1962, 161ff.) erteilt wurde (siehe neuestens A. FINET, *Le Code de Hammu-rapi*, 1973, 30² und 44¹).

[16] Über die reale Bedeutung der betreffenden Stelle in den Rahmentexten herrscht unter den Rechtshistorikern keine Einigkeit; vgl. jetzt W. PREISER, Zur rechtlichen Natur der altorientalischen „Gesetze", *Festschrift für Karl Engisch*, 1969, 32f.

Weise dargestellt: die Namen der einzelnen Städte, die in den Rahmentexten der einzelnen Gesetzeswerke vorkommen, verraten ja immer die Ausdehnung des Machtgebietes des betreffenden Herrschers[17]. Jeder Mensch, der den entsprechenden Text der Stele lesen oder der dessen Rezitation zuhören konnte, war imstande, sich eine Vorstellung über das Ausmass des Reiches und dadurch auch über die Breite der Gewalt seines Herrschers zu machen. Dadurch wurde es auch jedem klar, dass er einer bestimmten Gesetzgebung, einer bestimmten Exekutive und Gerichtsbarkeit unterliege. Deshalb ist in dieser Aufzählung von Städten und Göttern, trotz aller ihrer Hyperbolik, kaum nur das euphoristische Selbstlob, sondern vor allem eine Regierungsmassnahme zu erblicken, die den territorialen Bereich der Staatsgewalt und dadurch auch der Gültigkeit der publizierten Bestimmungen festlegt.

In dieser Hinsicht, ebenso wie in vielen anderen Punkten seines Gesetzeswerkes bleibt Hammurabi nicht ohne viel ältere Präzedenzfälle, bereits seit der vorsargonischen Zeit, wenn es sich auch nicht immer um seine Vorgänger auf dem gesetzgeberischen Sektor handelte. Wir können an dieser Stelle nur beispielsweise auf einige Fälle hinweisen; E-ana-tuma (2454-2425), der in seiner Inschrift (Feldstein A) neben Elam noch eine Reihe von sumerischen Städten aufzählt, die zu seinem Land von Lagaš gehörten[18]; Lugal-zagesi (2340-2316), der nach Angabe seiner Vaseninschriften zuerst seine Reichsgrenze nach grossen Umrissen („vom Unteren Meere ... bis zum Oberen Meere") anführt und ebenfalls von den Städten, die das erste sumerische Reich bildeten, spricht[19]. Auch Sargon von Akkade (2334-2279), der Schöpfer des ersten semitischen Reiches[20], führt in seiner monumentalen, akkadisch-sumerischen In-

[17] Wir lassen hier beiseite, inwieweit auch die assyrischen Städte – Assur und Ninive – die in der Aufzählung an der letzten Stelle vorkommen (*CH* IV 55-63) unter das Machtbereich Hammurabis gehörten; sie fehlen z.B. in der älteren Version des Prologes, die J. NOUGAYROL (*RA* 45, 1951, 67ff. und CRAI 1951, Nro 2, 42ff.) und neuerlich E. SZLECHTER (*IURA* 22, 1971, 1ff.) veröffentlich haben. Neuestens siehe dazu A. FINET, l.c., 43, der die Möglichkeit zulässt, dass Assyrien ein babylonischer Vasalstaat unter Hammurabi geworden ist; gleichzeitig macht er jedoch darauf aufmerksam, dass nach der assyrischen Königsliste der assyrische Herrscher Šamši-Adad bis über den Tod Hammurabis auf dem assyrischen Thron blieb.

[18] Vgl. THUREAU-DANGIN, *SAK*, 21f. und neuestens E. SOLLBERGER-J.-R. KUPPER, *Inscriptions royales sumériennes et akkadiennes* (=*LAPO* 3), 58f.; es handelt sich um folgende Städte: Umma, Uruk, Ur, Ki-Utu, Uruaz, Mišima und Adua.

[19] Vgl. *LAPO* 3, 94 (Vasenfragm., II 3-26; III 2), wo der Text über den Sieg Lugal-zagesis über Uruk, Umma, Zabalam und Ki-diĝira spricht.

[20] Nach der Bezeichnung von J. BOTTÉRO in *Fischer Weltgeschichte* 2, 1965, 91. P. GARELLI, *Le Proche-Orient Asiatique*, 1969, 84, spricht vom „l'Empire d'Akkad".

schrift[21] die Städte und Länder an, diezu seinem Reich gehörten[22].

Wenn wir jetzt zu jenen Herrschern aus der vorhammurabischen Zeit übergehen, die dem Reichsgedanken in den Prologen ihrer Gesetzeswerke, soweit erhalten, einen Ausdruck gegeben haben, so können wir auf den bereits erwähnten, fragmentarisch erhaltenen Prolog des Gründers der III. Ur-Dynastie, Ur-Nammu (2112-2095), hinweisen[23]. Er erwähnt hier nicht nur im allgemeinen das ganze Reich, indem er sich als König von Ur, Sumer und Akkad bezeichnet[24], sondern zählt, ebenfalls wie seine erwähnten Vorgänger, die einzelnen durch ihn eroberten und zum Reich anektierten Städte auf[25]. – Der Prolog zu den weiteren, sumerisch geschriebenen Gesetzen des Herrschers von Isin, Lipit Ištar (1924-1934), stellt uns, soweit er erhalten ist, den Gesetzgeber in analoger, wenn auch noch nicht so umfassender Breite, wie es später Hammurabi getan hat, ebenfalls an der Hand der Grösse seines Reiches vor: zum Unterschied von Ur-Nammu nennt Lipit-Ištar zuerst die wichtigsten Städte, die Kernpunkte seines Reiches bildeten, indem er mit jeder derselben eine besondere Titulatur verbindet[26], bis er mit der Anführung seines Reiches schliesst[27], dessen Erwähnung auch im Epilog in Verbindung mit der Einführung der wirklichen Ordnung und Besorgung des Wohlstandes vorkommt, wie wir noch später näher hören werden.

Die entsprechende Passage des hammurabischen Prologes, zu dem wir nun kommen, war, wie bereits kurz angedeutet, noch mehr entfaltet und gab die bereits stark entwickelte Reichsidee in ganz anschaulicher und konkreter Weise wieder. Soweit in den Belegen aus der vorhammu-

[21] Sie ist nur in Abschrift auf den Tontafeln erst aus der Zeit der I. babylonischen Dynastie (1894-1595) erhalten geblieben; die neueste französische Übersetzung ist in *LAPO* 3, 97f. enthalten.

[22] Nach der Erwähnung des Landes Akkad an der ersten Stelle folgen die besiegten Städte Uruk, Ur, E-Nin-Kimara, Lagaš, Umma und die von Sargon restaurierte Stadt Kiš, sowie auch die Länder von Mari, Elam und das „Obere und Untere Meer" (vgl. Kol.II 1-63, IV 1-34 der in der Anm.21 erwähnten Quelle).

[23] Zur Gesetzgebung Ur-nammus vgl. jetzt die Edition von J. J. FINKELSTEIN, The Laws of Ur-Nammu, in *JCS* 22, 3/4, 66ff.

[24] Vgl. Z.106: [lugal-Uri]ki-ma, Z.107: [Lugal-ki-en-gi]-ki-uri

[25] Der entsprechenden, sehr beschädigten Passage des Prologs kann man folgende Namen entnehmen: Z.125ff. GIŠ.[ÙḪ.ki (?)] Mara[-daki] Ka-zal[-luki], also Umma (heute Dschocha, westlich von Šaṭṭ el Ḥayy), Marad (heute Wanneḥ wa eṣ Ṣadūm, südöstlich von Babylon), Kazallu (westlich von Marad); ob in den anschliessenden Zeilen (der Text ist erst mit der Z.142 wieder leserlich) noch weitere Städte angeführt waren, ist nicht zu erraten.

[26] Vgl. *CL* I 38-48, wo wir lesen (in der übersetzung): „dann ich, Lipit-Ištar, der demütige Hirte von Nippur, der treue Pfleger von Ur, der wachsame Schützer von Eridu, der ehrwürdige Oberpriester von Uruk, der König von Isin..."

[27] Vgl. *CL* I 49: „Der König von Sumer und Akkad".

rabischen Zeit zu diesem Zweck nur eine geringe Zahl von den namentlich erwähnten Städten in Betracht kam, kann man in ihrer Anführung entsprechend dem hammurabischen Prolog einen Versuch erblicken, den ehemaligen Partikularismus der einzelnen Stadtstaaten gerade durch die Hervorhebung des Reichsgedankes in den Hintergrund zu stellen. Neben der bereits erwähnten Aufzählung von 26 Städten[28] kommt einmal im Prolog (Kol V,7-9) und einmal im Epilog (Kol. XXIV,r50-51) der Hinweis auf Sumer und Akkad, einigemal dann der Hinweis auf „das Land" schlechthin vor. Wir konnten an vielen Beispielen eit der sumerischen Zeit beobachten, dass die Machtidee jedes Herrschers in dem von ihm verwalteten Gebiete ankerte, gleich ob es sich nur um einen Stadtstaat oder um ein Reich handelte.

Die Bevölkerung, die auf diesem Territorium ansässig war, war dem Herrscher und seinem Apparat untergeben. Auf alle Einwohner bezogen sich Verordnungen, Gesetze und Gerichtsbarkeit ders Herrschers. Andererseits, fiel auch dem Herrscher die Aufgabe zu, für die Bevölkerung in verschiedenen Richtungen, vor allem auf ihren Wohlstand, zu sorgen. Die entsprechende Ausübung der beiden erwähnten Komponenten, der Macht und der Försorge, ermöglichten dem Herrscher, die Bevölkerung auf seinem Reichsgebiete zu beherrschen. Deshalb fand es der mesopotamische Herrscher als geeignet, sich der Bevölkerung in beiden Rollen, jener des Gewalthabers und jener des Wohltäters und Pflegers, vorzustellen[29]. Die Rahmentexte der Gesetzeswerke boten dazu eine ganz willkommene Gelegenheit[30]. Dabei ist jedenfalls die Taktik, die

[28] Die Aufzählung beginnt hier ebenfalls wie im Prologe des *CL* mit Nippur; dann folgen Eridu (im *CL* an dritter Stelle), Babylon, Ur (im *CL* an zweiter Stelle), Sippar, Larsa, Uruk (im *CL* an vierter Stelle), Isin (im *CL* an fünfter Stelle), Kiš Kutha, Borsippa, Dilbat, Kiš, Lagaš, Girsu, Zabalama, Bît-Karkara, Adab, Maškan-šapir, Malgum, Mari, Tuttul, Ešnunna, Akkad, Aššur und Ninive. Die Gesamtreihe dieser Städte, oblgeich bei ihr weder die Aufteilung auf sumerische und akkadische noch die geographische Anordnung berücksichtigt wurden, bietet allerhin die konkrete Darstellung der Erstreckung der Staatsgewalt Hammurabis.

[29] In Vorliebe der sumerischen und akkadischen Herrscher war oft der Titel „guter Hirte", der dem landwirtschaftlichen Charakter der damaligen Gesellschaft entspricht (noch im Neuen Testament hat sich, bekanntlich, Christus diesen Titel zugeignet); vgl. dazu besonders I. SEIBERT, Zu religiösen Vorstellungen um Hirt und Herde im frühen 3.Jt.v.u.Z., *Wissensch. Zeitschr.d.M.-Luther Univ.* Halle-Wittenberg, 12, 1964, 621ff.; dieselbe, *Hirt-Herde-König. Zur Herausbildung des Königstums in Mesopotamien.* Berlin 1969, bes. 7ff; 15ff., 57ff. Vgl. auch W. W. HALLO, *Eearly Mesopotamian Royal Titles: A Philologic and Historical Analysis,* 1957, 147f.; J. J. STAMM, *Die akkadische Namengebung,* 1939, 214, 223.

[30] Solche Erklärungen kommen auch sonst in verschiedenen Inschriften vor, wie es z.B. die sg. Reformtexte Urukaginas oder Gudeas, viele Jahresdatierungen der summerischen und akkadischen Herrscher u.a. beweisen.

sie zu diesem Zwecke benutzten, nicht ganz ausser Acht zu lassen. Während in den bereits erwähnten Inschriften der altsumerischen Herrscher, wie z.B. Urukaginas, Gudeas, Lugalzagesis u.a. oder auch Sargons von Akkade[31], der Name des Herrschers gleich am Anfang der betreffenden Inschrift steht und die erzählenderweise dargebotene Schilderung[32] seiner Regierungstaten (Reformen, Kriegserfolge, Errichtungen von öffentlichen Gebäuden, Befestigungen, Kanälen, usw.) eröffnet, erscheint der Name des Gesetzgebers in den Prologen von CL und CH viel später[33], erst nachdem die Genesis des Gesetzeswerkes vorgetragen wurde[34], um wohl anzudeuten, dass dieses auf göttlichem Willen beruht und als solches unverändert und unantastbar bleiben soll[35].

Der breit ausgeführte Hinweis auf den göttlichen Willen zeugt von grosser Scharfsinnigkeit bereits der altsumerischen Schreiber, die zugleich als gute Psychologen und Menschenkenner gelten können. Es war ihnen klar, dass die Menschen, für die die Gesetze herausgegeben wurden, zu Erfüllung derselben erst willig gemacht werden müssen; die Einleitung zu diesen Gesetzen sollte bei ihnen eine gewisse Stimmung hervorrufen, um sie für diesen Zweck empfänglicher vorzubereiten[36]. Deshalb rückten Lipit-Ištar und Hammurabi[37] an der Stirn ihrer Prologe mit den höchsten Gottheiten des mesopotamischen Pantheons an: An (im CL) bzw. Anum (im CH) und Enlil, von ähnlichen Epitheta

[36] Vgl. dazu THUREAU-DANGIN, *SAK* 43ff. (Belege für Urukagina), 67ff. (Belege für Gudea); *LAPO* 3, 93f. (Lugal-zagesi), 97ff. (Sargon von Akkade) u.a.

[32] J. J. FINKELSTEIN, *JCS* 15, 1961, 104, spricht in diesem Zusammenhang von einem „earlier style of narrative recounting" und hält diesen Stil für eine Übergangsperiode (dargestellt z.B. sehr anschaulich anhand des *CL*) zwischen den altsumerischen und altbabylonischen Rahmentexten.

[33] Der Name Lipit-Ištars kommt erst in der 21.Zeile, jener Hammurabis in der 28.Zeile der entsprechenden Prologe vor; vgl. J. KLÍMA, *JJP* 5, 1951, 169ff. und neuestens S. M. PAUL, *Studies in the Book of the Covenant in the Light of Cuneiform and Biblical Law*, 1970, 13. Der fragmentarische Zustand am Anfang des Prologes zum *CU* erlaubt uns nicht, in dieser Richtung eine endgültige Lösung aufzustellen.

[34] Im *CU* sind die ersten 6 Zeilen des Prologes abgebrochen und die Zeilen 7-25 nur fragmentarisch erhalten oder auch vernichtet (Z.17-22). Der Name des Gesetzgebers kommt sonst erst in der Z.36 erhalten vor, im Zusammenhang mit der Schilderung seiner göttlichen Sendung.

[35] Eine ähnliche Ideologie vom göttlichen Willen bezüglich der Ordnung und des Gesetzes treffen wir nicht nur in den Prooimien der griechischen Gesetzgeber Zaleukos und Charondas (vgl. dazu R. DÜLL, Προοίμια νόμων in *Studi Albertario*, 1950, 323ff.), sondern – mit Beruf bereits auf die christliche Gottheit – beim Justinian in seiner *Constitutio de conceptione Digestorum* aus dem Jahre 530 n.Chr., die folgendermassen beginnt: „*Deo auctore nostrum gubernantes imperium quod nobis a caelesti maiestate traditum est...*"

[36] Siehe R. DÜLL, l.c., 321.

[37] Wegen des *CU* vgl. bereits oben Anm.33.

begleitet[38], sind also allererste Quelle, aus der die beiden Gesetzgeber ihre Regierungsmacht herleiten[39]; sie geht auf sie jedoch nicht direkt über, sondern durch einen ebenfalls göttlichen Vermittler: bei Lipit-Ištar durch die Göttin Ninisinna, bei Hammurabi durch den Gott Marduk[40].

Jeder bis jetzt erwähnte Gesetzgeber hat sich also auf den Willen der gleichen zwei höchsten Götter und auf dessen Vermittlung durch den dritten Gott gestützt[41]. Dieser Gott- Vermittler war immer ein Gott bzw. eine Göttin der Residenzstadt des Herrschers[42] oder bereits ein Reichsgott[43]. Dieser göttliche Willen wird also als Quelle der gesetzgeberischen Macht des weltlichen Herrschers von jedem Gesetzgeber angegeben. Auf diese Art wollte der Gesetzgeber nicht nur, wie bereits erwähnt (vgl. oben S. 155) sein Werk als unantastbares und dauernhaftes erklären, sondern wohl auch in gewisser Richtung die Verantwortung für dieses Werk auf die Götter übertragen und dadurch also die allfälligen Einwendungen und Missverständnisse der Bevölkerung abschlagen. Bei der Ausübung und Geltendmachung dieser Macht handelten die Herrscher direkt und unabhängig, wenn sich nicht die Macht und der Einfluss der Tempelpriesterschaft gleichzeitig durchzusetzen vermochte.

Ihre gesetzgeberische Funktion haben die Herrscher in den Prologen und den Epilogen ihrer Werke verschiedenartig geäussert und betont; ihre weltliche Macht haben sie der göttlichen wenigstens gleichgestellt: Sie haben zwar die Initiative der Götter mehr oder weniger zuerkannt,

[38] Im *CL* I 1ff. (in übersetzung): „der grosse An, der Vater der Götter, und Enlil, der König aller Länder, der Herr, der die Schicksale bestimmt"; im *CH* I 1ff. (in Übersetzung): „Anum, der erhabene, der König der Anunnaki (zu dieser Gottheit vgl. zuletzt B. KIENAST, *Studies Landsberger*, 141ff.), und Enlil, der Herr des Himmels und der Erde, der die Schicksale des Landes bestimmt..."

[39] Dieselben Götter werden auch im *CU* angeführt; wir begegnen ihnen in der Z.31f. (in der übersetzung): „Als An und Enlil..."

[40] Im *CU* kommt als Vermittler der Mondgott Nanna vor (vgl. Z.33ff.: „Auf den Gott Nanna haben (d.h. An und Enlil) die Herrschaft von Ur hergeleitet..."

[41] Im Unterschied zum AT, wo Moyses die Gesetze vom Jahwe ohne Vermittler übernimmt und seinem Volk ankündigt; man kann dem entsprechenden Teil des AT eine analoge Anordnung, d.h. Prolog, Gesetzescorpus und Epilog, entnehmen, wie sie uns aus den sumerischen und akkadischen Gesetzeswerken bekannt ist. Vgl. S. M. PAUL, l.c., 27ff., wo die entsprechenden Rahmentexte und der Kernteil, Ex 19-24, ausführlich eingeteilt sind.

[42] So z.B. in den Reformtexten Urukaginas der Gott Ningirsu als Krieger Enlils, im *CU* der Gott Nanna, im *CL* die Göttin Ninisina.

[43] Im *CH* gehörte diese Stellung dem Gott Marduk, der von Hammurabi zum Reichsgott gefördert wurde (vgl. *CH* V 14-24: „Als Marduk mich beauftragte, den Menschen Gerechtigkeit zu offenbaren, dem Lande Leitung haben zu lassen, habe ich die gerechte Ordnung in den Mund des Landes gelegt".

doch die Realisierung dieser Initiative, die eigentliche Promulgation der Gesetze, die Unterordnung der sozial-ökonomischen Beziehungen diesen Gesetzen haben sie sich nicht, unter dem soeben erwähnten Vorbehalt, aus ihren eigenen Händen entreissen lassen. So können wir z.B. bei Ur-nammu beobachten, dass dieser Herrscher zwar die Einführung der gerechten Ordnung, die Ausrottung von Übelständen, Gewalt und Zwistigkeiten als Bevollmächtiger des Gottes Nanna, des obersten Schutzherren der Stadt Ur, und im entsprechenden Auftrage des Gottes Utu unternimmt[44], sobald er aber von den konkreten Verfügungen spricht, so tut er dies bereits *proprio nomine*, wie wir noch bei der Behandlung dieser Verfügungen sehen werden, und er versäumt es nicht, nach der Aufzählung dieser Akte seinen eigenen Verdienst um die Befreiung der Bevölkerung von Sumer und Akkad besonders hervorzuheben[45]. Auch Lipit-Ištar erwählt in seinem Prolog einen ählichen Vorgang: Nachdem er seine Berufung zum gehorsamen Hirten durch den Gott Enlil zwecks Einführung der gerechten Ordnung im Lande, zur Ausrottung von Quälereien, zur Abschaffung von Übel und Gewalt mit Waffen und zur Herstellung des Wohlstandes in Sumer und Akkad – – unter dem Hinweis auf seine gleichzeitige Berufung durch An und Enlil zur Landesherrschaft – erwähnt hat[46], stellt er fest, dass er den Grundauftrag Enlils, die Einführung der gerechten Ordnung im Lande, erfüllt hat[47]. Nachher geht Lipit-Ištar unmittelbar zu einzelnen, mehr

[44] Vgl. *CU* 10-116: „Dann hat Ur-nammu, der mächtige Krieger, König von Ur, König von Sumer und Akkad, bevollmächtigt von dem Gott Nanna, dem Herrn der Stadt (d.h. Ur) und in wahrer Aufforderung des Gottes Utu, die gerechte Ordnung im Lande eingeführt, die Übelstände, Gewalt und Zwistigkeiten ausgerottet".

[45] J. J. FINKELSTEIN, *JCS* 22, 1969, S.67 transkribiert die entsprechende Stelle des Prologes *CU* wie folgt: (Z.122) uri?-lú-du$_8$[..] (123) ki-en-g[i-ki-uri] (124) šu ba-an-[bar]; und übersetzt „he established the freedom of Sumer and Akkad"; dazu bemerkt er (l.c., 72), dass seine Lesung der Z.122 der Kollation entspricht: die Bedeutung des du$_8$ basiert an der Restauration FINKELSTEINS von bar in der Z.124; beide Ausdrücke bedeuten „die Befreiung, im Sinne einer Abgabenbefreiung bzw. eines Schuldennachlasses"; vgl. besonders F. R. KRAUS, *Ein Edikt des Königs Ammi-Saduqa*, 1958, 200, 229. In demselben Sinn kommt auch der Ausdruck ama-ar-gi$_4$ (akkadisch *andurāru*) vor; vgl. dazu A. FALKENSTEIN, *NSGU III* 91 und D. O. EDZARD, *Fischer Weltgeschichte* 2, 80; f. und bereits in *ZZB* 91, Anm.445.

[46] Vgl. *CL* I, 20-37 (in Übersetzung): „Als (mich) Lipit-Ištar, den gehorsamen Hirten, dessen Namenvon Nunamnir (d.h. Enlil) ausgesprochen wurde, An und Enlil zur Führung des Landes berufen hatten, mit dem Auftrag die gerechte Ordnung im Lande einzuführen, die Beschwerden aus dem Mund zu entfernen, um mit Waffen die Feinde und die Rebellen zurückzuschlagen, um den Wohlstand in Sumer und Akkad einzurichten".

[47] Vgl. *CL* I 52-55: „im Auftrag Enlils habe ich die gerechte Ordnung in Sumer und Akkad eingeführt".

konkreten Verfügungen über, die er wiederum aus eigener Autorität herausgibt (vgl. weiter S. 162). Im Epilog wiederholt er gleich am Anfang, die Erfüllung des Auftrages Utu's über die Einführung der gerechten Ordnung in Sumer und Akkad und jenes von Enlil über die Ausrottung der Feinde Verbrechens und der Rebellen des Weinens und der Qualen sowie auch über das Erstrahle lassen der gerechten Ordnung und die Herstellung des Wohlstandes der Menschen in Sumer und Akkad[48]. Ferner[49] stellt Lipit-Ištar noch fest, dass er nach der Erfüllung der letzangeführten Aufgabe die Steintstele mit seinen Gesetzen aufgestellt hat[50].

Hammurabi stützt seine gesetzgeberische Betreuung auf einen doppelten Auftrag: Der erste, den wir am Anfang seines Prologes finden[51], spricht vom Auftrag der Götter Anum und Enlil, der zweite, der in den Schlussworten des Prologes enthalten ist[52], nennt als Auftraggeber den neuen Reichsgott Marduk[52]. Der erste Auftrag deckt sich im wesentlichen mit jenem, den auch Lipit-Ištar von denselben Göttern erhalten hat (vgl. oben S. 157[45]), der andere findet wohl wegen der Beschädigung des Prologsschlusses im CL keine Parallele. Der Hauptzweck bleibt auch im CH derselbe, d.h. die gerechte Ordnung und damit die Rechtssicherheit im Lande einzuführen und der Bevölkerung – damit sind natürlich die freigeborenen Mitglieder der babylonischen Gesellschaft gemeint – Wohlstand zu verschaffen. Darüber hinaus stellt Hammurabi in seinem Epilog noch einmal fest, dass er seine gesetzgeberische Aufgabe erfüllt hat, indem er die Grundsätze der Rechtsordnung[54] zusammengestellt und dem Lande eine gute Leitung gegeben hat[55]. Es ist zu bemerken, dass

[48] Vgl. *CL* XIX 9-17: „Im Einklang mit dem Ausspruch Enlils habe ich, Lipit-Ištar, Sohn des Enlil, die Feinde und die Rebellen ausgerottet, das Weinen und Qualen... habe ich beseitigt, Gerechtigkeit und Rechtsordnung habe ich strahlen lassen, den Sumerern und Akkadern habe ich den Wohlstand gebracht".

[49] Nach einer Lücke im Text von ca 19 Zeilen.

[50] Vgl. *CL* XIX 36-38: „Nachdem ich die gerechte Ordnung in Sumer und Akkad eingeführt habe, habe ich diese Stele errichtet". Diese Feststellung bietet den Beweis, dass bereits etwa anderhalb Jahrhundert vor Hammurabi das Gesetzeswerk in die Steinstele eingemeisselt wurde.

[51] Vgl. *CH* I 27-49: „Damals Anum und Enlil haben mich, Hammurabi, den Fürsten, den verehrten, gottesfürchtigen, mit meinem Namen den Menschen zum Wohlgefallen genannt, damit ich die gerechte Ordnung im Lande erstrahlen lasse, den Verbrecher und Gewalttäter vernichte, damit ich verhindere den Armen vom Starken unterdrücken zu lassen, damit ich wie Sonnengott über die Schwarzköpfigen aufgehe und das Land beleuchte".

[52] Vgl. bereits oben Anm.42.

[53] Beziehungsweise Enlil nach der Version von WISEMAN (*JSS* 7, 1962, 161).

[54] Damit wollen wir den viel umstrittenen Ausdruck *dīnat mīšarim* wiedergeben Vgl. zuletzt J. KLÍMA, *CRAI* 1972, Nr. 2, 302ff. (mit der weiteren Literaturangabe).

[55] Vgl. *CH* XXIV^{r} 1-8: „Gerechte Entscheidungen, die Hammurabi, der tapfere König, festgesetzt und dem Lande feste Leitung und gute Regierung beschaffen hat".

Hammurabi, ebenso wie mit den letzten Worten seines Prologes, so auch mit den ersten seines Epiloges die Ausübung der Gesetze auf dem Gebiete der Gerichtsbarkeit und der Herrschaft als sein unmittelbares und persönliches Recht bezeichnete.

Alle bis jetzt erwähnten Äusserungen der mesopotamischen Gesetzgeber in ihren Prologen und Epilogen bieten also eine allgemeine, manchmal sogar abstrakte Rahmencharakteristik ihrer Gesetzeswerke an, besonders dort, wo sie von Begriffen wie „göttlicher Auftrag", „gerechte Ordnung", „Wohlstand", „feste Leitung" oder „gute Regierung" usw. Gebrauch machen. Verbunden mit dem nicht gerade bescheidenen Selbstlob versucht jeder den optimalen Umfang seiner Macht einerseits und die möglichst umfassende Fürsorge andererseits zu erreichen. Äusserlich beruft sich jeder Herrscher als Gesetzgeber auf den göttlichen Auftrag; innerlich, aus dem Sinne seiner Erklärungen, zeigt sich sein Streben nach dem vollen Übergewicht seines Palastes auf allen Gebieten des öffentlichen und des sozial-wirtschaftlichen Lebens.

Wir kommen also jetzt dazu, die einzelnen, konkreten Verfügungen bzw. Erklärungen des Gesetzgebers, soweit sie in den Rahmentexten seiner Werke vorkommen und dem soeben erwähnten Ziele dienten, zu erörtern. In diesem Zusammenhang können wir gleich noch feststellen, dass alle Verfügungen dieser Art in die Sphäre der öffentlichrechtlichen Verhältnisse gehören[56] und dass sie sich sprachlich und stilistisch von den Bestimmungen des eigentlichen Gesetzeskorpus deutlich unterscheiden.

Unter den Verfügungen in den Rahmentexten haben einige einen allgemeineren Charakter: Hier sind besonders jene einzuordnen, deren Ziel es war, den Schutz der sozial schwächeren Personen aus der Masse der Mitglieder der Klasse der Freigeborenen gegenüber der Unterdrückung und Erpressung seitens der wohlhabenden Angehörigen dieser Klasse zu gewähren. Vor allem werden die Witwen, die Waisen und die Armen unter den Schutz des gesetzgebenden Herrschers gestellt. Dieses Prinzip finden wir bereits in den sg. reformatorischen Werken der altsumerischen Herrscher wie z.B. Urukagina[57] oder Gudea[58]; im Prolog

[56] Vgl. E. SZLECHTER, Les anciennes codifications en Mésopotamie, *RIDA* 3e Série, Tome 4, 1957, 77 („... la portée du prologue et de l'epilogue qui constituent un véritable traité du droit public").

[57] Vgl. THUREAU-DANGIN, *SAK*, 53, Urukagina Kegel B,C 12,23-25: „Der Waise und der Witwe tat der Mächtige kein (Unrecht) an"; vgl. dazu neuestens B. HRUŠKA, Die innere Struktur der Reformtexte Urukaginas von Lagaš, *ArOr* 41, 1973, 128ff.

[58] Siehe ibidem, 72/73, Gudea Statue B 7, 42-43 „der Waise tat der Reiche kein (Unrecht), der Witwe tat der Mächtige keine (Unrecht)"; anderen Beleg bietet B. HRUŠKA, l.c., 128. Vgl. auch Gudea Cyl. A 13, 6-9: „der Sklave, der sündete, sein Herr schlug ihn nicht den Kopf, die Sklavin, die eine Übeltat begangen hat, ihre Herrin schlug sie nicht ins Gesicht".

des CU wird diesem Prinzip bereits eine ganz präzise Formulierung geben, die – im Grundsatz – in den Prologen des CL und CH wieder vorkommt. Ur-nammu schliesst mit diesem Prinzip seinen Prolog: „Die Waise wurde dem Reichen nicht preisgegeben, die Witwe wurde dem Mächtigen nicht preisgegeben; der Mensch eines Schekels wurde dem Menschen einer Mine nicht preisgegeben"[59]. Während der fragmentarisch erhaltene Prolog bzw. Epilog des CL uns nicht festzustellen erlaubt, ob diese Rahmentexte ein solches Prinzip ebenfalls enthielten, wird im CH der Schutz der sozial Schächeren ganz ausdrücklich dargeboten: Schon in den ersten Zeilen des Prologes, wo der Hauptzweck der göttlichen Berufung Hammurabis zur gesetzgeberischen Aufgabe dargelegt wird, wird der Schutz des Schwachen gegenüber dem Mächtigen hervorgehoben[60]. Im Epilog kommt dieses Prinzip wieder zum Ausdruck, verbunden noch mit jenem des Schutzes der Witwe und der Waisen[61].

Aus diesen allgemeinen Erklärungen der erwähnten Rahmentexte offenbart sich die Idee der grundlegenden Schutzaufgabe des Staates, den der Herrscher mit seinen Organen verkörperlichen sollte. Andererseits bringen die Rahmentexte Warnungen gegenüber jenen, die die Sicherheit des Reiches, die öffentliche Ordnung, das Leben, die Freiheit und das Vermögen der Bürger bedrohen oder vernichten wollten. Die nötige Regierungsautorität des Herrschers wird dabei nicht nur aus der göttlichen Berufung hergeleitet, sondern sie – nach den Schlussworten des hammurabischen Prologes[62]– auch in der dynastischen Idee verankert: Hammurabi beruft sich auf seine Vorgänger, nennt sich Spross des Sumula'el[63] und starker Erbe des Sin-muballit[64]; dabei vergisst er

[59] Vgl. *CU* 162-168; dazu J. J. FINKELSTEIN, *JCS* 22, 1969, 68 (Umschrift der Stelle mit Übersetzung; es werden keine Bemerkungen angeschlossen).

[60] Vgl. *CH* I 37-39: „damit der Mächtige den Armen nicht unterdrücke".

[61] Vgl. *CH* XXIV^{r} 59-78: „damit der Starke dem Schwachen Unrecht nicht antut, damit der Waise und der Witwe zu Recht geschehe, in Babylon, ..., in Esagila, ..., ..., damit das Recht dem Entrechteten verschafft werde, habe ich meine preisenswerten Worte auf meine Stele geschrieben". So hat Hammurabi den Grundgedanken seines gesetzgeberischen Strebens in kurzer Zusammenfassung aller aufgestellten Aufgaben ganz sinnreich ausgedrückt.

[62] Wegen der fragmentarischen Erhaltung der übrigen Prologe kann ein Vergleich nicht durchgeführt werden. Höchstens wäre es auf jenen Abschnitt des *CU*-Prologes hinzuweisen (*CU* I 73ff.), wo Ur-nammu seinen Regierungsantritt mit der Vernichtung seines Gegners und Feindes Namhani verbindet der in Larsa herrschte und dem auch Ur unterworfen war.

[63] Sumula'el war der zweite Herrscher der I. babylonischen Dynastie (1880-1845); der Gründer der Dynastie, Sumu-abum (1894-1881), wird jedoch nicht erwähnt, ebenso wie die weiteren Vorgänger Hammurabis bis zu Sin-muballit, wohl wegen der relativ kurzen Dauer ihrer Regierung.

[64] Sin-muballit, Vater Hammurabis (1812-1793).

nicht zu betonen, dass er aus ewigem königlichen Geschlecht stammt[65], um die Legalität seiner Regierung ausser jeden Zweifel zu stellen. Seine ausschliessliche Macht, sein despotischer Absolutismus wird am besten dadurch ausgedrückt, dass er sich als Sonne Babylons und als Herrscher, dem die vier Weltgegenden gehorsam sind, bezeichnet[66].

Wir gehen nun zu einzelnen, konkreten Verfügungen über, die vom öffentlich-rechtlichen Standpunkt bemerkenswert sind und die die Herrscher in ihren Rahmentexten erwähnen: Es handelt sich also keineswegs um direkte Bestimmungen, die hier promulgiert werden sollen, sondern um eine Aufzählung jener Verfügungen des Herrschers, die er während seiner bisherigen Regierung herausgegeben hat; diese werden gewiss nicht in ihrer Gesamtheit, sondern in einer Auswahl berührt. Im Grunde handelt es sich um einen kleineren oder grösseren Bericht des jeweiligen Gesetzgebers, wenigstens im Falle des CU und CL, nach dem Vorbild der sg. Reformtexte Urukaginas[67]. So findet man im Prolog des CU zuerst die Feststellung, dass die Ackerwirtschaft und der Schiffverkehr den öffentlichen Aufsehern und die Hirten den Steuereinnehmern unterworfen wurden[68]. Nach der anschliessenden Erklärung über die Herstellung gerechter Ordnung und Ausrottung der Übelstände kommt Urnammu zur Schilderung seiner Reformen, durch welche die nur in Umrissen aufgestellten Aufgaben verwirklicht werden sollten: er spricht von der Beseitigung der Aufseher und Steuereinnehmern[69], die ebenso wie zur Zeit Urukaginas durch den Amtsgewaltmissbrauch die meisten Übelstände verursachten[70]. Nach der „historisierenden" Einlage über die territorialen Gewinne Ur-nammus (vgl. bereits oben S. 153[25]) und nach der darauffolgenden Lücke von ca 12 Zeilen folgt eine handelswirtschaftliche Anordnung, die das Gewicht der Metallgrundeinheiten festgesetzt hat[71]. Im weiteren Kontext waren sehr wahrscheinlich ebenfalls konkrete Ver-

[65] Vgl. *CH* IV 67-70, V 1-2: „Spross von Sumula'el, der mächtige Nachfolger von Sin-muballit, ewige Same des Königtums".

[66] So nach *CH* V 10-12: „der König, der auf sich die vier Weltenden hören lässt".

[67] Zu diesen vgl. neuestens B. HRUŠKA, l.c., 4-13, 104-132. Seit Urukagina sind wieder einige Jahrhunderte verflossen bis Lipit-Ištar und einzelne Herrscher dicht vor ihm (Nidnuša von Dēr, Išmēdagan von Isin, oder Lušuma von Assur u.a.) sich wieder in ihren Inschriften rühmten, dass sie die Missstände beseitigt haben (vgl. D. O. EDZARD, *ZZB*, 68f., 76f., 83f., 90f. idem, *Fischer Weltgeschichte* 2, 157).

[68] Vgl. *CU* I 87-96.

[69] Vgl. *CU* I 117-121.

[70] Zum Schlussatz dieser Erklärung über die Steuerbefreiung in Sumer und Akkad siehe bereits oben Anm.45.

[71] Vgl. *CU* 143-149: „er regelte das sila-Mass aus Bronze, er standartisierte das Mina-Gewicht, standartisierte den Silber- und Steinsekel (im Verhältnis) zur Mina".

fügungen enthalten, die leider wegen der fast völligen Beschädigung dieses Teiles der Tafel unbekannt bleiben[72].

Auch Lipit-Ištar berichtet in seinem Prologe von einzigen Verfügungen, allerdings in ganz knapper Weise. Er wendet sich an die Bevölkerung (wörtlich an die „Söhne und Töchter"/ gewisser Städte/ Nippur, Ur und Akkad[73]), die bis jetzt mit den Dienstleistungspflichten belastet waren, indem er allen diesen Menschen „aus eigener Entscheidung"[74] Erleichterungen versichert hat[75]. An diese Erklärung Lipit-Ištars wird im Prolog noch eine weitere angeschlossen, nach der die Dienstleistung der Familienvorsteher und der Familiengemeinschaftsmitglieder (bzw. anderer Subjekte) auf 6 oder 10 Tage monatlich festgesetzt wird[76]; dabei ist nich ausser acht zu lassen, dass diese Passagen des Prologs nicht genug klar erhalten sind und deswegen ihre Interpretation nicht ganz eindeutig dargelegt werden kann[77]. Es ist zu bedauern, dass der Prolog des CL nicht bis zum Schluss erhalten geblieben ist, denn der Gesetzgeber rühmte sich auch in anderen seinen Inschriften als Herrscher vor, der die gerechte

[72] Erhalten bleiben sonst bedeutungslose, aus dem breiteren Zusammenhang ausgerissene Satzteile, wo an einer Stelle die Erwähnung von Tigris- und Euphratufern, an der anderen der Vermerk, dass der König jemandem einen Obergärtner besorgt hat, vorkommen.

[73] Die Residenzstadt, Isin, wird in dieser Aufzählung nicht einbegriffen, was wohl in dem Sinne zu erklären wäre, dass ihre Bewohner bereits durch Išme-Dagan, den Vorgänger Lipit-Ištars, in gleicher Weise begünstigt wurden. Jedenfalls erlaubt uns der heutige Quellenstand des Verwaltungs- und Finanzwesens von Isin keine eindeutigen Schlussfolgerungen zu ziehen; vgl. D. O. EDZARD, *Fischers Weltgeschichte* 2, 158.

[74] Es ist kaum zu entscheiden, ob mit dieser Reserve darauf gezielt wird, dass die Bevölkerung der genannten Städte zwar von dem Kriegsdienst befreit wurde, nicht jedoch von den Lasten, die sie als eren, d.h. „Dienstverpflichteten" auf den Tempelgeländern dieser Städte auszufüllen hatten; vgl. D. O. EDZARD, l.c., 158, wo auch Isin angeführt wird.

[75] Vgl. *CL* Prolog II, 1-15: „damals habe ich für die Söhne und Töchter von Nippur, die Söhne und Töchter von Ur, die Söhne und Töchter von Isin, die Söhne und Töchter von Sumer und Akkad, auf deren Nacken die Dienstverpflichtungen anhafteten, aus einer Initiative die Befreiung besorgt".

[76] Vgl. *CL* Prolog II, 16-35: die Passage ist teilweise beschädigt; D. O. EDZARD, *ZZB*, 96, bietet ihre Rekonstruktion mit der folgenden Übersetzung: „in bester Lenkung liess ich den Vater seine Söhne unterstützen, die Söhne ihren Vater unter[stützen], lies ich den Vater [mit] seinen Söhnen zusammen Dienst leisten, die Söhne [mit] ihrem Vater zusammen Dienst leisten. (Während) man (früher) sämtliche (Leute) im 'Vater-' und '[Brüder]hause' (zum Dienst) antreten liess, habe ich, Lipit-Ištar; Enlils Sohn, (je einen) im 'Vaterhause', (je einen) im 'Brüderhause' 70 (Tage im Jahr) Dienst tun lassen, habe (den Junggesellen) im 'Junggesellenhause' 10 Tage im Monat Dienst tun lassen'. Die Zahl 70 bietet Schwierigkeiten: dazu D. O. EDZARD, l.c., 96, Anm.470.

[77] Dazu siehe D. O. EDZARD, *Fischer Weltgeschichte* 2, 158f.

Ordnung in Sumer und Akkad hergestellt hat[78]. Auch im Epilog des CL, dessen Hauptmasse aus Fluchsaktionen besteht, finden wir – soweit der Text erhalten bleibt – keine Erwähnung einer konkreten Massnahme.

Im Prolog des CH, der vor allem ebenfalls der Erklärung und Begründung des Zweckes der gesetzgeberischen Stele dient, finden wir – im Abschnitt, der als „historischer" bezeichnet wird[79] – nur ganz kurze Vermerkungen über öffentlich-rechtliche Massnahmen des Herrschers; die Redaktoren des Rahmentextes haben sie eher nur nebenbei und fast indirekt im Zusammenhang mit der Aufzählung der einzelnen Regierungstaten des Herrschers registriert. Darunter wird am meisten der Fürsorge des Herrschers um die mesopotamischen Tempel Ausdruck gegeben[80]. An zweiter Stelle wird seine konkrete Sorge[81] für die Bevölkerung[82], in einigen Fällen sogar für jene der mit Babylon rivalisierenden

[78] Vgl. *LAPO* 3, 175-177.

[79] Vgl. J. KLÍMA, *RlA* III/4, 244. Siehe bereits oben S. 150.

[80] An erster Stelle wird Ekur von Nippur genannt (*CH* I 62); es folgen: Eabzu von Eridu (II 1), dessen Erwähnung mit einer Purifikation der Liturgie verbunden wird (damit wünschte wohl Hammurabi seine Eingriffe auch auf dem sakralen Gebiete zu vermerken); Esagila von Babylon (II 12); Ekišnugal von Ur (II 21); Ebabbar und das Heiligtum der Göttin Aja in Sippar (II 29-30); Ebabbar von Larsa (II 33-34); dessen Erneuerung in der begnadigten Stadt erwähnt wird; Eanna von Uruk (II 43); Egalmah von Isin (II 54); Emeteursag und Hursag-kalama von Kiš (II 62 u. 67); Meslam von Kutha (III 6); Ezida von Barsippa (III 15); Eninnu von Lagaš Girsu (III 41-42); Eudgalgal von Bit-Karkara (III 64); Emah von Adab (III 69) in Verbindung mit der Überwachung dieses Tempels (wohl auch seiner Priesterschaft) einer besiegten und zugleich begnadigten Stadt; Mesalam von Maškan-šâpir, einer ebenfalls begnadigten Stadt der besiegten Staates von Larsa (IV 1-6); Eulmaš von Akkade (IV 59); Emesmes von Ninive (IV 61).

[81] Zur allgemein formulierten Pflege und Fürsorge des Herrschers um die Bevölkerung vgl. bereits oben S. 154.

[82] Es scheint, dass eine bevorzugte Stellung vor allem der „heiligen" Stadt Nippur zugebilligt wurde; es werden keine einzelnen Massnahmen angeführt, jedoch wird es betont, dass der Herrscher für diese Stadt „die Üppigkeit und den Wohlstand vermehrt" und alle nennbaren Sachen für Nippur erfüllt" (I 54-59); in Verbindung mit Uruk (II 37-41) wird die Besorgung seiner Bewohner mit Wasser erwähnt (vgl. dazu jetzt A. FINET, *Le Code de Hammu-rapi*, 35); die Stadt Kiš, die bereits von Sinmuballit dem babylonischen Reich eingegliedert wurde, hat sein Sohn Hammurabi in ihrer Besiedlung konsolidiert (II 58-59) ebenso wie er die Stadt Kutha vergrössert (III 2-3) und die Stadt Barsippa zu jubeln veranlasst hat (III 11-2). Hinter allen diesen Redewendungen kann man wohl solche Massnahmen des Herrschers erblicken, die den materiellen Bedürfnissen der Bevölkerung eine entsprechende Realisation bringen sollten. Mehrsagend sind jene Massnahmen, die die Stadt Dilbat (III 18-20) und die Städte Lagaš - Girsu betreffen: bei der ersten ist die Erweiterung der Ackerbaufläche, bei den anderen die Errichtung der Weidegelände und der Bewässerungsanlagen unterstrichen.

Städte[83], unterstrichen. Eine Feststellung des Prologs bezieht sich wohl auf eine oder mehrere Massnahmen, die die innere Sicherheit des Reiches und die öffentliche Ordnung schlechthin aufrechterhalten sollten, indem sie vor allem gegen die Rebellen gerichtet wurden[84]. Es ist jedoch auch gut möglich, dass es sich hier – ebenso wie bei der analogen Feststellung des CL-Epiloges (vgl. noch Anm. 84) – nicht um normative Massnahmen in der Form von etwa Dekreten bzw. anderer Verordnungen (*ṣimdat šarrim*) handelte, sondern dass die Herrscher an faktische bewaffnete Eingriffe dachten, die sie gegen verbrecherische und revoltierende Elemente unternommen hatten. Ganz deutlich wird es im Epilog des CH erklärt, wo der Herrscher auf die Kraft der Waffen als einziges Mittel (*ultima ratio*) bei der Ausrottung von Übelständen und Revolten hinweist[85]. Auf ähnliche Veranstaltung ist wohl auch zu denken, als etwas weiter im Epilog des CH festgestellt wird, dass der Herrscher der Bevölkerung seinen Schutz vor den Schikanen von aussenseits gewährt hat[86].

Im Epilog des CH (nicht im CL) finden wir eine Regelung, die in gewissem Sinne als eine Grundnorm der babylonischen Gerichtsbarkeit (eine Jurisdiktionsnorm) aufgefasst werden könnte: der Herrscher setzt hier[87] die ausschliessliche Geltung des Landesrechtes und der Landesentscheidungen fest, d.h. er anerkannt nur jene Rechtsordnung, die er selbst in seinem Reich eingeführt hat. Dieses Erfordernis wird im Epilog

[83] In den meisten Fällen handelt es sich um die Begnadigungsakte zu Gunsten der besiegten Städte bzw. um die Amnestie für ihre Bewohner, wie z.B. bei Larsa („der Krieger, der Larsa Gnade gab", II 32-33), bei Isin („versammelte die zerstreute Bevölkerung von Isin", II 49-51), bei Adab („gab das Leben der Stadt Adab", III 65-67) oder bei Maškan šâpir (hat das Leben der Stadt M. zuerkannt", IV 1-3). Besondere Kriegsmassnahmen beziehen sich auf die viermal besiegte Stadt Malgûm, deren Bevölkerung Hammurabi „vor der Gefahr in den geschützten Raum abgeführt und für sie eine ausreichende Zahl von festen Wohnstätten errichtet hat" (IV 11-16); ähnlicherweise redet Hammurabi von der Bevölkerung der Städte Mari, Tuttul („ich habe erspart die Menschen in M. und T., IV 29-31) und Ešnunna („ich rettete sein Volk in Not und übersiedelte es nach Babylon im Friedenswege", IV 38-44). Zur Machtpolitik Hammurabis vgl. neuestens A. FINET, La politique d'expansion au temps de Hammu-rapi de Babylone, *Annuaire de l'Institut de Philologie et l'Histoire Orientales et Slaves*, 20, Bruxelles 1973, 223-246.

[84] Vgl. Prolog *CH* IV 59, wo sich Hammurabi für denjenigen, der „die Rebellen zum Schweigen bringt" erklärt. Bereits Lipit Ištar hat in seinem Epilog, XIX 12ff. festgestellt, dass er die Verbrecher und die Rebellen ausgerottet hat (vgl. oben S. 158, Anm.48).

[85] Vgl. *CH* XXIV^{r} 32ff.: „Mit den mächtigen Waffen ... habe ich die Feinde von oben und unten ausgerottet".

[86] Vgl. *CH* XXIV^{r} 35ff.: „Die Menschen liess ich in friedlichen Stätten ansiedeln, einem Friedlosen habe ich nicht gestattet, dort einzudringen".

[87] Vgl. *CH* XXIV^{r} 70ff.: „(nach) dem Rechte des Landes zu richten, (nach) den Entscheidungen des Landes zu entscheiden..."

der klassischen Stele (vgl. weiter Anm. 88) nur für Babylon (und sein Esagila-Tempel) ausgesprochen. Wie ist dies zu verstehen? Soll man Babylon als *partem pro toto* erklären? Oder war, unter der Voraussetzung, dass in jeder wichtigen Stadt Babyloniens eine solche Stele errichtet wurde[88], auf jeder Stele der Name der entsprechenden Stadt angeführt? Schwer zu beantworten ist auch die weitere Frage, warum neben der Stadt Babylon noch der Tempel Esagila als Ort, wo gemäss dem Landesrecht gerichtet bzw. entschieden werden muss, erscheint. Wollte Hammurabi damit die Tempelgerichtsbarkeit ausscheiden und auf diesem Gebiete also den Dualismus „Palast – Tempel" beseitigen[89], ebenso wie mit der ersteren Anordnung der Rechtspartikularismus der einzelnen Städte Babyloniens verschwinden sollte?

Ebenfalls nur aus dem hammurabischen Epilog ergibt sich etwas, was unter den Begriff der sg. Kautelar jurisprudenz in gewissen Fällen gestellt werden könnte: Wir denken hier an die Empfehlung bzw. Aufforderung des Gesetzgebers[90], die an den Rechtssuchenden adressiert ist; er soll für seinen Rechtsfall die entsprechende Lösung unter den Bestimmungen der Stele aussuchen und gemäss derselben weiter handeln, d.h. entweder den Gerichtsweg antreten oder von diesem Abstand zu nehmen und seine Angelegenheit aussergerichtlich erledigen[91].

Als eine weitere vom juristischen Standpunkt bemerkenswerte Entscheidung im Prologe des CH können wir jene bezeichnen, die die legislative Tätigkeit schlechthin betrifft: Einerseits wird irgendwelche Abänderung der promulgierten Landesrechte und Verordnungen verboten[92].

[88] Die Existenz von wenigstens drei Steinstelen mit den hammurabischen Gesetzen hat bereits J. NOUGAYROL nachgewiesen (*JA* 1957, 339-366 und *JA* 1958, 143-155).Leider erlauben diese Fragmente noch nicht, die oben gestellte Frage zu beantworten.

[89] Dies ist allerdings nicht gelungen und die Tempelgerichtsbarkeit blieb in vielen Richtungen, sogar in Kapitalprozessen (bei den Ordalien), neben der Gerichts-barkeit des Palastes und der Städte in Kraft.

[90] Vgl. *CH* XXV^{r} 3-19: „Der bedrückte Mensch, der sich in einen Rechtsfall verwickelt, soll vor mein Bildnis des „Königs des Rechtes" kommen und die Schrift meiner Stele lesen, meine kostbaren Worte hören! Meine Stele möge ihm seinen Rechtsfall zeigen, er soll seine Entscheidung erblicken, sein Herz soll sich freuen!"

[91] Dabei lassen wir unbeachtet, dass die oberwähnte Empfehlung bzw. Aufforderung des Gesetzgebers nur hypothetisch und mit Rücksicht auf die übertriebene Ausdrucksart aufgefasst werden muss. Es ist immerhin nicht ohne Bedeutung, dass der Gedanke, einen Rechtsfall rechtzeitig von dem Betroffenen durchzudenken und zu überprüfen, überhaupt ausgesprochen wurde, wenn auch die Bedingungen zu seiner Verwirklichung nicht immer vorhanden waren.

[92] Vgl. *CH* XXV^{r} 59ff.: „Für alle künftige Tage, wann immer ein König unter den Menschen erscheint, so soll er die Worte der gerechten Ordnung bewahren, die ich an meine Stele geschrieben habe. Das Recht des Landes, das ich herausgegeben habe, die Entscheidungen, die ich für die Menschen entschieden habe, soll er nicht beseitigen..."

Andererseits wird das weitere Schaffen von Gesetzen bzw. Verordnungen zugelassen, insofern es den bisherigen, d.h. hammurabischen Normen, nicht wiederspricht; jedenfalls kann das neue Rechtsschaffen nur dann zum Ausdruck kommen, wenn für den konkreten Rechtsfall unter den hammurabischen Bestimmungen keine anwendbare Regelung gefunden werden kann[93].

Nach den Segnungs- und Wohlergehensworten, die an die soeben berührten Aufforderungen angeschlossen sind – ähnlich hat bereits auch Lipit Ištar in seinem Epilog gehandelt[94], kommt die feierlich zusammengefasste Schlussanktion[95]. Sie füllt den Rest des Prologes im CL (soweit überhaupt erhalten)[96] und im CH[97]. Sie beginnt immer mit der Protasis, wo die sanktionierte Misshandlung dargelegt wird. Vor allem wird derjenige geahndet, der gegenüber den Bestimmungen der Stele ein Verbrechen begeht (so nach dem CL) bzw. die Worte der Stele nicht achtet (so nach dem CH); an zweiter Stelle derjenige, der (nach dem CL) die Stele beschädigt bzw. die Flüche des Herrschers ignoriert und jene der Götter nicht achtet (nach dem CH) – im letzteren Falle ist es merkwürdig, dass die Flüche des Herrschers jenen der Götter vor angestellt werden.

Ferner folgen in dem CL die Fluchsaktionen für den Fall der Beschädigung des Fundamentes der Stele, die Austilgung ihrer Inschrift, die Eintragung des eigenen Namens an den ausgetilgten Platz oder jenes einer anderen Person um der Fluch betrügerisch zu entgehen[98]. Die Anordnung der weiteren sanktionierten Misshandlungen im CH ist etwas ausführ-

[93] Vgl. *CH* XXV^{r} 75ff.: „Wenn dieser Mensch vernünftig ist und sein Land zu beherrschen fähig ist, so soll er die Worte, die ich auf meine Stele geschrieben habe, beachten ... seine Schwarzköpfigen soll er richtig leiten, ihr Recht anwenden, ihre Entscheidungen herausgeben..."

[94] Vgl. *CL* XIX 38ff.: „Möge der jenige, der kein Verbrechen gegen sie (d.h. die Stele) begeht, der mein Werk nicht beschädigt, der ihre Inschrift nicht austilgt, der nicht seinen Namen aufschreibt, für lange Tage mit Leben und Atem bescherrt werden!" Die doppelte Sanktion, die einerseits das Segnen für den wohltuenden und ehrsamen Menschen verspricht und andererseits die Fluch für den böswilligen und protzenhaften Menschen aufstellt, treffen wir bereits in den Inschriften von Amar-Suena (2046-2038); vgl. *LAPO* 3, 147, III A 3c.

[95] Ein Vorbild solcher Strafsanktionen kann man suchen z.B. in der monumentalen Inschrift (in sumerischer und akkadischer Version) Sargons von Akkade (2334-2279), vgl. *LAPO* 3, 97f. sub IIAla; bezüglich Amar-Suena vgl. Anm.93; Kudur-Mabuk, vgl. *LAPO* 3, 201 sub IVB13j; Jahdun-lim (1825-1810), vgl. *LAPO* 3, 244 sub IVF6a und 247 sub IVF6b, u.a.

[96] Siehe *CL* XIX 49-58 + Lücke von ca 7 Zeilen + XX 8-16 + Lücke von ca 19 Zeilen + XX 35-51; der übrige Rest der Tafel wird abgebrochen.

[97] Siehe *CH* XXVI^{r} 18-XXVIII^{r} 91.

[98] Siehe *CL* XIX 53ff.: „... wer wegen dieser (Flüche) jemanden anstatt sich selbst aufsetzt (substituiert) ..."

licher: Die Aufhebung der von Hammurabi eingeführten Rechtsordnung, die Beseitigung der eingemeisselten Worten, die Austilgung des Namens des Gesetzgebers usw. nach dem Muster des Epiloges im CL[99]. In beiden Epilogen sind auch die gleichen Subjekte genannt, gegen welche die Sanktionen gerichtet sind, wenn sie die verhängten Verbote missachten. Um deutlich zu erklären, dass in diesem Fall niemand den Sanktionen, die gleich darauf folgen, entgehen kann, werden unter diesen Subjekten König (als Vertreter aller weltlichen Herrscher), oberster Priester (als Darsteller der gesamten geistlichen Welt), höchster Verwaltungsbeamte[100] wohl Statthalter, (als Repräsentant des administrativen Apparates), aber auch schliesslich jeder Mensch ohne Rücksicht auf seine soziale oder berufliche Stellung[101], genannt.

Um die Durchführung jeder einzelnen Fluch wird jeweils ein Gott des mesopotamischen Pantheons ersucht. Der bereits erwähnte fragmentarische Zustand des CL-Epiloges verrät nur die Namen des Gottes Ašnan, Sumugan, Utu und Ninurta[102], während als Vollstrecker der Fluchsanktionen im hammurabischen Epilog praktisch alle bedeutenden Mitglieder des babylonischen Pantheons in Betracht gezogen werden; auch ihre übliche Reiehenfolge wird dabei berücksichtigt, d.h. an der Spitze stehen die Gottheiten Anum, Enlil mit Nintu, und Ea; jede wird um die Durchführung einer besonderen Strafsaktion ersucht[103]. Es ist nicht ohne Interesse, dass die Durchführung der Strafsaktion im Falle des wohl schwersten Verbrechens, das überhaupt vorzustellen ist, eines *crimen laesae Maiestatis*, nicht weltlichen Gerichten, sondern metaphysischen Gestalten, den Göttern und Göttinnen, anvertraut wurde. Wenn wir nach der *ratio legislatoris* fragen, so ergeben sich zwei Punkte, die in Betracht zu ziehen wären: Die Strafsanktionen sollten abschreckend wirken auf den damaligen Menschen, dessen Weltanschauung in der Religion und dadurch auch in der Furcht vor den Göttern bestand. Darüber

[99] Vgl. *CH* XXVI^{r} 18-44.

[100] Dieser und die übrigen Subjekte werden im *CL* wahrscheinlich in der grossen Lücke (siehe oben Anm.96) angeführt.

[101] Eine ähnliche Aufzählung von Personen, die durch die Fluchsanktionen betroffen werden sollten (wegen der Austilgung einer Fundationsbauinschrift) bietet ein Text von Jahdun-Lim, Herrscher von Mari (1825-1810); vgl. *LAPO* 3, 247 sub IVF6b und A. FINET, *Le Code de Hammu-rapi*, 140, Anm.1. Vgl. auch die Bauinschrift des Tākil-ilišu (Zeit vor Hammurabi) von Malgûm, siehe *LAPO* 3, 255 sub IVM1a.

[102] In den unter Anm.95 zitierten Fluchsaktionen beruft sich Sargon von Akkade auf Šamaš, Kudur-Mabug auf Nergal und Šamaš, Jahdun-Lim auf Enlil, Nergal, Ea, Aja, Šamaš und Bunene.

[103] Es folgen dann: Šamaš, Sin, Adad, Zababa, Ištar, Nergal, Nintu, Ninkarrak, Anunnaki und am Schluss nochmals Enlil.

hinaus könnte man auch vermuten dass der gesetzgeberischen Herrscher mit der Übertragung der Ausführung der Sanktionen auf die Götter, ihnen zugleich, d.h. ihren irdischen Vertretern, der Priesterschaft, die Verantwortung für die Erhaltung der Ordnung und die Sicherheit des Reiches schlechthin übertragen wollte. Und, last not least, dieser Herrscher war sich wohl selbst bewusst, dass es in dem Augenblick, da seine Inschriften durch den Feind ausgetilgt und seine Stele vernichtet wird, kaum mehr seine Gerichte geben wird, die den Verbrecher bestrafen würden. Für einen solchen Fall hielt er es wohl für das Zweckmässigste, die Bestrafung den Göttern zu überlassen[104].

Zusammenfassend kann man sagen, dass die Rahmentexte der mesopotamischen Gesetzeswerke eine lange Tradition der Schreiberschulen wiedergeben. Seit den Bauinschriften der altsumerischen Herrscher, wie bereits jene von Ur-nanše und seinen Nachfolgern beweisen[105], entwickelten sich die wesentlichsten Punkte, die später in den Rahmentexten vorkommen, vor allem die Vorstellung des Herrschers mit seinem Titel, die Aufführung seiner Taten und die Betonung seiner unbeschränkten Ergebenheit gegenüber den Göttern, also die politisch historischen und theologischen Bestandteile, zu denen dann, seit Urukagina, auch der moralische Teil dazugetreten ist. Im wesentlichen hat nicht einmal Hammurabi an dieser Tradition etwas geändert. Erst die mittelassyrischen und neubabylonischen Gesetze waren nicht mehr von Rahmentexten begleitet; wenigstens nicht jene Kopien, die uns vorhanden geblieben sind[106]. Hammurabi bzw. die Redaktoren seiner Rahmentexte haben dabei darauf geachtet, alles, was aus den älteren Inschriften dem Zweck ihres Werkes nicht mehr dienen konnte, auszulassen[107]. Bereits durch diese Eklektik ist es gelungen, die Hauptgedanken des Werkes in mehr generellen und abstrakter Weise auszudrücken; auch die juristisch bedeutenden Stellen treten klarer hervor. Wenn man noch bedenkt, dass

[104] Als Beispiel kann man bereits die Inschrift des von Lugalzagesi besiegten Urukagina erwähnen, der nach der Aufzählung der durch den Sieger begangenen Verbrechen in der Fluchklausel die Rache der Göttin Nidaba gegen ihn richtet, weil er selbst keine Mittel mehr hatte, den siegreichen Gegner zu bestrafen; vgl. *LAPO* 3, 22 und 81 (hier sub ICllm).

[105] Vgl. *LAPO* 3, 44ff. sub IC3a und weitere bis IC11m.

[106] Die Edikte der altbabylonischen Herrscher (sg. *mēšaru*-Akte) Samsu-ilunas und Ammiṣaduqas enthielten wohl ebenfalls kurze Einführungen, insoweit ihr Text erhalten geblieben ist; vgl. F. R. KRAUS, *Ein Edikt des Königs Ammi-ṣaduqa von Babylon*, 44; im neuen Text desselben Königs (herausgegeben von J. J. FINKELSTEIN, *RA* 63, 1969, 45ff.) kann man die ersten vier Zeile (soweit erhalten) für eine Einführung betrachten; vgl. auch H. PETSCHOW, *RlA* III/4, 269ff.

[107] Wie z.B. den in Einzelheiten eingehenden Schluss des *CL* Prologes, der im *CH* keine Analogie findet.

bei jedem Schriftwerk Gewicht und Erfolg beim Leser oder denjenigen, die seinem Vorlesen zuhören, von der Wirkung seines Anfangs- und Schlussteiles abhängig sind, kann man den sumerischen und akkadischen Verfassern der Rahmentexte volle Bewunderung aussprechen.

Es ist bekannt, dass diese Rahmentexte zum Ausgangspunkt einer grossen Entwicklung wurden, die – ohne natürlich an eine Rezeption oder Nachahmung überhaupt zu denken – bei den griechischen Gesetzgebern (z.B. Zaleukos, Charondas)[108], später bei den spätrömischen Einführungskonstitutionen, bei den grossen Kodifikationen der mittelalterlichen und neuzeitlichen Herrscher bis hin zu den Motivberichten der wichtigen Gesetze unserer Tage ihre Tradition ununterbrochen erhält.

Schliesslich dürfen wir nicht vergessen, dass diese Rahmentexte bereits seit der altsumerischen Zeit, in den Reformwerken von Urukagina oder Gudea, eine Devise enthalten, die an sich allein diese Rahmentexte zu den einzigartigsten der Weltgeschichte schlechthin macht: Das Prinzip des Rechtsschutzes der sozial Schwächern, der Witwen und Waisen, also das allgemeine Billigkeitsprinzip, nimmt seinen bis jetzt ältesten bekannten Anfang[109] in jenen mesopotamischen Werken, mit denen wir uns hier befasst haben, um den weiteren Weg über die griechische ἀδικια, die römische aequitas und die christliche Nächstenliebe bis zum zeitgenössischen mühevollen Streben um die bessere und mehr gerechte Veranstaltung der menschlichen Gesellschaft angetreten zu haben[110].

[108] Vgl. dazu R. DÜLL, l.c.; auch J. KLÍMA; *JJP* 5, 1951, 163.

[109] Vgl. J. KLÍMA, La base religieuse et éthique de l'ordre social dans l'Orient Ancien, *ArOr* 16; 1947, 334ff. Ferner besonders F. C. FENHAM, Widow, Orphan and the Poor in Ancient Near Eastern Legal and Wisdom Literature, *JNES* 21, 1962, 129ff. und neuerlich S. M. PAUL, l.c., 19ff. (mit der weiteren dort angeführten Literatur, siehe dort auch die Bibliographie, 125ff.).

[110] Als besonders aufschlussreiche Studien, die vom allgemeinen Standpunkt zur näheren Erkenntnis der in diesem Beitrag berührten Problematik sehr behilflich sind, möchte ich folgende anführen (in chronologischer Folge), die sonst passim in dem Fussnotenapparat erwähnt werden konnten: P. KOSCHAKER, *Rechtsvergleichende Studien zur Gesetzgebung Hammurapis*, 1917; B. LANDSBERGER, Die babylonischen Termini für Gesetz und Recht, *Symbolae Koschaker*, 1939, 219-234; F. R. KRAUS, Ein zentrales Problem des altmesopotamischen Rechtes: Was ist der Codex Hammurabi, *Genava* 8, 1960, 283-296 und F. W. LEEMANS, King Hammurapi as Judge, *Symbolae M. David II*, 1968, 107-143.

ZU JESAJA 45,9ff.

J. L. KOOLE (KAMPEN)

Den hebräischen Text Jesaja 45,9ff scheint man in zunehmenden Masse für korrupt zu halten. BHK³ emendierte den Schluss von 9; BHS bringt ausserdem einige Textänderungen bei 9a an. Während 10 in BHK³ unverändert stehen blieb, wird er von BHS in eine Frage umgeändert. Die Emendation von 11 in BHK³ (Fragepartikel und Imperfekt) wird von BHS übernommen, wobei nicht in ein Pronom.2.Pl., sondern in eine Suffixform 1.Sg. verändert wird. Diese mehr oder weniger offiziellen Konjekturen bilden natürlich eine Auswahl aus den textkritischen Behandlungen, die nahezu allgemein in bezug auf diese Perikope angewendet werden. Vielleicht aber wird dem verehrten Jubilar ein Plädoyer für den überlieferten Text angenehm sein.

Meiner Ansicht nach kann der überlieferte Text aufrechterhalten werden, wenn die Verse 9 und 10 als Zitat oder Einwand verstanden werden.

Erkennung eines Zitates stösst kaum auf Schwierigkeiten, wenn es eingeleitet wird durch eine Zitatformel; nur kann Zweifel entstehen in Bezug auf das Ende des Zitats[1]. Es wird allerdings problematischer, wenn eine solche Formel fehlt. Hos.9,7bA galt früher fast ausschliesslich als eine Verurteilung der „falschen Propheten" durch Hosea[2]. Nach der heute gängigen Auffassung aber ist hier geradezu umgekehrt die Rede von einer Kritik der anderen auf Hosea, die er selbst zitiert.

Nun wird man gerade bei der prophetischen Literatur fortwährend gefasst sein müssen auf Zitate, als solche eingeleitet oder auch nicht. Wenn diese Literatur noch einigermassen das Konkrete und die Ak-

[1] Vgl. die umstrittene Frage nach Umfang der in Jes. 40 6aB mit *w'mr* eingeführten Worte.

[2] Die einzigen bei Polus *ad loc.* verzeichneten Ausnahmen: *quidam* bei Tarnovius.

tualität der Verkündigungssituation spiegelt, muss darin abwechselnd Rede und Widerrede zu erkennen sein. Manchmal wird der Prophet mit einem wörtlichen Zitat die Reaktion der anderen wiedergeben, manchmal die Gedanken anderer mit eigenen Worten beschreiben, er kann auch den von ihm erwarteten Widerspruch aufzeigen[3]. Ungeachtet dieser formalen Unterschiede bleibt die eigentliche exegetische Frage bestehen, ob ein Text *e mente prophetae* oder aber *e mente opponentis* aufgefasst werden muss. Hierdurch wird die Forschung betreffs dieses Zitats, bzw. Einwendung, desto dringender, gerade in den prophetischen Schriften[4].

Meistens gelingt die Identifikation eines Zitats aus seinem Inhalt heraus. Andererseits scheinen auch bestimmte stilistische Erscheinungen aufzutreten. Man stellt einen Wechsel in Person oder Numerus fest. Die verneinte Aussage kehrt mehr oder weniger wörtlich in der prophetischen Antwort zurück. Diese Antwort wird mit Nachdruck als Gotteswort bezeichnet. Die drei erwähnten Merkmale findet man bei dem Zitat Jes.30,15f, das ausdrücklich als solches eingeleitet wird: Verwendung der 1.Person und darauf der 2. und 3.Person; die Ausdrücke *nws* und *ql* kehren beide zurück; die prophetische Entgegnung wird durch eine ausführlich prädizierte Botenformel eingeleitet. Dasselbe gilt für die nicht formal eingeleiteten, inhaltlich aber klar erkennbaren Zitate Jes.22,13b und 28,9f; auch hier liegt ein Wechsel von Person oder Numerus vor; das Zitat kehrt im Wortlaut zurück (*mwt* in Kap.22,14, das ganze Zitat in Kap.28,13) und die Antwort gibt sich sehr betont als Gotteswort (22,14;28,12).

Besonders bei Deuterojesaja kann man allerlei Zitate und Entgegnungen erwarten, angesichts der durch ihn vorzugsweise benutzten literarischen Gattungen und seiner Vorliebe für die oratio recta (z.B. Kap.41,2,6,7,9,13 etc.)[5]. Es fällt nun auf, dass diese Stilform vor allem im Rahmen des Dialoges zwischen der Mutlosigkeit der Verbannten und dem prophetischen Trost steht. Ein gutes Beispiel bietet Kap.49,14 und Kap.49,15ff: die Klage, welche „Zion spricht" (Zitatformel), wird mit einer entrüsteten Frage und einem Versprechen beantwortet, worin die genannten Stilformen auftreten: Wechsel der Person, Wiederholung des Kernwortes *škḥ*, Formulierung der Antwort als Gottesschwur (Vs 18)[6].

[3] H. W. WOLFF, Das Zitat im Prophetenspruch (1937) = *Ges. St. z. A.T.* (Th. Büch. 22) 36-129.

[4] Vgl. die bemerkenswerten Beispiele bei S. H. BLANK, Irony by Way of Attribution, in *Semitics*, Pretoria, 1(1970)1-6.

[5] J. BEGRICH, Studien zu Deuterojesaja = *BWANT* IV,25(1938). Nachdruck in Th. Büch. 20; J. MUILENBURG in IB V 389.

[6] Zum Gottesschwur vgl. W. ZIMMERLI, *Ezechiel* (in BK) I 55.*

Auf der Suche nach Einwendungen, die ohne Zitatformel eingeleitet werden, stösst man bei Kap.49 schon bald auf Vs 24. Auch hier wird die Mutlosigkeit der Verbannten zum Ausdruck gebracht; aller Wahrscheinlichkeit nach sehen sie sich selber nämlich als „Raub", als die „Gefangenen" des mächtigen Babel, ohne Hoffnung auf Entkommen. Die Entgegnung ist nicht als Klage formuliert (wie in Vs 14) sondern als *mašal*, was z.B. in Hes.18,2 eine Parallele hat[7]. Dies bringt nun mit sich, dass der Wechsel von Person oder Numerus, der in der prophetischen Antwort erwartet wird, nicht direkt sichtbar wird; um so deutlicher aber tritt er in dem wiederholtem *'nky* von Vs 25b auf. Die beiden anderen stilistischen Eigentümlichkeiten können auf den ersten Blick erkannt werden: Die Worte der Entgegnung werden in der Antwort fast wörtlich übernommen und diese Antwort wird als Gotteswort vorgestellt mit einer Botenformel, in der *ky* wahrscheinlich beteuernde Bedeutung hat[8]. Dies alles deutet darauf hin, dass Kap.49,24 tatsächlich als Zitat oder Einwurf gelesen werden muss, ohne vorhergehende Zitatformel[9].

Es ist nicht möglich, im Rahmen dieses Beitrags auf andere Stellen einzugehen. Wir beschränken uns auf den textkritisch sehr umstrittenen Text Jes.45,9ff.

Es ist das Verdienst Westermanns, dass er – von der gängigen Exegese der Perikope her – „grosse sachliche Schwierigkeiten" festgestellt hat[10]. Die Verse 11-13 haben eine eigene Einleitungsformel; lässt man 9f ausser Betracht, kann 11 nur an die Götter, bzw. die Völker gerichtet sein, die JHWH herausfordern: Wie kann er seine eigenen Söhne (= Volk) preisgeben? Im Stil der Gerichtsrede folgt in 12f JHWHs Gegenargument. Ganz anders wird die Situation allerdings, wenn man von 9f ausgeht: dann geht es nicht mehr darum, dass JHWHs Macht durch andere bestritten wird, sondern um die empörende Frage der Verbannten. Mit 11ff verbunden würde dies den Widerstand gegen den Plan JHWHs mit dem Heiden Kyrus bedeuten, der als Befreier bestimmt war. Unterdessen bleibt die Schwierigkeit bestehen, dass 9f eher an eine persönliche Anfechtung denken lässt (vgl. Hiob 3), als an eine Kritik an JHWHs Handeln in Bezug auf Israel. Der Stil von 9f weicht auch deutlich ab

[7] J. FISCHER z.St. kennzeichnet 24 als „allgemeiner Erfahrungssatz". Vgl. auch R. GORDIS, *Kohelet*. The Man and his World (^{3}1968)95-108; und schon vorher: Quotations as a literary Usage in biblical, oriental and rabbinic Literature, in *HUCA* 22(1949)157-219.

[8] z.B. P. A. H. DE BOER in OTS 11(1956)28: „It can, indeed." Umstellung der Botenformel in BHK^3 ist abwegig.

[9] MUILENBURG z.St.: „Israel enters a final expostulation... which is followed... by a final oracle of assurance."

[10] In *ATD* 19,134ff.

von dem des Deuterojesaja, u.a. weil das Wehe-Wort nie in Deuterojesaja vorkommt. Westermann vermutet die Lösung dieser Schwierigkeiten in der Richtung Elligers, der eine Bearbeitung durch Tritojesaja vorschlägt[11]; eine authentische Aussage des Deuterojesaja ist durch einen Schüler zu einem Diskussionswort, Kyrus betreffend, umgeformt worden.

Westermann leitet obige Betrachtung ein mit der Bemerkung: „Ich gebe einen Versuch der Deutung, der nur ein Vorschlag sein will." Es wäre nicht sehr elegant, allzu kritisch auf diesen „Vorschlag" zu reagieren. Nichtsdestoweniger kommen einem eine Anzahl Bedenken. Ist Elligers Betrachtung hinsichtlich einer Bearbeitung des Deuterojesaja durch Tritojesaja im allgemeinen tragfähig genug[12]? Ist ein eventueller Einwand gegen Kyrus als JHWHs Instrument bei der Befreiung der Verbannten nicht besser zu placieren in die Situation des Deuterojesaja selbst, als in eine Periode, wo diese Befreiung (wenigstens im Prinzip) schon Tatsache geworden war? Taten sich die Verbannten, trotz Kap.46,8ff, nicht viel schwerer mit der unwahrscheinlichen Tatsache der Befreiung, als mit der unwahrscheinlichen Person des Befreiers Kyrus? Kann – was Westermann zugibt – wohl von einem Diskussionswort gesprochen werden, wenn die Schlussfolgerung in 13 eigentlich doch keine wirkliche Schlussfolgerung ist? Und schliesslich: Ist der Preis einer Emendation von 11bA in eine ironische Feststellung[13] oder (sowie üblich) in eine entrüstete Frage nicht zu hoch, um dadurch den erwünschten Anschluss an 9f zu bewerkstelligen?

Trotzdem hat Westermann sicher recht, wenn er eine Diskrepanz zwischen 9f einerseits und 11ff andererseits konstatiert. Hierauf aufbauend könnte man aber die Möglichkeit in Erwägung ziehen, dass 9f nicht eine redaktionelle Bearbeitung durch einen Schüler von Deuterojesaja ist, sondern ein Zitat aus dem Munde der Verbannten, welches durch Deuterojesaja in 11ff widerlegt wird.

Bei den bereits besprochenen Zitaten wurde festgestellt, dass der Gebrauch einer einleitenden Formel, wodurch Zitat oder Entgegnung als solche charakterisiert werden, nicht erforderlich ist. „Worte der Gegner" können zunächst durch ihren Inhalt, dann aber auch durch einige stilistische Eigenarten identifiziert werden. Da 9f keine Zitatformel enthält, ist es also die Frage, ob inhaltliche und stilistische Argumente vorgebracht werden können. Angesichts der relativen Unsicherheit der

[11] K. ELLIGER, Deuterojesaja in seinem Verhältnis zu Tritojesaja = *BWANT* IV,11(1933)179-183.

[12] Vgl. K. PAURITSCH, Die neue Gemeinde: Gott sammelt Ausgestossene und Arme = *Anal. Bibl.* 47(1971)8-30: Die bisherige Tritojesaja-Forschung.

[13] Vokalisierung als Perf. bei J. KOENIG in La Bible (Dhorme).

Exegese von 9f in bezug auf den Inhalt, ist es methodisch vorzuziehen, mit einigen formalen Beobachtungen anzufangen.

Das Phänomen des Person- oder Numeruswechsels fällt bei dieser Perikope in erster Instanz nicht auf. Zu erklären ist dies, wie in Kap. 49,24, aus der unpersönlichen *mašal*form von Vs 9f. Das einleitende *hwy* von 9a und 10 braucht nicht im Sinne des unheilverkündenden prophetischen Weherufs verstanden zu werden, sondern kann auch als Gegenstück des chokmatischen *'šry* aufgefasst werden[14], und die Frageform von 9b findet ihre Parallelen in der Weisheitsliteratur. Ausserdem folgt in 12f – wieder genau wie in 49,24ff! – ein betontes Pronomen 1.Pers. Sg., wodurch ein Gegensatz zu 9f dargestellt sein kann.

Ferner scheinen die Worte von 9f in 11ff zurückzukehren. Dies gilt für den Ausdruck *yṣrw*, Treffwort in 9 und aufgenommen in der Aussage von 11; das Verb *'śh* (9b und 12) und die Nomina *p'l* und *ydym* (9b und 11b) stellen ebenfalls eine Verbindung her; und in *bny* wird offensichtlich auf 10 zurückgegriffen.

Schliesslich wird 11ff nachdrücklich als Gotteswort eingeleitet, wobei die Botenformel eine doppelte Prädikation erhält. Es besteht kein Grund für eine Umstellung von 11 vor 9[15]. Weisen die genannten stilistischen Besonderheiten in die Richtung von 9f als Zitat oder Entgegnung seitens der Verbannten, stellt sich nun die Frage, ob der Inhalt beider Verse derart ist, dass sie *e mente opponentium* verstanden werden können. Dies ist m.E. sicher der Fall.

Von Kap.40,27 an scheinen sich die Verbannten der Verkündigung von Deuterojesaja widersetzt zu haben mit der Resignation, dass an ihrem Los kaum etwas zu ändern sei. Dieselbe Hoffnungslosigkeit klingt durch in Kap.49,14 und Kap.49,24. Erwartungen, die anfangs noch lebten, sind – wie es sich auch bei Hesekiel zeigt – umgeschlagen in stumpfen Fatalismus. Es ist der Weisheit letzter Schluss, sich in sein Los zu fügen. Der erhabene Gott verantwortet sich nicht. Wehe dem, der es wagt, diesen Gott zu tadeln...

Vor diesem Hintergrund kann 9f also in der Tat als eine missmutige Klage der Verbannten verstanden werden. Vielleicht kann man sogar noch einen Schritt weiter gehen.

Zwischen dem Jesaja aus Jerusalem und dem Deuterojesaja bestehen Verbindungslinien. Früher hat Jesaja aus Jerusalem sein Wehe ausgerufen über solche, die Gottes Ratschluss, den Untergang der hochmütigen Stadt, mit politischen Mitteln zu durchkreuzen versuchen. Die Ent-

[14] W. JANZEN, Mourning Cry and Woe Oracle in *BZAW* 125(1972)56.
[15] Angenommen von E. J. KISSANE z.St.

scheidung liegt bei dem *yṣr*. Die Weisen von Jerusalem, die ihre Erwartungen auf Ägypten setzen, sollen sich dessen gut bewusst sein, dass sie mit ihrem *m'śh* nur Ton (*ḥmr*!) in seinen Händen sind, Kap.29,15f. Dieser Weheruf des Jesaja kann auch im Zusammenhang mit der Predigt des Jeremia (Kap.18), und dem offenbar häufigen Gebrauch der Bildsprache vom Ton und Töpfer in der Weisheitsliteratur[16], weitergelebt haben, und gerade in der Situation der Verbannung eine beträchtliche Aktualität erhalten haben.

So, wie der erste Jesaja jede Erwartung einer Intervention durch Pharao als Unglaube entlarvt hat, so lässt es sich denken, dass die Verbannten sich weigern, einer Intervention des Kyrus Glauben zu schenken, wo nun der Untergang da ist.

Nicht nur 9 sondern auch 10 könnte in dieser Weise verstanden werden; der „Vater" und der „Töpfer" werden, sei es in einem anderen Kontext, auch in Kap.64,7 in einem Atemzug genannt.

Wie man aber über die Möglichkeit einer Reminiszenz an Jes.29,15f denken mag, auch abgesehen davon spricht alles dafür, den Inhalt von 9f als ein Ausdruck der Scheinfrömmigkeit zu verstehen, der wohl des öfteren (Kap.7,12!) als Alibi für Mutlosigkeit und Unglauben dient.

Eben deshalb kann 11ff verstanden werden als JHWHs Verwerfung dieser Ausrede. Obwohl Widerrede des Tons gegenüber dem Töpfer und unbescheidene Fragen von anderen gegenüber Eltern abnormal sind – ebenso abnormal wie die Beraubung eines Helden (Kap.49,24) – will JHWH doch befragt werden in bezug auf das verheissene Heil und die hohen Erwartungen seiner Kinder erfüllen.

„So hat ER gesprochen,/ der Heilige Jissraels,/ sein Bildner:/ Über den Weltlauf/ befraget mich!/ meine Söhne,/ das Werk meiner Hände/ müsst ihr mir entboten sein lassen" (Buber-Rosenzweig)[17].

[16] z.B. Hiob 10^{9}; 33^{6}; usw.

[17] Vgl. zum Ganzen auch L. G. RIGNELL, A Study of Isaiah Ch 40-55 = *LUÅ* NF1, 52,5(1956). z.St.

THE *NAŠÛ-NADĀNU* FORMULA AND ITS BIBLICAL EQUIVALENT

C. J. LABUSCHAGNE (GRONINGEN)

Since the discovery of the Accadian cuneiform documents in the archives of the royal palace in Ras Shamra our knowledge of social, legal and economic life in ancient Ugarit has been enhanced considerably. Among the texts published by J. NOUGAYROL in 1955 there is a substantial number, about three-quarters of the total number, falling under the head of legal documents.[1] One of the most important aspects of these legal documents is the fact that they give us an interesting picture of the role of the king in legal and economic affairs, more specifically of his intervention in and authoritative control of transactions dealing with transference of property.[2] The documents effecting transference of property were considered royal conveyances and for this reason kept in the royal archives. The transactions effect buying, selling, interchanging and granting of properties, mostly land, estates and houses. Out of a total number of 150 documents only 10 are (rather unimportant) transactions conducted privately before witnesses, while 40 documents can be termed transactions between private persons conducted in the presence of the king (*ina pāni šarri*) and no less than 100 fall under the head of royal transactions.[3] The remarkable fact about the two latter categories is that they lack the usual list of witnesses in whose presence legal transactions such as these were conducted. Instead they all bear the imprint of the dynastic seal,[4]

[1] *Le Palais Royal d'Ugarit, III. Textes accadiens et hourrites des Archives Est, Ouest et Centrales*, par JEAN NOUGAYROL, Paris 1955. = *PRU* III.

[2] This aspect has been studied by the present author in his book *Die Seggenskap van die Koning oor Eiendom in Ugarit*, Pretoria 1959, which he hopes to republish in English some time.

[3] Cf. *PRU* III, 27f.

[4] See *PRU* III, XXIVff., XLff., 285, and especially E. A. SPEISER, 'Akkadian Documents from Ras Shamra', *JAOS* 75, 1955, 154-165; 157f. The upper part of some tablets are damaged or broken off, but there is no reason to doubt that they too had the seal imprint.

which gives the transaction a permanent warrant by putting it under the protection of the entire dynasty. The fact that legal transactions conducted in the presence of the king and under the authority of the dynastic seal were considered in every respect binding between the parties concerned, shows that the presence of the king made other witnesses unnecessary and superfluous.[5]

The documents falling in the third category, viz. royal transactions, are particularly interesting. They bear ample witness to the royal prerogatives with regard to property and to the king's authoritative disposal in these matters. They picture him as administrator and controller of land and estates, in fact as the real owner of land. The actions of the king, who takes the initiative, seem to be unilateral, for there is no question of any kind of agreement between the persons concerned. He *takes* property away from the one and *gives* it to the other. The formula used to express such an action is as a rule *našû-nadānu*. The monarch 'lifts up' or 'takes away' the house and land of A and 'gives' it to B, that is, he 'transfers' property from one to the other. The conditions of such a conveyance are clearly stated, whether it is a hereditary grant or a personal one or a sale represented as a grant, and there are also clear stipulations about feudal services and payments. In one instance only the *našû-nadānu* formula is used not of property but of a document of purchase, which the king 'lifted up' or 'took away', probably from an impostor, and 'gave' to the rightful owner of the property.[6] Elsewhere in these documents, however, the formula is used exclusively in connection with conveyance of property. In a number of texts the simpler term *nadānu* is used instead of the fuller formula *našû-nadānu*.[7] My impression

[5] Out of a total number of 140 documents there are only three exceptions to this rule: No.15.138 (three witnesses and the scribe), 16.156 (two witnesses and the scribe) and 16.258 (one witness and the scribe). No. 16.145 gives a list of no less than six witnesses, but in this particular case the king was absent, because the dynastic seal impression was made by the *rābiṣu*, a fact expressly stated at the end of the document. This accounts for the exceptional number of witnesses listed. See my *Seggenskap*, 11ff.

[6] No. 16.356; cf. also no. 16.245 where it is said that the king „handed over" (*nadānu*) the document. In this respect it is interesting to note that the Hebrew verb *ntn* is used in exactly the same sense of 'handing over', in Jer. xxxii 12 of a document of purchase and in Deut.xxiv 1,3 and Jer.iii 8 of a document of divorce. For a discussion of document no. 16.356, see my *Seggenskap*, 27ff.

[7] The verb *pašāru* 'to surrender' or 'to sell' repeatedly used in transactions between private persons, is totally absent in the royal transactions. The term *ṣamid*, that expresses the 'connecting' or the 'linking' of property to the new owner, frequently used in private transactions, appears only four times in this category, see my *Seggenskap*, 65. The Biblical parallel to the very interesting term *ṣamid ina šamši ūmi* occurs in Numb. xxv 3ff. (cf. also 2 Sam xii 12 for the term *nèḡèd haššèmèš*) See now also

is that the simple and the full term were used promiscuously. In two instances (No.16.189 and 15.132) these two terms are used to describe one and the same action without any apparent difference between them. In the six documents in which the sovereign makes a grant of villages, the simple term *nadānu* is used three times (16.276; 15.147 and 16.153) and the full term *našû-nadānu* also three times (16.244; 15.114 and 16.202) again without any difference between the two terms. In the rest of the documents too there seems to be no rule as to the context in which either of the terms fitted. SPEISER's view that there was such a rule, viz. that *našû-nadānu* was used when three parties were involved and *nadānu* when two-way transactions were described, can by no means be substantiated.[8] The fact of the matter is that there are at least fourteen documents with *našû-nadānu* in which only the king and one other person are involved, and in nine of the sixteen instances where three parties are involved we find the simple term *nadānu*.[9] The only conclusion that can be drawn is that the term *našû-nadānu* predominates and that it is very often substituted by the simple term *nadānu*.[10]

No doubt the two terms did not have exactly the same meaning, certainly not originally. The verb *našû* denotes the idea of 'lifting up' or 'taking away' property from its owner, an action by which the property in question is 'alienated' so that it can be given to a new owner. When *našû* is combined with *nadānu*, the two verbs add up to a kind of hendiadys,[11] no longer describing the two originally separate actions, but a single action, viz. 'convey' or 'transfer'. Well now this special nuance of the combined verbs came to be attached to the verb *nadānu*, which finally explains the promiscuous use of the terms. My conclusion is that the original meaning of the hendiadys was no longer clearly understood by the scribes in Ugarit, otherwise they would not have used the terms promiscuously. This conclusion is corroborated by the fact that in two instances (16.189 and 16.206) the scribe accidentally or inadvertantly wrote *nadānu* instead of *našû*, which resulted in the funny term *nadānu-nadānu*,[12] and by the fact that *našû-nadānu* is rendered *ytn-wytn* in two

J. NOUGAYROL, *Ugaritica* V, Paris 1968, at no. 85; cf. H. CAZELLES in *VT* 19 1969, 501.

[8] E. A. SPEISER, l.c., 160f.

[9] Cf. my *Seggenskap*, 66f.

[10] For a discussion of the use of the formula in Hittite transactions dealing with the conveyance of property (*Landschenkungsurkunden*), see H. G. GÜTERBOCK, *Siegel aus Bogazköy* I, *AfO* Beiheft 5, 48 and also K. K. RIEMSCHNEIDER, Die hethitischen Landschenkungsurkunden, *MIO* 6, 1958, 322-376, especially 330ff.

[11] Cf. SPEISER, l.c., 160.

[12] NOUGAYROL corrected the scribes! See *PRU* III, 92 and 106. SPEISER mistakenly regards *ittadin* in 16.136 as a scribal error, see l.c. 161 note 49. The verb *našû* cannot possibly fit the context.

documents that are Ugaritic translations of original Accidian texts![13] Had the term been understood, the scribe would have rendered it by using a real Ugaritic cognate such as *nš'-ytn*, or *lqḥ-ytn*, or *nṣl-ytn*. The scribes understood the *našû-nadānu* formula as analogous in meaning to the term *nadānu* 'convey', but seem to have preferred the longer term, probably because they considered it more suitable for the solemn, juridical language in their documents.

SPEISER thinks that the cognate Hebrew phrase is *nś'-ntn*, a term amply attested in post-Biblical Hebrew,[14] where it means 'to take and to give', i.e. 'to transact', 'to deal' and connotes transactions, business, dealings, affairs, etc. It is very doubtful, however, whether there is any direct connection between this late Hebrew phrase and the *našû-nadānu* formula, and whether one can consider it a cognate phrase the way SPEISER does. In my opinion this phrase came into being quite independently: it is a combination of the two most common actions performed in trade and commerce, viz. '*to carry*' commodities to the market and '*sell*' them to one's customers,or perhaps simply '*to buy*' and '*to sell*', which has nothing to do with the Accadian term. If there were any signs of a direct connection between the two phrases, which SPEISER assumes, one would at least expect to find the term in the intermediate period between the time of our documents and post-Biblical Hebrew, more specifically in Biblical Hebrew. Up till now, however, no Biblical Hebrew parallel has been found. The respective Biblical Hebrew cognates of the Accadian verbs *našû* and *nadānu*, viz. *nś'* and *ntn* are nowhere in the Old Testament used in a corresponding combination.

This has always puzzled me until I discovered quite recently, while working on the verb *ntn*,[15] that the Biblical Hebrew equivalent of Accadian *našû-nadānu* is not *nś'-ntn* but *lqḥ-ntn*. Although the two verbs appear quite frequently in everyday speech, the combination of the two seems to have been used to denote more particularly the actions of 'taking' and 'giving' on solemn occasions (e.g. Gen.xviii7f.; xxi14; Ex.xii7; Numb.vi18f.; xix17; Judg.xvii4; 1 Sam.vi8; 2Sam.xxi8f.; Ez. iv1,3,9; xlv19). Solemn occasions were matched with formal, solemn phrases. The origin of this combination of verbs lies in the juridical language of the royal court. Is is most significant that the verbs *lqḥ* and *ntn* are used repeatedly in the passage in 1Sam.viii10-18, where the conduct and the actions of a king are described in order to warn the people against

[13] No. 8 and 9 in CH. VIROLLEAUD, *PRU* II, Paris 1957, 21 and 23. See SCHAEFFER'S remarks on XVII.

[14] SPEISER, l.c., 161; Cf. M. JASTROW, *Dictionary*..., 848, 937.

[15] See *Theologisches Handwörterbuch zum A.T.*, II, hrsg. von E. JENNI und C. WESTERMANN, München 1974, sub *ntn*.

kings. The sort of king depicted here, as one that 'takes' and 'gives' as he pleases, significantly and closely resembles the Ugaritic sovereign exerting his power over property and individuals. After the introduction of kingship in Israel, the monarch in Israel had a certain, though limited (1Ki.xxi!) authority over property, which is shown by passages such as 2Sam.ix9; xvi4; xix29 etc. What is more, it simply cannot be mere coincidence that *lkd* and *ntn* are used in 1Ki.ix16 to describe how Pharaoh '*took*' Gezer and '*gave*' it as a gift to his daughter. The combined phrase also appears in Gen.xx14 where Abimelech '*took*' sheep and cattle, male and female slaves and '*gave*' them to Abraham; and likewise in Gen. xxi27 where Abraham (depicted as a sovereign!) '*took*' sheep and cattle and '*gave*' them to Abimelech. In Ex.xxx16, Numb.vii6 and xxxi47 the combined verbs signify the authoritative actions of Moses. There is more than enough evidence to show that the background of our Biblical Hebrew phrase is the royal transactions, more specifically the king's conveyance of property, so vividly described and illustrated by the documents from Ras Shamra in which the phrase *našû-nadānu* signifies the sovereign's authoritative disposal and his control of property.[16]

The fact that the phrase *lqḥ-ntn*, like its Accadian equivalent, connotes the idea of authoritative disposal, made it a very suitable term for describing Yahweh's sovereign power to '*take* (*away*)' and '*give*', of which we have some illustrative examples in 2Sam.xii11 'I will *take* your wives and *give* them to another man before your eyes' and 1Ki.xi35 'I will *take* the kingdom from his son and *give* it to you' (cf. also e.g. Lev. vii24 and Numb.viii18f.). In the famous statement in Job.i21 'Yahweh *gave* and Yahweh *took away*' there is still a clear reminiscence of the term *lqḥ-ntn* expressing the idea of Yahweh's authoritative disposal and his control of human affairs. There is a synonymous phrase, *hiṣṣîl-ntn*, '*take away*' and '*give*', that occurs only twice in the Old Testament where both instances tell of Yahweh's authoritative disposal: Gen.xxxi9 'God has *taken away* your father's cattle and has *given* it to me' and Numb.xi25 'Yahweh *took away* some of the spirit that was on him (scil. Moses) and *conferred* it on the seventy elders'.

[16] After I had completed this article PH. H. J. HOUWINK TEN CATE kindly brought to my notice a text discovered in Inandık in 1966 and recently published in Ankara, in which the term *leqû - nadānu* occurs. It is a close parallel to the Hebrew term with the difference that *leqû* in this context, as well as elsewhere, means 'to take under one's protection', for it is said that the great king 'took' a certain Pappa and 'gave' him to the 'queen of the house of Katapa'. See K. BALKAN, *Eine Schenkungsurkunde aus der althethitischen Zeit, gefunden in Inandik* 1966, Anadolu Medeniyetlerini Araştırma Vakfı Yayınları 1, Ankara 1973, especially 42 and 48ff.

DER AŠŠUR-TEMPEL NACH ALTASSYRISCHEN URKUNDEN AUS KÜLTEPE

L. MATOUŠ (PRAHA)

Prof. M. A. Beek, mit dem mich lange Freundschaft verbindet, hat neben seinem Fachgebiet, dem Alten Testament, immer ein reges Interesse für die assyrische Kultur gezeigt. Deswegen scheint es nicht unangebracht dem Jubilar zu seinem 65. Geburtstag einen kleinen Beitrag über die religiöse Funktion des Assur-tempels in Kaneš zu widmen.

Neben seiner religiösen Funktion als zentrales Heiligtum der assyrischen Kaufleute in Kappadokien, spielte der Tempel des Gottes Aššur eine bedeutende Rolle in der Rechtspflege des *kārum* Kaneš. Die „kappadokischen" Gerichtsurkunden erwähnen häufig das „Schwert des Aššur" (*patrum ša Aššur*), das im Aššur-Tempel aufbewahrt und von dort zum Orte gebracht wurde (*šēṣu'um*), wo Prozesse stattfanden. Einzelne Wendungen, in denen das „Schwert des Aššur" und das *šugarriā'um* genannte Emblem[1] in den Rechtsurkunden des Prozessrechtes vorkommen, hat nach ihren verschiedenen Gebrauchsweisen H. Hirsch in seinen „Untersuchungen zur altassyrischen Religion"[2], 64-66 übersichtlich zusammengestellt und behandelt. Dazu einige Nachträge aus den inzwischen publizierten und teilweise unpublizierten Texten:

Zu *ṭuppam nadānum* „eine Tafel geben" i.S.v. „Urkunde ausstellen" *maḫar patrim ša A-šùr ṭu*[*p*]-*pá-am ni* [-*dí-in*] „vor dem Schwert des Aššur haben wir die Urkunde ausgestellt" (ICK II 139,33)[3]; vgl. dazu: *ṭup-pu-um a-ni-um ša maḫar patrim ša A-šur* „diese Tafel, die (sich) vor dem Schwert des Aššur (befindet) ... (I 566B,5f.); ähnlich: *ṭup-pu-um*

[1] Mit J. LEWY, *Or. NS* 19 (1950), 27 wohl als „breite Sichel" zu deuten.

[2] Abgekürzt *UAR*, erschienen in *AfO* Beiheft 13/14 (1951).

[3] Zu weiteren Belegen für *ṭuppam nadānum* (vgl. auch *EL* II 118e) S. K. BALKAN, *OLZ* 60 (1965), Sp. 154.

ša maḫar patrim ša A-šur ša ši-bu-ti-ni „die Tafel, die (sich) vor dem Schwert des Aššur (befindet), ist die unseres Zeugnisses" (I 449B,5f.).

In Verbindung mit *šugarriā'um*:

ṭup-pá-am maḫar šu-ga-ri-a-im ša A-šur ni-dí-in „die Urkunde haben wir vor dem *šugarri'ām*-Emblem des Aššur ausgestellt (I 452A18f).

Gerichtliche Verhandlungen fanden im „Tore des Aššur" statt[4]. Die Vermutung J. Lewys, l.c. 28, dass das „Tor des Gottes" mit dem „Tor des Aššur" gleichzusetzen ist, findet neue Bestätigung in dem eben zitierten Text, wo *ṭuppum maḫar šugarri'āim ša Aššur* der Innentafel I 452 auf der Hülle dem *ṭuppum ša bāb ilim*[5] entspricht. Zur Stütze für die Identifizierung des Gottes-Tores mit dem Tor des Aššur-Tempels kann man auch die im Zusammenhang mit der Einladung der Parteien gebrauchte Phrase *ana bāb ilim šēridum*[6] „zum Gottes-Tor hinabsteigen lassen" anführen, welche in I 534 (Einsetzung von Zeugen), 1ff. mit „PN *a-na pá-at-ri-im ša A-šur ú-šé-⟨ri⟩-dí-e-ma* „PN lies mich zum Schwert des Aššur hinabsteigen", ersetzt ist.

Das Schwert des Aššur und das *šugarri'āum*-Emblem haben eine wichtige Rolle beim Eide gespielt. Die Parteien haben beim Schwert des Aššur geschworen (*ina patrim*, bzw. *patram ša Aššur tamā'um*) oder man packte, wohl in besonders feierlicher Form des Eides, das Schwert des Aššur. So haben nach EL243B1ff. die beiden Zeugen Nāb-Suen und Imgur-Aššur *patram ša Aššur iṣbutū* „das Schwert des Aššur gepackt"[7], wobei sich die Schiedsrichter Aššur-rabi und Zilulu ihre Aussage anhörten (*pūšunu išmeū*). Ähnlich in ICK II 140, x: 12ff., wonach jedoch der Beklagte Aššur-imitti das Schwert des Aššur packte und der Schiedsrichter *Aššur-rē'ûm ša [Ḫa-kà]*[8] *pí-šu iš-[me]* „Aššur-rē'ûm von Ḫaka sich seine Rede anhörte". Nach ICK II1 47,x: 36ff.

[4] Zu *ṭuppum* in Verbindung mit *bāb ilim* (dazu J. LEWY, l.c. 3 Anm.1) aus unpubl. Texten vgl. noch I 711 (Brief), 5ff.: *ṭup-pá-áš-nu ba-áb ilim ni-ḫa-ri-ma ú ša ši-bi ni-ḫa-ri-ma* „ihre Urkunde werden wir im Gottes-Tore in die Hülle einschliessen und auf die Tafel in Hülle Zeugen schreiben?" (zur Erklärung vgl. B. KIENAST, *ATHE* 28, 22 und *AHw* 323a s.v. *ḫarāmum* I 2b) und I 457 (Gerichtsprotokoll), B 7f.: *ṭuppum ša ba-áb ilim ša 1/3 ma-na 2 1/2 kaspim* „die im Tore des Gottes (ausgestellte) Urkund über 22 1/2 Sekel Silber". Zu weiteren Belegen für *ṭuppum ša bāb ilim* s. unten Anm. 9.

[5] Das „Gottes-Tor" zusammen mit dem *šugarri'āum*-Emblem des Aššur ist in *OIP* 27, 18 A, 28 erwähnt.

[6] Für aA Belege s.*CAD* A² 218 b s.v. *arādu* A 3b und *CAD* B 19b s.v. *bābu* A l.c. Vgl. auch *a ba-á[b] ilim šé-ri-id* (I 640, × +28).

[7] Sind mit *awīlū patram ša Aššur iṣbutū* in *EL* 252,30f. (vgl. dazu *CAD* Ṣ 18a) auch Zeugen gemeint (so nach der Vorbemerkung zur Stele)?

[8] Ergänzt nach *ICK* II 152, × +14. Zu weiteren Belegen aus unpubl. Tafeln vgl. K. BALKAN, l.c. Sp. 156.

sind Idi-Aššur und Kukuwa wohl Schiedsrichter und Aššur-bēl-malkim mit Ṭāb-ṣilla-Aššur, die sich die Rede der Parteien anhörten, Zeugen (so auch in ICK II 256,21ff.).

Gerichtsprotokolle, die beim Eingang zum Tempel ausgestellt wurden, heissen *ṭuppū ša bāb ilim* „Tafeln des Gottes-Tores"[9] oder, da sie oft in die mit Siegeln der Zeugen versehene Hülle eingeschlossen wurden[10], auch *kunukkum ša bāb ilim*[11]. Die gesiegelten Prozessurkunden wurden in den *tamalagū* genannten Behältern[12] deponiert, während die Abschrift der Kläger bekommen hatte. Vgl. dazu den in UAR 38f., Anm. 193 zitierten Brief CCT V 17c, 3ff.: *meḫrat ṭuppim*[13] *ḫarmim ša bāb ilim* „Abschrift der in die Hülle eingeschlossenen Tafel vom Tore des Gottes" (ähnlich in ICK II 147,x + 31f.).

Ein anderer Ort, an dem Gerichtsverhandlungen stattgefunden haben, ist der heilige Bezirk, genannt *ḫamrum*[14], der seit der mA Periode mit Adad verbunden ist. Nach B. Landberger (bei R. Veenhof, Aspects 305 Anm. 428) wurden die assyrischen Kaufleute im *ḫamrum* vereidigt, dass sie nichts innerhalb des Gebietes von Kaneš und Mamma schmuggeln (*pazzurum*) werden. Während *ḫamru*, bzw. *bīt ḫamri* in Assyrien[15], in Nuzi und Boghazköy öfters vorkommt, kann man dieses Wort in den aA Texten aus Kültepe nur dreimal belegen: in einem vom König selbst in der Funktion des *waklum*, d.h. „Oberrichters"[16] an den *kārum* Kaneš adressierten Brief ICK I 182 und in den Prozessurkunden I 445 und I 765.

Während in den beiden[17] letzten, hier bearbeiteten Tafeln mit *ḫamrum* der heilige Bezirk des Aššur-Tempels gemeint ist, handelt es sich in ICK I 182 – wie aus Z.3ff.: *ālum dinam*[18] *ina ḫamrim idīn* „die Stadt gewährte

[9] Dazu Belegstellen in *CAD* B 19b s.v. *bābu* A Ic4' und H. HIRSCH, *UAR* 39 Anm.193 (Ende). S. auch oben Anm.4.

[10] S. bereits oben Anm.5 und die von J. LEWY, l.c. 3 Anm.1 zitierte Stelle aus *VAT* 13470, 9, in der vom „Einschliessen der Tafel im Tore des Gottes" die Rede ist.

[11] Vom „Siegeln (*kanākum*) der Urkunden im Gottes-Tore" spricht z.B. *TC* III 130, x + 30ff.

[12] So in *BIN* IV 36,25. Zu *tamalagū* vgl. J. LEWY, l.c. 2ff.

[13] Variante in *CCT* V 2b,14: *meḫer ṭup[pim]*.

[14] Vgl. dazu H. HIRSCH, l.c. 48, sowie die beiden Wörterbücher *CAD* G 151f. und *AHw* 318a.

[15] Dazu M. STRECK, ZA 18(1904/5), 179f.

[16] Vgl. dazu *EL* II 100a und J. LEWY, *JAOS* 78 (1958), 100 Anm.72. Das Ideogramm PA = ugula steht in den aA Texten sowohl für *waklum* als auch für *iššiakkum* (vgl. *CAD* A1 278b s.v. *aklu* 1b2').

[17] Vgl. jedoch Anm.23.

[18] Es ist nicht nötig mit *AHw* 318a *ti-⟨ib⟩-nam* d.h. „Stroh (gab er)" zu emendieren. Des Zusammenhanges wegen sei hier der ganze Text angeführt: [1]*um-ma wa-ak-lum-ma* [2]*a-na kà-ri-im* [3]*Kà-ni-i[š]* KI [3]*qí-bi-ma a-lu-um* [4]*dí-nam i-na ḫa-am-ri-im* [5]*i-dí-in Im-dí-ilum* [6]*mēr Šu-La-ba-an* [7]*rābiṣam e-ḫa-az-ma* [8]*a-na kà-ri-im Kà-ni-iš*KI [9]*i-ša-*

den Rechtsspruch im *ḫamrum*" klar hervorgeht – um einen Teil des Aššur-Tempels in Assur, der zu speziellen Gerichtsverhandlungen diente. Die genaue Lage des *ḫamrum* im Areal des Aššur-Tempels zu bestimmen ist nicht gut möglich, weil kein Plan dieses Heiligtums vor seiner Restauration durch Šamši-Adad I existiert und die älteren Inschriften der Könige in dieser Hinsicht unergiebig sind[19].

Als einzige Quelle, die uns über den Komplex des Gebäudes Auskunft gibt, ist die in Kaneš gefundene Übungstafel mit der Inschrift des assyrischen Königs Irišum[20]. Obwohl dort der *ḫamrum* nicht erwähnt wird, kann man annehmen, dass diese Stätte mit *bīt Dajjānē*[21] „der Kapelle der Richtergötter" der Salmanassar-Inschrift IAK XXI 5, 16[22] höhst wahrscheinlich identisch ist, wozu auch *bab Dajjānē* „das Tor der göttlichen Richter" der Adad-nirāri-Inschrift IAK XX 3 Rs.I[23] gehörte. Das in der letztgenannten Inschrift erwähnte „Tor des Gotteseides" (*bāb niš il māti*) wird man wohl dem oben behandelten „Tor des Gottes" (*bāb ilim*), das in den kappadokischen Tafeln mit dem Eid verbunden ist, ziemlich sicher gleichsetzen können.

Der volle Text der Prozessurkunde, aus der das Zitat in CAD G151f. s.v. *ḫamru* angeführt wird, lautet in Umschrift und Übersetzung:

par-ma lu i-na ^{10}*lu-qú-tim lu i-na* ^{11}[...*l*]*u kaspam*... Rs. $^{1'}$*war*[*aḫ* ...]$^{2'}$ *li-mu-*[*um* ...] $^{3'}$*Šu-*^{d}*En-ZU*[*mēr*] $^{4'}$*Ba-bi-li-im* $^{5'}$*kà-ru-um* $^{6'}$*e-mu-uq rābiṣim* $^{7'}$*Bu-zi-a mēr Id-na-a* $^{8'}$*rābiṣim*$^{ṣi\text{-}i[m]}$ „Folgendermassen (sprach) der *waklum* (d.h. der Fürst von Assur): zum *kārum* Kaneš sage: die Stadt (Assur) gewährte den Rechtsspruch im *ḫamrum*: Imdi-ilum, Sohn des Šu-Laban wird einen Kommissär nehmen und nach *kārum* Kaneš schicken und entweder von der Ware oder von [...] entweder Silber ..." Rs. „Monat [...], Eponym / war / Šu-Suen, [Sohn] des Bab(a)-ilum" (zum PN vgl. *UAR* 31b). „Der *kārum* ist das Exekutivorgan des Kommissärs" (dazu J. LEWY, *Or.* 29 [1960], 28f.) „Buzia, des Sohnes des Idnāa, des Kommissärs".

Zur sachlichen Erklärung des Textes, der ähnlich wie die vom König Šarrum-kēn in der Funktion des *waklum* gesiegelte Urkunde *EL* 327 zu den prozesseinleitenden Rechtssprüchen gehört, vgl. den juristischen Kommentar in *EL* II 92f.

[19] Vgl. darüber ausführlich G. VAN DRIEL, *The Cult of Aššur* (1969), 32ff.

[20] Publiziert von B. LANDSBERGER und K. BALKAN, *Belleten* 14 (1950), 219-268. Neu übersetzt von A. K. CRAYSON, Assyrian Royal Inscriptions I (1972), 88f.

[21] Vgl. G. VAN DRIEL, l.c., 17.

[22] S. auch A. K. GRAYSON, l.c., 88f.

[23] ib., 62f.

I 445

1	*kà-ru-um Kà-ni-iš ṣeḫer rabi*	Der *kārum* Kaniš, klein und gross,
2	*maḫar patrim ša A-šùr i-na*	hat vor dem Schwert des Aššur
3	*ḫa-am-ri-im dí-nam*	im *ḫamrum*-Bezirk den Rechtsspruch,
4	*i-dí-in-ma A-nu-pí-a*	gewährt und zwar: Anu-pīja,
5	*mēr A-šùr-mu-ta-bi-*il_5	Sohn des Aššur-muttabil,
6	*E-na-A-šùr* MAŠ *mēr I-na-Sú-in*	Enna-Aššur, Priester, Sohn des Inna-Suin
7	*ù I-dí-na-bu-um mēr A-šùr-ṭāb*	und Iddin-abum, Sohn des Aššur-ṭāb,
8	*a-li i-ma-*gu_5*-ru-ni*	wo sie sich einverstanden erklären,
9	*i-na dí-in tám-kà-ru-tim*	werden sie auf dem Gericht der Kaufmanschaft
10	*e-ta-ú a-li*	verhandeln und wo
Rd.11	*a-mu-tum ⟨ša⟩ kà-ri-im*	das Meteoreisen des *kārum*
Rs.12	*e-bu-ru-ni a-na*	auftaucht, gehört es dem
13	*Ša-ma-a mēr Bu-ur-Ištar*	Šamā, dem Sohne des Būr-Ištar
14	*ù I-dí-na-bi-im mēr A-šur-ṭāb*	und dem Iddin-abum, dem Sohne des Aššur-ṭāb
	(fünf ausradierte Zeilen)	
21	*lá i-tù-rum-a*	werden sie nicht zurückkommen,
U. 22	*a-na kà-ri-im*	gegen den *kārum*
Rd.24	*lá i-lu-ku-nim*	werden sie nicht vorgehen.

Kommentar:

Z. 4: Anu-pīja ist nach der Prozessurkunde ICK I 2,25 *tamkārum* der beiden Kläger Iddin-abum und Enna-Aššur. Der *tamkārum*, der in den kappadokischen Urkunden fast immer seine Anonymität behält (s. dazu P. Garelli, AC235), ist in diesem speziellen Fall mit seinem Namen angegeben, um der unsicherheit in Verhandlungen um strittige Textilien, die mit Siegeln bezeichnet sein sollten (zu Z.8-11 vgl. K. R. Veenhof, Aspects 42) vorzubeugen, dass es nur um diesen und keinen anderen *tamkārum* handelt (zur Z.24f: *ṣubātūtù ša A-ni-pí-a tamkāri*^{ri}*-ni*/.

J 445

Vs.

Rd.

Rs.

U. Rd.

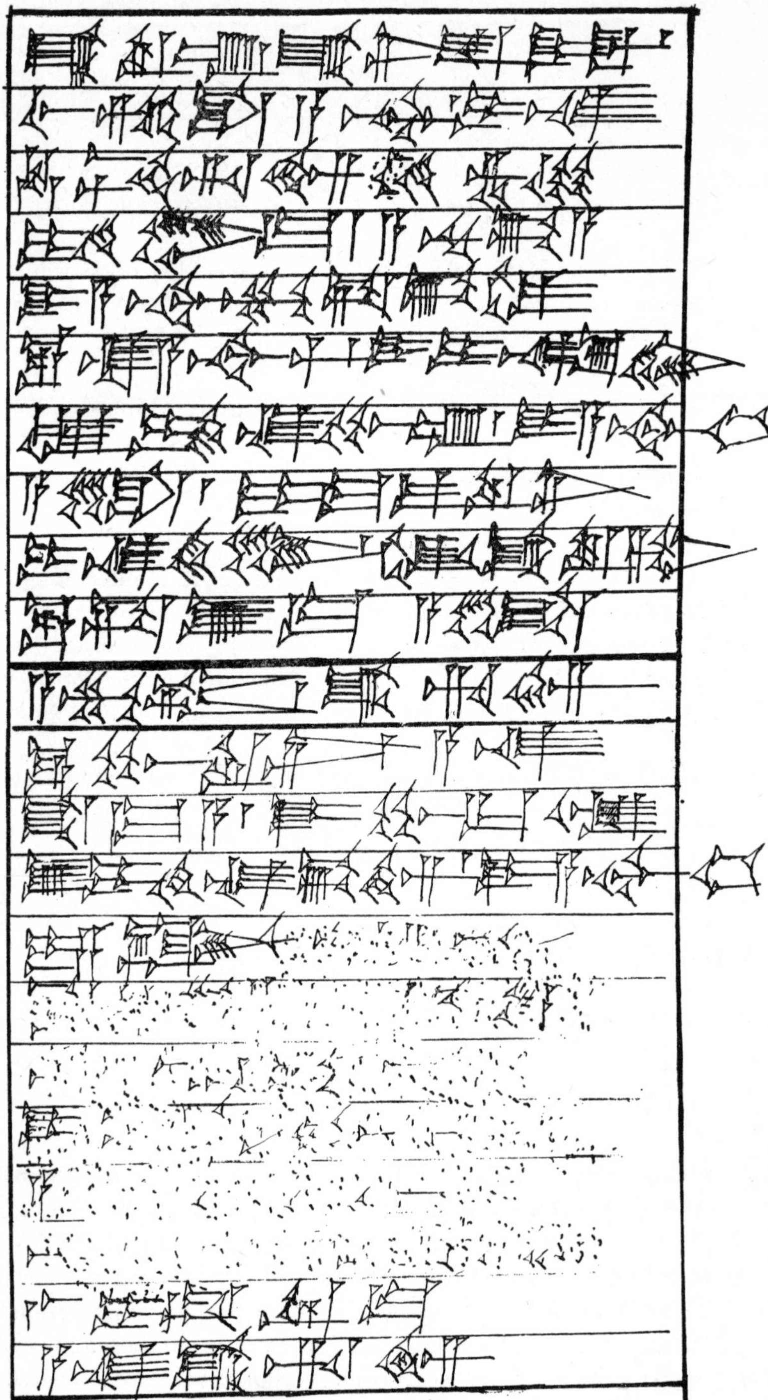

Zum Komponenten *-pí-a* in dem PN Anu-pīja vgl. Anu-piša in OIP 27,25,15. Zur Stammform *pī-* vor Suffixen vgl. ICK II 140,x: 15 und GAG §65i; bisweilen auch *pā-* mit Vokalharmonie, z.B. *pu-šu-nu* in EL 243B9 (dazu K. Hecker, GKT §10c).

6: In dem Ideogram MAŠ vermutet H. Hirsch, l.c. 58 Anm. 304 wohl mit Recht eine Berufsbezeichnung, wahrsch. eines Priesters.

8: Zu *āli imaggurūni* vgl. I 457,16f.: *maḫar patrim ša Aššur ta-am-gi$_5$-ir-ta-šu-nu* „vor dem Schwert des Aššur (wird es) zu ihrem Einverständnis (kommen)". Zur Nominalbildung *tamgirtum* vgl. auch GKT §55e.

9: Ergänze nach dieser Zeile EL 290 (Gesetzesfragment), y+ 1f.: [*ina*] *dīn kaspim u ḫurāṣim* [*ina dīn*] *tamkāruttin e-ta-wu* „[im] Prozess um Silber und Gold [vor dem Gericht] der Kaufmanschaft werden sie verhandeln". Nach EL 46b stellt das Kollektivum *tamkāruttum* eine besondere Körperschaft dar, die die *tamkārū* vertrat und die auch gemeinsames Geld eignete. So heisst es z.B. in ICK I 17b,28-30 (Brief der Naramtum): *iṣṣer ša Aššur kasap tamkāruttim irtibi* „das Silber der Kaufmanschaft ist zu Lasten des Tempelschatzes des Aššur angewachsen" (dazu H. Hirsch, l.c. 51). Bisweilen steht das Abstraktum für den Pl. des *tamkārum*, so in BIN IV 59,23: *ṭuppū ḫarrumūtum ša tamkāruttim* „die Hüllentafeln der Kaufleute" (vgl. K. Hecker, GKT §57d).

11: Zum *amūtum*-Metall vgl. zuletzt B. Landsberger, JNES 24 (1965), 290 und R. Maxwell-Hyslop, An.St. 22 (1972), 159-162.

12: Neben der passim in den kappad. Texten belegten Form *ibūr* von *buārum* „auftauchen" (s. Belege in AHw 108b und CAD B 126f.) kommt in unserer Urkund die Form mit dem Präfix *e-* statt *i-* (danach in GKT §17d zu ergänzen) vor.

13: Der PN Šamā auch in TC III 269,38 und ICK II 137,3 (danach im Index zu ergänze!n) belegt.

Inhaltsangabe

Nach der durch den Hinweis auf die Vereidigung vor dem Emblem des Aššur erweiterten Eingangsklausel, gewährte der *kārum* Kaneš in seiner Gesamtheit den Rechtsspruch in dem heiligen *ḫamrum*-Bezirk des Aššur-Tempels. Als prozessierende Parteien sind die bereits aus dem Gerichts-Protokoll ICK I 2 bekannten Personen genannt: der Priester Enna-Aššur, Iddin-abum und ihr *tamkārum* (so nach ICK I 2,24f.) Anu-pīja. Sobald sie über den Zeipunkt des Prozesses untereinander einig werden, sollen sie sich auf weitere Verhandlungen vor dem Gericht der Tamkarschaft einlassen. Wie aus Z.11 hervorgeht, ist der Gegenstand der Gerichtsverhandlungen das *amūtum*-Eisen: wo es zum Vorschein kommt, soll es einem gewissen Šamā und dem in Prozess beteiligten Iddin-abum übergeben werden. In welcher Beziehung Šamā zu Iddin-abum stand, ist aus dem Kontext nicht auszumachen.

Nach fünf ausradierten Zeilen schliesst die Urkunde mit der nichtanfechtungsklausel.

Nicht viel neues zu *ḫamrum* bringt das kleine Fragment I 765, das hier der Vollständigkeits halber in Autographie und Transliteration widergegeben wird.

I 765

Vs. 1'	[*kà-r*[*u-um*[24] *dí-nam maḫar* 2 *š*[*u*]-*g*[*a-ri-a-e*]*n*?	Der *kārum* gewährte vor 2 *šugarriā'um*-Emblemen?
2'	[*i*]-*na ḫa-am-ri-im*	im *ḫamrum*-Bezirk
3'	[*i*]-*dí-in-ma iš-tu waraḫ*	den Rechtsspruch. Vom Monat
4'	[*a*]*b ša-ra-ni li-mu-um*	ab-šarrani, Eponym
5'	[...]-*ni li-mu-um*[25]	[...]ni /ab/, Eponym
6'	[...] *Kà-ni-i*[*š*?]	[...] Kaneš? [...]

(Rs. abgebrochen)

Kommentar

Z. 1': Falls sich die Ergänzung 2 *š*[*ugarriā'e*]*n* als richtig erweist, würde es sich um einen weiteren Beleg des *šugarriā'um*-Emblems als Dual, wie das Zahlwort „2" klar zeigt. Es ist also nicht nötig die Schlussklasel des Gerichtsprotokolls EL 264,24: *maḫar šu-ga-ri-a-in ša A-šur* als Singularform zu deuten (so J. Lewy EL I,293d), sondern man kann mit H. Hirsch, l.c.66 Anm.349 annehmen, dass man gelegentlich vor zwei *šugarriā'um*-Emblemen geschworen hat.

Unter Voraussetzung, dass der Aššur-Tempel der assyrischen Handelskolonie in Kaneš ähnlich wie das Heiligtum dieses Gottes in Assur aussah, bestand also die eigentliche Gerichtsstätte des *kārum* Kaneš aus zwei nebeneinander gelegenen Anstalten:

1. aus dem „Tor des Gottes" (*bāb ilim*), das man in Assur *bāb il nīš māti* nannte und das zur feierlichen Vereindigung diente und
2. als der eigentlichen Gerichtsstätte, genannt *ḫamrum*, die in den späteren Königsinschriften unter dem Namen *bīt* ^{d}*Dajjānē* bekannt ist.

[24] Oder ist – da man *kārum* ⟨Kaneš⟩ erwarten würde – vielmehr [*a-lu*]*um* „die Stadt" zu ergänzen?

[25] Dittographie?

J 765

Vs.

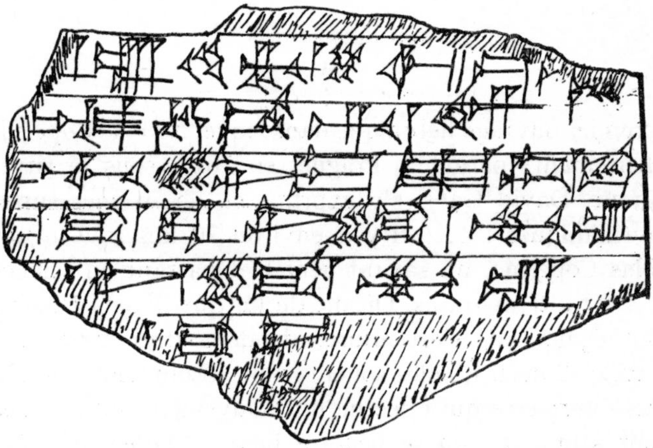

5′

Rs. unbeschrieben

L'EXÉGÈSE BIBLIQUE JUIVE FACE À COPERNIC AU XVIème ET AU XVIIème SIÈCLES

ANDRÉ NEHER (STRASBOURG)

Le premier ouvrage hébraïque dans lequel Nicolas Copernic est mentionné explicitement[1] paraît, à Prague, en 1612, sous le titre *Magen David*. L'auteur, David Gans, s'y exprime en des termes superlatifs et même dithyrambiques[2]: „... Il y a environ 70 ans a vécu un homme appelé Nicolas Copernic, un savant génial, dépassant en science astronomique tous ses contemporains. On dit de lui que depuis Ptolémée personne ne l'avait égalé... Il s'est efforcé de démontrer avec une exceptionnelle élévation d'esprit que les sphères sont absolument immobiles et que c'est le globe terrestre qui effectue un mouvement autour d'elles... J'évoque ce fait afin que l'on se pénètre bien de l'idée que nous sommes loin d'admettre que tout ce qui a trait au domaine du mouvement des étoiles et des planètes est absolument conforme à ce qu'en ont dit les astronomes de l'Antiquité. Non, dans ce domaine, liberté entière est accordée à l'homme pour découvrir la théorie qui lui paraît conforme à sa propre raison..."

En 1629, paraît, à Amsterdam, le deuxième livre hébraïque faisant mention de Copernic: *Elim*. L'auteur, Joseph Salomon Delmedigo, y déclare sans ambages que les preuves de Copernic sont convaincantes et que „quiconque refuse de les accepter ne peut être classé que parmi les parfaits imbéciles".

Retenons bien les dates: 1612 et 1629. La première est celle-là même où le Saint-Office entame la procédure qui aboutira en 1616 à la mise à

[1] Le Maharal de Prague (1512-1609) fait allusion à Copernic, sans toutefois le nommer, dès 1595, dans son *Netivot Olam*, cf. *infra* p. 195.

[2] Cf. A. NEHER: *David Gans, (1541-1613), disciple du Maharal de Prague, assistant de Tycho Brahe et de Jean Kepler*, Paris, Klincksieck, 1974.

l'index du livre de Copernic (jusqu'en 1835!). La seconde précède d'une année celle de la mort misérable de Kepler, exclu de la communion par son Eglise protestante, et coïncide avec le début du procès de Galilée qui s'achèvera par la célèbre rétractation de 1632.

Ce contraste entre l'attitude juive et celle des deux Eglises, catholique et protestante, tient à deux facteurs principaux. Le premier, c'est que ni pour David Gans, ni pour Delmedigo, la connaissance des thèses de Copernic ne constituait un *Bildungserlebnis*, mais un *Urerlebnis*. Gans avait été assistant de Tycho Brahe et de Jean Kepler à leur observatoire de Benatek, près de Prague, et Delmedigo avait été l'élève de Galilée à Padoue. Ensuite, pour les Juifs, le problème *théologique* soulevé par Copernic n'était pas celui d'une contradiction entre la science et la *Bible*, mais celui d'une contradiction entre la science et le *Talmud*. Or, cette contradiction avait précisément été résolue par les entretiens que David Gans avait pu avoir avec Tycho Brahe et Jean Kepler. Ceux-ci lui avaient „révélé" que le Talmud avait eu tort de s'incliner devant Ptolémée et que Copernic ne faisait que renouer avec une vieille tradition pré-ptoléméenne, à laquelle les Sages du Talmud avaient du renoncer à leur corps défendant. Il suffisait maintenant de renouer avec cette vieille conception pour entrer de plain-pied dans la conception révolutionnaire „moderne"[3].

Il reste néanmoins que les coperniciens juifs n'ont pas pu éluder la controverse entre l'astronomie nouvelle et les textes *bibliques* que celle-ci contestait avec tant d'impétuosité (*Genèse, Josué, Psaumes*). La Bible n'était-elle pas aussi chère, sinon plus chère aux coeurs juifs qu'aux coeurs chrétiens? Ce qui tracassait un Kepler ou un Galilée ne pouvait laisser insensibles des Rabbins juifs. C'est ce point précis, et limité, de la réplique exégétique biblique juive à Copernic que nous essayons d'analyser dans cette étude, en hommage à l'un des Maîtres des sciences bibliques au XXème siècle.

On peut, nous semble-t-il, distinguer trois niveaux principaux dont on retrouve d'ailleurs d'une manière remarquable, les parallèles chez les coperniciens chrétiens.

Le premier niveau, je l'appellerais volontiers celui d'une *praeparatio exegetica*. Les versets de la Bible que l'autorité des Eglises chrétiennes opposait aux coperniciens, comme il était facile de les accorder avec Copernic, depuis que l'éblouissante floraison exégétique juive du Moyen-Age proposait, pour les comprendre, des interprétations aussi multiples

[3] Cf. DAVID GANS: *Nehmad Venaïm* (manuscrit de 1613, publié à Jessnitz, en 1743), chapitre 25.

que „les étincelles jaillissant du roc au choc d'un marteau" (Rachi). Le soleil ne s'était pas „arrêté" à Guideon, il s'était „tu" (*dôm*): silence momentané des sphères célestes que la théorie musicale construite par Kepler sur Copernic confirmait admirablement dans ses *Harmonices Mundi* (1619). C'est une exégèse de Rachi (XIème siècle!). On pouvait évoquer aussi celle de Lévi ben Gerson (Ralbag, XIVème siècle), ramenant le miracle à un phénomène d'illusion d'optique. N'oublions pas que Lévi ben Gerson est l'inventeur de la *camera obscura* et qu'il est cité à trois reprises par Kepler dans son *Astronomia Nova* (1609).

De plus, la création même du soleil, de la lune et des étoiles le quatrième jour seulement montrait que la „lumière" créée le premier jour et ensuite „cachée" soustrayait à l'emprise empirique de l'orbite humaine une infinité d'autres soleils plus puissants que celui dont la terre, la lune et les planètes étaient les compagnes. Thèse déjà développée par le rationaliste Rachi, mais à laquelle le Zohar, puis l'ensemble de la Kabbale avait ajouté leurs thèmes cosmologiques irrationnels. La multiplicité des mondes détruits et reconstruits, le fait même que le Créateur était désigné dans la littérature Kabbalistique par le terme de *En-Sof*, rendait la notion d'*Infini* familière aux interprètes Kabbalistes juifs. Or, au siècle de Copernic, la Kabbale l'emporte définitivement, au sein de la pensée juive, sur la „philosophie": entendez que la mystique s'identifie avec la raison et prétend l'exprimer mieux que la *ratio* ne saurait le faire. Le Maharal, David Gans, Delmedigo sont tous, en un sens ou en un autre, des Kabbalistes. Et, du côté chrétien, Giordano Bruno, Jakob Böhme, Jean Kepler le sont aussi. On connait la célèbre lettre[4] dans laquelle Kepler avoue qu'il „joue" souvent à la géométrie Kabbalistique. Ce qui était *jeu* pour Kepler était *vérité grave* pour les Juifs. Par ailleurs il y a dans la pensée de Kepler une évolution, un long cheminement. Avant qu'il ne lance son „cri de guerre": „Saint fut Lactance ... saint fut Augustin ... sacré est le Saint-Office ... mais pour moi, plus sainte que tout est la Vérité", il procède à des tentatives concordistes, à des réinterprétations de Josué, des Psaumes, du genre de celles des exégètes juifs[5].

Mais, à un deuxième niveau, l'exégèse juive dépasse vigoureusement le concordisme et affirme *l'indépendance de la science par rapport à la foi*. Le coup de barre a été donné, au début du XVIème siècle, par Isaac Abravanel, dans son long commentaire sur le chapitre 10 de Josué.

[4] J. KEPLER: *Gesammelte Werke*, éd. Caspar, Munich, 1949, 16, 158, lettre 493, envoyée de Prague à Joachim Tanckius, le 12 mai 1608.
[5] Cf. *ib.* 3, 153-156.

David Gans se place dans ce sillage au début du XVIIème siècle. Il choisit une position de repli qu'il annonce dès le troisième chapitre de son livre, dont le titre même implique un „non" catégorique au *pourquoi* des choses, une volonté farouche de s'en tenir au *comment*: *„De l'inutilité de rechercher une cause ou un facteur susceptibles d'expliquer pourquoi le globe terrestre est suspendu au milieu du cosmos dans le vide"*, et dans lequel on exhortera à ne pas scruter davantage le pourquoi de la séquelle de phénomènes mises à jour par les découvertes nouvelles: l'existence des antipodes (comment les hommes de ces antipodes ne tombent-ils pas dans le vide?), l'hypothèse copernicienne (comment la concilier avec l'arrêt du soleil chez Josué?), et tant d'autres perspectives qui ébranlent la figure du monde établie par Aristote. Il en est de ces questions, estime David Gans, ce qu'il en est du problème beaucoup plus vaste de l'origine même du cosmos, problème sur lequel les Rabbins du Talmud ont depuis toujours recommandé de tendre le voile de la discrétion (Traité *Haguiga* II). Et David Gans de s'abriter derrière la „belle parabole" d'un astronome médiéval, Isaac Israeli (*Yesod Olam*, II, I): „L'orfèvre travaillant à la perfection l'or et l'argent a-t-il besoin de connaître l'origine ou la composition de ces précieux métaux? Ainsi l'astronome, à sa table de travil, n'a-t-il pas à s'interroger sur les origines du ciel et de la terre." Les faits mentionnés dans le Livre de Josué sont des „miracles". Ils sont nés, affirme David Gans, d'un acte arbitraire de Celui qui est Tout-Puissant et Insondable, échappant à la fois aux lois de la Nature et à celles de l'entendement humain. Comme Isaac Abravanel, derrière lequel David Gans se retranche souvent, l'affirmait avec force: à Celui qui créa le Monde ex nihilo, tout est possible, mais ce possible ne fait dévier les lois scientifiques de la nature de leur cours que pour en confirmer l'existence et la légitimité.

Troisième niveau, enfin, prologeant le deuxième, mais sous une forme plus philosophique, en un élan qui rehausse aux altières perspectives d'une véritable *épistémologie* ce qui peut apparaître comme trop fidéiste dans la position précédente.

C'est l'attitude du Maharal de Prague. Pour lui, en effet, l'erreur consiste à traiter les Maîtres du Talmud en savants, au sens aristotélicien du terme. Certes, ils possédaient d'énormes connaissances en médecine ou en astronomie, mais aucun d'eux n'était ni médecin, ni astronome. Certes, ils ont beaucoup disserté de médecine ou d'astronomie, mais ni leur objectif, ni leur langage n'était de caractère médical ou astronomique. Derrière les *phénomènes*, c'est l'*essence* qu'ils voulaient et qu'ils savaient atteindre. Et c'est de l'essence qu'ils parlent, et non des apparences. Lorsque donc apparaît une contradiction entre l'astronomie du Talmud et celle de Ptolémée, elle ne tient ni à l'ignorance des Rabbins en matière astronomique, ni à un quelconque dédain à l'égard de cette science respectable en elle-même. La contradiction a des racines plus profondes: elle dérive de l'opposition irréductible entre des penseurs-philosophes qui parlent de phénomènes et des penseurs-mystiques qui scrutent les essences. „L'aveu" des Rabbins dans la page du Traité *Pesahim* 94b n'est ni un aveu de carence, ni un aveu d'ignorance, mais le signe même d'une inconciliable querelle entre des hommes qui voient le monde tel qu'il se présente réellement aux sens et d'autres hommes, prêts à reconnaître volontiers que sur ce plan physique leurs partenaires ont raison, mais que, néanmoins, la vérité est de leur côté parce que projetée sur l'écran métaphysique, l'image du monde est soudain renversée. „Le monde renversé", – cette expression favorite du Maharal, et capitale pour saisir sa pensée – s'applique à ce problème de l'astronomie comme elle est présente partout dans son option, proche de l'allégorie philonienne et néoplatonicienne, mais surtout nourrie de Kabbale, mais tolérante à l'égard d'autrui autant que l'option éclairantiste de Maïmonide.

Les contradictions relevées par un Maïmonide ou un Azarya dei Rossi entre les textes bibliques ou talmudiques, d'une part, et les données scientifiques, d'autre part, sont inhérentes à la nature même des deux „parts", qui constituent les deux côtés dialectiques d'une seule et même vérité, affirme le Maharal. Vouloir surmonter ces contradictions par des exégèses concordistes, c'est se méprendre, à la base, sur la nature de cette contradiction qui est *nécessaire*, dans *l'ordre des choses*. Dédaigner la science et ériger en principe *scientifique* absolu la *thora*, c'est faire preuve d'obscurantisme infantile; la science est *vraie*, mais la *thora* n'est pas une science. Inversement, rejeter les affirmations de la *thora*, comme le fait Azarya, sous prétexte qu'elles sont inconciliables avec la science, c'est faire preuve d'ignorance sur le caractère de la *thora* qui n'est pas une concurrente de la science, mais une source de connaissance d'un ordre différent.

Ce qui est valable pour la médecine, tant prisée par Maïmonide – et à juste titre – est applicable à l'astronomie. La médecine est une science vénérable. Et l'astronomie également. Mais elles ne parlent que des causes physiques des phénomènes, causes qui sont réelles, mais incomplètes. Les porte-parole de la Thora, les Sages d'Israël, eux, connaissent parfaitement cette causalité physique, mais *ils n'en parlent pas*. Ils en laissent l'exploration aux porte-parole de la *Hokma*, aux Sages parmi les Nations. Ce dont parlent les Sages d'Israël, ce sont les causes *métaphysiques*, la causalité Divine, imbriquée dans la causalité physique.

Quant aux causes physiques, les Sages d'Israël en accordent l'exploration à l'esprit inventif de l'homme. A l'intérieur de ce domaine qui lui est propre, l'esprit humain évolue, découvre, révolutionne, sans que jamais le cycle de cette créativité s'arrête.

C'est à ce moment précis de son raisonnement que le Maharal de Prague – en premier auteur juif de l'histoire, répétons-le- – évoque Nicolas Copernic, mais pour l'insérer dans la chaîne de cette relativité permanente de la science astronomique, rendant ainsi hommage à la „révolution" réalisée par ce génie, mais restant dans l'attente sereine d'une autre et nouvelle „révolution" (Kepler, Newton, Einstein!!) qui remplacera la sienne:

„En quoi donc consiste le privilège d'Israël dans le domaine de l'astronomie? En ceci qu'il est parfaitement exact que les Gentils se sont passionnés pour cette science et y ont atteint des niveaux de connaissance absolument exceptionnels, ayant parfois, comme chacun sait, l'apparence d'une connaissance absolue et définitive. Or, sans cesse, surgissent parmi eux de nouveaux savants qui abolissent les résultats magnifiques qu'à grand peine on avait atteints. Un exemple: tout récemment s'est révélé un savant que l'on appelle l'inventeur de „l'atronomie nouvelle". Son système est entièrement nouveau, en effet, en ce sens que tout ce que ses prédécesseurs avaient établi en système des orbites stellaires, du mouvement des planètes et des autres corps célestes, il l'a renversé de fond en comble, traçant un tableau scientifique entièrement nouveau. Il précise toutefois lui-même qu'il n'est pas capable de fournir un système expliquant le tout".

Cette "explication du tout", cette clé de l'absolu, seuls les Sages d'Israël la possèdent. Seulement, elle n'ouvre pas le monde des phénomènes, mais celui, immuable, des noumènes.

Ainsi, en fin de compte, pour le Maharal, ce que l'on croit être une „astronomie juive", est en réalité une *méta-astronomie*, une connaissance des causes premières métaphysiques et non pas une science des phénomènes secondaires et physiques. Ce caractère proprement scientifique le Maharal ne le reconnaît explicitement qu'à l'astronomie non-juive, avec toutefois la nuance importante d'un indice de relativité qui bat en brèche le dogmatisme massif ptoléméen, sans toutefois permettre de s'en servir comme d'une clé suffisamment solide pour faire sauter la serrure derrière laquelle reste cloitrée la vérité.

Relevons la remarquable parenté de cette position méthodologique du Maharal avec celle de Galilée, dans sa célèbre lettre à Christine de Lorraine (*Opere di Galileo Galilei*, Edizione nazionale, V, 1851, 207-248). Cette lettre est de 1615 (la condamnation du livre de Copernic sera prononcée par le Saint-Office l'année suivante). Galilée essaie de justifier le copernicianisme en se réfugiant derrière la distinction entre le domaine *métaphysique* des Ecritures Saintes et le domaine purement *physique* de l'astronomie. Le texte du Maharal figure dans son *Netivot Olam*, publié dès l'année 1595.

Ainsi, paliers par paliers, les savants juifs par le mouvement interne de leur pensée, alimentent-ils, leur copernicianisme grâce à des options que les savants non-juifs coperniciens (Kepler, Galilée) opposeront en vain à leurs trop zélés persécuteurs. Le fait remarquable c'est que les savants juifs ne rencontreront sur leur chemin, à l'intérieur de la communauté juive, aucun opposant, encore moins, évidemment, de persécuteur[6].

[6] Sur le problème général de la tolérance juive et de ses limites, cf. JACOB KATZ: *Exclusiveness and Tolerance, Jewish-Gentile Relations in Medieval and Modern Times*, New York, 1962.

EIN DETAIL AUS DER WEISHEITSLEHRE (JER.9,11f.)

B. J. OOSTERHOFF (APELDOORN)

In Jeremia 9 werden allgemein die Verse 11-15 (hebr. Einteilung) gehalten für eine spätere Einschaltung und eine Unterbrechung des Gedankenganges in den Versen 9f., der dann aber in 16ff fortgesetzt wird.

In V.9 ist die Rede von dem Klagelied, das Jahwe über die Auen auf den Bergen Israels anhebt.

Viele Exegeten wenden eine Korrektur an und lesen 1e Pers. Sing. Imperf., so dass Jeremia das Klagelied anhebt, oder 3e Pers. Plur. Imperf., so dass die Leute dazu aufgerufen werden, aber der Gedanke, dass Gott selbst ein Klagelied anhebt kann auch Am.5,1 der Fall sein.

Jahwe hebt ein Klagelied an, weil die Auen durch Kriegsgewalt versengt sind, so dass keiner mehr durchwandert. Der Herde Laut wird nicht mehr gehört. Von den Vögeln des Himmels bis hin zum Vieh ist alles geflohen, davongegangen. Weder Mensch noch Tier hat Lebensmöglichkeiten.

Und nicht nur das offene Feld wird durch dieses Urteil Gottes getroffen. Jerusalem wird zu Trümmern gemacht, zur Wohnung der Schakale und die übrigen Städte Judas erleiden dasselbe Schicksal, so dass da keiner wohnt (V.10).

Und dann folgt 11: „Wer ist der Weise Mann? Der soll hierin Einsicht haben und zu wem der Mund Jahwes geredet hat, er kann es erzählen".

Auf die Übersetzung dieser Worte komme ich in der Fortsetzung zurück.

Darauf folgt die Frage: „Warum ist das Land zu Grunde gerichtet, versengt wie die Wüste, so dass niemand hindurch zieht?" Worauf in den zwei folgenden Versen die Antwort aus dem Munde Gottes folgendermassen gegeben wird: „Weil sie mein Gesetz, das ich ihnen vorgelegt habe, verliessen und nicht auf meine Stimme hörten und nicht in ihm wandelten, sondern dem Starrsinn ihres Herzens folgten und den Baalen, die sie ihre Väter gelehrt hatten".

V.14f. fügt noch folgende Bemerkung hinzu: „Darum, so hat Jahwe der Heerscharen, der Gott Israels, gesprochen: Sie, ich gebe ihnen, diesem Volk da, Wermut zu essen und Giftwasser zu trinken und zerstreue sie unter die Völker, die sie nicht kannten, weder sie noch ihre Väter, und sende das Schwert hinter ihnen drein, bis ich sie vernichtet habe".

Diese Worte beziehen sich deutlich auf die babylonische Gefangenschaft, wohin das Volk geführt wird. Wermut und Gift sind Bilder grossen Elends (Jer.8,14; 23,15; Thren.3,19).

In 16ff. werden dann die Klageweiber dazu aufgerufen, ein Klagelied über das Volk anzustimmen, das durch Krieg und Pest zu Grunde geht.

Damit wird das Thema, das in V.9 angefangen wurde, wieder aufgenommen, nur mit diesem Unterschied, dass in V.9 Jahwe selbst das Klagelied anhebt und in 16ff. die Klageweiber es tun müssen, aber sachlich ist es dasselbe Subjekt.

Sachlich schliessen V.16ff. sich den V.9f. an, so dass der Gedanke nahe liegt, 11-15 sei eine spätere Einschaltung.

Dieser Gedanke wird ausserdem verstärkt durch die Tatsache, dass dieser Teil Prosa ist und sich dadurch von der poetischen Form des Kontexts abhebt.

Wenn man weiter die Verse 11-15 näher betrachtet zeigt sich, dass auch sie hinwiederum sich in zwei verschiedene Teile gliedern, nämlich 11-13 und 14-15.

V.11-13 bilden deutlich eine Einheit. In 11 wird die Frage gestellt und 12-13 geben die Antwort. V.14-15 schliessen sich dann V.12-13 an, aber gehören nicht direkt zu der Antwort auf die Frage in V.11. Sie schliessen sich der Bemerkung an, dass das Volk das Gesetz Gottes verlassen und auf seine Stimme nicht gehört hat, aber eigenem Starrsinn und fremden Göttern gefolgt ist. Nicht nur ging darum das Land zu Grunde (11), sondern es war auch der Grund dazu, dass Gott dem Volk Wermut zu essen und Giftwasser zu trinken gab und es über die Erde zerstreute.

Dass wir es in 14-15 mit einer neuen Hinzufügung zu tun haben, zeigt sich auch aus den Worten, womit sie eingeleitet werden: „Darum, so hat Jahwe der Heerscharen, der Gott Israels, gesprochen". Den V.11-13 wird ein neues Gotteswort hinzugefügt, wodurch erklärt wird, warum so manches Elend über das Volk kam und sie in Exil geführt wurden. Schon bevor das Volk in Exil geführt wurde hat Gott dem Volk durch die Predigt Jeremias dieses Urteil angesagt (Jer.8,14; 23,15) und darauf wird hier zurückverwiesen. Darum, weil das Volk Gottes Gesetz verlassen hat, ist Elend über das Volk gekommen.

Die Hinzufügung datiert sich aus der Zeit des Exils. Schon ist das Exil ein Faktum und der Grund dazu wird umschrieben mit Worten, welche Jeremia schon vorher gesprochen hat.

Die Worte in 11-13 stammen aus derselben Zeit, ebenso die des Exils, und schliessen sich den Worten Jeremias in V.10 an. Dort wird gesagt, dass das Land zu Grunde gehen soll und in V.11 wird gefragt warum das nun geschehen, also ein Faktum ist.

Nur wenige – Keil und einige Anhänger – haben die Worte in 11-13 unmittelbar aus den Munde Jeremias erklärt und meinen dass die Frage in V.11: „Wer ist der weise Mann usw." verneinenden Sinn hat. Leider ist niemand so weise einzusehen weshalb das Land zu Grunde geht. Und mit den Worten „zu wem der Mund Jahwes geredet hat" sollte Jeremia die falschen Propheten im Auge haben, die, wenn sie wirklich Worte Gottes hätten, dem Volk seine Verderbtheit und deren Folgen verkündigen müssten. Da aber niemand so weise ist, dass er die richtige Einsicht in den Untergang des Volkes hat, so legt ihnen Jeremia die Frage in 11b vor und lässt die Antwort in 12f. von Jahwe selber geben.

Aber unzweifelhaft hat man diese Verse anders zu verstehen. Die Frage, wer der weise Mann ist, wird positiv beabsichtigt und erinnert an einige andere Stellen im Alten Testament, nämlich Hos.14,10; Ps.107,43; Qoh.8,1, wobei im Neuen Testament Jak.3,13 genannt werden kann.

In Hos.14,10 lautet die Frage: „Wer ist weise?" Darauf folgen die Worte ויבן אלה.

Wie soll man diese übersetzen? Meistens werden sie konsekutiv aufgefasst. Sie sollen die Folge ausdrücken. Man übersetzt dann: „Wer ist so weise, dass er dieses verstehe? (Wolff).

Das folgende נבון וידעם wird übersetzt: „so einsichtig, dass er erkenne?" Oder man übersetzt die Worte relativ: „Wer ist weise, der dies verstehe und klug, der dies merke?" (Luther).

Aber in beiden Fällen hat das Hebräische gewöhnlich eine andere Konstruktion. Nach der Fragesatz mit מי wird der konsekutive Nebensatz meistens eingeleitet durch כי (Ex.3,11; Richt.9,28; I Sam.18,18 u.a.) oder אשר (Ex.5,2) ebenso nach מה (I Sam.11,5; II Kön.8,13; Jes.22,1; Ps.8,5; Hiob6,11).

Auch der relative Nebensatz wird eingeleitet durch אשר (Dt.3,24; 5,26; Richt.10,18). Auch fehlt ein Partikel (I Sam.26,14). Oder wird ein Partizipium, mit (Gen.24,65) oder ohne Artikel (Ps.35,10; Hiob 42,3) gebraucht.

In Hos.14,10 wird der Fragesatz in dem Nachsatz fortgesetzt mit *Waw copul.* und Jussiv. Niemals wird auf diese Weise im Hebräischen die relative Konstruktion zum Ausdruck gebracht.

Brockelmann versteht die Worte מי חכם. als einen Relativsatz und das folgende als Hauptsatz und übersetzt: „Wer weise ist, der sehe es ein" (C. Brockelmann, Hebräische Syntax, Par.157). So auch die Übersetzung der Niederländischen Bibelgesellschaft: „Wie wijs is, geve op deze dingen acht; die verstandig is, erkenne ze".

Brockelmann führt aber als Parallelen nur אשר-Sätze an (Gen.44,9; Jos.15,16). Dasselbe Bedenken hat Wolff gegen Brockelmann's Übersetzung (H. W. Wolff, Biblischer Kommentar, Dodekapropheton I, z.St.). Von interrogativen Relativsätzen mit מי und *Waw copul.* und Jussiv in dem Hauptsatz gibt es im A.T. keine Beispiele. Es gibt wohl Beispiele ohne *Waw* (Ex.24,14; 32,33; Richt.7,3). Auch sind Beispiele von Fragesätzen zu nennen, die in dem Nachsatz *Waw copul.* und Jussiv haben mit konsekutiver Bedeutung (I Kön.22,20 = II Chron.18,19; Jona 1,11; Ps.80,13). Es ist darum möglich Hos.14,10 konsekutiv zu übersetzen.

Aber man kann auch übersetzen: „Wer ist weise? dann soll er dies einsehen; und einsichtig? dann soll er dies wissen". Sachlich stimmt dies überein mit der Übersetzung Brockelmann's. Es wird etwas von dem Weisen gesagt. Ebenso kann man Joüon zustimmen, dass der Fragesatz einen konditionellen Satz repräsentiert (P. Joüon, Grammaire de l'Hébreu Biblique, Par.167mN). Richtig ist allerdings, dass etwas von dem Weisen gesagt wird. Der Weise soll sich hierin manifestieren, dass er Einsicht und Wissenschaft hat. Worin er Einsicht haben und was er wissen soll wird im folgenden gesagt, eingeleitet durch כי, nämlich dass die Wege Jahwes richtig sind.

Dass dies die Absicht ist zeigt sich auch aus den andern Beispielen.

In Ps.107,43 wird dieselbe Frage gestellt: „Wer ist weise?" Und dann wird von dem Weisen gesagt: „der soll sie (nl. die rettenden Taten Jahwes) beobachten (*Waw copul.* und Juss.) und man soll zu Herzen nehmen (*Waw copul.* und Juss.) die Huldtaten Jahwes".

So übersetzen auch die meisten Exegeten, z.B. Kraus: „Wer ist weise? Er merke sich dies! Man nehme zu Herzen die Huldtaten Jahwes", oder Weiser: „Wer ist weise? Der behalte dies und merke auf die Gnaden des Herrn". Die Übersetzung der Niederländischen Bibelgesellschaft lautet hier: „Wie is wijs? Hij lette op deze dingen, laat men acht slaan op de gunstbewijzen des HEREN".

Die Konstruktion ist dieselbe wie in Hos.14,10 und es ist nicht deutlich warum man dort anders übersetzen soll als hier. In beiden Fällen wird etwas über den Weisen gesagt.

Es ist nicht nötig die Pluralform ויתבוננו mit der syrischen Übersetzung in Singular zu ändern. Der LXX hat auch Plural. Der Übergang von Sing. zu Plur. ist dem Hebräischen nicht fremd. Es wird auch nicht an nur einen Weisen gedacht, sondern an viele. Jeder der Weise ist, soll die Taten Jahwes beobachten. Bestimmt unrichtig ist es mit Schmidt 2e Pers.

Plur. zu lesen und zu übersetzen: „nehmt zu Herzen". Nicht bloss wird das nicht durch die alten Übersetzungen gestützt, sondern es ist auch gegen die Absicht des Textes. Dieser ruft nicht auf die Huldtaten Jahwes zu Herzen nehmen, aber will sagen worin sich der Weise manifestieren soll. Wer ist weise? Der muss sich denn hierin zeigen dass er merkt auf die Taten Jahwes und sie zu Herzen nimmt.

In Qoh.8,1 ist die Konstruktion etwas anders. Dort lautet die Frage: „Wer ist *als* der Weise und wer kennt die Deutung der Dinge?" Das Wort פשר (Deutung) kennen wir heute auch aus der Qumran-Literatur. Dort meint es öfters die Deutung der Heiligen Schriften. Hier wird die Einsicht gemeint in die Probleme des Lebens, in die beste Lebensführung. Der Weise ist der Mann, der Einsicht darin hat.

Weiter wird dann gesagt an welchen Dingen man den Weisen erkennen kann. „Die Weisheit eines Menschen erleuchtet sein Angesicht und die Härte seines Gesichtes wird geändert".

Die Weisheit macht den Weisen freundlich und man kann ihm die Freude vom Gesichte lesen. Das steht niemals schroff und mürrisch.

Wenn auch die Konstruktion etwas anders ist als in vorigen Texten, folgt doch auch hier auf die Fragen etwas, worin gesagt wird, wodurch der Weise sich manifestiert.

Zum Schluss kann noch im N.T. Jak.3,13 genannt werden. Die Frage lautet: τίς σοφος και ἐπιστημων ἐν ὑμιν;

Die Worte σοφος und ἐπιστημων korrespondieren deutlich mit den Hebräischen Worte חכם und נבון. Das erste Glied des Verses ist eine Frage. Das unterstützt die Übersetzung „Wer ist weise?" in Hos.14,10 und Ps.107,43.

Im zweiten Teil des Textes wird wieder gesagt, worin der Weise sich zeigen soll. Er soll aus seinem guten Lebenswandel seine Werke in Sanftmut zeigen. Das griechische δειξατω (Imper.) stimmt überein mit den Jussiven im Hebräischen.

Die Worte Jacobi erinneren an die alttestamentliche Weisheitsliteratur. Auch anderswo in seinem Briefe spricht er über die Weisheit (1,5) und sein spruchmässiger Stil und sein Betonen der praktischen Lebensweisheit weisen in dieselbe Richtung. Einflusz der Weisheitsschule muss offenbar angenommen werden.

Dass in den Weisheitsschulen ein eigener Stil zur Entwicklung kam ist begreiflich. Zu diesem Stil gehört auch die Frage „Wer ist weise?" oder „Wer ist der weise Mann?", um dann darauf zu sagen worin der Weise sich manifestieren soll.

Dass Qoh.8,1 zur Weisheitsliteratur gehört ist deutlich. Ps.107,43 erinnert ebenso an die Weisheitslehre. Hos.14,10 ist unzweifelhaft eine Unterschrift unter den Weissagungen Hosea's durch die Weisheitslehrer. Es ist ein Beweis dafür wie die Weisheitslehrer sich beschäftigt haben mit der Verkündigung der Propheten und diese in ihren Schule gelehrt und gefördert haben. Mit der Unterschrift unter den Worten Hosea's wollten sie anzeigen, dass die Botschaft des Propheten nicht nur für seine Zeit und in den Umständen, unter denen sie gepredigt wurde, gültig gewesen sei, sondern auf alle Zeit gültig sei.

Es ist eine interessante Angelegenheit zu bemerken, dass die Verkündigung der Propheten einen Platz empfangen hat in der Unterweisung der Weisen. Weisen sind eben sie, die der Verkündigung der Propheten gehorchen und zur Anwendung bringen. Die Weisheitslehrer sind auf diese Weise deutlich die Vorläufer der späteren Schriftgelehrte gewesen.

Ein Beispiel, dass die Weisen in ihrer Unterweisung sich mit der prophetischen Verkündigung beschäftigt haben und dafür Aufmerksamkeit verlangten, gibt auch Jer.9,11,

Die hebräische Konstruktion ist wie in Hos.14,10 und Ps.107,43 und in Übereinstimmung mit diesen Texten und auch mit Qoh.8,1 und Jak.3,13 übersetze ich: „Wer ist der weise Mann? Der soll hierin Einsicht haben und zu wem der Mund Jahwes geredet hat, er soll es erzählen. Warum ist das Land zu Grunde gerichtet, versengt wie die Wüste, sodass niemand hindurch zieht?" Der Weise soll sich hierin zeigen und hierdurch betonen, dass der Mund Jahwes zu ihm geredet hat, dass er weiss, warum das Land zu Grunde ging.

Der Weise wird also als nicht weniger von Jahwe inspiriert betrachtet als der Prophet. Aber er kennt keine andere Weisheit als welche die Propheten verkündigt haben. Die Weisen schliessen sich der Verkündigung der Propheten an. Die Toren kümmern sich darum nicht. Aber sie zeigen dadurch dass der Mund Jahwes zu ihnen nicht geredet hat. Der Weise stimmt der Verkündigung des Propheten zu.

Wenn nach dem Fall Jerusalems 586 das Urteil Gottes ein Faktum ist, unterweisen die Weisen die Leute in dem, was die Propheten vorher verkündigt haben.

Offenbar geschah dieser Unterricht in katechetischer Form, d.h. in Frage und Antwort. Der Lehrer fragt und der Schüler antwortet. Aber dieser gibt nicht seine eigene Antwort. Er antwortet, was die Propheten gelehrt hatten.

Der Lehrer sagt: Wer ist der weise Mann? Der soll hierin Einsicht haben und darin muss sich zeigen, dass der Mund Jahwes zu ihm geredet hat, dass er dies kann erzählen, warum das Land zu Grunde gerichtet ist usw. Und dann antwortet der Schüler mit dem Wort Gottes, das er durch den Propheten gesprochen hat: „Jahwe hat gesagt: Weil sie mein Gesetz verlassen und nicht auf meine Stimme hörten usw."

So werden die Leute unterwiesen in dem, was Gott durch die Propheten geredet hat.

Von Rad spricht in seinem Buch „Weisheit in Israel" von dem „katechetisch-didaktischen Stil" in der Weisheitsschule (32ff).

Auch in Jer.9,11-13 haben wir es mit einem Detail solchen katechetischen Unterrichts der jüdischen Weisheitslehrer zu tun, in und nach dem Exil.

Und es ist nicht unmöglich, dass die V.14-15 auch aus demselben Unterricht gebürtig sind.

PSALM 74 AND ITS STRUCTURE

J. P. M. VAN DER PLOEG (NIJMEGEN)

At the International Congress for the Study of the Old Testament, held at Uppsala in 1971, Prof. Meir Weiss (Jerusalem) gave a much appreciated lecture on the method of the so called 'Total-Interpretation' of biblical poetry, in which he stressed the necessity of structural analysis for the understanding of the poetry of the Old Testament.[1] It was a reaction against Gunkel's *Gattungsforschung*, which considers a psalm, or even parts of it, first of all as representative of a *Gattung*, a *genre littéraire*, subject to its laws of style and to be intrepeted from its *Sitz im Leben*. Gunkel's method inaugurated a new era in the field of the studies on the book of Psalms, as everybody knows, but it proved to have certain imperfections. It was often applied too rigidly, if not always by Gunkel himself (who was well aware of some limits of the method), at least by a number of his followers. The reaction of C. Westermann, C. Barth, A. Barucq and others[2] was very healthy and simplified the method and the system not a little. The week point in the interpretation of a Psalm by Gunkel and his disciples is very often the supposed *Sitz im Leben*, which might well be called its tendon of Achilles. As a matter of fact, the *Sitz im Leben* is more or less concluded from style *and* contents of a psalm, and then the contents are explained from the point of view of the *Sitz im Leben*. This may result in a vicious circle and is often unconvincing.

[1] The text of the lecture was published under the heading Die Methode der 'Total-Interpretation', von der Notwendigkeit der Struktur-Analyse für das Verständnis der biblischen Dichtung, in *S.V.T.* 22 (Congress Volume, Uppsala 1971) Leiden 1972,88-112.

[2] Cf. the article of the present writer Réflexions sur les genres littéraires des Psaumes, in *Studia Biblica et Semitica Theodoro Christiano Vriezen dedicata*, Wageningen 1966,265-277.

But the circle ceases to be vicious if it is seen in its totality, when one has not to go from one point to the other(s), simply to return at the starting point. This leads to what Weiss and others call the *'Total-Interpretation'* of a psalm.

In his article Weiss explains the meaning of this interpretation. At present there is much purely theoretical talk on interpretation of the Old Testament according to the rules of what is called 'science of litterature'; the book of Wolfgang Richter: *Exegese als Literaturwissenschaft* (Göttingen, 1971) contains hardly anything else and is rather abstract. Weiss illustrates his method by several examples of which the foremost is Psalm 74. This psalm is considered and interpreted as a whole by analysing its contents and discovering its structure. This structure is according to Weiss rather simple and very clear. In vs.1-3 three themes are indicated, or rather three subjects: 1. Lamentation on our present distress (1); recording of the great deeds of God in the past (2); call for divine action in the future (3). To each of these three verses correspond three parts of the psalm (three 'strophes'): 4-11 (the present); 12-17(the past); 18-23 (the future). Thus the poem becomes perfectly clear and its structure appears to be simple and well balanced.

It most probably escaped Weiss that Giorgio Castellino proposed a similar, but not identical interpretation of Psalm 74 in his valuable commentary *Libro dei Salmi* (Torino 1955), 305-313. According to Castellino the three initial verses correspond to the three main parts of the psalm, *but in the reverse order*, 1 corresponding to part 3, 2 corresponding to part 2 and 3 corresponding to part 1! He does not speak of present, past and future times, but of 1. the stubbornness of God, putting his people to the test; 2. the recording of the relations God had of old with his people; 3. an invitation, addressed to God, to look at the ruins wrought by the enemy. One sees that this analysis is very different from the one made by Weiss. Castellino and Weiss are two serious authors and meritorious scholars, but impossibly both of them can be right. Their difference of opinion concerns especially the interpretation of the 1st and 3rd main parts of the Psalm. In the division in three main parts (besides the introduction) both scholars agree, but the agreement is not total, because Castellino subdivides each of the three main parts in smaller units of three or two verses (4-6.7-9.10-11; 12-14.15-17; 18-20.21-23), of which Weiss makes no mention. Weiss has observed that the word נצח is found in vv. 1 and 3, and is repeated in 10 (1st main part) and 19 (3rd main part); למה is found in 1 and 11 (end of the 1st main part); מקד in 2 and 12 (1st verse of the 2nd main part). According to him this cannot be accidental and points towards the division he advocates, the modern study of poetry having taught us to listen to the harmony or concord of content and form („Gehalt und Gestalt", o.c., p.100). This observation is not explicitly made by Castellino. What is the value of both interpretations?

In his article Weiss polemizes against C. Westermann's *Das Loben Gottes in den Psalmen* (1961²), 39, in which according to Weiss, Westermann changes the order of some verses of Ps 74 in order to give an own interpretation of it, thus completely destroying its structure and taking away its truth (o.c., 98). I have before me the 1963³ edition of Westermann's booklet and do not see that he *explicitly* changes the order of any of the verses of Ps 74. In a synopsis he compares the contents of Psalms 79,74 and 80 and indicates the common parts, if possible on the same line. To do this he had slightly to change the order of the contents of some verses or parts of them of Ps 74, not telling however that the order itself of the verses should be changed; nor is this done by H. J. Kraus (as Weiss insinuates), who is in agreement with Westermann as far as the scheme of the psalm is concerned. One can only say that Westermann could have been just a little more precise to avoid any possible misunderstanding. He very correctly distinguishes in the Psalm between lamentation and prayer, a distinction too often forgotten by those who even call a prayer in distress a 'Klagepsalm', a 'Psalm of Lamentation'. Here the Gattungsforschung may intervene, the good one, teaching us that a lamentation, like one on a dead person, is something different from a prayer. The dead cannot come to life, but the man in distress asks God to intervene, to help or even to rescue him to give him life. This distinction is made also by Castellino (implicitly), who speaks of *lamento iniziale, grido di lamento* and of *preghiera finale* and by Weiss: *Klage... Ruf um Eingreifen*. But whereas Weiss divides the psalm, after the introductory verses, in three parts, Westermann knows of five parts of the psalm: 1°. introduction and introductory prayer: 1-3; 2°. lamentation: 4-11; 3°. confession of confidence: 12-17; 4°. prayer: 18-20; 5°. vote with praise ('Lobgelübde'): 21-23. Westermann thinks that these five parts (but not the short 'Bitte' in the beginning) are the essential parts of the 'Bitt- oder Klagepsalm des Volkes' (o.c., 39); the first, third and fifth part are of secondary character compared with the second and fourth, they are (in the development of the *genre littéraire*) of later origin ('Offenbar spätere Erweiterungen', l.c.). In the course of time the lamentation became weaker, whereas the prayer became more important (it is always the most essential part of the Psalm). It seems quite clear that 21-23 cannot be called a 'Lobgelübde'; they are the last verses of the prayer and only in 21b contain a wish that the poor may praise God, but this wish is a quite normal and ordinary one: every poor or misrable person, helped by a mighty one, used to say a word to praise

God, as an equivalent of our 'Thank you', adressed to God, as the Muslims adress it to Allah: *al-ḥamdu lillāh* 'Allah be praised'.

We agree with Weiss when he says that the 'Total-Interpretation' of the psalm is much more important than the eventual application of premises and data emanated from the *Gattungsforschung*. In composing their psalms, the psalmists did not submit themselves, nor were they submitted, to *rigid* rules of style and *genre*, as have been formulated by modern European scholars. In ancient Israel there was no academy, no college or school where 'literature' was taught, to be composed according to strict rules, but a very great amount of freedom was left to the individual. There were, of course, literary traditions, certain literary forms and formulae, literary 'types', but all had to serve the scope of the poet in composing poetry. In West-Syriac ecclesiastical literature there is a form of prayer called *sedro*. Formerly it was a kind of litany, and it is still used in this form in the liturgy of Byzantium. For a number of sedro's (there are hundreds of them) this origin is still clear at least in parts of them, but most became prayers to be sung by the priest, or the presiding minister, with a special scope, e.g. in honour of the Holy Cross, the Saints, the Blessed Virgin, etc. One of the types is the *sedro d'taybutho* 'sedro of penance'. As is the case with all the sedro's, it is introduced by a kind of doxology (*frûmyûn* = proëmion), but a very much used text of this *sedro* is nearly completely a prayer asking for the grace of God, in order that those who adore Him may be blessed, may receive the Holy Spirit, may be clothed with love, may conquer the devil, may rejoice at the spiritual table; then only the remission of sins is asked in eight words (no words of penance) and the prayer finishes with a doxology. Its scope is quite clear from its title, but without this modern *Gattungsforschung* would not discover in it a prayer for penance. This means that the criterion of style cannot be applied to discover the scope of the prayer and consequently its meaning. In studying and analysing Hebrew psalms this constantly should be born in mind. It does not mean that the study of the literary genre's is of no use (it *is*), but it means that the interpretor should first of all analyse the text lying before him and try to understand it as it is, as a whole, as it presents itself.

We also agree with Weiss and Castellino in dividing the psalm roughly in an introduction and three main parts. But besides this we would like to call the attention of the interpretor and the reader to a characteristic of the style of many a psalm: the repetition of the same motive or motives in various terms, completing each other[3]. This phenomenon can be observ-

[3] See e.g. my commentary on Ps22 in *Psalmen*, uit de grondtekst vertaald en uitgelegd, 1st part Roermond 1971, and also Psalm XIX and some of its problems, *J.E.O.L.* 17 (1963), Leiden 1964, 193-201, especially 198-199.

ed in Psalm 74, and its understanding is essential for the interpretation.

The psalm begins with an introduction in which the present situation of the people in distress is delineated; it is at the same time a complaint, a 'lamentation'. V.1 and 2 form an antithesis, the former verse complaining that God endly continues to reject his people, his anger 'smoking' against the sheep of his pasture, the latter recalling the election of Israel: 'Remember thy congregation, which thou hast purchased of old, the tribe of thine inheritance thou has redeemed, mount Sion, wherein thou hast dwelt'. This verse, of course, recalls the past but not for the past's own sake: Israel is *still* the chosen people, God's own inheritance cannot be taken away from Him, but look at its present condition: the elected people is living in misery! This idea is strengthened by 3 which rhetorically asks God to come down and visit his most holy place on earth where the enemy destroyed everything. Far from describing present, past and future (to be elaborated in the main parts 1-3) these verses evoke the miserable present condition of the people in its various aspects.

V.3b: 'the enemy destroyed everything in the sanctuary' is elaborated in 3-8 (this is why Castellino thinks that v.3 corresponds to main part 1 of the psalm): these verses describe the havoc wrought by the Babylonians on mount Sion in 587 B.C., the effects of which are still visible and have their bearing on the present situation.

Vv.9-11 describe the psychological consequence, in the mind of the author, of the recalling of the past events as bearing on the present situation; they are a complaint, a lamentation, the author reverts to the initial complaint and repeats two keywords of it: למה and לנצח, adding עד־מה (9b) and עד־מתי (10a) 'how long!', characteristical terms of complaints. These terms are clearly an addition to למה 'why' of 1 and 11. If one considers 1-11 as a whole, one might say that the repetition of some key-words from 1 and 3 in 10 and 11 forms a kind of *inclusio*, a phenomenon which is not only characteristic for entire psalms, but for parts of them as well. In this way 1-3 are not only an introduction to the complete psalm, but also belong to the first part of it.

Vv.12-17 speak of the remote past, when God created the world. They do so, not just because of the interest the psalmist may have had for this past, but because the fact of creation is the strongest proof of the almighty power of God, the power he still has. Thus the psalmist evokes the idea of the never changing power of God, proved beyond doubt by the fact of creation. By creation God became the Master of everything he created, and therefore also of man. God is more than powerful enough to put an end to the miserable situation in which the chosen people finds itself; against his divine power human enemies are much more powerless than the horrible sea-monsters of old. In 12 the word קדם

is repeated from 2, though with a preposition: it recalls the fact that Israel became the possession of God in ancient times (v.2) and God its sovereign ('king', 12).[4] Kingship was instituted in Israel to deliver the people from its enemies; that is why the word is used in 12, alluding to the mighty enemies God himself had conquered: Leviathan and the terrific monsters of the sea. V.12 is a kind of introduction to the section 12-17, v.17 is a conclusion. In this passage the word אתה 'thou' is repeatedly used: not less than six times. This 'thou' applies to God who is always the same (Ps102,28), always almighty and powerful and who is implicitly asked to act. In Ps89,10 ss. we find a similiar passage, serving a similar scope. Vv.12-12 clearly recall mythological motives: the victory on the powers of chaos, whereas 15-17 recall the creation of the present world, not in the order of Gen 1, but more or less in a climax of still more powerful works (though the creation of day and night before sun and moon may recall Gen 1). There is an immense contrast between the 'work' of destruction effectuated by the enemy, and the works of victory and of creation wrought by God, but it is not certain whether in the psalmist's mind this was intentional.

The last verses, 18-23, are a final prayer in which several motives of the preceding part of the psalm are found, partly formulated in other words and developed (cf. note 3). Three key-words of 18: זכר, חרף, and נבל return in 22, creating a kind of *inclusio* also for this part of the psalm. Another keyword: צרריך is repeated from 4 in 23, also a kind of *inclusio*. As a whole the prayer is a long echo of 2, with זכר as the repeated keyword (first word of 2 and 18), though none of the other words is repeated. V.18 is an echo of 7-8, cf. the key-word 'thy Name'. In 18 the devastation of the temple is called a direct insult of Jahwe, whose name is mentioned only in 18 (in the other verses we have 'God'). V.19 is in direct contrast with 18; those who were despised and insulted, are in reality Gods 'turtle-dove', his 'family'; the verse is equally an echo of 1b, 2ab, giving new names to Gods beloved people and calling it 'thy poor ones' ענייך. V.20a says even more: Israël is the people of the *covenant*; by this covenant God became its supreme protector, which means that Israel had a right to ask his help. The terms used in 1b.2ab.19.20 connote various shades of the relation of Israël to its God. V.20b may be seen as a supplement to 3-8: the enemy did not only destroy the sanctuary (abstraction is made from the difficult and obscure 8b), but the whole country is full of violence, even now. The exact meaning of 20b is not clear (proposed translation: 'for the dark regions of the country are full of places

[4] It may well be that the verse insinuates that Jahwe became 'king' by the creation of the world; this 'king' chose Israel as his people.

of violence'), but this does not seem to apply to its general meaning. V.20 applies eminently to the present situation and not to the past, 21 is an echo of 19b: 'thy poor ones', using supplementary terms; at the same time it is an echo of the preceding verse, by contrast: the 'poor' are an object of violence, let them not be ashamed and turned away! Let them also praise the Name, insulted by thine enemies (7b.18b).

V.22 corresponds to 18, as has already been said; it adds an appeal to God 'to rise up', as a warrior but also as a judge who pronounces a condemnation (both ideas are present here). When Jerusalem was conquered in 587 B.C. it seemed that God was not fighting for his people; now he must do so. In 23b the enemies are called קמיך 'those who *rose* against thee', a new contrast. Their cries and clamour recall those of 4 but all the terms are new, except צרריך 'thine adversaries', 'thine enemies'. שאון 'clamour' intentionally may have been chosen because of שאגו 'they roared' in 4a. The last words: עלה תמיד 'is mounting continually' reminds the reader (and God) that the enemies of Israel are still active, as in the days the temple was destroyed. Therefore the last verse is at the same time a prayer and has something of a complaint.

The present writer thinks that the structural and stylistic analysis of the Psalm given above (much more could be said, but the space allotted for this article was limited by the editor) explains its meaning and contents in a way different from the interpretations given by the above quoted authors, though we have much in common. The reader is asked to judge who is right (or may be so) and especially my old colleague and friend Martien Beek to whom these pages are dedicated.

EINIGE BEMERKUNGEN ÜBER DEN PROPHETEN ALS BOTEN VON JAHWE

NIC. H. RIDDERBOS (AMSTERDAM)

Es wird heutzutage viel darüber geschrieben, dass Israels Propheten als Boten von Jahwe auftreten.

Das ist selbstverständlich nicht eine Entdeckung der letzten Jahrzehnte. Um ein willkürlich gewähltes Zitat zu geben, Aalders[1] schrieb schon im Jahre 1918, dass der Name „*bode des Heeren* of *bode Gods*" „de verhouding tusschen God en den profeet het nauwkeurigst omschrijft" und dass man jenen Namen „bijna (zou) kunnen beschouwen als eene verklarende omschrijving van den naam *nabi'*, profeet". Seitdem Aalders dies aber schrieb, ist dieser Aspekt des Prophetseins allerdings viel stärker betont worden.

Dies hat namentlich zwei Ursachen. An erster Stelle muss hier die Gattungsforschung, die Formgeschichte erwähnt werden. Westermann[2] schreibt: „Ein neuer Abschnitt in der Geschichte der prophetischen Redeformen begann mit der Entdeckung, dass uns die Prophetenworte als Botenworte, im Botschaftsstil überliefert sind". Westermann verweist dann auf Lindblom[3] und Köhler[4] und schreibt: „L. Köhler geht über J. Lindblom darin hinaus, dass er aus der Formensprache des Botenspruchs, die er aus ihrem Sitz im Leben in der profanen Botensendung erläutert, das prophetische Wort als solches und als ganzes als Botenwort erklärt (Jes.6)".

Dass ist wichtig ist, die Propheten als Boten von Jahwe zu betrachten,

[1] G. CH. AALDERS, *De profeten des Ouden Verbonds*, 1918, 16; siehe auch S. 20, wo AALDERS schreibt, dass die drei Namen: Mann Gottes, Knecht Gottes, Bote Gottes „in opklimmende orde de roeping van den profeet al nauwkeuriger bepalen".

[2] C. WESTERMANN, *Grundformen prophetischer Rede*[4], 1971, 58.

[3] J. LINDBLOM, *Die literarische Gattung der prophetischen Literatur*, 1924.

[4] L. KÖHLER, *Deuterojesaja, stilkritisch untersucht*, 1923.

ist auch noch von einer anderen Seite beleuchtet worden, nämlich von der Seite der Mentalitätsforschung Israels. In diesem Zusammenhang muss namentlich Johnson erwähnt werden. Johnson[5] nennt den Boten eine der „extensions of the personality". Indem sich Johnson auf Gen. 44,4ff. und auf Richter 11,12f. beruft, schreibt er[6]: der Bote, „as an 'extension' of his master's personality, not merely represents but *is* virtually the אָדוֹן ('lord')". Und später[7] schreibt Johnson: der Prophet als Bote von Jahwe, „in functioning, was held to be more than Yahweh's 'representative'; for the time being he was an active 'Extension' of Yahweh's Personality and, as such, *was* Yahweh- 'in Person'".

Obenstehendes kann einen gewissen Eindruck davon vermitteln, wie umfangreich der Gegenstand „der Prophet als Bote von Jahwe" ist. Ich kann in diesem Artikel nur einige Bemerkungen über diesen Gegenstand machen.

I

Die Äusserungen Johnsons, die ich zitierte, sind m.E. sehr wichtig. Allein, wir dürfen damit nicht die falsche Richtung einschlagen. Man kann sagen, der Bote, ggf. der Prophet, wenn er als Bote spricht, *ist* sein Sender. Daraus darf man aber nicht schliessen, dass der Bote etwa ein Sprachrohr seines Senders wäre. Die sehr enge Beziehung, die es zwischen dem Boten und seinem Sender gibt, schliesst die *Selbsttätigkeit* des Boten nicht aus.

Um dies ein wenig näher auszuführen, mache ich einige Randbemerkungen bei den folgenden Sätzen, die Westermann, op.cit., 77, schreibt: „Doch ist diese Botschaft 2.Reg.18,19-35 von den vorher genannten[8] durch ihre Länge grundlegend unterschieden; dies ist keine wörtlich referierte Botschaft mehr, sondern eine entfaltete Botschaft. Der Grund dafür ist klar erkennbar: der Übermittler der Botschaft des Königs ist nicht nur Bote, sondern auch Feldherr. Er hat als solcher die Vollmacht, die Botschaft des Königs aus seiner Situation des Feldherrn mit seinen eigenen Worten zu sagen".

a) Wir wissen nicht genau, welchen Auftrag der König dem Feldherrn gegeben hat. Das eine Extrem ist, dass der König nicht viel mehr zum Feldherrn gesagt hat als: Versuche Hiskia zu überreden, sich zu ergeben.

[5] A. R. JOHNSON, *The One and the Many in the Israelite Conception of God*², 1961, 4-6.
[6] Op.cit., 5.
[7] Op.cit., 33.
[8] Siehe unten.

Das andere Extrem ist, dass der Feldherr bloss einen Brief vorlas, den ihm der König mitgegeben hatte; vgl. 2.Kön.19,14; 20,12-14 usw.[9] M.E. berücksichtigt Westermann auf S.77 (siehe aber auch 74!) zu wenig die Möglichkeit, dass der König dem Feldherrn einen Brief mitgegeben hat; trotzdem aber halte auch ich es für wahrscheinlich, dass der Feldherr die Botschaft zu einem nich unbeträchtlichen Teil mit seinen eigenen Worten wiedergegeben hat, siehe z.B. 2.Kön.18,26ff.: Eljakim mit den Seinigen unterbricht den Feldherrn, dieser antwortet und auch in dieser Antwort auf die Unterbrechung benutzt er die Botenformel („so spricht der König")[10].

b) Westermann macht hinsichtlich der Frage, die uns hier beschäftigt, m.E. einen zu grossen Unterschied zwischen 2.Kön.18,19ff. und den „vorher genannten" Beispielen. Westermann spricht im Vorhergehenden namentlich über Gen.45,9 und über Num.22,5ff.,15f. Man darf Gen.45,9 aber nicht einzeln betrachten, sondern man soll Gen.45,9-13 als ganzes betrachten; man findet dann im 13. Vers einen direkten Beweis dafür, dass Joseph der Selbsttätigkeit der Boten (in diesem Falle: seiner Brüder) ziemlich viel überliess. Was Num.22,5ff.,15f. betrifft, auch hier gibt es keinen Grund anzunehmen, dass die Boten als eine Art Sprachrohre fungierten: die Boten waren Älteste, Fürsten.

Es wäre möglich, noch viele andere Beispiele zu nennen, aus denen man mit mehr oder weniger Sicherheit schliessen kann, dass die Boten (legitim) selbsttätig waren. Sehr instruktiv ist in diesem Zusammenhang Ex.5,6-11. Hier stellt sich deutlich heraus, dass es für das Bewusstsein des Verfassers von Ex.5 selbstverständlich war: die Boten Pharaos (in diesem Falle: die Aufseher) konnten die Botschaft Pharaos mit ihren eigenen Worten ausrichten; dass sie eigene Formulierungen benutzten, brauchte für sie kein Hindernis zu sein, ihre Worte mit der Botenformel („so spricht Pharao") einzuleiten.

c) Obenstehendes ist m.E. hinsichtlich der Prophezeiung von grosser Wichtigkeit. Durch den Gebrauch der Botenformel, indem er sagt: כה אמר יהוה, äussert der Prophet seinen Anspruch darauf, dass was er sagt eine Botschaft von Jahwe ist, dass sein Wort Wort von Jahwe ist. Damit aber leugnet er seine „Selbsttätigkeit" nicht, leugnet er nicht, dass die Worte, die er spricht, seine eigenen Worte genannt werden

[9] Siehe für die Funktion des Briefes im Alten Nahen Osten, ausser WESTERMANN, op.cit., 73f. und der dort erwähnten Literatur, z.B. J. C. DE MOOR, *Mondelinge overlevering in Mesopotamië, Ugarit, en Israel*, 1965, namentlich 5-9.

[10] R. RENDTORFF, *Botenformel und Botenspruch*, ZAW,74 (1962) 171, schreibt: „II Reg. 18: 19ff. sind stark legendarisch ausgeweitet"; die Frage, ob wir hier wohl oder nicht mit einer legendarischen Ausweitung zu tun haben, ist für die Frage, die uns beschäftigt, nicht von grundlegender Bedeutung.

können. Das impliziert nicht, dass in der Prophezeiung eine Trennung vorgenommen werden könnte, so dass man sagen könnte und müsste: der Kern von demjenigen, was die Propheten sagen, ist eine Botschaft von Jahwe; die Formulierung ist auf das Konto der Propheten selbst zu setzen. Die Worte, welche die Aufseher in Ex.5,10f. sprechen, sind als ganzes Worte der Aufseher selbst; sie sind gleichzeitig als ganzes eine Botschaft Pharaos. Dasselbe gilt – dem Anspruch nach, den die Propheten haben – *mutatis mutandis* von der Prophezeiung.

Auch hier sei von den mehreren Stellen aus den prophetischen Büchern, die zur Stützung der oben gezogenen Folgerung zitiert werden könnten, nur eine genannt, nämlich Ez.24,15-17,20-24. In v.15-17 wird erzählt, dass ein Wort von Jahwe an Ezechiel erging: seine Frau wird sterben; dabei darf er nicht trauern. In irgendeiner Weise wird es dem Propheten klar, dass er bei all dem ein מופת (v.24) für Israel sein muss. Und dann hat er eine Botschaft für das Volk, die er in dieser Weise einleitet: „Das Wort Jahwes erging an mich: Sage zum Hause Israel: So spricht der Herr Jahwe". Dieser Einleitung folgt eine Botschaft, die viel mehr umfasst als das Wort von Jahwe laut v.15-17 enthielt: den tieferen Sinn jenes Wortes von Jahwe hat Ezechiel entdeckt. Was er dann sagt, v.21-24, kann ein Wort Ezechiels genannt werden; das ist aber für Ezechiel kein Hindernis, es mit der Botenformel einzuleiten: alles, was der bevollmächtigte Bote als Bote sagt, hat als Wort seines Senders zu gelten[11].

II

Kommt im A.T. eine bestimmte Gattung „Botenspruch" vor und können, sollen dazu auch die Äusserungen gerechnet werden, die der Prophet als Bote von Jahwe spricht? Man kann antworten: ja; denn alle gemeinten Äusserungen haben einen gemeinsamen Sitz im Leben. Der Einwand liegt nahe: will man von einer bestimmten Gattung sprechen können, dann müssen die betreffenden Äusserungen nicht nur einen gemeinsamen Sitz im Leben, sondern auch gemeinsame Formen haben. Dem kann entgegnet werden: dass eine bestimmte Anzahl von Äusserungen einen gemeinsamen Sitz im Leben haben, bringt es notwendig mit sich, dass sie – um eine glückliche Formulierung von Schoors[12] zu

[11] Wie nach dem Gesagten klar sein kann, verdient bei der Botenformel m.E. in der Regel die Übersetzung „spricht" den Vorzug über „hat gesprochen". Übrigens gibt es auch von dieser Regel Ausnahmen. Wenn die Formel lautet כה אמר יהוה אלי, siehe Jes.8,11; 18,4; 31,4 u.a., dann soll man doch übersetzen „hat gesprochen".

[12] A. SCHOORS, *De vormkritische studie van de profeten.* (*Bijdragen. Tijdschrift voor Filosofie en Theologie* 32 (1971) 260-281), 278.

gebrauchen – ein gemeinsames „cachet", „Gepräge" haben. Der Dialog kann fortgesetzt werden mit der Frage: ein „gemeinsames 'cachet', Gepräge" ist doch noch etwas anderes als eine „gemeinsame Form"? Darauf kann mit der Rückfrage geantwortet werden: was soll genau unter „Form" verstanden werden?[13]

Ich lasse die Theorie weiter dahingestellt sein[14]. M.E. kann man die im Anfang dieser Perikope gestellte Frage wohl bejahend beantworten. Die gemeinten Äusserungen haben einen gemeinsamen „Sitz im Leben", was impliziert, dass sie ein gemeinsames „cachet", Gepräge haben; als „formale" Übereinstimmung kann genannt werden, dass sie oft die Botenformel benutzen, und dass das „Ich" oft das „Ich" des Senders ist.

Westermann, op.cit., 75ff., räumt – m.E. mit Recht[15] – den Botschaften, die aus zwei Teilen bestehen (Gen.45,9; Num.22,5ff. usw.), einen besonderen Platz ein; sie enthalten: A. einen beschreibenden Teil (eine Mitteilung oder eine Feststellung); B. eine Ermahnung, einen Befehl. Ferner ist Westermann, siehe op.cit., 41 und *passim*, im Anschluss namentlich an H. W. Wolff, der Ansicht: „der Prophetenspruch hat seine 'Normalform' in der Einheit von Begründung und Ankündigung" (in der Terminologie Gunkels: „Scheltwort und Drohwort"[16]. Wenn ich Westermann richtig verstehe, will er eine Formverwandtschaft zwischen dem Botenspruch und dem Prophetenspruch nachweisen, indem er eine Brücke zwischen der Zweigliedrigkeit des Botenspruchs und der Zweigliedrigkeit des Prophetenspruchs baut, namentlich unter Berufung auf Richter 11,12-27. Westermann, 81, fasst den Inhalt von Jeftas Botschaft folgendermassen zusammen: „Ihr habt keinen Grund, uns anzufallen, euer Einfall ist ein Vergehen. Jetzt werden die Waffen sprechen (vgl. im Prophetenspruch: Begründung und Ankündigung)". Jedoch, es ist zweifelhaft, ob man die Äusserung Richter 11, 27b so der Ankündigung der Propheten gleichstellen darf. Und gewiss darf man diese Äusserung (und dann auch die Ankündigungen der Propheten) nicht Teile B des Botenspruchs gleichstellen. Jeftas ganze Botschaft,

[13] Man sehe, wie leicht K. KOCH, *Was ist Formgeschichte?*[2], 1967, 4f., von dem Ausdruck „Die kennzeichnenden Merkmale" zu den Ausdrücken „geprägte Formmerkmale; Formsprache" übergeht.

[14] Vgl. weiter z.B. J. P. M. VAN DER PLOEG, *Réflexions sur les genres littéraires des Psaumes* (in: *Studia Biblica et Semitica*; *Festschrift Th. C. Vriezen*, 1966), 265-277.

[15] Liegt es doch eigentlich im *Wesen* der Botschaft, dass sie zweiteilig ist. Aus dem Grunde kann man die betreffende Gruppe von Botschaften als die „Normalform" betrachten. Dies gegen R. RENDTORFF, a.a.O., 171f.

[16] Wenn man „eine seiner Normalformen" liest, kann man m.E. diese Äusserung wohl beibehalten.

v.15-27, bildet einen (stark ausgeführten) Teil A des Botenspruchs; einen Teil B: „höre damit auf, uns zu bekämpfen" muss man hinzudenken (vgl. v.28).

Am besten halten wir uns an die vorsichtig formulierte Äusserung, womit Rendtorff seinen Artikel beendet: der Prophetenspruch ist „in seinem Gesamtbild stark vom Botenwort mitgeprägt worden"[17] (wobei der Unterschied nicht gross zu sein braucht, ob man das Botenwort wohl oder nicht als eine bestimmte Gattung betrachtet).

[17] a.a.O., 177. Damit kein falscher Eindruck gemacht wird, ist es vielleicht gut, dazu zu bemerken: in diesem Punkt gibt es wohl einen Consensus zwischen WESTERMANN (und SCHOORS, der sich eng an WESTERMANN anschliesst), RENDTORFF und mir; die Wege jedoch, auf denen wir zu dieser Folgerung kommen, sind in vielen Punkten verschieden.

RANDBEMERKUNGEN ZUR TRAVESTIE VON DEUT. 22,5

W. H. PH. RÖMER (GRONINGEN)

In Deut.22,5 lesen wir folgende Bestimmung:
lō'-jihjeh kelī geḇer ᶜal-'iššāh welō'-jilbaš geḇer śimlaṯ 'iššāh; kī tōᶜaḇaṯ Jhwh 'elōhejkā kol-ᶜōśēh 'ēlleh
„Eine Frau darf nicht Männertracht[1] tragen und ein Mann darf sich nicht mit einem Frauenumwurf bekleiden; denn ein Greuel für *Jhwh* ist jeder, der diese Sachen tut".

In seinem Kommentar z.St. meint G. von Rad, in der eben zitierten Kleiderbestimmung gehe es um mehr als um die Wahrung des Schicklichen oder die Erhaltung einer naturgegebenen Ordnung, was aus dem sehr schweren Argument „ein Greuel für *Jhwh*" mit dem die Bestimmung begründet wird, hervorgehe: dies lasse nl. auf irgendeine kultische Verfehlung schliessen. Die besagte Formel bezeichne kultische Tabus, die die Reinheit des Jahweglaubens gefährden[2].

Sehen wir uns die weiteren Belege für *tōᶜaḇaṯ Jhwh* im Deuteronomium an[3], so finden wir folgende Freveltaten als *t.J.* bezeichnet:
1) Das Verlangen nach dem Silber und Golde, das sich an im Feuer zu

[1] Vgl. K.-B. 439 *kelī* 4, aber auch J. WIJNGAARDS, *BOT* 2/1, *Deut.*, Roermond 1971, 241f.

[2] G. VON RAD, *ATD* 8, Göttingen 1964,101; Vgl. auch G. VON RAD, *Deuteronomium-Studien*², Göttingen 1948, 13 und dazu J. L'HOUR, *RB* 71,486 (s. O. KAISER, *Einleitung in das Alte Testament*², Gütersloh 1970, 108f.; 109¹⁷: Greuelgesetzquelle?); G. FOHRER, *Geschichte der israelitischen Religion*, Berlin 1969, 305; J. WIJNGAARDS, *BOT* 2/1, *Deut.*, Roermond 1971, 241f.

[3] Vgl. auch O. EISSFELDT, *Einleitung in das Alte Testament*³, Tübingen 1963, 298; J. L'HOUR, *RB* 71, 481ff.; J. H. HOSPERS, *De numeruswisseling in het Boek Deuteronomium*, Utrecht 1947, 25; G. SEITZ, *Redaktionsgeschichtliche Studien zum Deuteronomium*, *BWANT* 93, Stuttgart; Berlin; Köln; Mainz 1971, 185f.

verbrennenden Götterbildern der Heidenvölker befindet (Deut.7,25).
2) Das Übernehmen von Formen der Gottesverehrung wie sie die Heidenvölker praktizieren, die sogar ihre Söhne und Töchter als Opfer im Feuer verbrennen (Deut.12, 29-31).
3) Das Opfern eines makelhaften Rindes oder Schafes (Deut.17,1).
4) Das Opfern eines Sohnes oder einer Tochter im Feuer, sowie die Beschäftigung mit Wahrsage-, Wolkendeutungs(?)-, Schlangenbeschwörungs-, Zauber-, Bannungs-, oder Geisterbefragungs-Praktiken (Deut. 18,10-12; hier ebenfalls *kol-*^{c}*ōśēh' ēlleh*).
5) Das Bringen von Hurenlohn oder Hundegeld in den Tempel Jahwehs für irgendein Gelübde (Deut.23,19).
6) Das Besitzen und Benutzen von zweierlei grösseren und kleineren Gewichtssteinen und Maassen (Deut.25,13-16; hier ebenfalls *kol-*^{c}*ōśēh 'ēlleh*; dann anschliessend *kōl* ^{c}*ōśēh* ^{c}*āwel*).
7) Das Anfertigen und Aufstellen eines Schnitz- oder Gussbildes (Deut. 27,15). Im Sprüchebuch wird in den dort anzutreffenden *Tō*^{c}*ēḇāh*-Sprüchen folgendes als „Greuel für Jahweh" hingestellt:
8) Wer Abwege geht (Prov.3,32).
9) Stolze Augen, falsche Zunge, Hände, die unschuldig Blut vergiessen, ein Herz, das tückische Anschläge plant, Füsse, die schleunig zum Bösen eilen, wer Lügen hervorstösst als falscher Zeuge, wer Zankereien anrichtet zwischen Brüdern (Prov.6,16-19).
10) Trügerische Waage (Prov.11,1).
11) Diejenigen, die verkehrten Herzens sind (Prov.11,20).
12) Das Opfer der Frevler (Prov.15,8).
13) Der Weg des Frevlers (Prov.15,9).
14) Die Anschläge des Bösen (Prov.15,26).
15) Jeder Hochmütige (Prov.16,5).
16) Wer den Schuldigen freispricht und den Gerechten verdammt (Prov.17,15).
17) Zweierlei Gewicht, zweierlei Maass (Prov.20,10; vgl. oben 6).
18) Zweierlei Gewicht (Prov.20,23).

Mit einiger Vorsicht darf man vielleicht sagen, dass es sich bei den aus Deuteronomium angeführten Belegen um Verletzung alten Sakralrechts handelt, an das Deuteronomium viele Erinnerungen bewahrt hat, während es sich im Proverbienbuch vielmehr um sittliche und als logisch betrachtete Verbote handeln dürfte. Eine Mischung etwa der beiden Sphären hat G. von Rad in der jetzt vorliegenden Gestalt von Deut.27,15 (oben 7) beobachtet[4].

[4] G. VON RAD, *Weisheit in Israel*, Neukirchen; Vluyn 1970, 229ff.; 237ff.

Was für ein kultisches Tabu liegt nun aber in der Travestie von Deut. 22,5 vor? Der Text selber gibt uns darüber keinerlei Aufschluss. Vielleicht dürfen wir mit G. von Rad[5] an eine Praxis, welche im Kulte der Göttin ᶜAstarte beheimatet war, denken. Dafür verweist er auf eine allerdings wesentlich jüngere Quelle, nl. die Verhandlung „De Dea Syria" des Lukian von Samosata, nach der bestimmte Priester (Galloi) der Göttin Atargatis sich bei einem orgiastischen Feste selbst entmannt hätten und in weiblichen Kleidern und Schmuck aufgetreten seien[6]. Trotz dem grossen Zeitunterschied könnte es sich an unserer Stelle vielleicht um eine Travestie im Kulte einer kanaᶜanäischen Gottheit, möglicherweise eben der Göttin ᶜAstarte, welche in 1 Reg.11,5; 33 als die Göttin der Sidonier erscheint, vor der sich Salomo (und das Israel seiner Zeit) niedergeworfen hatten[7], handeln.

Weitere Beispiele für Travestien oder Verstauschung der Geschlechter im allgemeinen[8], oder Entmannung im Zusammenhang mit (dem Kulte) der Göttin Inanna/Eštar begegnen in keilschriftlichen Quellen Mesopotamiens offenbar von der altakkadischen Periode an.

In RSO 32,26,21-25[9], einer Stelle aus einer Hymne, welche sich auf Inanna und den König Išmedagān von Isin bezieht, haben Enlil und Ninlil der Göttin in die Hand gelegt:

níta mí-a mí-níta-a-bi ku_4-ku_4 šu-ḅal ḅạ?-ạ-aka[10]
ki-sikil-e-ne [na]m-guruš-e túg zi-da mu_4-mu_4
guruš-e-ne nam-ki-sikil-e-šè túg gùb-bu mu_4-mu_4
eme-uš-ga mí-e e-ne-di
eme-mí-e uš-ga e-ne[- di].

„Männer in Frauen und Frauen in Männer zu verwandeln wurde eine Vertauschung herbeigeführt: dass die Jungfrauen, um zur Jungmännerschaft zu gelangen[11], sich mit einem Kleide rechts bekleiden, dass die Jungmänner, um zur Jungfrauschaft zu gelangen[11], sich mit einem Kleide links bekleiden, dass die 'Knaben(?)-Sprache' die Frau(en)

[5] G. VON RAD, *ATD* 8, 101. Vgl. weiter auch S. R. DRIVER, *ICC Deut.*[3], Edinburgh 1902 (1965), 250 (vgl. W. G. LAMBERT, *BWL* 230); A. BERTHOLET, *KHC Deut.*, Freib. i. Br.; Leipzig; Tübingen 1899, 68.

[6] Vgl. W. RÖLLIG, *Wb. d. Mythol.* 1/2, 245; W. HELCK, *Betrachtungen zur grossen Göttin und den ihr verbundenen Gottheiten*, München, Wien 1971, 254; 266[41].

[7] Vgl. M. NOTH, *BK* 9/1, Neukirchen; Vluyn 1968, 241[h]; 248ff.; 260f.

[8] Vgl. J. VAN DIJK, *Illustreret Religionshistorie*[2], Kopenhagen 1968, 418.

[9] Vgl. zu Z. 22-23 *SKIZ* 163; D. D. REISMAN, *Two Neo-Sumerian royal hymns* (*TNRH*), Ann Arbor 1970, 194f.

[10] Oder šu-bal-l[a?-]a-aka? S. G. CASTELLINO, *RSO* 32, 26 (:A. FALKENSTEIN).

[11] Gemeint ist in Z. 22-23, dass die Jungfrauen zu Jungmännern und umgekehrt werden.

spiele(n)[12], dass die 'Frauen-Sprache (?)' die/der Knabe(n) (?) spiele(n)"[13].

Mehrfach erscheint die Göttin Inanna/Eštar als Urheberin der Geschlechtsvertauschung[14] oder Entmannung.

In der auf Enḫeduanna, die Tochter Sargons von Akkade, wohl als Dichterin, zurückgehenden sumerischen Komposition In-nin-šà-gu$_5$-ra lesen wir Sumer 11,110: 4,6 in Bezug auf die Göttin:

[ni-i]n-ta[15] mu-nu-ús-ra mu-nu-ús ni-in-ta-ar$^{!?}$-ra ku-ku-te$_4$ [16] ^{d}Inanna za-k[am] // *zi-ka-ra-am a-na si-ni-ìš-tim si-ni-ìš* ⟨*-tam*⟩ *a-na zi-ka-ri-im tu-ru-um ku-um-ma Eštar*

„Den Mann in eine Frau, die Frau in einen Mann zu verwandeln, ist Inanna, dein Prärogativ."

Im schwierigen, leider unvollständig erhaltenen, nachaltbabylonischen Passus MVAG 13,223,47-54 haben wir die Worte Inannas vielleicht folgendermassen zu ergänzen und zu verstehen:

mu-tin nunus{-mu-tin(?)}[17] -a-šè mu-ni[-ku$_4$?? -ku$_4$?? -re?? -en ??][18] *zi-ka-ri* ⟨*ana*?⟩ [19] *sin-niš-tum* [*utār*??]

[12] Vgl. vielleicht A. FALKENSTEIN, *ZA* 56, 93. Ist gemeint, dass die Frauen versuchen, so gut wie möglich mit Männerstimmen zu reden, was sich anhörte wie Stimmen von Knaben(?), die gerade die Stimme wechseln? Es sähe dann danach aus, alsob in Z. 24-25 Objekt und Subjekt einfach umgestellt worden wären, obwohl man vielmehr einen Gegensatz Männer-Frauen erwartet (vgl. Z. 21-23). Mit G. CASTELLINO, *RSO* 32,26-ga als phonetisches Komplement von nita(ḫ) zu deuten käme mir schwierig vor, zomal dann m.E. nita-ga< nita-ga-e (Agentivpostposition) entstanden sein müsste.

[13] Nicht direkt vergleichbar scheinen mir die schwierigen Zeilen *TNRH* (s. Anm.9) 151, 60 und 152, 63 (s. schon *SKIZ* 130; 163), wo in Bezuch auf Teilnehmer am Kulte Inannas gesagt wird, wie anlässlich eines Neujahrfestes, das der König Iddindagān von Isin mit der Göttin feierte:
á-zi-da-bi-a túg-níta bí-in-mu$_4$, bzw.
á-gùb-bu-bi-a túg-nam-mí mu-ni-si-ig
„An ihrer rechten Seite (?) bekleideten sie sich mit einem Kleide wie es Männer tun", bzw. „An ihrer linken Seite (?) ... sie ein Kleid nach Frauenart", da dort von einer Art Vermischung von Männer- und Frauenkleidung jeweils an einer und derselben Person die Rede zu sein scheint. Die Deutung von D. D. REISMAN, ebd. 193ff. bleibt m.E. aus epigraphischen, grammatischen und lexikalischen Gründen ebenso schwierig, wie die in *SKIZ* 163 versuchte. Ausserdem äussert sich D. D. REISMAN zur archäologischen Seite des Problems nicht. Die jetzt vorliegende wichtige Untersuchung von E. STROMMENGER, *BagM* 1, 1ff. hilft, soviel ich sehe, in diesem Zusammenhang nicht weiter.

[14] Vgl. J. VAN DIJK, *Illustreret Religionshistorie*², Kopenhagen 1968, 418.

[15] Vgl. J. KRECHER, *AOAT* 1, 171; 180.

[16] Vgl. J. KRECHER, *AOAT* 1, 171; 175.

[17] Zu streichen??

[18] Anders deutet die Zeilen A. FALKENSTEIN, *SAHG* 231.

[19] So zu ergänzen? Zu *-tum* vgl. dann Z. 52.

^{nu}nunus mu-tin-a-šè mu-ni[-ku$_4$??-ku$_4$??-re??-en??][18]
sin-niš-tum ana zi[*-ka*]*-ri* [*utār*??]
mu-tin ^{nu}nunus-a-šè še-er-ka[-an mu-ni-du$_{11}$-ge??-en??]
ša zi-ka-ri ana sin-niš-tum [*uzân*??]
^{nu}nunus mu-tin-a-šè še-er-ka[-an mu-ni-du$_{11}$-ge??-en??]
sin-niš-tum ana zi-ka-ri [*uzân*??]
„Den Mann [verwandle (??) ich] in eine Frau,
die Frau [verwandle (??) ich] in einen Mann,
den Mann (?) schmü[cke ich] zur Frau,
die Frau schmü[cke ich] zum Manne."[20]

Das wie es scheint auf das Jahr 764v.Chr. zu datierende Erraepos[21] berichtet in IV 54-56 im Rahmen des Vorgehens Erras gegen die Stadt Uruk:

Su-ti-i[22] *Su-ta-a-tú na-du-u ia-ru-ra-t*[*i*[[23]
de-ku-ú[24] *É-an-na kur-gar-ri* ^{lú}*i-sin-*[*ni*]
šá ana šup-lu-uḫ niši^{meš} ^{d}*Ištar zik-ru-su-nu ú-te-ru ana* M[í-*a*??-*ni*?!]
„Der Sutäer (und) die Sutäerin stossen Wehklagen aus,
bieten das E'anna auf (?), die *kurgarrû*'s und *assinnu*'s,
deren Männlichkeit Ištar um die Menschen einzuschüchtern zum Eunuchen gemacht hatte"[25].

Es scheint sich hier um einen Züchtigungsakt der Göttin zu handeln. Ebenso in Inschriften Tukultīninurtas I. und Asarhaddons, sowie in einem hethitischen Gebet an die Ištar von Niniveh[26].

Einen weiteren Rollentausch der Geschlechter, aber anscheinend ohne Zusammenhang mit der Göttin Ištar, finden wir in der sogenannten 'Assyrian collection' von Sprichwörtern. Nach Mitteilung W. G. Lamberts, BWL 225, hatte B. Landsberger mündlich vermutet, der besagte Text sei nicht eine gewöhnliche Sprichwortsammlung sondern „a dialogue between the Amorite, as he reads the first word[27], and his wife, who each

[20] Was meint *ša* in Z. 52? Falls obiger Deutungsversuch zuträfe, liesse sich zum „Umkehrmotiv" als Handlung Inannas etwa noch auf *MVAG* 13, 223, 43-46 (Vertauschung von Rechts und Links) und, ebenfalls aus derselben Komposition, auf A. FALKENSTEIN, *SAHG* 231, 78-79 (Vertauschung von Schwarz und Weiss) verweisen. S. aus In-nin-šà-gu$_5$-ra noch *Sumer* 13, 77, 7-10.

[21] Vgl. W. VON SODEN, *UF* 3, 255f.

[22] Var. (K)L; I: *Su-tu-ú*.

[23] *AHw.* 412 *jarurūtu*; *CAD* D 125 *dekû* 2b 1' deuten das Wort als „Wehklage"; *CAD* I 326 *jarūrūtu* dagegen als „battle cry".

[24] Vgl. *AHw.* 166 *dekû(m)* G 1; dagegen deutet *CAD* D 125 *dekû* 2b 1': „keep awake".

[25] Vgl. L. CAGNI, *Erra*, 233f.; *AHw.* 1047 *sinnišānu*.

[26] Vgl. *AHw.* 1047 *sinnišāniš*; A. GOETZE, *Kleinasien*², München 1957, 154; 154[6].

[27] So auch *CAD* A$_2$ 94 *amurrû* a.

adopt the garb and manners of the opposite sex and proceed to woo one another". Der Anfang des Textes, BWL 226,1-4, lautet:

[*A*]*-mur-ru-ú*
[*a-n*]*a aššatī-šu i-qab-bi*
[*at*]*-ti lu eṭ-lu*
[*a-na-k*]*u lu ar-da-tu*

„Ein [A]moriter spricht zu seiner Frau:
[D]u seist der Jungmann, [ic]h sei die Jungfrau!" Die Frau soll hier vielleicht in einer Art „Hosenrolle"[28] auftreten und der Mann in Weibertracht.

Zum Schluss sei bemerkt, dass die Rollenverkehrung der Geschlechter auch sonst in der Kulturanthropologie kein unbekanntes Thema ist[29]. Es liesse sich z.B. an die „berdache" genannte Erscheinung bei den Zuñi- und Dakotaindianern Nordamerikas erinnern[30]. Für die Literaturwissenschaft wäre auf die Ausführungen E. Littmanns zum Thema 'Verkleidungen' (der Geschlechter) als Märchenmotiv[31], zu verweisen, sowie an die Darstellung einer männlichen Bühnenrolle durch eine Schauspielerin (sog. „Hosenrolle") und umgekehrt zu erinnern[32]. In der Literaturwissenschaft wird mit Travestie allerdings gewöhnlich nicht eine buchstäbliche Verkleidung von Personen, sondern eine Literaturform gemeint, welche eine ernste Dichtung in satirischer Weise verspottet und zwar im Gegensatz zur Parodie „durch Beibehaltung des Inhalts und dessen Wiedergabe in einer anderen, unpassenden und durch die Diskrepanz zwischen Form und Inhalt lächerlich wirkenden Gestalt"[33;34].

Soweit dieser kurze Beitrag zum Problem von Deut.22,5 aus der altmesopotamischen Vorstellungswelt, mit der sich der Jubilar, dem diese Zeilen gewidmet seien, selber häufig mit grossem Interesse beschäftigt hat.

[28] S. unten Anm.32.

[29] Vgl. etwa E. R. LEACH, in: W. E. MÜHLMANN; E. W. MÜLLER (Hg.), *Kulturanthropologie*, Köln; Berlin 1966, 399; 406f.

[30] S. P. GREGORIUS, *Sociologie van de niet-westerse volken. Individu en gemeenschap*, Utrecht; Antwerpen 1966, 117f.; 298[72] (:R. BENEDICT, *Mozaiek der cultuurvormen*, Amsterdam 1950, 293f.).

[31] S. E. LITTMANN, *Arabische Märchen*, Leipzig 1957, 458.

[32] S. G. VON WILPERT, *Sachwörterbuch der Literatur*[5], Kröner, Stuttgart 1969, 337 s.v. „Hosenrolle".

[33] Vgl. G. VON WILPERT, a.W. 802; R. SÜHNEL, *Das Fischer Lexikon, Literatur 2/2*, Frankfurt a.M. 1965, 511; 514; I. BRAAK, *Poetik in Stichworten*[4], Kiel 1972, 150; 168.

[34] Nebenbei sei bemerkt dass in den von G. GERLEMAN, *BK* 18/2, Neukirchen; Vluyn 1963, 60ff. im Hohenliede, sowie, nach A. HERMANN in der ägyptischen Liebesdichtung, mit Travestie angedeuteten Erscheinungen ein satirisches Element fehlt, so dass wenigstens nach obiger Definition dort wohl nicht von literarischen Travestien im eigentlichen Sinne des Wortes die Rede sein könnte.

THE NAME NEBUCHADNEZZAR

A. VAN SELMS (PRETORIA)

It is fitting that a humble contribution to the anniversary volume of the author, a.o. of *Aan Babylons stromen* (1950) and *Atlas van het Tweestromenland* (1960), should be devoted to the name of the only Babylonian who, mainly thanks to the Bible, is still known to the man in the street: Nebuchadnezzar. As far as the present author is aware, there is no name in the Bible which presents more variants than this one. One variant is well-known and has been preserved in most of the Bible translations published since the revival of Hebrew studies among the Christians in the sixteenth century; whereas the name appears as Nebuchadnezzar e.g. in II Kings 24:10 etc., the same king is called Nebuchadrezzar in Jer.21:2 etc. But when the Masoretic text of the Old Testament is consulted, one discovers that there are no less than eight variants of the name.

One finds the name written which a *rēš* in 31 places, viz. in the whole book of Jeremiah with the exception of Jer.27:6-29:3, where six times the form with *nūn* appears; from Jer.29:21 on the name is written Nebuchadrezzar again, as also in the four places where Ezekiel mentions it. To this enumeration should be added Jer.49:28, where the *çerē* has the same name-form, but the *ketīb* has a *wāw* as the penultimate consonant resulting in the pronounciation in *nebûkadrè(')ṣṣôr*. We will find a similar variant in the *ketīb* of Esra 2:1, to be registered later on.

The form with *nūn* presents many more variants. Nearest to the form with *rēš* is the form *nebûkadnèṣṣar* with *wāw* as a *mater lectionis* after the *bēt*; it is found in 13 places, viz. II Kings 24:11; 25:22; Jer.27:6,8,20; 28:3; 29:1,3; Dan.1:1; II Chron.36:6,7,10,13. Without the *wāw* after the *bēt* the form occurs in II Kings 24:1,10; 25:1,8; Jer. 28:11,14 I Chron.5:41 according to the Leningrad manuscript. A variant of this variant, viz. with *maqēf* between the *dālèt* and the *nūn*, is to be found in the second edition of Kittel's *Biblia Hebraica*, but not in the later ones. One could compare with this form the way the name is written in the Targum Jonathan ben Uzziel: either *n*ᵉ*bûkad rèṣar* or *n*ᵉ*bûkad nèṣar*, but generally as two words.

With the *wāw* after the *bēt*, but without the otiose *'ālèf* we find the name mainly in the Aramaic parts of the book of Daniel (29 times); moreover in Esther 2:6 according to the Bombergiana (the Leningrad manuscript has there the *'alèf*), in Esra 1:7 and Neh.7:6. Without the *wāw* after the *bēt* and without the otiose *'ālèf* the name is written in Dan. 1:18; 2:1; 5:11,18, therefore both in an Aramaic and in a Hebrew part. Lastly we have, just as we found concerning the form with *rēš*, one case where the *k*ᵉ*tīb* has a *wāw* after the *ṣādè*: Esra 2:1.

There is less variety in the ancient versions. According to Hatch and Redpath, *A concordance to the Septuagint and the other Greek versions of the OT*, Supplement, 1906, the form *nabouchodonosor* prevails. The only variants they note are *nabouchodosor* in Dan.2:46 in the Marchalianus, *prima manus*, and the form *nabouchordonosor* in Jer.37:1 (LXX 44:1), which looks like an artificial combination of the two main variants, the one with *rēš* and the one with *dālèt*. The *P*ᵉ*šīṭtā*, at least according to Walton's *Polyglott*, uses the form *nbûkadnāṣar* throughout; the Targum uses both the form with *rēš* and that with *dālèt* either with or without the otiose *'ālèf* and writes it often as two words; the Arabic version presented in Walton offers the curious form *buḫtanaṣṣar*. The Vulgate follows LXX in using the form *Nabuchodnosor* everywhere.

In the manuscripts of Josephus, *Antiquitates*, one finds the form with *nūn*; sometimes the *sigma* is doubled, and often the name is written with *alfa*'s where the bulk of the manuscripts have *omikron*: *nabouchadanasaros*, or *nabouchodanassaros* or *nabouchodonosaros*. According to B. Niese in his edition of Josephus (1955²), textcritical note to *Antiquitates* X,§221, the form used by Josephus himself was *nabokodrosoros*, cf. also his remark in the Index volume, 61. This is certainly the form one finds in *Contra Apionem*, §132,137,146, but in all these passages Josephus is quoting from Berossus and it is feasible that while quoting from his source he retained the form of the name as given in his source, while using the form *nabouchodonosoros* when he refered to Jewish tradition, as e.g. in Contra Apionem I,§154,156, where he explicitly mentions 'our books', i.e. the Jewish Bible.

The cuneiform mentionings of the name write it always with a *rēš*. There are four bearers of the name known to us. In the first place there is Nebuchadrezzar I, the third king of the second dynasty of Isin, who ruled from 1146-1123; in the second place the great Neobabylonian monarch; in the third and four places two usurpers who pretended to be

'Nebuchadrezzar, the son of Nabonidus', mentioned by Darius I (F. H. Weissbach, *Die Keilinschriften der Achämeniden,* 1911, Behistun §18,19 and 49,50, cf. also 'Kleine Inschriften von Bisutun', ibid. 74ff., nr.d and i). Everywhere, also in the Old Persian and Elamite versions of the Behistun inscriptions, the name is written with a *rēš*. For our present purpose it is not necessary to register the variants in the Old Persian and Elamite versions.

When the name of the Neobabylonian monarch is written syllabically (as e.g. in S. Langdon, *Die neubabylonischen Königsinschriften,* 1912, Nebukadnezar, nr.1,I,1) it appears as *na-bi-um-ku-dur-ri-ú-ṣu-ùr,* cf. *nabû-ku-dúr-ru-ú-ṣu-ùr* (Landon, nr. 12,I,1) and other slight variants. While formerly the name was translated 'Nabû, protect the boundary!', it was according to J. J. Stamm, *Die akkadische Namengebung,* 1939, 43 A. Ungnad in M. San Nicolo and A. Ungnad, *Neubabylonische Rechts- und Verwaltungsurkunden,* 1935, I, Glossar, 68f., who established the meaning 'oldest son' of *kudurru,* as given in the Brussels vocabularium: *kudurru* = *aplu.* In this meaning the word has nothing to do with *kudurru,* 'boundary', but is borrowed from Elamite, cf. W. von Soden, *Akkadisches Handwörterbuch,* 1, 1965, *s.v. kudurru* III. Freely rendered the name means: 'Nabû, protect the crownprince!' On p. 158 of his book Stamm mentions several related names, a.o. Ellil-kudurri-uṣur, king of Assyria from 1207 till 1203.

The problem arises how the *rēš* which is such a constant feature in the cuneiform attestations of the name, could change into a *nūn* in an important part of the West-Semitic tradition. E. König (*Lehrgebäude der hebräischen Sprache,* I,2,1895,465) explained the change as a result of dissimilation; D. J. Wiseman (in: *The new Bible dictionary,* 1962, s.v. Nebuchadrezzar) suggests that the form with *nūn* 'may be derived from an Aramaic form of the name' without expanding on this theory. If purely linguistic reasons were the cause of the change, one should ask why Jeremiah (with the few exceptions noted above) and Ezekiel use the form with *rēš,* while the other Biblical authors give the form with *nūn.* As far as the present author is aware, nobody has tried to explain these anomalies.

Is it possible that there was a definite purpose in changing the *rēš* into a *nūn*? If this should be the case we have to look for a word from the root *k-d-n.* It should be a noun, as it has to take the place of the noun *kudurru,* the object of the imperative *uṣur*; moreover it should be known in Accadian, as the other components of the name are Accadian. Accadian vocabulary does not leave us much choice. *kīdānu(m),* 'outer, outside, outwards' is not a noun; *kidinnu(m)* 'besonderer Schutzbereich' (Von Soden) would result into 'Nabû, protect the protected area', which sounds like a tautology. Then there is only one word left, namely *kūdanu(m)*, *kudannu*, 'mule', 'hinny'. The same word appears in Imperial Aramaic as *kwdnn* (Ch-F. Jean – J. Hoftijzer, *Dictionnaire des Inscriptions sémitiques de l'Ouest*, 1965, *s.v. kwd*), in Palmyrenic as *kwdn'* (*ibid.*) and in *Phrahang-i-Pahlavik* (ed. Ebeling, 1941) as *kōtina*. In the form *kūdnā* it is well-known from Jewish Aramaic; in Syriac the masculine form is *kōdanyā*, the feminine *kōdantā*; Mandaic has *kudaniu* and *kdana*. Both M. Jastrow (*A Dictionary of the Targumim* etc., 1926, and E. S. Drower and R. Macuch (*A Mandaic Dictionary*, 1963) derive the noun from the root *k-d-n* with the meaning 'to yoke', which is not attested in Accadian, but as the Accadian noun is already to be found in ancient Babylonian texts, there is no reason to assume that Accadian borrowed it from Aramaic. Arabic *kawdan*, however, is a loan-word from Aramaic, as has been seen by Guidi in 1879, cf. S. Fraenkel, *Die aramäischen Fremdwörter im Arabischen*, 1886,109f.

In view of all this we may assume that there existed alongside the offical name 'Nabû, protect the crownprince!' a nickname 'Nabû, protect the mule!' Of course this name does not appear in Babylonian written documents, but it may have been invented by oppositional groups in Babylonia. The Babylonian Chronicle mentions a revolt against Nebuchadrezzar in the year 595/4 (D. J. Wiseman, *Chronicles of Chaldaean kings*, 1956,36,37, cf. 72: *bartu ina* (*māt*) *akkadi*. As we have no continuation of the Babylonian Chronicle dealing with Nebuchadrezzar's rule after 594/3, it is of course also possible that the nickname originated from later years of unrest in the homeland.

In the name given by Nabopolassar to his eldest son, 'Nabû, protect the crownprince' the object of Nabû's protection is of course this eldest son of Nabopolassar, Nebuchadrezzar himself. But in the nickname the object probably is not the great king himself, but his son, Evil-Merodach. He could be called a mule, because he was of mixed descent. When still a crownprince Nebuchadrezzar married Amuhean, the daughter of Ashdahak, the Mede, probably as a confirmation of the treaty between Nabopolassar and the Medes, concluded in 614 (E. Unger, *Babylon, die heilige Stadt*, 1931,217; R. Ph. Dougherty, *Nabonidus and Belshazzar*, 1929,53). We know this from Greek sources and it is also from a Greek source that we can bring a parallel showing that the offspring from such a political match between royal princes of different nations could be called a mule. Herodot (I,55) relates an oracle delivered by the Delphian Pythia saying: 'But when a mule will become king of the Medes, then you Lydian, tender of feet, should flee to the stony Hermos, do not tarry and don't be ashamed to be a coward.' When Croesus was defeated and captured by Cyrus, the oracle was explained as follows (I,91): This Cyrus was indeed a mule, for he was born of parents of different stock; his mother was the highest in rank of the two, his father the lower.' In passing we remark that the historian here has a real mule, sired by a donkey out of horse-mare, in view and not a hinny, which is born from the copulation of a stallion and a she-ass. A real mule surpasses in all respects a hinny. Herodot goes on: 'for his mother was a Mede and the daughter of Astyages the king of the Medes, but his father was a Persian and stood under the rule of the Medes; being inferior to them all he was married with his own mistress.'

In the case of Nebuchadrezzar there was no difference in rank between the two spouses, but as he and Amuhean (Amyitis in the Greek sources) were from different nations, the son born of this match, Amēl-Marduk (Evil-Merodach), could be called a mule. There is still another feature which could have played a role in the choice of this nickname. It is well-known that the male mule cannot reproduce itself; the female of the species when copulating with a stallion or a he-ass may have offspring, but the male mule is impotent. This phenomenon was widely known in antiquity. It is mentioned in the vassal-treaty between Assurnirari VI of Assyria and Mati'ilu of Bit-Agusi, Rev.V,11-12 (E. F. Weidner, *Archiv für Orientforschung*, VIII,1932,22): 'The... of the abovementioned will be a mule (*kūdanu*); his wife will have no offspring.'

Here again one may quote Herodot. In III,151ff. it is mentioned that when Darius beleaguered Babylon, the inhabitants of the town were so confident of the strength of the city, that one of them said to the Persians: 'Only when mules bear offspring, you shall conquer us.' But in the twentieth month of the siege a female mule of Zopuros bore a filly. Herodot calls this a miracle, but we would rather assume that either a horse or a he-ass had copulated with this mule. In any case, Zopuros *accepit omen* and devised a stratagem by which he succeeded to take the town for his king. Whether the whole story of the conquest of Babylon as described by Herodot is trustworthy or not, in any case the story is typical for the popular view of the general infertility of mules.

Returning to Evil-Merodach our attention is drawn to the fact that nowhere children of his are mentioned. The date of his father's marriage was 614; so one may assume that Evil-Merodach was born not much later. When he succeeded his father in 562 he must have been about fifty years old, old enough to have children and grand-children, but no Babylonian or Greek source mentions any of them. In the description of the conspiracy of Neriglissar against him (Josephus, *Contra Apionem*, I §147) it is mentioned that he was killed by his brother-in-law, but nothing is said about the fate of his offspring. This is the more important as Josephus here again gives litteral quotations from Berossos. As we have seen, in the days of Darius two usurpers claimed to be Nebuchadrezzar the son of Nabonidus; nowhere we read of an usurper who maintained that he was a direct descendant of the great Nebuchadrezzar, the father of Evil-Merodach, though such a direct descent in the male line should have given far more authority than the descent from Nabonidus, who at his best (Dougherty, *Nabonidus and Belshazar*, 79 and *passim*) was a son-in-law of Nebuchadrezzar.

It looks probable, therefore, that in the course of Nebuchadrezzar's long rule during which Evil-Merodach grew up and reached about his fiftieth year, the absence of any children of the crown-prince was remarked and commented upon. The nickname 'Nabû, protect the mule' did not only refer to Nebuchadrezzar's foreign marriage, but also to Evil-Merodach's impotence. He seems to have been impopular with the Babylonians themselves; Berossus as quoted by Josephus (*Contra Apionem*, I, §147) describes his rule as 'lawless and brutal'. Under such circumstances the nickname of his father, applied to the deficiencies of the son, could become widely popular.

Returning to the two main variants of the name, Nebuchadrezzar and Nebuchadnezzar, their division over our sources becomes now understandable. All official documents, even those from the Achaemenides, have the form with *rēš*, the original and official form. We find it also in Berossus, who represents the offical Babylonian tradition, and in later authors who quote him. Jeremiah and Ezekiel, who both advocated a policy of submission under the Babylonian rule and opposed every attempt to shake off the yoke of the Chaldeans, naturally used the official name. It is otherwise with the last two chapters of the books of Kings, which date from after 561, and in the book of Daniel. One does not get the impression that these somewhat later sources or the still later works of the Chronicler and the book of Esther use the nickname consciously. The author of the stories of the book of Daniel treats Nebuchadnezzar with a certain sympathy. But in the mean time the nickname was so widely spread in the West-Semitic world, that the meaning of it was no longer realised. The fact that the word *kūdanu* has its counterparts in several Aramaic dialects, but not in Hebrew, may have helped to obliterate the knowledge of the proper meaning of the nickname.

One fact remains unexplained. Why is it that whereas the book of Jeremiah uses the official name throughout, the nickname appears in Jer. 27:6-29:3? One can only assume that a much later copyist while working on a new exemplar of the book of Jeremiah wrote the name in the form which had become the generally accepted one, *teste* also the LXX. At the same time this would show that the work of copying a bulky volume like the book of Jeremiah was entrusted to several writers;

the scribe who copied Jer.27:6-29:3 must have been another one than the man who copied the preceding chapters, and in Jer.29:21, which presents the name with *rēš*, a more accurate copyist was at work again. There is no reason to assume that the passages in Jeremiah which use the nickname ever have formed a separate unit, to which Jer.29:21 did not belong.

Admittedly the occurrence of the form with *nūn* in Jer.27:6-29:3 and our rather mechanical explanation of it form a weakness in our theory. We doubt, however, whether a better explanation can be found and in any case our theory covers so wide a field that it seemed worthwhile to present it as a small contribution to the festival volume in honour of our colleague and friend A. M. Beek.

EINE GRUPPE HEBRÄISCHER PERSONENNAMEN

J. J. STAMM (WABERN)

I

In dem Abschnitt über: „Die grammatische Struktur der semitischen Personennamen"[1] weist Martin Noth (31) darauf hin, dass die westsemitische Namengebung sehr viel ärmer ist an verschiedenen Formen oder Typen als die akkadische. Wer immer sich mit den altsemitischen Personennamen beschäftigt, wird zu keinem anderen Ergebnis gelangen. In dem Aufsatz: „Ein Problem der altsemitischen Namengebung"[2] habe ich zum Akkadischen hinzu noch das Aegyptische mit in den Vergleich einbezogen. Dabei ergab sich, dass die ägyptischen Namen bei all ihrer Eigenständigkeit doch den akkadischen verwandt, und wie sie von der Einfachheit der Namenbildung bei den anderen semitischen Völkern weit entfernt ist.

Für das Hebräische hob ich (l.c.142) im besonderen hervor, wie selten Imperative in den PN sind. Als eine an die Gottheit gerichtete Bitte hatte ich allein das unsichere und späte *šûba'el* „Kehre wieder, o Gott!" zu nennen, und nur mit drei Belegen war die Anrede an die Umwelt des Namensträgers vertreten: *r^{e}'ûben* „Sehet, ein Sohn!", *hôdûja(hû)* „Preiset Jahwe!" und *d^{e}'û'el* „Erkennet Gott!". Von diesen drei PN ist der erste als Aufforderung an die den Namengeber umstehenden Sippengenossen zu verstehen, während die beiden anderen religiöse Mahnungen sind,

[1] M. NOTH, *Die israelitischen Personennamen im Rahmen der gemeinsemitischen Namengebung* (BWANT III/10,1928, Neudruck 1966), im weiteren abgekürzt: *IPN*. – Die sonstigen Abkürzungen sind die üblichen, ausserdem: *AN* = J. J. STAMM, *Die akkadische Namengebung*, 1939, Neudruck 1968. – PN = Personenname. – Die Umschrift des Hebräischen nach *ZAW*.

[2] Erschienen in: *Fourth World Congress of Jewish Studies. Papers*, Vol.I, Jerusalem 1967, 141-147.

die sich an eine nicht näher zu umgrenzende Hörerschaft richten. Diese Mahnungen sollen uns im folgenden beschäftigen.

2

Die mit *hôdûja(hû)* und *d^{e}ʿû'el* so kleine Liste hat inzwischen Bezalel Porten dadurch erweitert, dass er ausserbiblische Belege berücksichtigte. Er tat es zuerst in seinem Buch: „Archives from Elephantine", 1968, 144f. und danach in dem Aufsatz: „ʿDomla'el' and Related Names" (*The Israel Exploration Journal* 21,1971,47-49).[3] Im Aufsatz bringt Porten die folgenden Namen, bei denen ich seine konsonantische Wiedergabe, seine Vokalisierung, die Angabe der Belegstellen und seine Uebersetzung beibehalte. Bei Nr.2 und 4 füge ich je einen Beleg bei, den Porten nicht nennt.

1. דעואל *Deʿu'el* „Acknowledge God" (Num.1:14; 7:42,47; 10:20).
2. הודו יה (= הודויה) *Hodaviah* „Thank the Lord" (Ez.2:40; 1 Chron. 5:25; 9:7; Cowley[4] 1:9; 2:2; 3:2; 10:22; 19:10; 20:18; 22:112,127; 65:18). הודו *Hodo* (Cowley 12:4; 22:39; 34:3; 42:6).
3. פנוליה *Penuliah* „Turn to the Lord" (Cowley 13:13; 15:38; 18:5; 22,110; 25:19).
4. חכה ליה (= חכליה) *Hacaliah* 'Wait for the Lord' (Neh.1:1 und vielleicht als *hkljhw* auf einem der Lachis-Ostraka (20,2), doch ist die Lesung unsicher, vgl. H. L. Ginsberg, BASOR 80, 1940,13).

5a. דמלאל *Domla'el* 'Be silent before God' (on the seal published by Horn, *BASOR* 189,1968,41-43).

5b. דתליה *Domliah* 'Be silent before God' (on two seals, ed. by David Diringer, *Le iscrizioni antico-ebraiche palestinesi*, 1934,178-179 (No.19), and 217(No.60).

5c. דמלא *Domla* (Gibeon jar-handle inscriptions[5]; Samaria ostracon[6].

6. צמליה (=צפה ליה) *Zapeliah* 'Watch for the Lord' (Cowley 22:93,106).[7]
7. קויליה *Qaviliah* 'Hope/wait for the Lord' (Cambridge ostracon)[8].

[3] Die beiden Listen enthalten in wenig verschiedener Reihenfolge die gleichen sieben PN. Im Aufsatz von 1971 tritt als achter qelajā hinzu.

[4] *Aramaic Papyri of the Fifth Century B.C.*, 1923. – In der Form *hwdwjhw* begegnet der Name in den Dokumenten aus Lachis(Lkš 3,17).

[5] JAMES B. PRITCHARD, *Inscriptions and Stamps from Gibeon*, 1959, 3f., Nr.21 und 26-29. Auf S.11 übersetzt PRITCHARD den Namen ähnlich wie PORTEN durch: „Wait on the Lord".

[6] J. W. CROWFOOT, *The Objects from Samaria* (Samaria-Sebaste III) 21-22; diese Angabe auch bei PRITCHARD, l.c. (vorige Anm.) 11.

[7] Die obige Form mit auslautendem ה findet sich 22,93; bei 22,106 steht dafür ein א: *ṣplj'*.

[8] A. COWLEY, Two Aramaic Ostraca (*Journal of the Royal Asiatic Society*, 1929,108).

8. קליה *Qelaiah* 'Pay homage to the Lord(?)' (on the seal published by Horn, *BASOR* 189,1968,42-43 and Ez.10:23).

3

Von diesen acht Namen ist nur der unter Nr.2 genannte *hôdûja*(*hû*) unbestritten und eindeutig als Aufforderung zum Preis oder Dank zu verstehen. Wie Noth, *IPN* 194f. darlegt, ist die im Kult gebräuchliche Formel *hôdû l^{e}jahwāē* (Ps33,2; 100,4; 105,1 u.ö.) als Name gebraucht worden. In ähnlicher Weise, so fügen wir bei, ist der alte kultische Ruf *ʿimmanû'el* bei Jesaja zum Namen geworden[9]. Als gesichert können auch die Belege von Nr.5 gelten, da die Paläographie es heute erlaubt, die früher erwogene Lesung *r^{e}mălja*(*hû*) abzulehnen (vgl. dazu den Aufsatz von Porten 48 Anm.6 und Pritchard, *Gibeon jar-handle* inscr.11). Steht aber die Lesung dieser PN fest, so erscheint ein Zusammenhang mit dem Verb *damăm* „schweigen" als sinnvoll und naheliegend. Mit Porten wird man dabei besonders an Ps37,7 *dôm l^{e}jahwāē w^{e}hitḥôlel lô* „Sei still vor Jahwe und hoffe auf ihn" denken dürfen.

Gegenüber den anderen Namen bestehen dagegen ernsthafte Einwände. Wir nennen diese zuerst, um danach (Abschnitt 4) die Folgerungen zu ziehen.

a. *d^{e}ʿû'el* kann nicht anders übersetzt werden als „Erkennet Gott!". Es ist das die gleiche, an eine Mehrzahl gerichtete Aufforderung, wie sie sich auch Jer31,34 und Jes33,13 findet. Mit Porten lässt sich ausserdem die an einen Einzelnen gerichtete Mahnung Prov3,6 heranziehen: „Denke an ihn (*daʿehû*) auf allen deinen Wegen!" Nun ist aber *d^{e}ʿû'el* in der auf alte Ueberlieferung zurückgehenden Liste Num 1,5-15 bewahrt[10], so dass es kaum angeht, den Namen nach prophetischen und weisheitlichen Worten aus viel späterer Zeit zu erklären. Methodisch wäre es dagegen geboten, den Imperativ *d^{e}ʿû* zu verbinden mit den gut belegten Danknamen *j^{e}dăʿjā* und *jadăʿ* „Jahwe(Er) hat erkannt", d.h. „hat sich gekümmert, hat sich angenommen"[11]. Das ist eine Bedeutung von *jadăʿ*, die für *d^{e}ʿû'el* nicht in Frage kommt. So zeigt sich nur, wie isoliert dieser PN im Alten Testament ist. Er lässt sich zudem nicht dadurch beseitigen, dass man ihn mit den alten Uebersetzungen (LXX, Sam., Syr.) in dem geläufigen *r^{e}ʿû'el* (Ραγουηλ) aufgehen lässt. Es muss

[9] Vgl. dazu HANS WILDBERGER, *Jesaja* (BK X/1,1972) 292f. – Akkadische Parallelen für diesen Uebergang in *AN* 162ff.

[10] Vgl. dazu NOTH, Geschichte und Altes Testament (*Alt-Festschrift*, 1953) 147-149 und *ATD* 7,19f.

[11] So NOTH, *IPN* 181.

darum wohl bei der Feststellung von Noth, IPN 241a bleiben: „das 1. Element ist nach Form und Inhalt undurchsichtig"[12].
b. Bei *pnwljh* hält Noth, IPN 255a eine Auflösung in *p^enû+l^e+jā* für wenig wahrscheinlich, weil ein Name dieser Form singulär wäre[13].
c. Aus dem gleichen Grund lehnt er (IPN 32 Anm.3) bei *ḥkljh* die Vokalisation *ḥakkē l^ejahwāē* ab. Damit stimmt Wilhelm Rudolph, Esra und Nehemia, 1949,102 überein mit dem Satz: „Der Name ist unerklärt, da ein *ḥakkē l^ejah* allen Bildungsregeln für Eigennamen widerspricht".
d. Den PN *ṣpljh* erklärte Lidzbarski, Ephemeris III,1915,258 für eine Nebenform zu *ṣ^epǎnjā*, womit auch Vincent, l.c. (Anm. 13) 412 rechnet. Noth, IPN 178 Anm.3 hält das nicht für wahrscheinlich. Er zieht es vor, in dem PN ein Verb *ṣapǎl* zu finden, dessen Bedeutung noch ermittelt werden müsste.
e. Der Frauenname *qwjljh* ist bei Noth, IPN nicht aufgenommen[14], so dass man seine Meinung darüber nicht kennt. Vermutlich würde er die Interpretation als *qǎwwī l^ejah* „Hoffe auf Jahwe!" abgelehnt haben. Gleichsam an seiner Stelle tut das Hans Bauer, ZAW 48,1930,79 mit der Begründung, „dass die theophoren Personennamen im Semitischen nur Aussagen über den Gott oder Bitten an den Gott enthalten. Ich kenne wenigstens kein Beispiel, dass der Imperativ des Verbums sich, wie hier, an den Träger des Namens selbst richtet". Das ist das Urteil eines an den west-semitischen Personennamen orientierten Forschers, der die akkadischen ausser Acht lässt (vgl. dazu unten 5). Mit einem Hinweis auf Bauer hält auch Rudolph, Esra und Nehemia 98 ein *qǎwwē l^e jah* als PN für unmöglich.
f. *qelajā/qljhw.* Die dazu vorgelegten Versuche nennt Horn in seinem Aufsatz in BASOR 189,1968,S.41-43. Es sind die folgenden:
1. Weil die LXX Esr 10,23 *qelajā* und Neh 11,7 *qôlajā* in der gleichen Weise durch Κωλια wiedergibt[15], wurde vermutet, der erstere PN sei eine Nebenform des zweiten und mit diesem gleichen Sinnes. Nach Hans Bauer, ZAW 48,1930,74 würde *qôlajā* bedeuten: „Jahwe hat gesprochen"; er erklärt also den Namen mit Hilfe des arabischen Verbs *qâla* „sagen, sprechen".
2. Rudolph, Esra und Nehemia 98 geht von dem Beinamen *q^elîṭa'* aus, den *q^elajā* nach Esr 10,23 trug. *q^elîṭ^a'* könne entweder – so Noth,

[12] Der Vorschlag von L. KOPF, *VT* 8,1958,210 das d^e'û im PN mit dem arabischen Verb da'ā in der speziellen Bedeutung „bitten, segnen" zu verbinden, vermag nicht zu überzeugen.
[13] Aehnlich urteilt auch ALBERT VINCENT, *La religion des Judéo-Araméens d'Éléphantine*, 1937,411f.
[14] Damit hängt es zusammen, dass ich den Namen in meinem Beitrag zur *Baumgartner-Festschrift* (= *Hebräische Wortforschung*, 1967) 301-339 übergangen habe.
[15] Ausser Neh11,7 begegnet der PN noch Jer29,21, wo aber LXX die Worte *baen qôlajā* auslässt.

IPN 232 – „aufgenommen, angenommen" heissen oder eher – so Eduard König in seinem Wörterbuch 409 – „Zwerg, Kümmerling, Krüppel". Diesem auf eine körperliche Verunstaltung gehenden Beinamen würde es entsprechen, wenn der eigentliche Name vom Verb *qalā* abgeleitet und mit „Jahwe hat gering geachtet" übersetzt würde.

3. Horn selber folgt einer Anregung von Albright, die dieser ihm brieflich hatte zukommen lassen. Danach würde das erste Element in *qelajā/qljhw* zusammenhängen mit der ugaritischen Wurzel *ql* „niederfallen, sich niederwerfen (vor jemandem)" und dem akkadischen Verb *qâlu*(*qwl*) „schweigend sein (vor der Gottheit)" oder „achten (auf ein Geheiss der Gottheit)". Der hebräische Name würde demgemäss bedeuten: „Erweise Jahwe Ehrerbietung!"

Von diesen drei Versuchen möchte man den letzten noch am ehesten annehmen und *qôlajā* mit dem akkadischen Verb *qâlu* „aufpassen, schweigen" (AHw 895) zusammenbringen[16]. Freilich könnte das im Unterschied zu Albright und Horn nicht unter der Voraussetzung geschehen, dass *qôlajā* eine Mahnung enthielte: „Achte auf Jahwe!" Dagegen spricht der altbabylonische PN *Qūl-ᵈMarduk* (AHw 895b, Nr.2d), der nur eine Bitte sein kann: „Achte (auf das benannte Kind) Marduk!"[17] Eine an den Namensträger gerichtete Mahnung liegt dagegen in dem mittelassyrischen PN *Ana-Ira-qūl* „Achte auf Ira!" (AHw 895b, Nr.2c) vor. Ein dem akkadischen *ana* entsprechendes *lᵉ* dürfte somit nicht fehlen, damit *qôlajā* wie der akkadische Name sich als Mahnung auffassen liesse.

Was nun den uns beschäftigenden PN *qelajā* anlangt, so geht es sicher nicht an, ihn dem Sinne nach mit *qôlajā* gleichzustellen. Daran ändert auch das die beiden PN vereinerleihende Κωλια der LXX nichts. – Der Vorschlag von Rudolph leidet schon daran, dass er mit dem in seiner Bedeutung unsicheren Beinamen *qᵉlîṭa'* zusammenhängt. Selbst wenn dieser auf eine körperliche Anomalie ginge, könnte das noch nicht einen PN mit dem Inhalt: „Jahwe hat gering geachtet" rechtfertigen, der ohne Parallele dastünde.

Soweit ich sehe, bleibt nichts anderes übrig, als für *qelajā/qljhw* das Urteil von Noth, IPN 256b anzunehmen, wonach das erste Element nach Form und Inhalt unklar sei. In IPN 32 Anm.1 übt er die gleiche Zurückhaltung gegenüber dem ersten Bestandteil von *qôlajā*, worin wir ihm ebenfalls folgen möchten.

[16] Dabei ist für *qôlajā* aber nur an das akkadische Verb *qâlu* zu denken und nicht auch noch an das ugaritische *ql* (UT 2231, Aistl. 2408); denn, wie VON SODEN, *Baumgartner-F.* 295f. gezeigt hat, ist dieses ein Verb „Mediae-j" (*qjl*) und gehört zu dem seltenen akkadischen *qiālu* „fallen" (*AHw* 918b).

[17] Im *AHw* ist der PN ohne Nennung des Gottesnamens zitiert. Im obigen Text konnte ich diesen nach einer freundlichen Mitteilung von Sodens einfügen.

4

Nach dem vorstehenden Versuch, die Belege in der Liste von Porten (oben unter 2) zu sichten, ergibt sich, dass Nr.1 $d^{e'}\hat{u}'el$ und Nr.8 $qelaj\bar{a}$ aus der weiteren Erörterung ausscheiden müssen, weil sie sich jeder gesicherten Deutung entziehen. Von den sechs verbleibenden Namen sind nicht alle gleich sicher, aber es ist keiner so fraglich, dass die von Porten vorgeschlagene Interpretation ausgeschlossen werden könnte, zumal die gleichartigen Fälle einander stützen. Eine Bekräftigung bieten auch die später (unter 5) zu erwähnenden akkadischen Beispiele dar. Auf sie möchte ich vor allem gegenüber der Skepsis hinweisen, zu der sich Noth zu *pnwljh* und *ḥkljh* angesichts älterer, mit Porten übereinstimmender Versuche veranlasst sieht, wie es für Bauer und Rudolph zu *qwjljh* ebenfalls zutrifft. Die akkadischen Beispiele erlauben es auch, das an sich mehrdeutige *ṣpljh* in *ṣappē l^ejah* „Spähe nach Jahwe!" aufzulösen. Dass wir bei *dml'l*, *dmljh* und *dml'* die Verknüpfung mit dem Verb *damăm* für möglich halten, haben wir schon am Anfang des Abschnittes 3 ausgeführt.

Innerhalb der Liste von Porten gibt Nr. 2 *hôdûja(hû)* selbstverständlich zu keinen Bedenken Anlass. Für diesen PN hat es im chronistischen Geschichtswerk vier Belege (I Chr3,24; 5,24; 9,7; Esr2,40 (= Neh7,43 und wohl auch Esr3,9) und mindestens ebensoviele in Elephantine (Cowley 283a), wo der Vollname *hwdwjh* noch die ebenfalls mehrfach belegte Kurzform *hwdw* (=*hôdû*) „Preiset!" neben sich hat (s. Cowley, l.c.). In ihr ist der theophore Bestandteil weggeblieben und nur noch die Verbalform erhalten. Dazu gibt es bei den Danknamen Parallelen[18] wie das zuvor (3a) erwähnte *jadă'* neben *j^edă'jā*. Zu den soeben aufgeführten Belegen kommt als ältester das *hwdwjh* aus Lachis hinzu (s.Anm.4).

Im Anschluss an Noth hoben wir bereits hervor, dass in *hôdûjā* ein im Kult gebräuchlicher Ruf zum Namen geworden ist. Man kann auch sagen, dass ein Stück der Psalmenfrömmigkeit in die Namengebung einging. Das Gleiche darf gelten für die mit den Hoffnungs-Verben *qiwwā* und *ḥikkā* gebildeten PN *qwjljh* (*qawwi l^ejah*) und *ḥkljh* (*ḥakkē l^ejah*); denn in den Psalmen finden sich die gleichen Verben, und zwar in der Mahnung zum Hoffen (Ps27,14; 37,34; 42,6,12; 43,5), in der Verheissung für den Harrenden (Ps25,3; 37,9; 69,7; 147,11; Thr3,25,26, vgl. Dan12,12) und im Bekenntnis der Zuversicht (Ps33,20-22; 38,16; 69,4; Mi7,7)[19].

Das Verb *damăm* in den PN *dml'l*, *dmljh* und *dml'* begegnet in den

---

[18] Die gleiche Auffassung der Kurzform vertritt wohl VINCENT, l.c. (Anm.13) 398f., während die Vokalisierung *hodo* bei PORTEN unklar bleibt.
[19] Vgl. dazu CLAUS WESTERMANN, Das Hoffen im Alten Testament (= WESTERMANN, *Forschungen am alten Testament*, 1964, 219ff., bes. 244ff.).

Psalmen an sechs Stellen (Ps4,5; 30,13; 31,18; 35,15; 37,7; 62,6), von denen allerdings nur die letzten zwei eine Mahnung bzw. eine Selbstermahnung enthalten. Auch *ṣippā* im PN *ṣplјh* (*ṣappē lejah*) hat seinen Platz in der Sprache des Kultes. Das zeigt vor allem Ps5,4: „Frühe rüste ich dir ein Opfer und spähe aus". Dabei ist umstritten, ob das Spähen sich auf ein zu erwartendes Zeichen beim Opfer bezieht oder auf einen erhofften Gottesspruch[20]. Im prophetischen Bereich bezeichnet das Verb einerseits das Ausschauen nach einer Vision (Jes21,6) und andererseits das spähende Warten auf einen Bescheid von Gott her (Hab2,1). Hier wie dort mag es speziell im Zusammenhang mit der wachenden Tätigkeit der Kultpropheten zu verstehen sein[21]. Im Blick auf das Vorkommen von *ṣippā* in den Psalmen und bei den Propheten wird man zu *ṣplјh* feststellen dürfen, dass wieder ein in der kultischen Sprache beheimateter Terminus in der Namengebung auftaucht.

Für die Mahnung *penû* in *pnwlјh* ist es dagegen anders. Die Psalmen gebrauchen zwar den Imperativ von *panā*, aber ausschliesslich in der an Gott sich richtenden Bitte *penē 'elăj* „Wende dich zu mir!" (Ps25,16; 69,17; 86,16; 119,132). In einem dem PN entsprechenden Sinn erscheint ein *penû* nur Jes45,22 in der Mahnung: *penû, 'elăj we hiwwaše'û kål 'ăpsê 'araeṣ* „Wendet euch zu mir und lasst euch retten, alle Enden der Erde!" Demgemäss, dass *panā* öfter die bevorstehende oder die geschehene Abwendung des Israeliten von Gott zu den Götzen hin bezeichnet (Hos3,1 Dtn 29,17; 30,17; 31,18,20; Lev20,6 etc.), kann es auch in dem zugehörigen Verbot: „Wendet euch nicht zu den Götzen!" (Lev19,4, vgl. 19,31) gebraucht sein und ebenso in der Warnung des Elihu gegenüber Hiob: „Hüte dich, dass du dich nicht zum Frevel wendest" (Hi36,21).

Es wäre wohl zu kühn, wollte man in dem schlichten *pnwlјh* ein unmittelbares Echo der deuterojesajanischen Ankündigung an die Welt (Jes45,22) finden. Viel eher wird es ein Niederschlag des sich schon bei Jeremia verstärkenden und bei Ezechiel vermehrt den Einzelnen visierenden Rufes zur Umkehr sein, wie er dann im Büchlein Jona klassisch Gestalt gefunden hat. Ist vielleicht auch die levitische Predigt des deuteronomischen und deuteronomistischen Kreises im Hintergrund unseres PN wirksam?

Wenn somit auch die Mahnung *penû* hier einen anderen Ursprung hat als die Mahnungen in den übrigen fünf Namen, so spricht sich doch in allen ein Stück volkstümlicher Frömmigkeit aus, die am Rand der offi-

[20] An die erste Möglichkeit denkt GUNKEL, *Die Psalmen*, 1926, 18f., an die zweite KRAUS, *Psalmen* (BK XV/1,1960) 39.

[21] Vgl. JÖRG JEREMIAS, Kultprophetie und Gerichtsverkündigung in der späten Königszeit (WMANT 35,1970) 107.

ziellen Religion lebte. Nur so wird es sich erklären, dass von den sechs Namen nur deren zwei (*hôdûjā* und *ḥᵃkăljā*) sowohl im Alten Testament als auch ausserhalb desselben vorkommen, während vier (*dml'l* etc., *pnwljh, ṣpljh, qwjljh*) nur ausser-alttestamentlich belegt sind. Dass bei den letzteren als Quelle die Elephantine-Papyri besonders hervortreten, stimmt zu der religiös freieren Art der sie tragenden Gemeinschaft. Wie man weiss, zeigt sich die freiere Art in einer andere Gottheiten nicht ausschliessenden Verehrung Jahwes und in der rechtlichen und kultischen Stellung der Frauen mit den theophoren Eigennamen, die ihnen mehr, als sonst in Israel üblich, gegeben wurden[22]. So erstaunt es nicht, dass sich in der fernen jüdischen Militärkolonie in Aegypten mit den Mahnungen in den PN eine die alten Regeln der Namensbildung durchbrechende Form ein wenig mehr Raum schaffen konnte, als das im normalen alttestamentlichen Onomastikon der Fall ist.

In diesem Zusammenhang sei nebenbei darauf hingewiesen, dass wir allein aus Lachis und Elephantine, nicht aber aus dem Alten Testament PN kennen, die mit dem in den Psalmen sehr gebräuchlichen Verb *baṭăḥ* „vertrauen" gebildet sind. An den beiden Orten finden wir es nur in dem von dem Hauptwort *mibṭaḥ* abgeleiteten Namen *mbṭḥjh*(*w*) „Jahwe ist Gegenstand des(meines) Vertrauens" (Lkš1,4; Cowley 295a) und nicht in einem *baṭăḥ* verwendenden Bitt- oder Danknamen.

Zu dem, was die sechs Namen nach ihrer Form als Mahnungen verbindet, kommt noch eine gewisse Nähe der Zeit hinzu. Die PN aus Elephantine sind nachexilisch, und nach Pritchard, l.c. (Anm.5) S.15. ist ein solches Datum auch für die den Namen *dml'* enthaltenden Vermerke auf den Krughenkeln aus Gibeon wahrscheinlich. Das trifft auch für *ḥᵃkăljā* als Name von Nehemias Vater zu. Doch gibt es neben diesen späten Belegen auch einige ältere. Das ist gerade bei *dml'* der Fall, das auch auf einem Ostrakon aus Samaria und damit in der Zeit um 738/37 erscheint[23]. Das den PN *dml'l* enthaltende Siegel wird von Horn, BASOR 189,43 in das 7. oder in das frühe 6. Jahrhundert gesetzt. Für Siegel, die mit althebräischen Buchstaben beschriftet sind, gibt Diringer, Le iscrizioni... 162 die Zeit zwischen dem 10. und dem 4. Jahrhundert frei. Wie innerhalb dieses Abschnittes die beiden den Namen *dmljh* tragenden Siegel (s. oben 2,5b) einzuordnen sind, gibt er nicht an. Darf man an einen ähnlichen Termin wie für *dml'l* denken? Das vorwiegend aus Elephantine bezeugte *hŏdûjā* taucht schon früher in Lachis, d.h. um 588, auf. Hier findet sich auch für *ḥᵃkăljā* ein unsicherer Beleg.

[22] Vgl. die umfassende Darstellung bei PORTEN, *Archives from Elephantine*, 1968, 103ff. und 200ff. und meine Arbeit über die hebräischen Frauennamen (*Baumgartner-F.* 301ff.).

[23] Diese Datierung mit DONNER-RÖLLIG, *KAI* II 183.

Trotz des einen *dml'* aus Samaria wird man sagen dürfen, dass die Ermahnung an den Namensträger, wie sie in den sechs PN vorliegt, eine eher späte Erscheinung im hebräischen Onomastikon ist. Und wenn man an die Vielzahl der durch die Chronik gerade für die nachexilische Zeit überlieferten Namen denkt, so wird einem noch umso mehr bewusst, wie beschränkt dieser Namenstypus in seinem Vorkommen ist. Das ändert sich auch für den nicht, der auf die von uns früher (unter 3) ausgeschiedenen PN $d^{eʿ}$*û'el* und *qelajā* nicht ganz verzichten wollte.

5

Obwohl die zuletzt gemachte Feststellung gilt, besteht, wie wir schon am Anfang unseres Abschnittes 4 andeuteten, kein Grund, das Vorhandensein der Gruppe überhaupt zu bestreiten. Ein Blick auf die Namensformen der übrigen westsemitischen Sprachen könnte zwar eine solche Neigung begünstigen. Wie die heute vorliegenden Sammlungen der ugaritischen, frühkanaanäischen und phönizisch-punischen Namen übereinstimmend zeigen, gibt es unter ihnen überhaupt nicht viele Imperative und, wo sie auftreten, dienen sie der Bitte an die Gottheit und nicht der Ermahnung des Namensträgers[24]. Obwohl die alt-ägyptische Namengebung sich sonst sehr stark von der westsemitischen unterscheidet[25], geht sie in diesem Punkt ganz mit ihr zusammen. Hermann Ranke schreibt in seinem grossen Namenbuch[26] (Bd.II 40): „Es ist auffallend, wie wenig sichere Imperativformen in den ägyptischen Satznamen erscheinen". Im Anschluss an diesen Satz nimmt Ranke die imperativische Wiedergabe einiger Namen aus dem Alten Reich zurück, die er früher vertreten hatte, ohne eine neue, sichere Uebersetzung anzubieten. Es handelt sich um die PN: „Preise den Ptah!"(?), „Preise mir den Re!", „Preise mir den Horus!", „Preise den Re!", „Preise den Horus!"[27].

[24] Für das Ugaritische s. FRAUKE GRÖNDAHL, *Die Personennamen der Texte aus Ugarit* (Studia Pohl 1,1967) § 71 auf S.42f. – Für das Frühkanaanäische s. HERBERT B. HUFFMON, *Amorite Personal Names in the Mari Texts*, 1965,86f. Neben den seltenen Imperativen gibt es hier etwas öfter mit *lū/lā* gebildete Prekative, die ebenfalls an die Gottheit gerichtet sind. – Für das Phönizisch-Punische s. FRANK L. BENZ, *Personal Names in the Phoenician and Punic Inscriptions* (Studia Pohl 8,1972) 216f.

[25] Vgl. dazu meinen zu Eingang erwähnten Aufsatz: „Ein Problem der altsemitischen Namengebung".

[26] H. RANKE, *Die ägyptischen Personennamen* Bd.I,1935, Bd.II,1952.

[27] RANKE, Bd.I 398 Nr.12 und 17-20. – Bei dem Frauennamen aus dem Neuen Reich: „Gedenke an Gutes " (RANKE I 319 Nr.2 und II 242) ist unsicher, ob das Kind oder eine Gottheit angeredet ist, vgl. RANKE II 40 Anm.7.

Das sind genau die Namen, die wir suchen, wenn sie eben nicht anders zu erklären wären. Bd.II 40 Anm.2 fragt Ranke, ob es sich vielleicht um Wortnamen handle, die den Träger oder die Trägerin als Verehrer einer Gottheit bezeichnen.

Was hier fehlt, lebt in reicher Fülle unter den akkadischen Namen. Aus dem entsprechenden Abschnitt von AN[28] führe ich als Beispiele an: *Anam/Irra-nu''id* „Preise den Anu/Irra!", *Ilak-nu' 'id, Nu' 'id-ilak* „Preise deinen Gott!"[29] – *Ilam-kurub* „Bete den Gott an!", *Kurub-ilak* „Bete deinen Gott an!" (AHw 445b). – *Pilaḫ-ᵈAdad, Pilaḫ-ᵈSin* „Verehre den Adad/Sin!". – *Ana-Ira-qūl* „Achte auf Ira!" (AHw 895b), vgl. dazu schon oben unter 3. – *Uṣur-awāt-ᵈŠamaš* „Beachte das Wort des Šamas!", *Uṣur-pâšu* „Beachte sein Wort!". – *Lā teggi(-ana)-Ištar* „Säume nicht gegen Ištar!", *ᵈIštar-lā-tašiāṭ* „Vernachlässige die Ištar nicht!". – *Iliš-tikal* „Vertraue auf den Gott!", *ᵈAššur-natkil* „Vertraue auf Assur!"

Die obigen Belege stammen meist aus den älteren Epochen der akkadischen Sprache, doch fehlen solche aus späterer Zeit nicht. So ist der Typus: „Beachte das Wort des Gottes!" im Neubabylonischen gut belegt[30] und ebenso das „Vertraue auf den Gott!" im Neuassyrischen[31].

Unser rascher Ueberblick berechtigt zum Schluss, dass die „Mahnungen an den Namensträger" die Namengebung des Akkadischen durch die Jahrhunderte begleiten, in der sie fest verwurzelt sind. Im Hebräischen ist diese Form dagegen, so sahen wir, nur schwach und mit der Ausnahme des Ostrakons aus Samaria eher spät vertreten. Da nun im 7. Jahrhundert in Juda der fremdländische und darunter nicht zuletzt der assyrische Einfluss stark war[32], lässt sich erwägen, ob er sich nicht auch in den Namen ausgewirkt und so das Aufkommen der uns beschäftigenden Gruppe ihm zuzuschreiben sei. Auch im engen und speziellen Bereich der Namengebung setzt ein solcher Einfluss von aussen jedoch die Fähigkeit im Inneren voraus, ihn aufzunehmen. Wie wir in unserem Abschnitt 4 sahen, war es der Kult, der den meisten der sechs Namen die Sprache geliehen und damit die Möglichkeit geschaffen hatte, eine fremde Form aufzunehmen. Bei dem einen *pnwljh* muss dagegen die Mahnung zur Umkehr späterer Propheten und die Nachwirkung leviti-

[28] 203-205 unter der Ueberschrift: „Mahnungen an den Namensträger".

[29] *Nu' 'id-ilak* nach *AHw* 705a, wo auch der Typus *GN-nādā* „Preiset den Gott" aufgeführt ist (GN = Gottesname).

[30] *AN* 204 Anm.5.

[31] *AN* 205 Anm.2.

[32] Vgl. dazu AAGE BENTZEN, *Die josianische Reform und ihre Voraussetzungen*, 1926, 38ff. und HERBERT DONNER, *JSS* 15,1970,42ff. besonders Abschnitt III.

scher Predigt in einer ähnlich vermittelnden Funktion vermutet werden. Doch bleibt hier eine gewisse Unsicherheit; denn es ist zu fragen, ob diese Namen nicht auf Grund der im Kult und bei den Propheten gegebenen Ansatzpunkte aufkommen konnten ohne Einwirkung von aussen. Wären nicht die so auffallenden akkadischen Parallelen, müsste man das als das Nächstliegende anerkennen. So aber bleibt es unsicher.

JOSEPHUS' ACCOUNT OF THE STORY OF ISRAELS SIN WITH ALIEN WOMEN IN THE COUNTRY OF MIDIAN (NUM.25:1ff.)

W. C. VAN UNNIK (UTRECHT)

It is my special privilege to give a contribution to this 'Festschrift' for my friend of long-standing Martien Beek, because it offers an opportunity to render him in public a small token of my gratitude and to pay my tribute to him for his wide-ranging and stimulating scholarship, particularly in the field of Jewish studies.

We met for the first time forty-six years ago in September 1928, when we both enrolled as students of the theological faculty of Leyden University. In that year we were both admitted in that renowned society of theological students 'Quisque Suis Viribus' and became friends for life. Already at that time he had an enviable gift of speech; he loved to tell a good story with a characteristic tone of humour, mingled with a bit of irony. His interests were broad, notwithstanding an early predilection for Old Testament. Martien was attracted by that singular O.T. scholar B. D. Eerdmans, a man of completely independant views in his field of study, but also of a deep piety, much akin to the sages who speak in the wisdom-literature.

Since our student-days our lives have developed along different lines, but the links, once made, remained unshoken and unbroken. We served our church in different parts of the country and since World War II in different universities, but neither geographical distance nor lapse of time has thrown a damper over our friendship.

For many years we had a close and fine cooperation in a committee of the Dutch Bible Society, preparing a New translation of the Apocrypha.

He lives in the world of the Old Testament, loves its fine stories, its pious wisdom, its prophetic visions. But not only that, the whole tragic-colourful history of the Jewish people from the days of Abraham to the present time, in *Erets Jisrael* and the Diaspora has enthralled him and makes him eloquent. He understands the spiritual depth of the Jewish adoration of the Eternal One— blessed be He— and of the Jewish 'gein'.

I have always admired my friend for the magnificant way in which he can sketch the problems, highlight the salient points, show the bearing of new discoveries on disputed passages, and always brings out the message of Law, Prophets and Writings.

In that respect the greatest achievement among Beeks many-sided publications has been, I think, his book 'Wegen en Voetsporen van het Oude Testament',[1] the basis of which were broadcast-lectures in which he very succesfully familiarized a wider public with the contents of the Old Testament.

The task my dear friend had set himself in the 20th century was similar to that which Flavius Josephus tried to accomplish at the end of the first century A.D., when he wrote his 'Jewish Antiquities'. But the circumstances in which the Jew from priestly descent did his work were quite different from those of a Dutch Christian professor. Josephus wished to make known the history of his people in order to exonerate it from all blame, with an apologetic purpose. For many reasons it is very interesting to examine this much neglected part of Josephus' extensive writings most carefully.[2] In this paper I wish to make a contribution in that direction by exploring the ways in which Josephus has handled a particular passage of the Old Testament, namely the story of Israels sin with alien women in the country of Midian[3] (*Num.*25:1ff.)

After the long narrative of the Mesopotamian seer Balaam, who was called to curse Israel, but instead gave most glorious blessings over that people (*Num.*22-24), there follows in the Old Testament— without transition or connection – a story about how the Israelites dwelling in Shittim 'began to play the harlot with the daughters of Moab'[4]; at their invitation Israel sacrifices to the pagan Gods' and yoked himself to Ba'al of Pe'or'. God's wrath was kindled against the people and Moses was ordered to hang all sinners (*Num.*25:1-5). The next section tells us, how an as yet unnamed Israelite brought a pagan woman to his family

[1] M. A. Beek, *Wegen en voetsporen van het Oude Testament,*[6] Amsterdam-Driebergen 1969.

[2] As I have shown in my *Delitzch-Vorlesungen*, Münster in Westfalen, December 1972 (in course of publication).

[3] So according to Josephus (§126ff.), who does not speak of the Moabites, except in passing §130; cf. also *Num.*25:14s.

[4] The quotations from the Bible are taken from the Revised Standard Version.

quite openly and how that man and wife were killed by Phinees who was praised for that deed by God, 'because he was jealous for his God' while others die by the plague (*Num.*25:6-13). Then the names of the Israelite and the Midiante woman are mentioned (vss.14-15) and Moses is ordered to smite the Midianites 'for they have harassed you with their wiles' (vs.16).

Since we deal with the work of Josephus we may leave aside all problems of exegesis and composition of the original pericope. If we then compare Josephus' rendering of that story in his 'Antiquitates Judaicae', we are immediately struck by the fact that he has paid much attention to that incident and has greatly enlarged it (*A.J.* IV 6,6-12, §126-151), 7 pages text in the Loeb-edition.[5] He has rearranged the material in this manner that he grouped together the paraphrase of *Num.*25:1-5 and 14-15 (126-151) and has it followed by the valiant deed of Phinees, as an explanation how Zambrias[6] came to an end[7] (*Num.*25:6-13 = Josephus, §152-155).

The limits set to this contribution do not allow a proper discussion of the Phinees-episode, because that would lead us into an evaluation of its many parallels in later Jewish tradition[8] and require too much space. The way in which Josephus framed his narrative enables us to make a distinction between the two parts and to treat them separately. For the present moment we concentrate our attention on the former part.

But before doing so it is worthwile to notice, that whereas in the O.T. the two parts are of almost equal length, the situation in Josephus is quite different: 6 pages of text in the Loeb-edition as against 1! In other words: the Phinees-episode is retold, but not expanded at great length, but the story of the harlotry with the Midianite woman enjoyed a good deal of extension under the hands of Josephus. This difference makes us aware of the fact that our Jewish historian must have attached great weight to that occurrence. This conclusion is confirmed by two more

[5] For the text and translation of Josephus' works I use the edition of H. St. J. Thackeray-R. Marcus, in the: Loeb Classical Library.

[6] He is called 'Zimri' in the Old Testament, but 'Zambrias' by Josephus; because we discuss Josephus' treatment of the story in this paper, we follow his nomenclature.

[7] See Josephus, *Ant.Jud.* IV 6,12, §151: 'and this wicked assault might have gone to further lengths, had not Zambrias promptly come to his end under the following circumstances'.

[8] Philo mentions the Phinees-episode in many places, see J. A. Morin, *Les deux derniers des Douze,* in: *Revue Biblique* LXXX (1973), 341; see also the references to rabbinic sources in L. Ginsberg, *The Legends of the Jews,* Philadelphia 1928, vol.vi,137f. and K. G. Kuhn, *Der tannaitische Midrasch Sifre zu Numeri,* Stuttgart 1959, 519, Ak.113.

observations, which are made on closer examination of Josephus' account.

In the first place we notice a most striking fact, viz. that the main substance of this section consists of no less than four speeches, three of which are in the *oratio recta* (§127-130 of Balaam; §134-138 of the Midianite women; §145-149 of Zambrias) and one in the *oratio obliqua* (§143-144 of Moses).

None of the speeches has a foundation in the old Testament, although one of them, as we shall see presently, might have been suggested by later Jewish tradition. In how far the same holds true in the other cases, the available evidence is insufficient to decide. At any rate Josephus did insert these four speeches in his narrative and used them to underline the dramatic tension of the events.

It would be highly important to investigate this element in Josephus' literary devices, how on the one hand he has some of his *dramatic personae* deliver speeches, while on the other hand speeches and dialogues in his sources are summarized in short statements. This subject must be postponed to a later occasion and can only be discussed propeily in relation with that famous topic: Speeches in ancient historiography.[9] But this much may be said, that when Josephus has one of his characters make a speech, it is an important moment and brings to light what according to Josephus was a great issue.

In the second place if we compare the story as told by Josephus with the same episode in other sources, we see, that there is one point of contact, but that in the main Josephus goes his own way. Pilo treated that episode in his *Vita Mosis* I 294-304 which shows that he too paid much attention to it. But his treatment is rather different: in §294-299 he produces a lengthy speech of Balaam and the motives leading to it; then he shows in §300-301 a how this advice is followed and in §301b-304 he glorifies the act of Phinees who slew the brutal sinner.[10] In the *Biblical*

[9] In order to save space we only refer to the well-known paper of M. Dibelius, *Die Reden der Apostelgeschichte und die antike Geschichtsschreibung*, in his *Aufsätze zur Apostelgeschichte*, herausgegeben von H. Greeven, Göttingen 1951, 120-162 and the literature mentioned there.

[10] Philo's treatment in *De Specialibus Legibus* I 54-58 is somewhat different; it is an illustration of the leading Jewish idea: τῶν δ'ἀπὸ τοῦ ἔθνους εἴ τινες καθυφίενται τὴν τοῦ ἑνὸς τιμήν, ὡς λιπόντες τὴν ἀναγκαιοτάτην τάξιν εὐσεβείας καὶ ὁσιότητος ταῖς ἀνωτάτω τιμωρίαις ὀφείλουσι κολάζεσθαι (§54)... ἐπειδὴ γὰρ ἐθεάσατό τινας ἀλλοφύλοις συνόντας γυναιξὶ καὶ ἕνεκα τῶν πρὸς αὐτὰς φίλτρων ἀλογοῦντας μὲν τῶν πατρίων, τελουμένους δὲ τὰς μυθικὰς τελετάς. ἕνα τὸν ἔξαρχον καὶ ἡγεμόνα τῆς παρανομίας καταθαρροῦντα ἤδη παρεπιδείκνυσθαι δημοσίᾳ τὸ ἀνοσιούργημα καὶ θυσίας ἀγάλμασι καὶ ξοάνοις ἀθύτους φανερῶς ἐπιτελοῦντα... ἐνθουσιῶν, ἀνείρξας τοὺς παρ'ἑκάτερα ἐπὶ τὴν θέαν ἠθροισμένους, οὐδὲν εὐλαβηθεὶς ἀναιρεῖ σὺν τῇ γυναικί, τὸν μὲν ἕνεκα τῆς εὐμαθείας τῶν ἃ λυσιτελὲς ἀπομανθάνειν, τὴν δ'ὅτι διδάσκαλος κακῶν ἐγένετο (§56).

Antiquities of Pseudo Philo XVIII 13 we also find a (not very extensive) speech of Balaam and a simple statement that the Israelites were led astray, but without the story of Phinees and Zambrias. Rabbinic sources also mention the advice of Balaam and the deed of Pinees, but even if the various elements are pieced together,[11] the picture is completely different from that of Josephus. The words of the Midianite women, the behaviour of Moses and the audacious speech of Zambrias are not found but in Josephus.

So before making a more detailed comparison between Josephus' account and these parallels, we can, I think, draw the conclusion that we discover the hand and the voice of Josephus himself in this historical decription and that this passage largely reflects the ideas of this historian.

And since Josephus like other historians in antiquity[12] wrote to convey a message,[13] we may find by a careful analysis of this passage what lesson he offers to his contemporaries.

The first part of Josephus' story, dealing with the advice of Balaam, has its parallels, as was pointed out before, in Jewish writings[14]. This tradition was apparently so wide-spread, that it was also known among the Christians in Asia Minor, *teste Apocalypse* 2:14 in the letter to Pergamum: 'you have some there who hold the teaching of Balaam, who taught Balak to put a stumbling block before the sons of Israel, that they might eat food sacrificed to idols and practice immorality'. The account of *Num.*25:1ff. does not say a word about such a counsel of Balaam, but the basis in Scripture lies, as various scholars aptly remarked,[15] in *Num.*31:16: 'Behold, these (women of Midian) caused the people of Israel, by the counsel of Balaam, to act treacherously against the Lord'.

What were the contents of this counsel according to Josephus? He

[11] As is done by L. Ginzberg, *Legends of the Jews*, Philadelphia 1911, vol.iii,380-386.
[12] See e.g. P. Scheller, *De hellenisticae historiae conscribendae arte*, Leipzig 1911, 72-78: de fine atque usu historiae.
[13] See Josephus, *Ant.Jud.* I 1,3, §14: 'the main lesson to be learnt from this history by any who care to peruse it is that men who conform to the will of God, and do not venture to transgress laws that have been excellently laid down, prosper in all things beyond belief, and for their reward are offered by God felicity; whereas, in proportion as they depart from the strict observance of these laws ... whatever imaginary good thing they strive to do ends in irretrievable disasters.'
[14] S. Rappaport, *Agada und Exegese bei Flavius Josephus*, Wien 1930, 38, Ak.160.
[15] Thackeray in his note *i.l.*, vol.i,538, nt.b-539; G. Badt in his German translation of Philo, *De Vita Mosis*, in: L. Cohn (Hrg.), *Die Werke Philos von Alexandria*, Breslau 1909, Bd.I,288, Ak.1; R. Arnoldez – C. Montdésert – J. Pouilloux – P. Savinel, *De Vita Mosis* I-II, in: *Les oeuvres de Philon d'Alexandrie*, vol.22, Paris 1967, 168, nt.1; M. R. James, *the Biblical Antiquities of Philo* (reissue), New York 1971, 126.

tells us that Balak, disappointed by Balaam who had blessed Israel instead of cursing it, dismissed the prophet without reward. On his way home Balaam sent word to the king and rulers of Midian. In a clear and extensive statement he expresses his conviction that it will be impossible for them to subdue Israel, 'for God is watching over them[16] to preserve them from all ill and to suffer no such calamity to come upon them as would destroy them all'; even if misfortunes befall them, that will only be for a short time and thereafter they will 'flourish once more to the terror of those who inflicted these injuries upon them' (§127-128). This is a most remarkable profession of faith in the everlasting existence of Israel,[17] penned down some twenty years after the destruction of Jerusalem in 70 A.D.! Must it not have sounded a note of warning to the Roman readers?

After this introduction follows Balaam's adivce (§129-130); he sees a possibility for short – term victory: the Midianites must send out their comeliest girls in order to make the Israelite boys lose their heads over them; the girls should lay down one condition for sexual intercourse; viz. that their lovers 'renounce the laws of their fathers and the God to whom they owe them, and to worship the gods of the Midianites and Moabites' (πρὶν ἂν πείσωσιν αὐτοὺς ἀφέντας τοὺς πατρίους νόμους καὶ τὸν τούτους αὐτοῖς θέμενον τιμᾶν θεὸν τοὺς Μαδιανιτῶν καὶ Μωαβιτῶν σέβωσιν.[18]

Philo's account, while showing some parallels, is nevertheless different. He too points out that king Balak is cross with Bileam, as he expresses in so many words, and wants to send him away. In a private interview with the king the prophet says that after the previous inspired words he has an advice of his own making to give (*De Vita Mosis* I 292-294). Then Philo exhorts his audience to see, how clever this advice was to overwhelm them that could be always victorious (§295 πρὸς ὁμολογουμένην ἧτταν τῶν ἀεὶ νικᾶν δυναμένων), for Balaam knew that there was only one way to capture Israel, viz. licentiousness leading to impiety (§295 διὰ λαγνείας καὶ ἀκολασίας, μεγάλου κακοῦ, πρὸς μεῖζον κακόν, ἀσεβείαν, ἄγειν αὐτοὺς ἐσπούδασεν ἡδονὴν δέλεαρ προθείς). This is set forth in a speech of Balaam;

[16] Josephus writes in §128: πρόνοια γάρ ἐστιν αὐτῶν τῷ θεῷ σώζειν ἀπὸ παντὸς κακοῦ καὶ μηδὲν ἐπ'αὐτοὺς ἐᾶσαι τοιοῦτον πάθος ἐλθεῖν, ὑφ'οὗ κἂν ἀπόλοιντο πάντες. – Cf. my remarks about the use of *Pronoia* in Josephus: *An Attack on the Epicureans by Flavius Josephus*, in: W. den Boer – P. G. van der Nat – C. M. J. Sicking – J. C. M. van Winden (edd.), *Romanitas et Christianitas, Studia Iano Henrico Waszink ... oblata*, Amsterdam 1973, 349-350.

[17] Thackeray, *l.c.* 538, nt. a referred to *Is.*57:17 LXX and the concluding portion of the Epistle of Baruch (4:29ss).

[18] The Greek phrases are given here and in subsequent pages because the catchwords are important; here may be underlined the words ἀφέντας τοὺς πατρίους νόμους – the lawgiver – τοὺς Μαδιανιτῶν καὶ Μωαβιτῶν σέβωσιν.

he praises the beauty of the Midianite women and points out that nothing captivates a man so much as lust for women; the girls should provoke the Israelites, but not give themselves before the boys have given up their religion and sacrified to the idols of wood and stone (§298: πρὶν ἄν ἐκδιαιτηθῆς μὲν τὰ πάτρια, μεταβαλὼν δε τιμήσης ἅπερ ἐγώ. πίστις δέ μοι τῆς βεβαίου μεταβολῆς γένοιτ'ἄν ἀρίδηλος ἥν ἐθελήσης μετασχεῖν τῶν αὐτῶν σπονδῶν τε καὶ θυσιῶν, ἅς ἀγάλμασιν καὶ ξοάνοις καὶ τοῖς λοιποῖς ἀφιδρύμασιν ἐπιτελοῦμεν).[19]

The man, 'slave of his passion', will certainly obey. The decription of Pseudo Philo, *Antiq. Bibl.* XVIII 13 is much shorter. According to this author Balak says to Balaam: 'Thy God has defrauded thee of many gifts from me', whereupon Balaam *sponte sua* gives his advice to have the comeliest women of Midian, naked and adorned with gold and jewels be shown to the Israelites, who immediately fall into their snares; 'they will sin against their Lord and fall into your hands, for otherwise thou canst not subdue them'. Balaam goes home and Balak follows his advice, so that Israel is led astray. The version of the story in *rabbinic sources*[20] is different.

Balaam starts by saying that the God of Israel loathes unchastity, but the Israelites are very eager to possess linen garments.[21] The Moabites pitch a great number of tents and put two harlots, an older and a younger one, to bring the Israelites who want to buy the linen garments inside. There they are intoxicated by wine and 'his passion for the woman was soon kindled, but she agreed to satisfy his desires only after he had first worshipped Peor, the god of the Moabites[22] and abjured the law of Moses'. In *TB.Sanhedrin* fol.106a the story ends with a reference to *Hosea* 9:10 'They come to Ba'alpe'or and consecrated themselves to shame, and became detestable like the king they loved'. Unchastity leads to idolatry.

A comparison of these different versions brings to light, how this story of *Num.*25 has captivated the minds of these Jews in the 1st and later centuries. They have all in common the theme that by way of unchastity Israel is led to idolatry and hence to sin. It was the seer

[19] Compare also the quotation from Philo, *De Spec. Leg.* I 56 on p. 244 nt.10 with its agreement and differences.

[20] See H. L. Strack-P.Billerbeck, *Kommentar zum Neuen Testament aus Talmud und Midrasch*, München 1926, Bd.III,793 und L. Ginzberg, *Legends*, vol.iii,380-382 and the notes in vol.vi.

[21] The source of this statement is unclear.

[22] Pe'or is derived from the verb פער = to go to stool, see G. H. Dalman, *Aramäisch-neuhebräisches Handwörterbuch zu Targum, Talmud und Midrasch*², Frankfurt a. Main 1922,342, s.v. and Billerbeck, *a.a.O.*, 793.

Balaam who showed this desastrous way. Remarkable is the trait of the condition laid down by the women. But although there are various parallel features, one cannot say that one version is dependant on the other; in each source we find a special form of this 'midrash'.

It is particularly instructive to study the version of Philo and Josephus parallel. They differ already at the very beginning about the time, place and addressees of Balaam's advice.

Philo's account has a more psychological touch, and gives more stress to the evil of lust. That fact can easily be understood, if we keep in mind that 'De Vita Mosis' is not a historical book in the sense of Josephus, but philosophy in historical dress, and that Philo loves psychologizing.[23] Each author had a different audience in view. On the other hand it should be noted that both writers see 'the ancestral laws' at stake and whereas Philo uses terminology of conversion to idolatry, Josephus speaks of apostasy from the one God the Lawgiver to the many gods. By this comparison Josephus' outspoken confession in the invincibility of Israel to which we have drawn attention at an earlier stage is also highlighted.

The next section of Josephus' account tells us in a graphic way, how the Midianite maidens fulfil their 'task' and play their game with the captivated Hebrew boys (§131-133). Josephus goes on not by describing, how the women succeed in making the Israelites comply with their wishes. No, he inserts a long speech of these damsels (§134-138).

The Hebrews have promised to make them mistresses of their possessions, but in reply the ladies say that they were not in quest of that, when they sought the company of these men. They wanted to become their wives, but fear that after some time they will be sent away dishonoured.[24] For that reason they want a clear proof of the abiding affection of the Israelites. This passage is so important that it should be quoted literally: 'Seeing then ... that ye have customs and a mode of life wholly alien to all mankind, insomuch that your food is of a peculiar sort and your drink is distinct from that of other man, it behoves you, if ye would live with us, also to revere our Gods ... that ye worship the same gods as we.

[23] Philo, *De Vita Mosis* I §300 says that the king found this an excellent plan and abolished the law against adultery and prostitution and allowed the women to have intercourse with everyone with impunity. Nothing of such a measure is found in Josephus; in his account the maidens are just sent out according to Balaam's advice. This touch in Philo is very remarkable. Is it because in his time the '*Lex Julia de adulteris*' of Augustus, 18 B.C. (see Th. Mayer-Maly, *Adulterium*, in: K. Ziegler – W. Sontheimer, *Der Kleine Pauly, Lexikon der Antike*, Stuttgart 1964, Bd.I, Sp.79) was still in force?

[24] See also Josephus' account in *Ant.Jud.*xi 5,3-4, §140-153 about the marriages with foreign wives in the days of Ezra (*Ezra*9-10); these ladies were sent away without more ado, because the man who had married them, lived in great sin.

Nor can any man reproach you for venerating the gods of the special country whereto you are come, above all when our gods are common to all mankind, while yours has no other worshipper'. To this is added a summary of their argument: 'They must therefore (they added) either fall in with the beliefs of all man or look for another world, where they could live alone in accordance with their peculiar laws'[25].

Thackeray claimed that 'the model for this speech and for the episode as a whole was furnised by a similar story of the Scythians and the Amazons in Herodotus iv.111ff'.[26] In particular he calls attention to the words in §134: ἡμῖν ... οἶκοί τέ εἰσι πατρῷοι καὶ κτῆσις ἀγαθῶν ἄφθονος and Herodotus iv 114: ἡμῖν εἰσὶ μὲν τοκέες εἰσὶ δὲ κτήσεις.

But is this apparent similarity indeed a aparallel? The words in Herodotus are spoken by the Scythian boys to tempt the Amazons to marry them for the gain of these goods, whereas the Midianite women declare that they have plenty of possessions and do not want to marry for their sake. So the words have a completely opposite tendency. It would take too much space, if we were to make a full comparison of the two passages involved. Suffice it to say that in Herodotes the Scythians invite the Amazones to live among them, but these warfaring ladies reject that, because their habits are completely different from those of the Scythian women; therefore they make the proposition that the Scythian boys should share their lives; and so they did. If we put these two stories side by side there is hardly any point of agreement and we must conclude that the suggestion of Thackeray is completely wrong, yet another illustration of taking superficial similarities for parallelism and influence.

The only gain we can get from this comparison is the fact that we see more clearly the special features in Josephus' speech: the Jews have customs different from those of the rest of the world; marriage is only possible on condition of worshipping the gods of the heathen. In this connection it is important to observe that Josephus does not mention Baal Peor, but speaks of the gods in general.

We do not hear in these words an echo of the voice of Herodotus, but of charges made in the Hellenistic and Roman periods against the Jews.

[25] We give again (see p. 246,nt.18) the characteristic Greek terms of §137-138: τοῖς δ'ἔθεσι καὶ τῷ βίῳ πρὸς ἅπαντας ἀλλοτριώτατα χρῆσθε, ὡς καὶ τὰς τροφὰς ὑμῖν ἰδιοτρόπους εἶναι καὶ τὰ ποτὰ μὴ κοινὰ τοῖς ἄλλοις ... ἡμῖν συνοικεῖν καὶ θεοὺς τοὺς ἡμετέρους σέβειν --- τοὺς αὐτοὺς ἡμῖν θεοὺς προσκυνεῖν --- εἰ γῆς εἰς ἣν ἀφῖχθε τοὺς ἰδίους αὐτῆς προστρέποισθε, καὶ ταῦτα τῶν μὲν ἡμετέρων κοινῶν ὄντων πρὸς ἅπαντας, τοῦ δ'ὑμετέρου πρὸς μηδένα τοιούτου τυγχάνοντες.

[26] Thackeray, *l.c.*, 540 nt. a-541; also in his 'Introduction' to this vol.I, viz. p.xv, nt. (i) where this text is mentioned together with other features of 'dependence on classical authors'.

Some relevant testimonies may be quoted[27]: *Esther* 3:8 the accusation of Haman οἱ δὲ νόμοι αὐτῶν (sc. the Jews) ἔξαλλοι παρὰ πάντα τὰ ἔθνη which is paraphrased by Josephus, *Ant.Jud.*XI 6,5,§212 as follows: ἄμικτον, ἀσύμφυλον οὔτε θρησκείαν τὴν αὐτὴν τοῖς ἄλλοις ἔχον οὔτε νόμοις χρώμενον ὁμοίοις, ἔχθρον δὲ καὶ τοῖς ἄλλοις ἔθεσι καὶ τοῖς ἐπιτηδεύμασιν τῷ σῷ καὶ ἅπασιν ἀνθρώποις.

Didorus Siculus XXXIV fr.1[28] the 'friends' of King Antiochus VII Sidetes want him to destroy the Jewish nation μόνους γὰρ ἁπάντων ἔθνων ἀκοινωνήτους εἶναι τῆς πρὸς ἄλλο ἔθνος ἐπιμιξίας.

Posidonius and Molon, ap. Josephus, *c.Apionem* II 7,§79: accusant quidam nos, quare nos eosdem deos cum aliis non colimus.

Molon, ap. Josephus, *c.Apionem* II 36,§258 ... μήδε κοινωνεῖν ἐθέλομεν τοῖς καθ'ἑτέραν συνήθειαν βίου ζῆν προαιρουμένοις. Apion, ap. Josephus, *c.Apionem II* 10,§121 the Jews swear an oath μηδενὶ εὐνοήσειν ἀλλοφύλῳ.

Philostratus, *Vita Apollonii Tyan.* V 33: οἱ γὰρ βίον ἄμικτον εὑρόντες καὶ οἷς μήτε κοινὴ πρὸς ἀνθρώπους τράπεζα μήτε σπονδαὶ μήτ'εὐχαὶ μήτε θυσίαι.

The keywords of these objections return in the speech of the Midianite women with some variation. In a world in which the idea of the unity of mankind was widespread, particularly under Stoic influence, the Jews with their peculiar habits formed a miserable exception.[29] In a world which accepted the plurality of Gods and respected the variety of cults in different countries (n.b. the interesting remark: 'nor can any man reproach you for venerating the gods of the special country whereto you are come'!),[30] the strict monotheism of the Jews with its condemnation of idolatry was a ridiculous obstacle for social intercourse. This attitude was the reason, why the Jews were called 'atheists and haters of mankind'.[31]

[27]E. Schürer, *Geschichte des jüdischen Volkes im Zeitalter Jesu Christi*[4], Leipzig 1909, Bd.III,547-553; the texts have been collected by Th. Reinach, *Textes d' auteurs grecs et romains rélatifs au Judaïsme*, Paris 1895.

[28] Reinach, *l.c.*, 56 gives this text under the name of the philosopher Posidonius, though admitting in footnote 1 that his name is not mentioned. It is not inserted L. Edelstein – I. G. Kidd, *Posidonius*, vol.I *the Fragments*, Cambridge 1972.

[29] This idea has been treated by M. Mühl, *Die antike Menschheitsidee in ihrer geschichtlichen Entwicklung*, Leipzig 1928.

[30] This veneration is a sure proof of their loyalty, cf. §135 πίστιν εὐνοίας and §137 τεκμήριον ἧς ἔχειν τε νῦν φατε πρὸς ἡμᾶς εὐνοίας... τὸ τούς αὐτούς ἡμῖν θεούς προσκυνεῖν. It is also mentioned in Philo, *De Vita Mosis* I 298 (see the quotation on p. 247); cf. also Josephus, *Bell.Jud.* VII 3,3, §50 of a Jewish apostate: περὶ μὲν τῆς αὐτοῦ μεταβολῆς, καὶ τοῦ μεμισηκέναι τὰ τῶν 'Ιουδαίων ἔθη τεκμήριον ἐμπαρέχειν οἰόμενος τὸ ἐπιθύειν, ὥσπερ νόμος ἐστὶ τοῖς Ἕλλησιν.

[31] See the statement of Molon, quoted before in the text, and Tacitus, *Historia* V 5: 'adversus omnes alios hostile odium. Separati epulis, discreti cubilibus ... alienarum concubitu abstinent'; and about Jewish proselytes: contemnere deos, exuere patriam, parentes, liberos, fratres, vilia habere'.

In the light of these charges the last sentence of this section is very telling: ἢ ταὐτὰ πᾶσιν ἡγητέον ἢ ζητεῖν ἄλλην οἰκουμένην (sic!), ἐν ᾗ βιώσονται μόνοι κατὰ τοὺς ἰδίους νόμους. With these words Josephus has formulated the decisive alternative for the Jews in the 'Oecumene'.

Now the story has reached a critical point: what are the enamoured boys going to do? In the next paragraphs §139-141 we are told, how they yield to this temptation, yea even 'some of the leading men ,persons conspicuous through the virtues of their ancestors'.[32] One of these noblemen was Zambrias, the leader of the tribe Simeon, who 'in preference to the decrees of Moses, devoted himself to the cult that would be to her liking' (§141).[33] We may put together the key-words: παρέβησαν τὰ πάτρια θεοῦς τε πλείονας εἶναι νομίσαντες (polytheism!) καὶ θύειν αὐτοῖς κατὰ νόμον τὸν ἐπιχώριον – ξενικοῖς τε βρώμασιν (unclean food) ἔχαιρον – 'and to please these women, ceased not to do everything contrary to that which their Law ordinained'.[34] These last words remind us of another event in Israels history, the fall of king Solomon (1*Kings*11). Josephus gives this paraphrase which offers striking parallels to our passage, in *Ant.Jud.*VIII 7,5, §190-192: Solomon did remain faithful to God until the end of his life καταλιπὼν τὴν τῶν πατρίων ἐθισμῶν φυλακήν ... he was mad of women and took many both of this own people and aliens; παρέβη μὲν τοὺς Μωυσέος νόμους, ὃς ἀπηγόρευσε συνοικεῖν ταῖς οὐχ ὁμοφύλοις, τοὺς δ'ἐκείνων ἤρξατο θρησκεύειν θεούς to please these wives and his own passion – 'which is the very thing the lawgiver foresaw when he warned the Hebrews against marrying women of other countries', ἵνα μὴ τοῖς ξένοις ἐπιπλακέντες ἔθεσι τῶν πατρίων ἀποστῶσι, μηδὲ τοὺς ἐκείνων σέβωνται θεοὺς παρέντες τιμᾶν τὸν ἴδιον. The similarity in terminology is most remarkable. Great stress is laid upon the fact that this is a transgression of the Mosaic Law, the specific Law of the Jews that had strongly warned against such practices.[35]

[32] This feature is taken by Josephus from *Num.*25:4, as Thackeray, *l.c.*, 545 *in margine* indicated.

[33] For the words τὸ πρὸς ἡδονὴν αὐτῇ γενησόμενον see below in the text.

[34] Greek text: καὶ πάντ'εἰς ἡδονὴν τῶν γυναικῶν ἐπὶ τοὐναντίον οἷς ὁ νόμος αὐτῶν ἐκέλευε ποιοῦντες διέτελουν.

[35] The law against marriage with women of pagan nations in *Exod.*34:16 and *Deut.* 7:3 is quoted in 1 *Kings* 11:2. In all these texts specific Canaanite groups are mentioned, but both Philo, *De Spec.Leg.*III 29 and Josephus, *Ant.Jud.*VIII 7,5, §191 apply this rule in general to all pagan nations (see the note of I. Heinemann, in: *Die Werke Philos*², Berlin 1962, Bd.II,191, Ak.1). – In *Deut.*7:4 the danger of idolatry is specifically named: 'For they would turn away your sons from following me, to serve other gods', and Philo, *l.c.*: ἴσως γὰρ δελεασθέντες νόθοις πρὸ γνησίων ἔθεσι κινδυνεύουσι τὴν τοῦ ἑνὸς θεοῦ τιμὴν ἀπομαθεῖν, ὅπερ ἐστὶν ἀρχὴ καὶ τέλος τῆς ἀνωτάτω βαρυδαιμονίας.

In the final part of this passage Josephus underscores twice over the danger that is immanent. It is not the personal danger of immorality, but 'of complete ruin of their own institution' (κίνδυνον παντελῶς τῶν ἰδίων ἐθισμῶν ἀπολείας. ἅπαξ γὰρ τὸ νέον γευσάμενον ξενικῶν ἐθισμῶν ἀπλήστως ἐνεφορεῖτο).[36]

Yet another word calls for comment here: 'a sedition (στάσιν) far greater than the last'. This refers back to the revolution of Korah and his company which Josephus has recorded in *Ant.Jud.*IV 2,1ff., §11ff. The strong words of our historian in the introduction of his account are worth quoting: 'Thus it was a sedition, for which we know of no parallel whether among Greeks or barbarians, broke out among them; this sedition brought them all into peril of destruction' (§12). But the present case even surpasses those previous events. It is very significant that Josephus uses the word *stasis* here which for ages was the term for ruin threatening the welfare of the state in Greek political thinking.[37]

Events have now developed to a new dramatic culminating point: what at first was a possibility has now become an open fact; now the ruin of Israel's state stares them in the face.[38] What is Moses, the great leader, going to do?

It is important to recall at this stage the words of the Old Testament (*Num.*25:31ff: "And the anger of the Lord was kindled against Israel; and the Lord said to Moses 'Take all the chiefs of the people, and hang them in the sun before the Lord, that the fierce anger of the Lord may turn from Israel'. And Moses said to the judges of Israel, 'Every one of you slay his man who have yoked themselves to Ba'al of Pe'or". Not a single word of these verses is taken over by Josephus! This fact is the more striking, because at an earlier stage he has mentioned the wrath of God, but in a peculiar way, namely at the end of Balaam's counsel (§130).

The prophet foretells that if all goes according to his advice: οὕτως γὰρ αὐτοῖς τὸν θεὸν ὀργισθήσεσθαι. At that stage it was still future. But

[36] Has τὸ νέον here a special accent? Also in the first Epistle of Clement, a contemporary of Josephus, the *stasis* is ascribed to youthful persons who are rash, inclined to rebellion etc.

[37] An important discusion of this topic in the classical time of Greece was given by D. Loenen, *Stasis, enige aspecten van de begrippen partij- en klassenstrijd in oud-Griekenland,* Amsterdam 1953; see also my studies in 1 Clement.

[38] See the beginning of §142: ἐν τούτοις δ'ὄντων τῶν πραγμάτων. The meaning of these words is not simple: 'such was the state of things' (Thackeray), but: 'in such a dangerous situation were the affairs of the state' (πράγματα has often this particular notion, see H. G. Liddell – R. Scott – H. Stuart Jones, *A Greek-English Lexicon*[9], Oxford 1940, 1457, s.v. III 2; for οὗτος denoting contempt, 1276 C3). It has this special connotation, because there is a *statis* going on.

now everything has gone according to Balaam's plan. So remembering these words one may expect that at this moment the divine wrath will explode.

However, nothing of the kind happens in Josephus' description (§142-144). One wonders, why our historian has suppressed it or at least changed his story so that nothing of it is found. The reason cannot be, that Josephus did not want to speak about God's wrath, because he found it too anthropomorphic a feature, for in other places of his works he uses this expression quite freely.[39] Here lies a riddle which I wish to indicate without being able, even after many efforts, to solve it.[40] Or would the answer simply be that Josephus did not know what was meant by vs.4, because this order is not executed.

However that may be, the behaviour of Moses as pictured by Josephus is completely at variance with that described in *Num.*25:5. Moses does not command to kill the trespassers, but 'convened the people in assembly' (§142 συναγαγὼν εἰς ἐκκλησίαν τὸν λαόν).[41] This expression could be prompted by the words of Num.25:6 LXX: ἔναντι πάσης συναγωγῆς υἱῶν Ἰσραηλ, but in any case it is often found in the works of Greek historians, particularly in the *Antiquitates Romanae* of Dionysius Halicarnassensis: many times, when there is internal strife among the Roman people they are called into an assembly, where the matter is discussed.

The curious thing in this passage is that Moses does not condemm the tresspassers, that he does not passes the strongest sentence over their transgeression of the Law and their idolatry, as could be expected after what is said before, but that he is so friendly, trying to win them back.[42]

Does Josephus want to bring out in this way the character of the great leader of Israel (cf.*Num.*12:3: 'Now the man Moses was very meek, more than all man' and Josephus' encomium in *Ant.Jud.*IV 8,49, §328: εἰπεῖν τε καὶ πλήθεσιν ὁμιλῆσαι κεχαρισμένος τά τε ἄλλα καὶ τῶν παθῶν αὐτοκράτωρ, for he knew passions only by name. The leading thought

[39] See O. Procksch, in G. Kittel-G. Friedrich, *Theologisches Wörterbuch zum Neuen Testament*, Stuttgart 1954, Bd.V 418f.; there is a marked difference here with Philo. – The discussion of this topic in A. Schlatter, *Die Theologie des Judentums nach dem Bericht des Josephus*, Gütersloh 1932,39 is absolutely insufficient; there are many more texts. It is impossible to make a comparison with the account in *Sifre Numeri*, see the translation of K. G. Kuhn, *a.a.O.*, 518ff.

[40] In that case we should have to investigate the whole complex, also those places where it is mentioned in the Old Testament, but changed by Josephus; and such a task goes beyond the limits set to this paper.

[41] Cf. also Josephus, *Ant.Jud.*IV 4,1, §63: δείσας μή τι νεωτερίσωσι πάλιν καὶ γένηταί τι μέγα καὶ χαλεπόν, συνήγαγε τὸ πλῆθος εἰς ἐκκλησίαν.

[42] Cf. at the end of §144 ἐπειρᾶτο, an *imperfectum de conatu*.

of Moses' words is μετανοῆσαι (in the beginning of the summary of his speech; at the end εἰς μετάνοιαν ἄγειν while in the middle we find the synonym μεταβάλεσθαι). He opens a way for return: *metanoia* instead of driving them to *aponoia*. He does not openly put them to shame. The thoughts he expresses belong to the sphere of the *diatribe*,[43] stress being laid on lust on the one hand and their dignity on the other. He teaches them what real ἀνδρεία-courage is, a theme often discussed in ethical discourses[44]: not to violate the laws and to resist their own lusts. It is remarkable to notice that the rejection of God and His way of life is not forgotten, because that was the real issue, but gets only an almost casual reference. On the other hand the rather broad warning against the danger of luxurious circumstances is interesting. It is in flagrant contrast with a statement of Josephus, *Ant.Jud.*III 8,10, §223: the laws of God are rigidly observed 'insomuch that neither in peace through luxury, nor in war, under constraint, have Hebrews transgressed any of them'. It calls to mind *Deut.*32:15: 'But Jesh'urum waxed fat, and kicked ... then he forsook God who made him' which is quoted in 1 *Clement*3:1 also in connection with sedition.[45]

In this wise way, Josephus says, Moses wanted to bring the transgressors to their senses, restore the unity in Israel and keep the people intact as God's people. What is the result of this reconciling word of warning and exhortation of the great lawgiver and leader?

At first nothing about the response of the people is said, but the tension of the story is brought to a climax by a most insolent lengthy speech of the grave sinner Zambrias (§141). Very significantly Josephus gives his words in direct speech, which stands in marked contrast to the résumé of Moses' oration in the previous section. Is this not an indication of the weight attached to these utterances by Josephus?

The address of Zambrias consists of two parts, first (§145-147) an attack on Moses' ordinances in general and second an exposition, hardly an apology, of his own behaviour (§148-149). His whole argument is built on a sharp antithesis, starting with the words σὺ μέν... ἐμὲ δ'. It is a frontal attack on Moses.

It is typical that in this speech Moses is not called the 'lawgiver', though what is criticized is precisely that work of his. Only in the following description of the reaction of the people on this clash (§150) does Jo-

[43] The use of the verb ἐπανουρθοῦν is very significant in this connection.

[44] Philo in his treatise *De Virtutibus* (*De Fortitudine*) makes also use of *Num.*25:1ss., but with a different application (§34ss.).

[45] Already in Polybius VI 57 we find the idea that prosperity leads to *stasis*.

sephus uses this word without explicitly naming him 'Moses', for he is the Lawgiver *par excellence*. Josephus uses this *epitheton* very frequently, ever since *Ant.Jud.*I 1,4, §18 and so does Philo; they do so notwithstanding the fact that they know the Law being a gift of God. By this designation 'the Lawgiver' the greatness of Moses is magnified, for thereby he is put on one line with the great 'lawgivers' like Lycurgus, Solon, Numa and others on whom the various peoples in Antiquity boasted, semireligious heroes and revealers of the true religion and way-of-life.[46]

But this Moses is according to Zambrias nothing but on impostor who wants "under the pretext of 'laws' and 'God' to contrive servitude for us and sovereignty for 'himself" (§146); he has duped the simple-minded Hebrews (§145)[47]; his orders are those of a tyrant[48] and he is more offensive than the Egyptians 'in claiming to punish in the name of these laws the intention of each individual to please himself' (§147). Moses himself deserved punishment and would have got it, had not the Hebrews been so stupid. Moses with his legislation runs counter to all the rest of the world: 'having purposed to abolish things which all the world has unanimously admitted to be excellent (τὰ παρ'ἑκάστοις ὁμολογούμενα καλῶς ἔχειν) and for having set up, over against universal opinion (κατὰ τῆς ἁπάντων δόξης) thine own extravagances' (§147).

In this last accusation we hear an echo of that reproach the pagans levelled against the Jews (see before p. 248ss.). It is fully appreciated, if we bear in mind that the 'argumentum e consensu omnium' as a criterion for the truth of some notion was widely held in the ancient world, also in the times of Josephus.[49] To form an exception was equal to being completely mistaken and wrong.

Another charge calls also for some comments: the slavery and tyranny Moses sets up was in 'robbing us of life's sweets and of that liberty of action, which belongs to free men who own no master' (§146 ἀφαιρούμενος ἡμᾶς τὸ ἡδὺ καὶ τὸ κατὰ τὸν βίον αὐτεξούσιον, ὁ τῶν ἐλευθέρων ἐστὶ καὶ δεσπότην οὐκ ἐχόντων). It goes without saying that the last part of this

[46] The article of W. Gutbrod, νομοθέτης in G. Kittel – G. Friedrich, *Theol.Wörterbuch*, Bd.IV, 1084 is short and completely insufficient. A list of these 'lawgivers' is found in A. S. Pease, *M. Tulli, Ciceronis De Natura Deorum*, Cambridge (Mass.) 1955, 1218 with some references. This concept, particularly in Jewish-Hellenistic litterature, needs further examination.

[47] See also in §146 κακουργεῖς = 'by wicked artifice'.

[48] §146: οἷς σὺ προστάσσεις τυραννικῶς, and it does not need saying, how despised tyrants were in Greek eyes.

[49] A good discussion of this theme in R. Schian, *Untersuchungen, über das 'argumentum e consensu omnium'*, Hildesheim 1973.

sentence calls to mind the situation of free citizens over against slaves.[50] They possess the right to enjoy the sweetness of life and τὸ αὐτεξούσιον which Thackeray in a footnote translates by 'self-determination'.[51] This last expression is very significant. Some Greek texts may illustrate its meaning:

Epictetus, *Diss.*IV 1,62 τί οὖν ἐστι τὸ ποιοῦν ἀκώλυτον τὸν ἄνθρωπον καὶ αὐτεξούσιον; ... IV 1,68 πότερον οὐν οὐδὲν ἔχεις αὐτεξούσιον, ὃ ἐπὶ μόνω ἔστι σοί, ἢ ἔχεις τι τοιοῦτον; in the next paragraph synonyms are ἀκώλυτος and ἀνεμπόδιστος, the contrast being 'to force' somebody.

Diogenianus Epic., fr. 3, ap. Eusebius, *Praeparatio Evangelica* VI 8,36 τὸ ἡμᾶς βουληθῆναι τε καὶ μὴ βουληθῆναι ὑπ' οὐδεμίας ἑτέρας αἰτίας προκατείχετο, ἀλλ'ἦν αὐτεξούσιον.

Clemens Alex., *Quis dives salvetur* 10,1 commenting on the words 'If you would be perfect' (Matth.19:21): τὸ αὐτεξούσιον τῆς προδιαλεγομένης αὐτῷ ψυχῆς ἐδήλωσεν. ἐπὶ τῷ ἀνθρώπῳ γὰρ ἦν ἡ αἵρεσις ὡς ἐλευθέρῳ... 14,4 κριτήριον ἐλεύθερον ἔχων ἐν ἑαυτῷ καὶ τὸ αὐτεξούσιον τῆς μεταχειρίσεως τῶν δοθέντων.

But it is not always used in a philosophico-ethical context, as is shown by Diodorus Sic. XIV 105,4: contrary to all expectation he let the prisoners-of-war go αὐτεξουσίους without ransom. Herodianus VII 7,2, a hatred ἀδεὲς καὶ αὐτεξούσιον γενόμενον ἀκολύτως ἐξεχεῖτο.

So the word is also known to Josephus, *B.J.* V 13,5, §556: τοῖς πάθεσιν αὐτεξουσίως χρῶνται – *Ant.Jud.* 7,10, §266: since no relations of Hyrcanus were left over τὴν βασιλείαν αὐτεξούσιον αὐτῷ τυγχάνειν, with ἐμποδών as a synonym in the next clause – *c.Apionem* I 8,37 the writing of the Holy Scriptures among the Jews was not αὐτεξουσίου πᾶσιν, but under divine inspiration.

These examples which could be easily multiplied show that the word αὐτεξούσιον means: to make a completely independent decision without being influenced or hindered by anything from outside.

But the application of this term in the context of Zambrias' speech has not only a general meaning, but a clear polemical sting as we see from another, most illuminating passage in Josephus, *c.Apionem* II 17,173 s.s., where our author sets forth the unique greatness of 'our Lawgiver' in contrast with Greek legislation. Moses is praised, because he ordered the life of his people from its earliest youth without the slightest exception: οὐδὲν οὐδὲ βραχυτάτων αὐτεξούσιον ἐπὶ ταῖς βουλήσεσι τῶν χρωμένων κατέ-

[50] Cf. H. Schlier, ἐλεύθερος, in Kittel-Friedrich, *Theol. Wörterbuch*, Bd.II,484ff.: opposite to slavery; characteristic for the citizen. – K. H. Rengstorf, δεσπότης, ibidem, 43: slave-owner.

[51] Thackeray, *l.c.*,547, nt.a: 'The modern word 'self-determination' closely corresponds to the Greek'.

λιπεν. There follow some examples, after which Josephus continues: he 'made the Law the standard and rule (ὅρον... καὶ κανόνα), that we might live under it as under a father and master (δεσπότῃ) and be guilty of no sin through wilfulness or ignorance'; weekly assemblies are prescribed 'to listen to the Law and to obtain a thorough and accurate knowledge of it'.

The connection and contrast between these two passages *c.Apionem* II 173 and *Ant.Jud.* IV 146 is most striking and important. Moses is highly praised by the Jewish apologist Josephus, because he has ordered even the minutest details of life and left nothing to man's own decision in order to prevent him from sinning, in other words: to let him live according to God's revealed will by taking away the pitfalls into which a man may fall, if he is left to his own decisions.

But exactly on this point he is criticized by Zambrias, because man becomes a slave by taking away that possibility of free decision. Here appears in a typical form the problem of heteronomy versus autonomy in ethics. It is not by coincidence, I think, that Josephus uses this selfsame, characteristically Greek word αὐτεξούσιον in both passages; it must have been a central issue in debates over the meaning of the Mosaic Law.

This rejection of the Law by Zambrias is not a theoretical discussion but he has demonstrated it by his personal behaviour, and he does not shrink back[52] from openly showing his αὐτεξούσιον (see the last clause of his speech οὐδεὶς κυρίωτερον αὐτὸν ... γνώμης[53] τῆς ἐμῆς ἀποφαινόμενος).

He has made up his mind (§148 'after deciding that it was right') and confesses in the assembly that he has taken an alien wife[54] and sacrifices to a plurality of gods to whom sacrifices are due according to many people. His utterances reflect what is said before: a) 'I had no intention of concealment' (οὐδὲ λαθεῖν) – see Moses' plan in §142 ἐκ τοῦ λανθάνειν· b) 'as from a free man' ... 'not to live as under a tyranny' – see his charge against Moses who wants to rob the people of its freedom and to bring it under tyranny; c) 'deeming it right to get at the truth for myself from many persons, and not ... hanging all my hopes for my whole life upon one' – see §147 'which all the world has unanimously admitted ... over against universal opinion thine own extravagances' (with my comments on p. 255).

[52] Very typical is the use of ὀκνήσαιμι. cf. Liddell-Scott, *l.c.*, 1212, s..v.: 'In Att. mostly with collat. sense of the feeling which causes the hesitation, and so 1 of shame of fear (in a moral sense) ... 3 most commonly of cowardice'. Here these feelings go together.
[53] γνώμη = my considered opinion, my view (see Liddell-Scott, *l.c.*, 354, s.v.III).
[54] N.B. γύναιον, term of endearment.

This speech of Zambrias is a most remarkable and astonishing document, for this fully-fledged, frontal attack on the Mosaic Law, the basis of Israel's existence, is, as far as I know, unique in this radical and elaborate form. It goes without saying that this attitude towards the Law is quite different from that of St. Paul, although in both cases the opposite terms 'slavery' and 'freedom from the Law' are found, because for Paul 'the Law is holy' (*Rom.*7:12) whereas here the law is an instrument of Moses' tyranny. Here the voice is heard from a man 'that says that the Law is not from Heaven' (*Mishna Sanhedrin* X 1, one of the declarations of Israelites who have no share in the world to come), but was made by Moses under the pretext of God (§146).

To this declaration of the Mishna the *Talmud Jerushalmi* X (fol.27c) adds a triple formula which is frequently found in rabbinic sources as a designation of an apostate[55]: 'he who casts off the Yoke (of the commandments), who breaks the covenant (of circumcision), who is insolent against the Law (litt. uncovers his face)'. This last expression is sometimes explained as 'making indecent jokes about certain stories in the Torah', but in *T.Jer.* x (*l.c.*) a twofold explanation is given: a) to say that the Law is not given by God; b) to trespass openly the commandments. In *S.Num.*15,22, §111 it is also applied to idolatry.

Zambrias is a typical example, one may say: for Josephus the prototype of such an apostate, although the motives are not made so explicit in these rabbinic sources as in this passage of Josephus. The portrait drawn by Philo of the apostates may also be compared: τοὺς τῶν ἱερῶν νόμων ἀποστάντας ἰδεῖν ἔστιν ἀκολάστους, ἀναισχύντους, ἀσέμνους, ὀλιγοφρόνες, φιλαπεχθήμονας, ... τὴν ἐλευθερίαν πεπρακότας ὄψου καὶ ἀκράτου καὶ πεμμάτων καὶ εὐμορφίας εἴς τε τὰς γαστρὸς ἀπολαύσεις καὶ τῶν μετὰ γαστέρα (*De Virtutibus* §182). Here the note of 'selling one's freedom' by apostasy is rather pungent in contrast with the use of 'freedom' by Zambrias, who wants to acquire his liberty by severing himself from the Law. Wolfson, in his great book on Philo has given an extensive discussion of all the texts in which the Alexandrian philosopher refers to apostates[56]. Philo also knows of apostates who say that the Law contains myths and ridiculous stories; in his experience the violence of dietary regulations and intermarriage with Gentiles play an important role in breaking away from

[55] An excellent discussion of this formula in K. G. Kuhn, *a.a.O.*, 794ff. and cf. my study: *The semitische achtergrond van* ΠΑΡΡΗΣΙΑ *in het Nieuwe Testament*, in: *Mededelingen der Koninklijke Nederlandse Akademie van Wetenschappen*, afd. Letterkunde, N.R. xxv 11, Amsterdam 1962, 10-11. For the use of the word 'Yoke', see Billerbeck, *a.a.O.*, Bd.I,608-610.

[56] H. A. Wolfson, *Philo, foundations of religious philosophy in Judaism, Christianity and Islam*, Cambridge (Mass) 1947, vol. i, 73-76.

Judaism,[57] But nowhere in his works do we find such an open, brutal attack which lays the axe at the roots of the whole Jewish constitution as in this speech of Zambrias.

Though the speaker was born within the Jewish fold he sets himself apart from his easily-duped compatriots and wants to be free from all the limitations, laid upon him by the Law, to make his own decisions and to follow the ideas of the majority of men[58] and not to live in a minority position. It is not possible to detect in his words the influence of a particular greek philosophical school. It may be said that individual man is central and all-deciding, a thought that calls to mind the adagium of the sophist Protagoras: that man is the measure of all things. The idea of the *consensus* was very wide-spread.[59]

Zambrias' break with Judaism is not a gradual one; he does not fall from bad to worse to end in a complete renunciation of the old religion. But he rejects it from the outset, because he wishes to be independent and not to live in that exceptional position, belonging to a minority-group.

It is hardly conceivable that the words of this remarkable speech arose out of Josephus' own imagination. They are the expression of what was thought by his contemporaries who broke away from the ancestral religion and gave their reasons for doing so.

Indeed, we can understand now, why Josephus declared, that this revolution was even greater than the previous one (see p. 252): the sedition of Korah c.s. was directed against the leadership of men, Moses and Aaron, but this one cut at the roots of the whole Jewih existence. In the next section (§150-151) Josephus describes the result of this dramatic clash. Curiously enough, there is no uproar for or against Moses; although Zambrias is the spokesman of some others, the people as a whole in this assembly 'held their peace'[60]; nobody else expresses his opinion, all wait in silence, 'in terror of what might come', recalling, no doubt what had happened at the former occasion (cf. §52: 'furnishing an exhibition of God's mighty power'). Moses himself realizes that further debate is useless, may even lead to a wider spread of these pernicious ideas and

[57] See before p. 251.

[58] Cf. 1 *Samuel* 8:5ff. 'like all the nations – forsaking me and serving other gods'.

[59] See the reference on p. 255, nt. 49.

[60] See on this word W. Bauer, *Griechisch-deutsches Wörterbuch zu den Schriften des Neuen Testaments und der übrigen urchristlichen Literatur*[5], Berlin 1958, Sp.690, s.v. – cf. Josephus, *Ant.Jud.*I 21,1, §339: οἱ μὲν πλείους ἡσύχαζον γνώμης ἀποροῦντες of the sons of Jacob who held a council after the rape of Dinah and the proposal of Emor (interesting in this connection the sentence of §238: οὔτε νόμιμον ἡγούμενος ἀλλοφύλῳ συνοικίζειν τὴν θυγατέρα).

to upsetting the crowd. So he dissolves the meeting. This might not have put a stop to the whole shocking affair, had not Zambrias got what he deserved through the intervention of Phinees who killed Zambrias and his mistress and set an example to others to murder the transgressors.

This brings the events to a close. As we pointed out before (see p. 243), it would take us too far to discuss Josephus' account of this final scene in its relation to the accounts in other sources of the Hellenistic Roman period.

One question, however, is still left unanswered and may not be left in that stage, viz. why Josephus changed the Old Testament 'Vorlage' the way he did and what was the 'message' he wished to convey (see p. 245).

In contrast with other places in his works, in which Josephus gives a clear indication of the lesson which can be drawn from a certain part of Scripture,[61] we donot find anything of the kind in the passage under discussion. So our answer can only be hypothetical and should eventually be placed in the framework of a much wider investigation of many more passages to reach a final conclusion. And yet the remodelling of the story in *Num.*25 is too extensive and too marked not to attract our attention. Though Josephus has not spelled out the lesson *expressis verbis* he has given sufficient pointers to grasp his mind.

Curiously enough, he left out names like Shittim, and Ba'al Pe'or: that means he took away a certain 'dating' of the story and gave it a more general character in speaking of 'a plurality of gods' etc. It is also remarkable that the specific 'wrath of God' in *Num.*25 has been omitted and is just mentioned as a marginal possibility (see p. 252s.).

On the other hand all stress is laid upon the temptation to which Israel is exposed, which is cleverly designed by Balaam as a snare to rob the people from its blessing and communion with God. The develish plan is made and executed and is succesful: the Jews 'transgressed the laws of their fathers.[62] Accepting the belief in a plurality of gods and determining to sacrifice them in accordance with the established rites of the people of the country, they revelled in strange meats and, to please these women, ceased not to do everything contrary to that which their Law ordained' (§139). This is the school-example of those temptations by

[61] See e.g. the concluding passage of *Ant.Jud.* x which brings Josephus' rendering of Daniel to a close. The lesson, Josephus draws from the clear fulfilment of Daniel's prophecy was discussed in my article, quoted on p. 246 nt.16.

[62] See the statement of Josephus, *Ant.Jud.*XX 5,2, §100 about the apostate Tiberius Alexander, the nephew of Philo: τοῖς γὰρ πατρίοις οὐκ ἐνέμεινεν οὗτος ἔθεσιν and the text from *B.J.* VII 3,3, §50, quoted on p.250, nt.30.

which Jews in the Hellenistic and Roman world might be seduced, as we see also in Philo (cf.p.258): transgression of dietary laws, intermarriage with gentiles, accepting polytheism. Josephus has actualized that old history, because along those ways his contemporaries living as a minority in the great world could be seduced to forsake the Law of Moses, that constitution of Israel that made this people unique. But why should they bother about that law? Was it not a fake, that made this people a miserable nation seperated from all the rest of mankind? Josephus offers in that speech of Zambrias the rationale of apostasy by people who could not bear 'the Yoke'.

We do not hear much about apostasy from Judaism in the available sources which may be due to a great extent to the fragmentary state of the tradition. But both Philo and Josephus show that the danger was a very real one and warn against it by portraying the end of the apostates.

The importance of this account by Josephus lies in the fact that it gives us a clear insight in Israel's struggle for its identity in the first century A.D. in the world of the aliens, the Diaspora.

DIE BEIDEN SÖHNE DES ÖLS (SACH.4:14): MESSIANISCHE GESTALTEN?

A. S. VAN DER WOUDE (GRONINGEN)

Seit vielen Jahren hat sich der verehrte Jubilar dem Studium der apokalyptischen Literatur gewidmet und uns mit schönen, in genussreichem Stil geschriebenen Arbeiten bedacht. Es dürfte daher angebracht sein, ihm zu seinem 65. Geburtstag mit einem Aufsatz zu gratulieren, dessen Thema dem Buch Sacharja entnommen ist, jener biblischen Schrift also, die nach seinen eigenen Worten „op de grens staat der apocalyptische geschriften"[1].

Bekanntlich wird die Darstellung des 5. Nachtgesichtes Sacharjas durch eine Anzahl von Einschüben gestört, die leicht erkennbar sind. Als nicht zur Vision gehörig scheiden jedenfalls die betreffs Serubbabel geäusserten prophetischen Weissagungen in 4:6aβ-7 und 4:8-10a aus, die zwar epexegetisch in Verbindung zum Nachtgesicht stehen, aber doch literarisch und chronologisch davon unabhängig sind. Als nachträgliche Ergänzung betrachtet die Mehrzahl der Exegeten auch Vs.12. Der verbleibende Rest des Kapitels (4:1-6aα; 10b-11; 13-14) zeigt eine klare Struktur, die dem üblichen Schema Szene-Frage-Antwort folgt. Freilich ist die Szene durch eine Frage des Engels und eine Visionsschilderung ersetzt und geht der in zwei deutlich voneinander abgehobene Abschnitte zergliederten Auslegung jeweils das hier zum ersten Male in den Nachtgesichten gefundene Element der „retardierenden Gegenfrage und Antwort" voran (Vs.5; Vs.13). Die traditionelle Struktur des Ganzen wird jedoch durch diese Einzelheiten nicht beeinträchtigt[2].

Die Auslegung der Vision vom goldenen Leuchter, der wegen seiner

[1] M. A. BEEK, *Inleiding in de joodse apocalyptiek van het Oud- en Nieuwtestamentisch tijdvak* (Theologia VI), Haarlem 1950, 29.
[2] Vgl. W. A. M. BEUKEN, *Haggai-Sacharja* 1-8, Assen 1967, 260.

mit jeweils sieben Schnauzen[3] versehenen sieben Lampen eine ungeheure Leuchtkraft besitzt, bleibt auf die Lampen beschränkt (10b). Sie symbolisieren die „Augen Jahwes, die über die ganze Erde schweifen". Betont ist die Allwissenheit des allsehenden Gottes, wie denn auch in akkadischen Hymnen „das Licht der grossen Götter", der Sonnengott Schamasch, durch sein Licht „die Länder insgesamt wie eine Keilschrifttafel überschaut" und „von allen Ländern, die in ihrer Sprache so verschieden sind, ihre Anschläge kennt und ihren Wandel sieht".[4] Dass die Vorstellung von den sieben Augen Jahwes auf die sieben Planeten zurückgehe, die entweder als sieben Lampen oder als sieben Augen aufgefasst seien, ist schon deshalb unwahrscheinlich, weil zu jener Zeit nur fünf Planeten bekannt waren und man die Sonne und den Mond hinzunehmen müsste um die Zahl sieben zu bekommen. Sieben ist daher in diesem Zusammenhang vielmehr eine runde Zahl, die die Fülle des Lichtes darstellt. Weil auch in 2Chron.16:9 davon gesprochen wird, dass „die Augen Jahwes schweifen über die ganze Erde, damit er sich stark erweise für die, deren Herz ungeteilt zu ihm hält", liegt es nahe, beim Bild des Leuchters mit den sieben Lampen an die *Sonne* als Symbol für den allsehenden, allwissenden und sich den Menschen zuwendenden Gott zu denken[5].

Was den zweiten Teil der Auslegung (Vs.11ff.) betrifft, besteht Einmütigkeit darüber, dass mit den in Vs.14 erwähnten und durch die zwei Ölbäume symbolisierten „Söhnen des Öls" der Hohepriester Josua und Serubbabel, der Bevollmächtigte für Juda, gemeint sind. Ausserdem scheint auch die Bedeutung des Ausdrucks „Söhne des Öls" in der modernen Exegese kaum bestritten zu sein. Was Wellhausen damals in aller Kürze feststellte: „Die Söhne des Öls sind die beiden *Gesalbten* (Kursivierung von mir, vdW), der König (in spe) und der Hohepriester",

[3] מוצקות ist eher von צוק als von יצק herzuleiten, vgl. K. MÖHLENBRINK, *ZDPV* 52 (1929), 285 und L. G. RIGNELL, *Die Nachtgesichte des Sacharja*, Lund 1950,147f. Daher empfiehlt sich die Deutung „Schnauzen" statt „Giessgefässe".

[4] Vgl. A. FALKENSTEIN-W. VAN SODEN, *Sumerische und Akkadische Hymnen und Gebete*, Zürich/Stuttgart 1953, 248 und 242.

[5] Vgl. J. HEHN, *Siebenzahl und Sabbat bei den Babyloniern und im Alten Testament* (Leipziger Semitische Studien II, 1908), Leipzig 1907, 79f. („Wenn man einmal eine astrale Erklärung dafür (d.h. für den Leuchter mit den sieben Lampen) verlangt, dann könnte er bloss ein Symbol Jahve's als des Licht und Leben in reichster Fülle spendenden Sonnengottes...sein"). Dass die sieben Augen Jahwes zugleich seine Engel meinen können, die als „extension" von Jahwe die Erde auskundschaften, wird durch mask. משוטטים (Vs.10b) nach עיני יהוה nahegelegt, um so mehr weil שוט parallel zu התהלך verwendet werden kann (Hiob1:7;2:2) und התהלך in Sach.1:10.11; 6:5 für das Durchstreifen der Erde im Sinne eines Auftrags Gottes an seine himmlischen Diener gebraucht wird.

entspricht offenbar der Meinung fast aller Kommentatoren[6]. So schreibt etwa Sellin: „Die Bezeichnung kann sich nur, anders als in Ps.128,3 auf die Salbung beziehen, durch die beide in die göttliche Sphäre erhoben werden. Als Statthalter war Serubbabel nicht gesalbt; in dem Ausdruck liegt also, dass er demnächst gesalbter König werden soll... Der Hohepriester war nach Lev.4,3 ebenfalls gesalbt[7]."

Beuken[8] gebührt das Verdienst, die Schwächen dieser Erklärung von Sach.4:14 klar erkannt zu haben. Für Serubbabel, der zwar niemals *rite* gesalbt wurde, liessen sich die Schwierigkeiten der erwähnten Deutung von בני היצהר als Gesalbten seiner Meinung nach gegebenfalls noch mit einem Hinweis auf Jes.45:1 beheben, weil dort Cyrus, der ja sicher nicht das in Jerusalem gebräuchliche Salbungsritual erhielt, doch den Titel „Gesalbter" trägt. Es sei daher sehr gut möglich," dass man Serubbabel zur Zeit Sacharjas so nannte, um so mehr, als damals die lebendige Hoffnung bestand, dass die alten Heilsverheissungen, auch die für David, in Erfüllung gehen würden." Für Josia aber, so meint Beuken, erscheint der Titel Gesalbter als ein Anachronismus. Vor dem Exil fehlt jeder Hinweis dafür, dass der Hohepriester durch eine Salbung geweiht wurde. Weiter lasse sich zur Zeit des Tempelaufbaus keine Auffassung denken, die den Davidssohn und den Hohenpriester als in gleicher Weise von Jahwe erwählt betrachtet. Die Restauration habe eher die Wiederherstellung der alten Strukturen, in welchen das Priestertum eine vom König abhängige Funktion hatte, erwartet. Beuken möchte daher in Vs.11-14 eine Nachinterpretation des 5. Nachtgesichtes sehen.

Gegen diese Ausführungen liesse sich wohl kaum Triftiges einwenden, wenn mit בני היצהר tatsächlich „Gesalbte" gemeint wären, so wie es die übliche Exegese von Sach.4:14 will. Diese Deutung des Ausdrucks lässt sich aber nach unserer Meinung bei näherem Zusehen nicht aufrechterhalten. Bislang wurde zu wenig beachtet, dass Salböl im Hebräischen niemals יצהר, sondern immer שמן heisst. Im ganzen Alten Testament bedeutet יצהר nirgends das feine, fertige Öl, sondern immer frisches, heuriges Öl im Sinne des Ackerertrages. Dementsprechend begegnet יצהר meistens auch in einer Reihe zusammen mit Getreide (דגן), Wein (תירוש) und Honig (דבש). Zwar kann auch שמן gelegentlich die Bedeutung frisches

[6] J. WELLHAUSEN, *Die kleinen Propheten*, Berlin 1963[4], 183. Vgl. H. GRESSMANN, *Der Messias*, 1929, 264: E. KUTSCH, *Salbung als Rechtsakt im Alten Testament und im alten Orient* (BZAW 87), Berlin 1963, 26.61 und die Kommentare. Bedenken äussern B. DUHM, *Anmerkungen zu den zwölf Propheten*, Giessen 1911,81; K. GALLING, *Studien zur Geschichte Israels im persischen Zeitalter*, Tübingen 1964, 117 und L. G. RIGNELL, *a.a.O.*, 171.

[7] E. SELLIN, *Das Zwölfprophetenbuch* (KAT XII), Leipzig 1929[2.3], 511.

[8] W. A. M. BEUKEN, *a.a.O.*, 270-274.

Öl haben, aber diese Tatsache berechtigt noch nicht zum umgekehrten Schluss, dass יצהר = שמן bzw. dass יצהר nichts anderes als Archaismus für שמן sei, so wie Köhler meinte.[9]

Aber auch wenn יצהר die gleiche Bedeutung als שמן haben sollte, wären mit בני היצהר noch nicht „Gesalbte", sondern gemäss בן־שמן („fett": Jes.5:1) und Verbindungen wie בן־מות („todgeweiht": 1 Sam.20:31; 26:16 usw.), בני עולה („Ruchlose": 2 Sam.3:34; 7:10 usw.) und בן־נכר („Fremder": Ex.12:43; Lev.22:25 usw.) Leute gemeint, die „fett" oder „voll von Öl" sind. Eben weil יצהר frisches Öl als Gabe des Ackerlandes meint, liegt es auf der Hand, den Ausdruck „Söhne des Öls" im Sinne von Personen, die den Fruchtbarkeitssegen verkörpern und daher auch zur Segensspendung die Fähigkeit besitzen, zu verstehen[10]. Josua und Serubbabel werden folglich in 4:14 *nicht* als *messianische Gestalten*, sondern als *Heilandsfiguren* dargestellt. Dass sie Söhne *des Öls* genannt werden, hängt mit dem Visionsbild von (dem Leuchter und) den zwei Ölbäumen zusammen. Das Bild von den zwei Ölbäumen spricht auch selbst für unsere Deutung von בני היצהר im Sinne der den Fruchtbarkeitssegen verkörpernden Heilandsgestalten. Wo im Alten Testament ein Mensch mit einem Ölbaum verglichen wird (Hos.14:7; Ps.52:10; 128:3, vgl. Jer.11:16), liegt ein Bild für besonderes Wohlergehen vor.

Bei dieser Erklärung erscheinen auch die epexegetisch hinzugefügten Weissagungen betreffs Serubbabel und der Tempelgründung in 4:6aβ-7 und 8-10a als Stücke, die inhaltlich im Einklang mit dem Inhalt der sie umrahmenden Darstellung des 5. Nachtgesichtes stehen: der Bau des Tempels inauguriert ja die neue Zeit des Segens (vgl. Hagg.2:19).

So lassen sich m.E. dem letzten Vers von Sach.4 keine Indizien für die messianischen Vorstellungen der frühen nachexilischen Gemeinde entnehmen. Diese waren nach Ausweis von Hagg.2:21-23; Sach.3:8, 6:12-13; Jer.33:14ff (nicht jer.); Ezech.37:21ff durchaus restaurativer Art: man setzte seine Hoffnung auf die überlebenden Mitglieder des alten Davidshauses. Von einem Nebeneinander zweier Messiasgestalten ist nicht die Rede, so dass die in Qumrânkreisen gehegte Erwartung von zwei endzeitlichen Heilsgestalten nicht in unserem Text vorgebildet ist.

Der vorgeschlagenen Deutung von 4:14 seien noch einige Bemerkungen zu dem von uns bis jetzt übergangenen und sehr umstrittenen Vs.12 hinzugefügt. Auch wenn dieser Vers eine nachträgliche, präzisierende Ergänzung sein sollte, wären wir nicht der Verpflichtung enthoben nach

[9] L. KÖHLER, Eine archaistische Wortgruppe, *ZAW* 46 (1928), 218-220; vgl. aber G. DALMAN, *Arbeit und Sitte* IV, 255 („Dem biblischen Hebräisch ist eigen, dass das dem Traubenmost parallele flüssige Produkt der Olive als *jiṣhār* von *šemen*, dem fertigen Öl, unterschieden wird").

[10] Vgl. auch LXX: υἱοὶ τῆς πιότητος.

seinem Sinn im Kontext der Vision zu fragen. Denn ein Interpolator hat ja nicht die Absicht den Sinn eines Textes zu verschleiern, sondern vielmehr ihn zu verdeutlichen. Nun wird die richtige Erklärung des Inhaltes von Vs.12 zunächst dadurch erschwert, dass die Bedeutung des hapax legomenon צנתרות nicht gesichert ist. Die meisten Ausleger erklären den Begriff als Weiterbildung von צנור, dessen in diesem Falle angenommene Bedeutung „Röhre" aber ebenfalls ungewiss ist. Richtig bemerkt Rignell: „Dass man sich für diese Übersetzung entschieden hat, beruht ganz sicher auf den Wunsch, in V.12 eine Entsprechung zu dem מוצקות von V.2 zu erhalten, das auch mit „Röhren" übersetzt worden war". Mit מוצקות in Vs.2 sind aber vielmehr die Schnauzen für die Dochte einer Lampe gemeint, so dass in dieser Hinsicht Vs.2 für die Deutung von Vs.12 unergiebig ist. Rignell hält daher צנתרות für Nachfüllgefässe, die ihren Inhalt von den Ölbäumen empfangen, muss aber gestehen, dass die exakte Bedeutung des Wortes nicht feststellbar ist[12]. Um dem in mancher Hinsicht rätselhaften und scheinbar im Zusammenhang von Vs.11-14 schlecht passenden Text doch einen Sinn abgewinnen zu können, ergänzen oder ändern die meisten Erklärer den Vers auf unzulässige Weise und lesen etwa: „Und ich hub zum zweiten Male an und sagte zu ihm: Was bedeuten die beiden Ölbaum-„Ähren", die durch die beiden goldenen Röhren 'das Öl in die goldenen Lampen' entleeren" (Elliger) oder auch: „... was bedeuten die beiden Ölbaumzweige, welche neben den beiden goldenen Röhren sich befinden, die von sich aus das Öl 'in die goldenen Ausgussrohre' ergiessen" (Nowack). Aber auch so entrinnt man nicht der Schwierigkeit, dass der Text in den folgenden Versen eine Auslegung vermissen lässt. Ausserdem stellt das durch solche Textänderungen rekonstruierte Bild der Ölbäume, die mit ihrem Öl („Gold" muss am Ende des Verses dann als Metapher für Öl gedeutet werden) mittels goldener Röhren die Lampen nähren, das Verhältnis der beiden durch die Ölbäume symbolisierten Ölssöhne zu dem Gott repräsentierenden Leuchter geradezu auf den Kopf, weil man weder Sacharja noch einem Interpolator zutrauen kann, die Behauptung aufgestellt zu haben, dass Gott sich von seinen Dienern nähren liesse. Weiter wäre zu fragen, wie denn eigentlich Ölbaumwipfel durch goldene Röhren von sich Öl entleeren. Das Bild ist ausserordentlich bizarr und kaum vorstellbar. Bei den erwähnten Erklärungen fällt ausserdem auf, dass זהב in *einem* Vers zwei Bedeutungen haben soll: in „goldene Röhren" die konkrete, beim „Öl" die übertragene.

Weil sich die Auslegung in Vs.14 bloss auf die Ölbäume bezieht, ist es

[11] *a.a.O.*, 166.
[12] *a.a.O.*, 169 und 166.

von vornherein recht unwahrscheinlich, dass in Vs.12 eine zusätzliche Beschreibung des Leuchters oder seiner Lampen vorliegt.[13] Ich wage daher die Vermuting, dass צנתרות nicht „Röhren", sondern „Berge" meint[14]. Wenn diese Vermutung zutrifft, fragt der Prophet, was die Bedeutung der beiden Ölbaum-„Ähren" sei, „die bei (ביד) den goldenen Zwillingsbergen stehen, welche von sich aus Gold ergiessen". Wir hätten die im Gilgameschepos bezeugte mythologische Vorstellung von den zwei Bergen vor uns, von denen her die Sonne ihren Aufgang nimmt und die von ihr in goldenes Licht versetzt werden, so dass sie ihrerseits goldene Strahlen auf die Erde ergiessen. Dass זהב „strahlendes Licht" bedeuten kann, wird durch Hiob 37:22 bestätigt. (Dagegen liegt nirgends im A.T. ein Beleg für die Benutzung von זהב als Metapher für Öl vor). Dass in Vs.12 vom Tor der im Osten gedachten Wohnung Gottes die Rede ist, wird nicht nur durch Gilgamesch IX,ii,1ff.[15], sondern vor allen Dingen auch durch Sach.1:8 und 6:1 nahegelegt. In Gilgamesch IX,ii,1ff. wird das Gebirge *mašu* („die Zwillinge") erwähnt, Berge, ,,die täglich bewachen den Ausgang (und Eingang der Sonne)", in Sach. 6:1 ist die Rede von den beiden ehernen Sonnenbergen und in Sach.1:8 von den הדסים („Myrten") am Eingang des Wohnsitzes Gottes. Nach sumerischer Vorstellung stehen am östlichen Eingang des Himmels die beiden Bäume giš-ti und giš-ka-an-na = giš-zi-da, während im Adapa-Mythus die Fruchtbarkeitsgötter Tammuz und Gizzida am Tor der Wohnung des Himmelsgottes Anu erscheinen. Tammuz steht in engster Verbindung zu giš-ti und Gizzida entspricht giš-zi-da („der wahre Baum"). Wenn man in Vs.12 übersetzen darf: „Was bedeuten die zwei Ölbaum-Ähren, die bei den goldenen Zwillingsbergen stehen, welche von sich aus Gold ergiessen", ist die Ähnlichkeit mit der sumerischen Vorstellung sehr auffällig, um so mehr weil auch Josua und Serubbabel als den Fruchtbarkeitssegen verkörpernde Heilandsgestalten dargestellt werden und sich laut Vs.14 im Bereich des göttlichen Wohnsitzes befinden. Dass in Vs.12 von Ölbaum-*Ähren* gesprochen wird, kann auf die

[13] Zwar haben schon LXX und Vulgata den Text so gedeutet.

[14] Ich fühle mich zwar nicht imstande den Begriff etymologisch zu deuten (von ägypt. *ḏw n ṯrw*, kopt. TOOY NTHP, „Berg der Götter"??); dass es sich aber um ein Fremdwort handelt, scheint mir so gut wie sicher. Worauf es aber ankommt ist dies, dass bei der Deutung von צנתרות als „Berge" der Text verständlich wird, einen im Rahmen der Visionen Sacharjas geeigneten Sinn bekommt und nicht geändert bzw. ergänzt zu werden braucht. Auch ist dann nicht notwendigerweise damit zu rechnen, dass Vs.12 eine Ergänzung zweiter Hand darstellt (die übrigens ihr Ziel vollkommen verfehlt hätte, weil eine Auslegung einer solchen Ergänzung in den folgenden Versen nicht zu finden ist).

[15] Vgl. A. HEIDEL, *The Gilgamesh Epic and Old Testament Parallels*, Chicago 1963[4], 65.

Stilisierung von Bäumen in der Gestalt von Ähren, so wie diese in der babylonischen Glyptik belegt ist[16], zurückgeführt werden. Die so in Vs.12 erwähnte *Ortsbestimmung* der zwei Ölbäume entspricht unserer Deutung des Leuchters als Sonne, die Gott symbolisiert, und wird ausserdem durch die Auslegung in Vs.14 bestätigt, wo die durch die Ölbaum-Ähren symbolisierten Gestalten als Diener des Herrn der ganzen Erde erscheinen, von denen dieser flankiert ist.

Sollten diese Vermutungen einigermassen das Richtige treffen, hätten wir es in Vs.12 nicht mit einem derart aus dem Rahmen der Visionsschilderung und ihrer Auslegung fallenden Text zu tun, dass notwendig mit einer späteren Ergänzung zu rechnen wäre. Die in Vs.12 wiederholte Frage nach der Bedeutung der Ölbäume bewirkt durch ihre Präzisierung gleichsam eine doppelte Akzentuierung der in Vs.14 gegebenen Antwort. Dieser Vers ist denn auch die Pointe der ganzen Vision, indem er betont, dass die universelle Fürsorge Gottes (vgl.Vs.10b) sich besonders auf Josua und Serubbabel bezieht, die als Heilandsgestalten den künftigen Segen verbürgen.

[16] Einen schönen Beleg bietet A. MOORTGAT, *Vorderasiatische Rollsiegel*, Berlin 1966², Tafel 30, Nr. 221.

EGYPTOLOGICAL COMMENTARY ON THE OLD TESTAMENT

J. ZANDEE (UTRECHT)

Introduction. Israel was in the field of culture a late comer in the ancient Near East. Therefore, it is natural that she borrowed many customs, patterns of life and ideas from her neighbours. This does not exclude the probability that she assimilated and incorporated them in her own way. Long before Israel occupied the promised land this territory belonged to the Egyptian sphere of influence. Archeological investigations have brought many traces of Egyptian presence to light.

If, in the following lines, comparisons are made between Israel and Egypt it is possible to extend them to other countries in the vicinity, e.g. Syria or Mesopotamia. Many patterns of culture belong to the world of the ancient Near East in general. Similarities between Egypt and Israel are not necessarily to be ascribed to 'borrowing'. They could well belong to the forms of imagination and thought of several peoples.

Many publications have already been dedicated to the comparative study of ancient Egypt and Israel. Among others, without any attempt at completeness, the following could be mentioned:

W. Spiegelberg, *Die aegyptischen Randglossen zum Alten Testament*, Strassburg 1906.

T. E. Peet, *Egypt and the Old Testament*, Liverpool-London 1922.

J. Vergote, *Joseph en Égypte*, Louvain 1959.

P. Montet, *L'Égypte et la Bible*, Neuchâtel 1959; Dutch translation, *Egypte en de Bijbel*, Serie *Bijbel en Archeologie*, deel 10, Nijkerk 1961.

K. A. Kitchen, *Ancient Orient and Old Testament*, London 1966.

R. J. Williams, *Some Egyptianisms in the Old Testament*, in *Studies in Honor of John A. Wilson, Studies in Ancient Oriental Civilisation* No. 35, Chicago 1969, 93-98.

R. J. Williams, *Egypt and Israel*, in J. R. Harris, *The Legacy of Egypt*, Oxford 1971, 257-290.

R. Grieshammer, *Altes Testament*, in *Lexikon der Ägyptologie* I,1.2, Wiesbaden 1972-'73, columns 159-169, with bibliography.

In the order of the bible books some passages from the Old Testament will be quoted and Egyptian data will be added which can serve as „illumination", „illustration" or „confirmation".[1]

Gen.1:2, „and the breath of God hovering over the waters". According to the doctrine of Heliopolis the creator god Atum was in the beginning in the primeval waters. These are called Nun or *Mḥt Wrt* (the „Great Flood"). The god of the air Shu and his sister Tefnet are with Atum as his children. Shu says about Tefnet: „She came forth after me, I being surrounded by the breath of the throat of the *Bnw*-bird on the day on which Atum originated from the infinity, from the primeval water, from the obscurity and from the darkness".[2] The *Bnw*-bird is called „the breath from the interior of his (the sun god's) mouth".[3] The *Bnw* is an aquatic bird.[4] So we see that Egyptian texts also contain the concept of the air as a principle of life present on the primeval waters. 'The darkness over the face of the abyss' (Gen.1:2) corresponds with the Egyptian *kkw* (darkness as primeval substance).

Gen.4:25. Eve calls her third son Seth by virtue of a pun (שֵׁת, שׁת). Besides name-giving by the father, there are in the OT several cases of name-giving by the mother in connection with words spoken by her on the occasion of the birth of her child, e.g. Gen.29:32; 38:3f.; Judg.13:24; 1 Sam.1:20; Isa.7:14. According to an Egyptian concept the sun god originated by spontaneous generation. 'His mother in whose presence his name was made did not exist; his father who engendered him did not exist'.[5] Queen Hatshepsut's mother conceives her daughter with the god Amun. When she meets him she says: 'How splendid it is to see thy face' (*šps pw m33 ḥ3wt.k*). 'Thou hast enfolded my majesty by thy splendour' (*ẖnm.n.k ḥmt.i m 3ḫw.k*). On account of these words of the mother and by way of a pun the child receives the names Hatshepsut-Khenemet-Amun.[6] The mother, the source of life, gives the name. Words, spoken at a

[1] K. A. KITCHEN, *Ancient Orient and Old Testament*, 153.

[2] A. DE BUCK, *The Egyptian Coffin Texts*, OIP XLIX, Chicago 1938, II 4 b-d.

[3] C. E. SANDER-HANSEN, *Die religiösen Texte auf dem Sarg der Anchnesneferibre*, Kopenhagen 1937, 419f.

[4] A. DE BUCK, *The Egyptian Coffin Texts*, OIP XXXIV, Chicago 1935, I 267 c.

[5] Papyrus Leyden I 350 4,10.

[6] G. STEINDORFF, *Urkunden des ägyptischen Altertums*, IV. Abteilung, Band 1, K. SETHE, *Urkunden der* 18. *Dynastie*, Berlin 1961 (abbreviated as *Urk*. IV), 221, 2.3.7.

certain moment, mark the situation, and therefore also the name of the child, conceived at that occasion. The three children of Reddedet, the future kings of the fifth dynasty, borrow their names from words spoken by Isis at the moment of their birth; e.g. the name Weserkaf is traced back to the words 'Do not be strong (*wsr*) in her womb in this your name of Wosref' (*wsr r.f*).[7]

Gen.22:17. A great number is compared with stars and grains of sand. Cf.Gen.32:12; 41:49; Judg.7:12; 1Kgs.4:20. Tuthmosis III says that, in his fifth campaign, many pieces were brought to him as booty. 'They were more numerous than the sand of the bank'.[8] As in Josh.11:4 this imagery is also used in the case of a great army.[9] The wish is expressed that many regnal years may be given to Akhenaten 'like the mass of sand on the bank, like the scales of fishes in the river'.[10] A lovely place is depicted in this way: 'Fishes are more plentiful than the sand of the river-banks; one cannot reach the end of them'.[11] Ramesses II 'erected monuments (numerous) like the stars of heaven'.[12] He wishes for himself 'years like sand, jubilees like the stars'.[13]

Gen.31:19.30.34. Rachel stole the teraphim, the household gods of her father Laban. An Egyptian text sheds some light on the presumable motive. This text is also called 'Satire of theCrafts' in which all professions are ridiculed in order to stress the advantages of being a scribe: sailors worry about the dangers of travelling, 'The ships' crews of every (commercial) house have received their load(s) so that they may depart from Egypt to Djahy (a territory near the Lebanon). Each man's god is with him. No one of them (dares) say: 'We shall see Egypt again'.'[14] It could be derived from this passage that Rachel does not wish to be cut off from her father's household gods for evermore, when expecting never to see her parental home again. Her following Jacob to his fatherland as a foreign country was a great sacrifice.

[7] Papyrus Westcar 10,9-11,1; W. K. SIMPSON, *The Literature of Ancient Egypt*, New Haven and London, 1972, 27f.

[8] *Urk.* IV 687,16.

[9] *Urk.* IV 710,8.

[10] N. DE G. DAVIES, *The Rock Tombs of El Amarna III*, London 1905, 29,8.9 = MAJ SANDMAN, *Texts from the Time of Akhenaten*, Bibliotheca Aegyptiaca VIII, Bruxelles 1938, 9,3-5.

[11] Papyrus Lansing 12,10.11; translation R. A. CAMINOS, *Late-Egyptian Miscellanies*, Oxford 1954, 413.

[12] Obeliscus Flaminius.

[13] Papyrus Turin, 20,1,9; F. ROSSI and W. PLEYTE, *Papyrus de Turin*, 2 vols, Leyden, 1869-1876.

[14] Papyrus Lansing 4,10-5,2, translation R. A. CAMINOS, *op.cit.*, 384.

Exod.14:21-22. When Israel crosses the Red Sea the waters are piled up like a wall so that the dry land becomes visible. When Moses stretches his arm the waters flow back again. The chief lector priest[15] in the tales from the time of king Khufu (Cheops) makes a lake partially dry so that a charm of turquoise that fell into the water could be found. 'Then said the chief lector Djadjaemonkh his magic sayings. He placed one side of the water of the lake upon the other'.[16] After another magical spell has been pronounced the water returns to its original position.

Exod.15:26. Yahweh, as the Saviour of His people, is called 'healer' (physician). An Egyptian text mentions the god 'Min, who heals the patient and vivifies the wretched, the good physician of him who has trust in him'.[17] According to a hymn to Amun, it is this God 'who expels disease, who heals the eye without a remedy, who opens the eyes and dispels squinting'.[18]

Exod.20:12. 'Honour your father and your mother, that you may live long in the land which Yahweh your God is giving you'. Honouring one's parents, the origins of life, results in prolongation of life. The same concept existed among the Egyptians. The Wisdom of Ptahhotpe[19] says: 'How good it is that a son accepts what his father says to him. Through this old age falls to his lot'.

Exod.35:10. Everyone who is 'wise of heart' (חֲכַם־לֵב) ought to work at the tabernacle. The 'heart' (and not the brains) is the bearer of all mental functions such as intelligence and will. Israel has not 'a heart in order to understand' (לֵב לָדַעַת Deut.29:4). Yahweh endows Solomon with 'a wise and understanding heart' (1Kgs.3:12). Prostitution and wine steal the people's wits (לָקַח לֵב, Hos.4:11-12). A silly one 'has no heart' (אֵין לֵב, Hos.7:11).

According to the Egyptian concept, personified Wisdom (*si͗3*)[20] dwells in the heart (*i͗b*). The Creator considers something in his heart and pronounces it as a creative word (*ḥw*): 'Sia is in his heart, Hu is his pair

[15] *ḫry ḥbt ḥry-tp*, cf. הַרְטֹם, Gen.41:8.24; Exod.7:11.22, etc.

[16] Papyrus Westcar 6,8-10; translation W. K. SIMPSON, *The Literature of Ancient Egypt*, New Haven and London, 1972,21; R. J. WILLIAMS in J. R. HARRIS, *The Legacy of Egypt*, Oxford, 1971, 271.

[17] PETRIE, Koptos 20 a,15.

[18] Papyrus Leyden I 350 3,14.

[19] E. DÉVAUD, *Les Maximes de Ptahhotep*, Fribourg, 1916, 543, 544; see also Z. ŽÁBA, *Les Maximes de Ptahhotep*, Prague, 1956.

[20] Cf. Prov. 8:1ff.

of lips', says a hymn to Amun.[21] It is said to the king: 'Sia is in your heart, Hu is in your mouth'.[22] Sinuhe says that he fled to a foreign country at a moment of mental alienation when he was not aware of what he did. 'My heart was not in my body'.[23] If one is longing deeply for something his heart has left his body. He is unable to think of anything else. It is as if he were in trance (in ecstasy in the literal sense of the word, being outside oneself). This is a case of what is called 'external soul'. 'Behold, my heart has gone forth furtively (*mk ỉb.ỉ prw m ṯ3wt*) and hastens to a place that it knows. It has gone downstream that it may see Memphis'.[24] In the tale of the two brothers the heart of the younger brother is laid on the top of the flower of a pine tree.[25] As long as this situation continues he is in an unreal state of sleep or death. When his heart returns to its proper place he regains his full potence.[26] He who becomes a soldier instead of a scribe is mad. He has no 'heart in his body' (*nn wn ḥ3ty m ẖt*).[27]

Sometimes the heart is a separate personality that addresses man. 'On Thy part my heart has said (לְךָ אָמַר לִבִּי), 'seek ye My face'' (Ps.27:8). 'Your heart speaks treacherous things' (Prov.23:33). Ramesses II tells how he came to the restauration of the temple of Sety I in Abydos: 'My heart guided me, saying: 'Do useful things for Sety I''.[28]

Num.14:9. When the god of the Canaanites abandons them this is expressed by the words: 'Their shadow has gone from them'. This means that they have lost their protection. Yahweh is a 'shadow' for the helpless in days of heat (Isa.25:4). It is said about the king: 'We shall live in his shadow' (Lam.4:20). The same imagery is used for the king of Egypt (Senwosret III). 'He is the cool shadow of the inundation season during the hot summer'.[29] A king's protection is described as 'the shadow of his arm'.[30] The goddess Isis spreads 'shadow' by means of her wings.[31] Cf.Ps.17:8: 'Hide me in the shadow of Thy wings'. It should be considered that the Egyptian word for 'shadow' (*šwt*) is often combined with *b3*, one of the

[21] Papyrus Leyden I 350 5,16; cf. Papyrus Leyden I 347 12,1f.; K. SETHE, *Dramatische Texte zu altägyptischen Mysterienspielen*, Leipzig, 1928, I 53-54.
[22] Kuban stela, line 18.
[23] Sinuhe B 39; cf. B 253-256.
[24] Papyrus Anastasi IV 4,11-5,1, translation R. A. CAMINOS, *op.cit.*, 150.
[25] Papyrus d'Orbiney 8,4.
[26] Papyrus d'Orbiney 14,2-5.
[27] Papyrus Anastasi V 10,8.
[28] *Inscription dédicatoire d'Abydos*, line 42.
[29] Kahun Hymns 2,17.
[30] *Wörterbuch der Ägyptischen Sprache* 4,432,12.
[31] Bibl.Nat. 20,15.

expressions for 'soul', the power of life through which one continues his existence after death.[32] In the Acts of the Apostles (5:15) the shadow of Peter is the manifestation of his blessing power (בְּרָכָה).

Deut.10:17-19. Both in the OT and in Egyptian texts there exist many examples of the righteous judge who defends the poor. An impartial judgement was especially expected from the king. A text dating from the 18th. dynasty says about a high official called Inyotef: 'He was a servant of the miserable one, a father of the orphans, a guide of the orphan, a mother of the fearful, a refuge of the oppressed, a protector of the suffering one, a helper of him who was chased away from his property by one who was stronger than he, a husband for the widow, a stronghold for the orphan, a resting place for the weeping one'.[33]

In a society which was full of corruption, people, as a last resort, hoped for the help of a god as an incorruptible judge (cf.Deut.10:17). The god Amun is addressed: 'Thou art a righteous judge, who does not accept a bribe, who raises the poor man. Thou dost not hold out thy hand to the brute, thou vizier'.[34] The vizier was in Egypt the highest judge in court. A graffito in a Theban tomb runs as follows: 'O Amun, thou champion of the poor man. Thou art the father of the motherless, the husband of the widow'.[35] Amun is invoked in this way: 'Amun-Rēʿ, the first to be king, the god of primeval time, the vizier of the poor; he takes not reward (= bribe) from the guilty, and speaks not to him who brings testimony, nor does he look at him who promises. Amun judges the earth with his fingers and speaks to the heart. He judges the guilty and assigns him to the East (the place of condemnation of the enemies of the sun god) but the just to the West.'[36] In Egypt it was the sun god, the creator of cosmic order, who maintained righteousness. Cf. Yahweh as a righteous judge, e.g. 1Sam.2:10; Ps.9:9; 94:2.

Deut.24:8. The priests examined leprosy and therefore they possessed a certain medical knowledge. There were also professional doctors (רֹפֵא, 2Chr.16:12). In Egypt, the priests of the goddess Sakhmet (*wʿb Sḫmt*)[37]

[32] BEATE GEORGE, *Zu den altägyptischen Vorstellungen vom Schatten als Seele*, Bonn, 1970, 92-100.
[33] *Urk.* IV 972,1-10.
[34] A. ERMAN, Gebete eines ungerecht Verfolgten, *Zeitschrift für Ägyptische Sprache und Altertumskunde* 38 (1900), 24.
[35] A. H. GARDINER, *Journal of Egyptian Archeology* 14(1928), 10ff., Pl. V 9-11.
[36] The West is the normal resting place of the dead. Papyrus Bologna 1094 2,3-6; Papyrus Anastasi II 6,5ff.; translation R. A. CAMINOS, *op.cit.*, 9f.
[37] G. STEINDORFF, *Urkunden des ägyptischen Altertums*, II, K. SETHE, *Hieroglyphische Urkunden der Griechisch-Römischen Zeit*, Leipzig, 1904-1916, 2,8.

officiated as surgeons. This goddess who sent out pestilence was also able to heal it (cf. Apollo Medicus). Besides the priest of Sakhmet, there was the *swnw*, the physician who practised professionally. Probably the priests cured illnesses which made men impure.

1Sam.2:1. The expression 'my horn is exalted' means 'I am strong'. Such power could be obtained from Yahweh and strengthened a person so that he was able to vanquish his enemies. Yahweh raises the horn of the king, which means that He gives him power (2Sam.1:10). The imagery is derived from the bull as a powerful animal that butts down its opponents by means of its horns (1Kgs.22:11). He whose horn is cut off (Ps.75:11) or is buried in the dust (Job16:15) is deprived of his strength.

In Egypt bull (*k3 nḫt*, strong bull)[38] and lion (*m3ỉ*)[39] are symbols for the power of kings and gods. The deceased, after his resurrection, is strong in the 'fields of the offerings' where he has abundance of food: '...where I am strong, where I am a beatified spirit, where I am eating, where I am moving..., my horns are sharp'.[40] The imagery of the horns occurs in a context where the normal, sound and powerful state of the deceased, who is not in want of food, is described.

1Sam.16:12. David is beautiful of face on account of the red colour of his skin (אַדְמוֹנִי). See also Gen.25:25; 1Sam.17:42; S. of S.1:6; 5:10; Lam. 4:7.[41] The red colour of the skin is a symptom of strength and health. In Egypt, in works of art, the colour of the body of the man is red ocre and of the woman yellow ocre, e.g. the statues of Rahotpe and Nofrit (4th. dynasty, Cairo Museum, No.3 and No.4). These colours were considered to be representative of the essence of man and woman. Possibly the man was more tanned by the sun than the woman.[42] In Egypt the red colour of the skin of the man is connected with a standard of beauty and health. Also in the OT the red colour refers to the skin and not to the colour of hair.[43]

[38] *Wörterbuch* 5,95,7-8.

[39] *Wörterbuch* 2,11,18-19.

[40] A. DE BUCK, *The Egyptian Coffin Texts*, OIP LXXIII, Chicago, 1954, Spell 467, V 365 b-366 c.

[41] R. GRADWOHL, *Die Farben im Alten Testament*, Berlin, 1963, p. 4-10;14,15.

[42] H. KEES, *Farbensymbolik in Ägyptischen Religiösen Texten, Nachr. Akad. d.Wiss. Göttingen*, 1943, No. 11, 413ff.; S. MORENZ, Von der Rolle der Farbe im Alten Ägypten, *Palette* No. 11,1962, Basel, 6-8; E. UNDRITZ, *op.cit.*, 18-19, ascribes the dark colour of the man to the higher percentage of haemoglobin. J. GWYN GRIFFITHS, The Symbolism of Red in Egyptian Religion, in *Ex Orbe Religionum, Studia G. Widengren oblata* I, Leyden 1972, 82,87.

[43] A. VAN SELMS, *De Prediking van het Oude Testament, Genesis*, vol. I, Nijkerk, 1967, 60.

1Sam.23:9ff. David tells the priest Abiathar to bring the ephod in order to consult the oracle of Yahweh. The question of whether the citizens of Keilah will surrender him to Saul can be answered by 'yes' or 'no' (cf. 1Sam.30:7).

Also in Egypt such twofold questions were submitted to the judgement of the god. The god could give an oracle during a procession when his statue was carried along in a small boat on the shoulders of priests in the same way as the ark of Yahweh. From the movement which the boat made the god's answer could be concluded. The part of the priests in the oracle was important. Tuthmosis III was indicated as a king by the god Amun when carried along during a procession. 'He assigned to me being on his throne. He acknowledged me, indeed, when he had let himself down'.[44] Compare the assignment of Saul as a king by lot (1Sam.10: 20-21).

1Sam.28:6.15. During the last years of his life the contact between Yahweh and Saul is broken. Saul is pressed hard by the Philistines and Yahweh does not answer his questions, whether by prophets, nor by Urim, nor by dreams.

In the same way Tutankhamun's restoration stela[45] mentions that, during the years of Akhenaten and his deviating doctrine, the god did not support Egypt and the oracles were silent. 'If (troops) were sent to Syria to extend the boundaries of Egypt, they had no success. If one humbled oneself to a god to ask a thing from him, he did not come, and if prayer was made to a goddess, likewise she never came. They were wroth and they caused to fail what was done'.[46] In both cases, Israel and Egypt, the godhead has abondoned the country on account of the unbelief of the king.

2Sam.1:2. A man comes in order to report the death of Saul. As a token of mourning he wears torn clothes and has earth thrown on his head. Cf.1Sam.4:12. Sometimes, during a lamentation for the dead, incisions were made in the body (Jer.16:6; 48:37). On a depiction of an Egyptian burial, we see the widow as wailing woman, immediately before the enterment, squatting in front of the mummy-chest. She wears a blue garment which is torn and which leaves one of her breasts uncovered. The breast shows traces of scratching. With her right hand she touches the chest

[44] *Urk.* IV 157,2;159,11-12.
[45] Cairo Museum, Stela 34183.
[46] A. DE BUCK, De liquidatie van Echnaton's hervormingswerk, *JEOL* II, 1942, 569-580; Text Urk. IV 2027.

(which has the shape of a mummy) and with her left hand she sheds dust on her head.[47]

2Sam.12:1-14. The prophet Nathan causes David to condemn himself without his being aware of it. David's sinful adventures with Bathseba are camouflaged under the story of the poor man who was deprived of the only lamb he possessed.

In the same way, Isis, the cunning goddess, causes Seth to pronounce sentence on himself. This inimical brother of Osiris tried to take his father's heritage from Horus. Isis tells Seth the story of the son of a poor shepherd. After his father's death, a stranger steals his cattle.[48] Rēʿ-Harakhti says to Seth: 'Now look here, it is you yourself that has judged your own self.'[49]

2Kgs.4:23. On more than one occasion the new moon and the sabbath are connected in the OT. This makes a link between the lunar year and the sabbath probable. In Egypt, also after the introduction of the solar year between 2937 and 2821 B.C., the lunar year was maintained to some degree. The lunar month began on *3bd,* the day when the new moon became visible for the first time. Further, the lunar subdivision was marked by the 7th. and the 23rd. day, the first and the last quarter of the moon, which were both called *dnỉt.* Between these two dates was the day of the full moon. In this way we approach a subdivision into weeks.[50] Besides influences from Egypt on Israel, others remain possible of course, e.g. from Babylonia (*šapattu*).

Job10:15. The expression 'to lift up the head' (הֵנִיעַ ראש, נָשָׂא ראש) occurs in the OT with several shades of meaning. Job is not able to lift up his head on account of the misery which fell to his lot. In an Egyptian text the 'lifting up of the head' refers to recovering from illness. 'My heart became alive; my eye opened; and I raised my head (*ỉw.ỉ f3ỉ ḏ3ḏ3.ỉ*) whereas I had been ill'.[51] In Judg.8:28 we read that Midian did

[47] Theban Tomb No. 181, proprietors the sculptors Nebamun and Ipuki, K. LANGE and M. HIRMER, *De Cultuur van Egypte*, Zeist, 1961, fig. 175, end of the 18th. dynasty.
[48] Papyrus Chester Beatty I, Recto 6,8ff.
[49] Translation W. K. SIMPSON, *The Literature of Ancient Egypt*, New Haven and London, 1972, 116; Papyrus Chester Beatty I, Recto 7,11.
[50] PH. DERCHAIN in *Sources Orientales V, La Lune, mythes et rites*, Paris, 1962, 29,30,54; R. A. PARKER, *The Calendars of Ancient Egypt*, Chicago, 1950, Par. 36, 46,48,265,268.
[51] Papyrus British Museum 10326,7-8; J. ČERNÝ, *Late Ramesside Letters, Bibliotheca Aegyptiaca IX*, Bruxelles, 1939, 17,12-13; translation E. F. WENTE, *Late Ramesside Letters*, Chicago, 1967, 37.

not again lift up the head against Israel. In the same way Merenptah's Israel stela records that all enemies have been subjected to Egypt: 'Not one raises his head among the nine bows'.[52]

Ps.45:9. מִנִּי usually is read as מִנִּים, Ps.150:4, and it is connected with a Syriac word for 'hair' or 'string'. It is, however, possible that the Eyptian word *mnỉ.t*, 'necklace', is concerned. This object was used as a rattle, belonging to the cult of Hathor. It was handled by lady singers in order to mark the rhythm.

Ps.61:4. Yahweh is a refuge, a stronghold to which one flees in order to save himself, cf.Jer.17:17. In an Egyptian inscription the god Horus promises the king protection and says: 'I am a stronghold for you like the mountain of Abydos'.[53] King Senwosret III is honoured as the protector of the weak: 'He is a refuge, whose hand does not fail to seize'.[54] He is 'a stronghold that saves the fearful man from his adversary'.[55] Cf.Jer.1:18; 15:20.

Ps.139:2, 'Thou knowest all, whether I sit down or rise up.' In order to formulate totality something is described through two opposed concepts which, together, build a complete unity. Cf.Deut.6:7. In Egypt the same form of expression was known. A judge says: 'I stand up and I sit down my stick being on the back (of the evil-doer)'.[56] This means: 'I am continuously busy with fighting crimes'. 'Stand up and sit down (= behave) according to your rank' is a counsel given to an official.[57] Also 'going out' and 'enter' build such a pair of words (Ps.121:8). 'I enter the chapel of the One who came into existense by himself and I go out from it',[58] says a man who has free access to the sun god. It is the wish of the deceased to move himself freely. A spell from funeral litterature aims at 'causing that he goes away and comes back as he wishes'.[59] Also time as a totality can be described by an antithetical pair of words. 'Yesterday has been given to me, I know to-morrow'.[60] 'The great and the small ones' is a circumscription of 'everybody' (1Sam.5:9; Ps.115:13).

[52] *ANET*, 378.
[53] MARIETTE, *Abydos* 1,20 b.
[54] Kahun Hymns 2,15.
[55] Kahun Hymns 2,16.
[56] *Urk.* IV 1080,13-14.
[57] Wisdom of Ptahhotpe 221.
[58] A. DE BUCK, *Coffin Texts* I 387 a.
[59] Book of the Dead, Chapter 163, ed. E. A. WALLIS BUDGE, London, 1898, 411.5 = LEPSIUS, *Todtenbuch*, 77,1.
[60] *Urk.* IV 1082,11.

'The great ones call to thee, Amun; the small ones are longing for thee'.[61] It is said of a goddess: 'When the great ones saw her, they rose for her, when the small ones saw her, they laid themselves down for her'.[62]

Eccles.9:7-8. Food, clothes and ointment are the three necessities of life. For a man of the Near East ointment or unguent is inseparable from this series. In the warm climate the human skin cannot do without anointment. Cf.Hos.2:4. Adapa is not allowed to accept substances for internal use, bread and water (which are called by the trickster-god Ea 'the bread and the water of death'), but it is not necessary to refuse garment and oil.[63] According to the Code of Hammurabi (Par.178) brothers should indemnify their sister with food, oil and clothing. The same three ingredients occur together in Egyptian texts.[64] King Amenemhet gives expression to his being disappointed in men: 'He who ate my food lined up troops... They who wore my linen considered me to be grass. He who anointed himself with my myrrh spit in front of me'.[65] The usual funeral offering, which actually is the same as the normal daily food, consists of bread, beer, oxen, fowl, alabaster and linen.[66] 'Alabaster', in this connection, means a small vase with unguent or ointment. Those whom the god loves are 'clad in red linen, who live upon figs, who drink wine, who are anointed with ointment'.[67] The Wisdom of Ptahhotpe advises a good treatment of a house wife: 'Fill her belly, clothe her back. Ointment is the prescription for her body'.[68] J. Pedersen says about ointment in Israel: 'Anointment as an initiation rite probably originates from the fact that inunction was part of the general care of the body, and it acquired a sanctifying character by being done with consecrated oil'.[69] As a rite of initiation unction was exercised upon kings (1Sam.10:1), priests (Num.3:3) and prophets (1Kgs.19:16). For the priest unction meant sanctification (Lev.8:12). Oil on the head of the high priest bestowed eternal life (Ps.133:2-3). The pharaohs themselves were not anoint-

[61] Papyrus Anastasi IV 10,3.
[62] Astarte, 3y-1 + 3y; A. H. GARDINER, *Late Egyptian Stories II*, *Bibliotheca Aegyptiaca* I, Bruxelles, 1932, 79,12-14.
[63] *ANET*, 101-102.
[64] A. DE BUCK, *Muséon* 59, 1946, La composition littéraire des enseignements d'Amenemhet, 196.
[65] Papyrus Millingen I 7-8.
[66] e.g. *Urk.* I 147,12.
[67] Pyramid Texts, Par. 816; cf. Par. 937.
[68] Ptahhotpe 326, Papyrus Prisse X,8-12; *ANET*, 413.
[69] J. PEDERSEN, *Israel its life and culture*, III-IV, London Copenhagen, 1947, 343. We differ from Pedersen in this respect that oil as bearer of powei of life had already in its daily use a 'sacramental' character.

ed, but their high officials were as a sign of subjection to their overlord.[70] Unction occurred as a funeral rite in order to give life to the deceased. In the temple of Sheikh Abd el-Qurna, Sety I has been represented in relief, anointing his deceased father Ramesses I on the forehead with his little finger. Spell 418 of the Pyramid Texts deals with the unction of the deceased king: 'Hail to you unguent. Hail to you who are on the brow of Horus, which Horus has placed on the vertex of his father Osiris. I place you on the vertex of my father, the king'.[71]

Isa.3:16, '... because the daughters of Zion have become arrogant and walk around with necks outstretched and ogling eyes moving with mincing gait and jingling feet...' Egyptian women bore bracelets and ankle-rings. They had also decorated belts made of precious stones, interchanging with golden pieces which were hollow. In them were small balls that made some noise when the women walked about. In this way they drew the attention of people in their neighbourhood.[72]

Isa.29:16. The way in which God creates man is called 'modelling' (יצר). God makes man like the potter the vessel out of clay. Cf.Gen.2:7-8; Isa.45:9; 64:7. In Egypt it is the god 'Khnum who models on his wheel'[73] (*ḳd ḥr nḥp*). The Instruction of Amenemope (24,13-18) says: 'For man is clay and straw, and the god is his builder (*ḳd*, technical term for modelling on the wheel). He is tearing down and building up every day (cf. Deut.32:39). He makes a thousand poor men as he wishes, (or) he makes a thousand men as overseers, when he is in his hour of life'.[74]

Isa.63:3. Yahweh's judgement on the nations is described in the imagery of treading the winepress. The red colour of the wine corresponds with blood. In Egypt Shezmu is the god of the winepress. He assists the king to execute the sentence so that he lives on his adversaries in a cannibalistic way. 'It is Shezmu who cuts them up for the king and who cooks for him a portion of them'.[75] In chapter 17 of the Book of the Dead a judgement on sinners is mentioned. They are caught and brought to a slaughtering-block. The one who performs this is 'Shezmu, the expresser (*sid*) of Osiris'.[76]

[70] R. J. WILLIAMS in J. R. HARRIS, *The Legacy of Egypt*, Oxford, 1971, 275.
[71] Pyramid Texts, Par. 742, translation R. O. FAULKNER.
[72] C. ALDRED, *Die Juwelen der Pharaonen*, München, 1972, 190-191.
[73] DÜMICHEN, *Geogr. Inschr.* III 13.
[74] *ANET*, 424.
[75] Pyramid Texts, Par. 403 a,b, translation R. O. FAULKNER.
[76] Alternative reading 'the mutilator of Osiris'; The Book of the Dead, ed. E. A. WALLIS BUDGE, London, 1898, 62,4; Papyrus of Nebseni 27.

The name of Shezmu is written with a hieroglyphic sign representing a winepress. Vignettes in the Book of the Dead depict heads of sinners being expressed like grapes in a winepress.[77] A Pyramid Text runs: 'Shezmu comes to you bearing the juice of the vine'.[78] Egyptian texts show a clear connection between Shezmu, the god of the winepress, and a judgement on sinners with a bloody punishment.

Lam.4:20. The king is 'the breath of life' of his subjects.[79] The Egyptian king is called 'the breath of life for mankind'.[80] The expression signifies that people are completely dependent upon the king for their existence. Subdued nations come to the king 'in quest of breath of life being given to them'.[81] Courtiers say to Ramesses II: 'May you assign to us the life that you give, Pharaoh, may he live, be prosperous and healthy, o breath of our noses. All men live when you rise (like the sun) before them'.[82] The sun god is called 'their inundation that creates their necessities of life, the breath of life, who hears the voice (of him who invokes him)'.[83] People owe their life to the god only.

Amos 7:8-9. In the prophecies of Amos there is, on the base of a pun, a connection between a vision and its meaning (אֲנָךְ, plumb-line). Cf. Amos 8:1-2, קָיִץ and קֵץ. A similar phenomenon occurs in Egyptian dream books, in which it is said that a man 'sees' something. 'If a man sees himself in a dream with a split (*sd*) mouth – good: something which he fears will be split (*sd*) by a god.'[84]

June 1973

The author is greatly indebted to Mr. M. Gordon, Flushing, N.Y., for his correction of the English.

[77] S. SCHOTT, Das blutrünstige Keltergerät, *Zeitschr. f. Äg. Spr. u. Alt.* 74, 88, Pl. 6.
[78] Pyramid Texts, Par. 1552 a.
[79] R. J. WILLIAMS, Some Egyptianisms in the Old Testament, in *Studies in Honor of John A. Wilson*, Chicago, 1969, 93.
[80] *Wörterbuch* 5,352,24, Med. Habu⟨461⟩, *ṯ3w n ʿnḫ n ḥnmmt.*
[81] *Urk.* IV 342,3.
[82] *Inscription dédicatoire d'Abydos*, 1. 39-40.
[83] N. DE G. DAVIES, *The Rock Tombs of El Amarna* II, London, 1905, Pl. XXI = MAJ SANDMAN, *Texts from the Time of Akhenaten, Bibliotheca Aegyptiaca VIII*, Bruxelles, 1938, 28,15.
[84] Papyrus Chester Beatty III 2,1.

LIJST VAN INTEKENAREN

Archeol.-Histor. Instituut, Afd. West-Azië, Amsterdam
Ds. J. B. Assendorp, Zierikzee
Dr. J. Balkestein, Sliedrecht
Ds. J. C. van den Berg, Heerenveen
Drs. C. D. M. ten Berge, Groningen
Mr. R. van den Bergh, Amsterdam
Klaas Beuckens, Wageningen
Dr. W. A. M. Beuken, Amsterdam
Bibliotheca Rosenthaliana, Amsterdam
Prof. Dr. A. van Biemen, Bentveld (post Aerdenhout)
Prof. Dr. C. J. Bleeker, Amsterdam
J. C. Blok-v. d. Boogert, Diemen
Mw. Dr. C. Boer, Diemen
Ds. F. de Boer (em. pred.), 's-Gravenhage
Prof. Dr. M. Boertien, Nibbixwoude (N.H.)
Ds. R. Boonstra, Alkmaar
G. A. Bos, Haarlem
W. F. H. ter Braak, (em. pred.), Epe
F. J. Brinkman, Surhuizum
Dr. H. A. Brongers, Leusden-C.
Drs. P. de Bruijn, 's-Gravenhage
Joh. J. Brijker
Bijbels Museum, Amsterdam-Z.
Mr. A. D. L. de Clercq-van Lennep, Heemstede
Dr. Aleida G. van Daalen, Amsterdam
Dr. K. A. Deurloo, Amsterdam
Drs. W. B. Douwes, Nieuwenhoorn

J. M. A. van Dijkhuizen, Nunspeet
M. Dijkstra, Kampen
Jhr. Dr. E. G. Elias, Langbroek
H. Engelsman-Wijler, Amsterdam
H. E. Enthoven, Amsterdam
Mr. W. H. Fockema Andreae, Rotterdam
Prof. Dr. R. Frankena, Bilthoven
J. Geers, Dreischor
C. H. J. de Geus
Prof. Dr. W. H. Gispen, Amstelveen
Dr. P. Glas, emer. pred., 's-Gravenhage
Dr. J. Gottschalk, Amsterdam
Ing. L. P. J. de Groot, Papendrecht
H. H. Grosheide, Kampen
G. Haayer, Groningen
Drs. J. H. Hanneman, Bilthoven
Heer en Mevrouw Van Heek-Jannink, Enschede
Prof. Dr. M. S. H. G. Heerma van Voss, Voorschoten
Prof. Dr. W. Hellinga, Amsterdam
Drs. R. Hengstmangers, Heemstede
Ds. H. A. C. Hildering, Arnhem
J. Hoftijzer, Leiden
R. C. M. Hollenkamp
Prof. Dr. J. H. Hospers, Groningen
Ds. R. Houwen, Utrecht
Dr. Ph. H. J. Houwink ten Cate, Amsterdam
Mevr. N. Huender-Avis, Amsterdam
Prof. Dr. A. R. Hulst, Baarn
Dr. H. Jagersma, Assen
C. F. Jannink
Ds. J. D. Janse, Haarlemmermeer
T. Jansma, Leiden
Dr. A. F. de Jong, Purmerend
H. G. Kahn, Noordwijk
Virginie Kaiser (arts), Berg en Dal
Ds. C. van Kalkeren, Onnen (post Haren, Gr.)
Prof. Dr. A. A. Kampman, Bemelen (L.)
Prof. Dr. J. H. Kamstra, Abcoude
A. M. Kerst-van den Bos, Santpoort
Prof. Martin Kessler, Albany, U.S.A.
Dr. P. J. Koets, Ellemeet (post Renesse)
M. J. H. Koppelaar, Leiden

H. B. Kossen
M. D. Koster, rem. pred., Meppel
Mevr. J. G. ter Kuile-ter Kuile, 1822 Chernex, Suisse
Dr. C. J. Labuschagne, Haren (Gr.)
K. W. Ledeboer, Enschede
Drs. H. Leene, Zwanenburg
Prof. Drs. J. P. Lettinga, Kampen
Marcus van Loopik, Groningen
W. v. d. Meer, Kampen
Dr. J. H. Meesters, Doorn
C. J. Menken-Bekius, Leiden
Dr. F. H. von Meyenfeldt, Hilversum
Drs. D. J. Miedema, Haren (Gr.)
Prof. Dr. C. W. Mönnich, Amsterdam
Prof. Dr. M. J. Mulder, Badhoevedorp
S. Mijjer-Hallema, Groningen
Nederlands Instituut voor het Nabije Oosten, Leiden
Prof. André Neher, Jerusalem, Israël
J. T. Nelis, Nijmegen
Dr. J. T. Nielsen en A. G. Nielsen-Wit, Leeuwarden
G. Nijman, Alphen aan den Rijn
C. E. Offerhaus, Rotterdam.
Prof. Dr. B. J. Oosterhoff, Apeldoorn
K. R. Oosterhuis, 's-Gravenhage
Joke Oosters-Londo, Amsterdam
A. Otter, Driebergen
Elsa H. Plantenga, Amsterdam-Z.
Prof. Dr. J. P. M. van der Ploeg O.P., Nijmegen
F. Postma, Heerhugowaard (N.H.)
P. Prins van Wijngaarden, em. herv. pred., Wassenaar
Provinciale Bibliotheek van Friesland, Leeuwarden
Prof. Dr. G. F. Pijper, Amsterdam
Dr. M. Reisel, Rotterdam
H. E. J. Renckens, Amsterdam
Nic. H. Ridderbos, Amsterdam
Dr. W. H. Ph. Römer, Ten Post (Gr.)
Dr. J. F. van Royen, Capelle a/d IJssel
D. Dr. Wilhelm Rudolph, 44 Münster/Westf., B.R.D.
Dr. J. H. Rupert, Amsterdam
Prof. Dr. C. J. Ruijgh, Amsterdam
Dr. J. C. J. Sanders, Heemstede
Georgie Schepperle, West Terschelling

G. W. Scholte, Arum (Frl.)
Prof. Dr. J. N. Sevenster, Amstelveen
K. A. D. Smelik, Amsterdam
Drs. J. W. M. Spruyt, Brunssum (L.)
Prof. Dr. J. J. Stamm, Wabern b.Bern, Schweiz
Ds. J. M. G. Sijtsma, Balkbrug (Ov.)
Drs. P. A. Tichelaar, Leidschendam
Drs. E. van Tongeren, Amsterdam
Dr. N. A. van Uchelen, Aerdenhout
A. G. Verhoef, Zwolle
Prof. Dr. M. J. Vermaseren, Amsterdam
J. J. Visser, 's-Gravenhage
Th. C. Vriezen, Den Dolder (post Bilthoven)
Ver. ,,De Vrije Gemeente", Amsterdam
Dr. K. Wagtendonk, Amstelveen
Boekhandel Wattez, 's-Gravenhage
Ds. D. K. Wielenga JDzn, Rotterdam
P. C. Wierenga, Enschede
Dr. A. de Wilde, Lunteren
Dr. en Mevrouw Witteveen-Berger, Sneek
Prof. Dr. A. S. van der Woude, Groningen
R. P. Yetsenga, Broek op Langedijk